Johann Crüger

PRAXIS PIETATIS MELICA

Band II   Teil 1.2

Johann Crüger

PRAXIS PIETATIS MELICA
Edition und Dokumentation
der Werkgeschichte

Im Auftrag
der Franckeschen Stiftungen zu Halle

herausgegeben von Hans-Otto Korth
und Wolfgang Miersemann
unter Mitarbeit von Maik Richter

Band II   Teil 1.2

Verlag der Franckeschen Stiftungen Halle
Harrassowitz Verlag in Kommission

Johann Crüger

PRAXIS PIETATIS MELICA
EDITIO XXIV.
Berlin 1690

Dokumentation
der von Jacob Hintze
herausgegebenen
392 vierstimmigen
Liedsätze

Verlag der Franckeschen Stiftungen Halle
Harrassowitz Verlag in Kommission

Gefördert durch die Deutsche Forschungsgemeinschaft (DFG) –
Projektnummer 504147381

Bibliografische Informationen der Deutschen Nationalbibliothek:
Die Deutsche Nationalbibliothek verzeichnet diese Publikation in der Deutschen
Nationalbibliografie; detaillierte bibliografische Daten sind im Internet über
https://dnb.de abrufbar.

Bibliographic information published by the Deutsche Nationalbibliothek:
The Deutsche Nationalbibliothek lists this publication in the Deutsche Nationalbibliografie; detailed bibliographic data are available in the internet at
https://dnb.de.

ISBN 978-3-447-12159-0

© Verlag der Franckeschen Stiftungen Halle 2024
https://www.francke-halle.de und *http://www.harrassowitz-verlag.de*

Das Werk einschließlich aller seiner Teile ist urheberrechtlich geschützt.
Jede Verwertung außerhalb der engen Grenzen des Urheberrechtsgesetzes ist
ohne Zustimmung des Verlages unzulässig und strafbar. Das gilt insbesondere
für Vervielfältigungen, Übersetzungen, Mikroverfilmungen und die Einspeiche-
rung und Verarbeitung in elektronische Systeme.

Printed in Germany.
Gedruckt auf alterungsbeständigem Papier
Einbandgestaltung und typographischer Entwurf: Hans-Joachim Petzak, Berlin
Satz: ortus musikverlag, Beeskow
Druck und Einband: Hubert & Co. – eine Marke der Booksolutions, Göttingen

Inhaltsverzeichnis

Einführung VII

Übertragungen der Liedsätze 1

Kritische Kommentare 355

Alphabetisches Register der Liedsätze 415

Personenregister zum Gesamtwerk 427

Addenda et Corrigenda zum Gesamtwerk 453

Mauritius Bodenehr: Porträt Jacob Hintzes
Kupferstich, in: Jacob Hintze: Martini Opitzes / Des berühmten Uhrhebers der reinen
Teutschen Ticht=Kunst / Epistolische Lieder, Dresden, Leipzig 1696 (vgl. S. 399),
S. 1 der Basso continuo-Stimme. Zürich, Zentralbibliothek, Signatur: AMG XIII 573

Einführung

Die „EDITIO XXIV." (GI) der *PRAXIS PIETATIS MELICA* (PPM) erschien im Jahre 1690 in Berlin in der Offizin von David Salfelds Witwe.[1] Maria Katharina Salfeld war zuvor die Witwe Christoph Runges d.J. (1619–1681) gewesen, der das Crügersche Gesangbuch seit der zweiten Ausgabe von 1647 (PraxBln 1647) gedruckt und verlegt und dann seit der „EDITIO XI." von 1664 (G) auch herausgegeben hatte. Ihr bereits 1686 verstorbener zweiter Mann David Salfeld hatte die Offizin 1685 übernommen,[2] sodass die Folgeausgaben in unmittelbarer Tradition der vorherigen standen. Johann Crüger (1598–1662), der Begründer der so erfolgreichen PPM, war seit nun bald drei Jahrzehnten nicht mehr am Leben, und seitdem hatte sich die Anzahl Berliner Ausgaben mehr als verdoppelt. Dasselbe gilt für die Anzahl der enthaltenen Gesänge: Hatte die „EDITIO X." (EV), die letzte von Crüger selbst besorgte Auflage, ihrer 550, so war deren Zahl in der „EDITIO XXIV." auf beeindruckende nicht „1220", sondern 1225[3] angewachsen, 392[4] davon mit Noten. Diese 392 Sätze der Ausgabe werden im vorliegenden Teilband im Neudruck vorgelegt.

Hervor sticht die „EDITIO XXIV." allerdings nicht durch die einmal mehr vergrößerte Zahl der Lieder, sondern durch die Bereitstellung fast des gesamten Melodienbestands der Berliner PPM in Sätzen zu vier Stimmen. Freilich hatte es solche schon zuvor bei Crüger selbst gegeben in Gestalt der *Geistlichen Kirchen=Melodien* von 1649 (B) und des Gesangbuches für den Berliner Hof, der *PSALMODIA SACRA* von 1657 und 1658 (PS). Nunmehr aber war es nicht eine Begleitveröffentlichung, ein paralleles Werk oder ein Auszug, sondern eine PPM-Ausgabe als Ganze, die sich in solcher Einrichtung präsentierte; und es blieb bei diesem einen Fall. Dazu wurde die „EDITIO XXIV." als Werk in zwei Bänden im Quartformat angelegt, deren einer die Außenstimmen (Cantus und Basis) enthält, der andere die Mittelstimmen (Altus und Tenor).[5] Ähnlich wie bei Crügers vierstimmiger PS und ihrer einstimmigen Reduktion (DKL 1657[04-05] und 1658[04-05]), ebenfalls bei Runge erschienen,[6] sind dabei die Druckträger für Text und begleitende Angaben weitgehend identisch; die Noten für die Außen- und Mittelstimmen wurden für die Drucklegung jeweils ausgewechselt. (Als Unterscheidungshilfe aber sind den Bogensignaturen mehrheitlich des Cantus-Basis-Bandes,

---

[1] Vgl. die Wiedergabe der Titelblätter in PPMEDW II/1.1, S. 385 und 396 (Bilddokumente 104 und 107), sowie in WenzelU, S. 194 (Abb. 1).
[2] Vgl. dazu PPMEDW II/1.1, Anm. 1344.
[3] Einzurechnen sind 10 doppelt vergebene (vgl. PPMEDW II/1.1, Anm. 1448, 1450, 1452, 1455, 1457, 1469) sowie 5 übersprungene Nrn. (vgl. ebd., Anm. 1458f.).
[4] In BachmannB, S. 107, ist die Zahl mit 387, in WenzelU, S. 190, mit 388 angegeben.
[5] Vgl. in PPMEDW II/1.1, insbesondere S. 227–229, und die bibliographischen Angaben zu GI (C/B)1-2 und GI (A/T); vgl. auch WenzelU, S. 192f., und pass.
[6] Vgl. PPMEDW I/2, S. 444.

wenngleich nicht konsequent, Asterisken beigegeben.) Die Texte sind nachgestellt; zumeist stehen überdies am Beginn der Sätze Textmarken.[7] Zur Urheberschaft ist im Titel vermerkt: „Jtzo mit vielen neuen Stimmen vermehret und verbessert Von Jacob Hintzen".

Jacob Hintze[8] (1622–1702), geboren im märkischen Bernau, wurde in Berlin von Paul Nieressen (gest. 1659) und dann weiter in Spandau von seinem Vater Georg Hintze zum Stadtmusiker ausgebildet. Nach erfolgter Freisprechung begab er sich auf die übliche Wanderschaft, die bemerkenswert weiträumig durch östliche und nördliche Lande verlief und zu ersten Anstellungen führte. Nach Ende des Dreißigjährigen Krieges 1648 kehrte er nach Spandau zurück; es folgten weitere kurzzeitige Anstellungen. Von 1651 bis 1659 war er in Stettin tätig. Zum 1. August 1659 dann wurde er als Nachfolger seines einstigen Lehrherren Nieressen zum Stadtmusiker in Berlin berufen, welche Stelle er bis zu seinem Tode behielt.

Offenbar war Hintze insgesamt für die „EDITIO XXIV." als Herausgeber verantwortlich; und er trug, wie zu zeigen sein wird, in der Tat reichlich Eigenes zu ihr bei.[9] Die Angabe im Titel aber, wonach er es gewesen sei, der die PPM jetzt „mit vielen neuen Stimmen vermehret" habe, darf nicht falsch verstanden werden. So ist es nicht an dem, dass Hintze durchweg die aus früheren Auflagen übernommenen Cantus-Basis-Gerüste vierstimmig ausgesetzt hat. Vielmehr begegnen zahlreiche der jeweils zugehörigen Mittelstimmen bereits in Crügers *Geistlichen Kirchen=Melodien* und in seiner *PSALMODIA SACRA*. (Dabei ist freilich der Begriff der Konkordanz recht weit zu fassen; dazu vgl. unten die Kritischen Kommentare unter der Rubrik „Vierstimmiger Satz".) Mit anderen Worten: Auch die Mittelstimmen zu den bereits bei Crüger nachweisbaren Cantus-Basis-Gerüsten gehen in der Substanz mehrheitlich auf Crüger selbst zurück. Dazugehörige frühere instrumentale Oberstimmen hingegen sind dabei ersatzlos entfallen.

Sodann sind auch bei den allermeisten noch verbleibenden Sätzen in Gl nicht nur die Melodien, sondern auch die Bässe schon zuvor nachweisbar. Häufig ist dabei keine PPM-Ausgabe älteste Quelle, sondern gelangten die Gerüstsätze von anderswoher dorthin, teils bereits in eine vorangehende Ausgabe, teils jetzt nach Gl neu. Und endlich belegt das Lied „Ich bin ja, Herr, in deiner Macht" (Nr. 1042) die Übernahme des mehrstimmigen Satzes eines anderen Komponisten, in diesem Falle nämlich Heinrich Alberts (1604–1651).[10]

---

7 Vgl. neben den Abbildungen im vorliegenden Band, S. XXII f., auch die in WenzelU, S. 195 (Abb. 3).
8 Vgl. zu ihm auch PPMEDW II/1.1, S. 99 mit Anm. 357; Sachs 1908, S. 57–59; BunnersH.
9 Vgl. auch WenzelU pass.
10 Das ist auch insofern bemerkenswert, als Alberts Melodieschaffen in den Ausg. zu Crügers Lebzeiten keine Rolle gespielt hat (vgl. dazu PPMEDW II/1.1, S. 35 und 40).

Zudem finden sich unter den in Gl mit Hintzes Initialen gezeichneten Sätzen[11] einige, bei denen diese Zuweisung bedenklich oder tatsächlich falsch ist,[12] Heinrich Alberts Komposition „Ich bin ja, Herr, in deiner Macht" eingeschlossen. Doch bleibt dies mit Nachsicht zu behandeln. Was zu solchen falschen Angaben geführt hat, sei hier nicht weiter verfolgt; Johann Crüger selber hatte einst bei den von ihm besorgten PPM-Ausgaben ersichtlich Sorgfalt und Bedacht auf die Unterscheidung dessen verwandt, was unter seinem Namen aufzuführen war und was nicht. Dennoch begegnen dabei Unstimmigkeiten und Ungleichbehandlungen zwischen den einzelnen Herangezogenen Ausgaben.[13] Hier und dort hat sich dafür bereits eine Erklärung gefunden – und selbstverständlich ist ein derart großes Sammelwerk mit einer so langen und ausgreifenden Geschichte auch fehleranfällig.

Die Angabe im Titel der „EDITIO XXIV.", wonach Hintze für die jetzt durchgehende Vierstimmigkeit der Lieder steht, ist im Wesentlichen so zu verstehen, dass der Berliner Stadtmusiker die Sätze aus verschiedenen ihm vorliegenden Quellen zusammentrug – eine Leistung, die auch für sich allein genommen alles andere als gering zu veranschlagen ist. Dass Hintze dabei dort, wo es ihm geboten oder wünschenswert erschien, eingriff und änderte, teils auch massiv, entsprach einer Praxis, die seit ehedem gang und gäbe war. So drückt sich die Titelseite einer als zweite Auflage der vierstimmigen Ausgabe Gl angepriesenen Titelauflage auch etwas genauer aus, wenn es dort nun heißt, dass „die vor diesem mit eingeschlichen[en] / Christlichen Liedern unanständigen Melodien heraußgelassen / hingegen mit unterschiedenen neuen vermehret / wie auch zu denen hinzugethanen Melodien Mittelstimmen gesetzet / Von Jacob Hintzen".[14] Es ist also ausdrücklich davon die Rede, dass Hintze zu den „hinzugethanen" Melodien die Mittelstimmen verfasst habe. (Auf die Bässe der neuen Melodien wird demgegenüber nicht eingegangen.) Je nach Sachlage also wird es in der Tat auch dazu gekommen sein, dass Hintze Mittelstimmen nicht nur veränderte, sondern auch mal austauschte oder gar überhaupt erstmalig neu komponierte.

---

11 Hintzes Initialen erscheinen in Gl bei 21 Kompositionen: Nr. 2, 41, 44, 45, 48, 64, 77, 80, 90, 395, 534, 777, 780, 781, 783, 907, 913, 921, 1016, 1019, 1042; hinzu kämen die 65 Epistellieder-Sätze. Hier und dort mögen die Initialen auch fehlen. In WenzelU, S. 197, sind andere Zahlen genannt. Auf weitere Versehen und inzwischen überholte Angaben in Wenzels verdienstvoller Arbeit wird nachfolgend nicht mehr hingewiesen.
12 Die Nrn. 48, 64, 77, 534, 1019, 1042.
13 Darüber wird in PPMEDW I/2 jeweils unterrichtet.
14 Vgl. die Wiedergabe des Titelblatts in PPMEDW II/1.1, S. 388 (Bilddokument 106), sowie die Transkription des Titels ebd., S. 387. – Demgegenüber ist die Ausbeute des auf dem neuen Titelblatt ebenfalls geltend gemachten Austauschs „unanständiger Melodien" ernüchternd. An dieser Feststellung kam bereits WenzelU, S. 205 und pass., nicht vorbei, und die hier vorgelegten Kommentare zu den Liedern bestätigen sie weiterhin.

Allerdings begann Hintzes Mitwirken an der PPM schon eher. Wahrscheinlich war der seit 1659 als Berliner Stadtmusiker Bestallte bereits für die im Jahre 1666 bei Runge erschienene großformatig und erkennbar mit Sorgfalt angelegte „EDITIO XII." (Ga) zuständig; und damit dürfte er auch Crügers handschriftlichen Nachlass verfügbar gehabt haben, der im Titel der „EDITIO XII." als Bezugsquelle genannt ist. In einen Anhang zur „EDITIO XII." (Ga^A) überführte Hintze gar einen ganzen Zyklus seines Schaffens, nämlich seine Vertonungen der *Episteln Der Sontage vnd fürnemsten Feste des gantzen Jahrs* des Martin Opitz (1597–1639).[15] Der selige Johann Crüger, so heißt es im Titel dieses Anhangs zur „EDITIO XII.", habe das noch empfohlen.[16] Erstmals erschienen waren Hintzes Vertonungen des Zyklus mit neuen Melodien und bezifferten Bässen 1661 in Frankfurt an der Oder,[17] zugeeignet dem Kurfürstlich brandenburgischen „Geheimbten=Raht" und „Ober=Præsidenten" Otto von Schwerin (1616–1679), dem späteren Vorsitzenden der Theologenzusammenkünfte im sog. Berliner Kirchenstreit.[18] Crüger, der Hintze offenbar als Kollegen und Freund schätzte, hatte ein lateinisches Widmungsgedicht für diesen selber beigetragen. Für den Anhang Ga^A, in dem Crügers Gedicht wiederkehrt,[19] wurde der Epistelliederzyklus erheblich überarbeitet.

In der nächstfolgenden Berliner „EDITIO XIII." von 1667 (Gb) wurden die Opitz-Episteln mit Hintzes Melodien und Bässen zwar nochmals als Anhang bezeichnet; die Lieder gehören ab jetzt jedoch zu den Berliner Ausgaben des Gesangbuches selbst, indem ihre laufende Nummerierung und die Paginierung weitergeführt werden.[20] Letztmals enthalten sind sie in der „EDITIO XXX." (Gq) von 1703, dem Jahr nach Hintzes Tod.

Aus alledem ergibt sich die Frage, ob bzw. inwieweit Hintze nach dem Tod Crügers schlechthin in die Fortführung der PPM einbezogen war. Hierüber gibt es unterschiedliche Ansichten; gleichwohl festigt sich mehr und mehr die Auffassung, dass der Stadtmusiker auf den Fortgang der Sache erheblichen Einfluss hatte.[21] Daneben aber lässt sich darüber spekulieren, ob der von Runge gedruckte

---

15 Titel wiedergegeben nach dem Erstdruck von 1628 (Neuedition OpitzEp. Vgl. auch die Transkription des Titels im vorliegenden Band, S. 397.
16 Vgl. PPMEDW II/1.1, S. 151 (Bilddokument 28), und die Transkription des Titels im vorliegenden Band, S. 398.
17 Vgl. PPMEDW II/1.1, S. 210, und die Transkription des Titels im vorliegenden Band, S. 397.
18 Dazu insgesamt Johannes M. Ruschke: Paul Gerhardt und der Berliner Kirchenstreit. Tübingen 2012 (= Beiträge zur historischen Theologie 166).
19 Vgl. die Wiedergabe dieses Zweitdrucks in PPMEDW II/1.1, S. 211 (Bilddokument 53a), sowie die Transkription des Textes ebd., S. 213.
20 Zur Ausg. Gb vgl. PPMEDW II/1.1, bes. S. 288f.
21 Dazu vgl. PPMEDW II/1.1, S. 223f. u.a., sowie Hans-Otto Korth: Ein einzigartiger Freund: der Stadtmusiker Jacob Hintze. In: Crüger 2022, S. 199–206.

Zyklus mit den Vertonungen des Stadtmusikers wirklich auf ganzer Linie willkommen war.

Erst ab der Ausgabe Gb also sind die 65 Lieder tatsächlich Teile des Repertoires der PPM und haben erst ab dann als dazugehörig zu gelten.[22] Ab der „EDITIO XX." von 1679 (Gi) erschienen sie von Sonntag zu Sonntag und Fest zu Fest im Wechsel gemeinsam mit den notenlosen Liedtexten, die Johann Heermann (1585–1647) im Jahre 1636 in Leipzig unter dem Titel *Sontags= vnd Fest=Evangelia / durchs gantze Jahr / Auff bekandte Weisen gesetzt* in Druck gegeben hatte; und in dieser Anordnung finden sie sich auch in Gl.[23] Daraufhin ist die Nummerierung der nunmehr dort vierstimmigen Epistellieder nicht ununterbrochen fortlaufend, sondern lückenhaft (von Nr. 1073 an bis Nr. 1193).

Seit dem *Newen vollkömlichen Gesangbuch* von 1640 (A) wurden vereinzelt Begleitveröffentlichungen mit Mittel- und Instrumentalstimmen zu PPM-Ausgaben angekündigt oder auch als Instrumentalstimmen allein. Das geschah also von Anfang an, zuletzt in der „EDITIO XII.".[24] Nur für das *Newe vollkömliche Gesangbuch* und den Anhang der „EDITIO XII." (Ga^A) besteht Sicherheit darüber, dass ein solches Vorhaben tatsächlich ausgeführt wurde.[25] Erkennbar brachte Crüger diesen Begleitunternehmungen gegenüber nicht dieselbe Verve auf wie gegenüber der PPM insgesamt. Dazu passt, dass so gut wie nie eine Melodie von Crüger wirklich umfassend ein weiteres Mal neu gesetzt wurde. Pointiert und gewagt vereinfacht ausgedrückt: Für jede Melodie gibt es im Œuvre Crügers nur einen Satz. (Hierzu vgl. auch unten die Kritischen Kommentare unter der Rubrik „Vierstimmiger Satz".)

Jacob Hintzes „EDITIO XXIV." bestätigt all das einmal mehr. Gewiss hat das Schaffen des Stadtmusikers auch eigene Züge; er ist gut zwei Jahrzehnte jünger als Crüger, und seine Melodien und Kompositionen sind auch als die jüngeren zu erkennen.[26] Eine

---

22 Die separate Nummerierung in GaA beweist die Eigenständigkeit des Druckes, aufgrund derer er auch nicht in PPMEDW II/2 berücksichtigt wurde.

23 Als Begleiterscheinung kehrt der Name Johann Heermanns, der in A noch eigens in den Titel aufgenommen worden war, ab Gi vorübergehend wieder dorthin zurück; vgl. die Wiedergabe des Titelblatts in PPMEDW II/1.1, S. 359 (Bilddokument 95), sowie die Transkription des Titels ebd., S. 357. (Bei der Verzeichnung des Druckes als DKL 1679[08] konnte seinerzeit kein Titel zitiert werden.) Zum letzten Mal erscheint Heermanns Name auf dem Titelblatt der „EDITIO XXX." von 1703 (Gq). Die Erwähnung des schlesischen Dichters in jenen PPM-Titeln dürfte seine Einschätzung als Teil eines „Dreigestirns" im Kirchenliedschaffen neben Martin Luther (1483–1546) und Paul Gerhardt (1607–1676) mit befördert haben. Vgl. dazu Hans-Otto Korth: Zwischen Martin Luther und Paul Gerhardt: der schlesische Kirchenlieddichter Johann Heermann. In: Jahrbuch für Schlesische Kirchengeschichte. N.F. 97/98 (2018/2019), S. 119–140.

24 Davor außer in A noch in D, E, Ga^A; dazu vgl. in PPMEDW II/1.1 die Kommentare zu den jeweiligen Drucken.

25 Zu A vgl. PPMEDW II/1.1, S. 20–22, und zu Ga^A ebd., S. 217 f.

26 Vgl. WenzelU, S. 205.

genauere Eingrenzung seines Anteils an den 392 Sätzen, so wie die
„EDITIO XXIV." sie aufweist, wird an dieser Stelle nicht versucht;
die Hürden dafür dürften hoch sein. Dem Verständnis dieser trotz
aller weiter unten genannten Einschränkungen immer noch beein-
druckenden Redaktionsleistung aber tut das keinen Abbruch, vielmehr unterstreicht es umgekehrt das Weiterleben einer Eigenheit,
die auf Johann Crüger selbst zurückgeht, von Anfang an. Auch ohne
die (je nachdem neue oder nochmalige) Wiedergabe der Folgestrophen und der notenlosen Texte vermittelt unsere Neuausgabe der
392 Liedsätze ein eindrucksvolles Bild vom späteren ehrenvollen
Umgang mit dem Gesangbuchschaffen des Berliner Nikolaikantors.

Zu den Übertragungen der Liedsätze

Quelle der nachfolgend vorgelegten 392 Liedsätze ist die „EDITIO
XXIV." der PPM von 1690 (Gl). Die Sätze sind nach ihrer Reihenfolge
in Gl angeordnet.

Aufgrund der musikeditorischen Eigenarten dieser Ausgabe sahen
wir uns erheblichen Herausforderungen gegenüber. Crüger und seine
Nachfolger haben einerseits an einem im Wesentlichen gleichblei-
benden kompositorischen Grundbestand festgehalten, andererseits
aber ständig an diesem gewirkt, mal mittels geringfügiger Feilstri-
che, mal mit dem Ergebnis erheblicher Veränderungen. Die Frage
nach dem tatsächlichen Anteil Hintzes daran ist, wie bemerkt, bislang nicht umfassend geklärt. Mehr noch als in unserer bisherigen
Editionsarbeit rückt das Detail in den Vordergrund: Nicht nur das,
was Gl als zugrunde gelegte Quelle mitteilt, ist von Belang, sondern
auch wie dies erfolgt. Derartiges ist im Editionswesen kein Sonder-
fall, wird jedoch hier durch einige – freilich nicht strikt voneinander zu trennende – Vorbedingungen erschwert:

Erstens hat Crüger immer wieder mit den Gepflogenheiten zeitge-
nössischer Satztechnik gerungen, und hier und dort hat das Spuren
hinterlassen. Diese Erkenntnis ist nicht neu, bereits Elisabeth Fischer-
Krückeberg wies unter anderem auf Fälle allenfalls halbherziger
Kaschierung von perfekten parallelen Konsonanzen hin.[27] Jetzt in
Gl aber erscheint dergleichen nachgerade potenziert. Insbesondere
zeigt sich, dass Hintze bei der Zusammenstellung des Inhalts nicht
nur Anfechtbares von Crüger weiterhin gelten ließ, sondern überdies bei seinen eigenen Beiträgen in dessen Fußstapfen trat. Mithin
werden die betreffenden Erscheinungen hier aufgezeigt.

27 Vgl. Fischer-Krückeberg 1932a, S. 255, 257, 258 und pass.

Zweitens ist zu erkennen, dass der zuständige Musikredaktor von Gl, also offenbar Hintze selber, bei der Zusammenstellung des Inhalts mehrere Quellen heranzog. Das aber zeigt sich nicht nur am Repertoire als Ganzem, sondern tritt durchaus auch innerhalb einzelner Kompositionen zutage. Der Redaktor hat, wohl weit häufiger noch als unten in den Kommentaren hervorgehoben, verschiedene Versionen eines Satzes zu einer kompilieren wollen – und das ist nicht immer gutgegangen. Gelegentlich zeigt sich in einer Stimme die Lesart einer früheren Ausgabe, die dort Teil einer in sich schlüssigen Version war. Wenn das Übrige des Satzes in Gl zugleich aber (zur Gänze oder nur in Teilen) an eine andere ältere Ausgabe angelehnt ist, kann das zu einem anfechtbaren Ergebnis führen. Ein Missklang etwa geht dann nicht auf einen schlichten Verschreiber oder Druckfehler zurück, sondern ist Zeugnis einer Eigenwilligkeit der Quellenredaktion.

In der Tat hat drittens Gl wie jede andere Quelle auch eigene Züge. Neben dem eben Genannten ist hier übergreifend insbesondere eine ungewöhnliche Nonchalance hinsichtlich der Akzidentiensetzung festzustellen. Gang und gäbe etwa sind Widersprüche zwischen Noten und Bezifferung hinsichtlich der Terz (groß oder klein; erstmals bei Nr. 2 „Die güldne Sonne" am Mittelschluss). Ständig neu stellt sich die Frage, ob und wie weit ein Akzidenz über die Note hinaus, vor der es steht, noch gilt. Sogar Klänge in Grundstellung auf *H* ohne Vorzeichnung kommen vor (etwa bei Nr. 781 „Was trotzest du, stolzer Tyrann"). Diese und weitere Seltsamkeiten mehr oder minder unverändert hinzunehmen, ist die deutlichste Art ihrer Dokumentation. Daneben würde ihre Glättung eine erhebliche Belastung der Kommentare bedeuten und wäre niemals frei von persönlichem Dafürhalten der Editoren.

Und endlich kommt zu alledem eine recht mäßige Qualität des Notensatzes und seiner Redigierung hinzu. Vornehmlich betroffen ist die Bezifferung und der Abgleich mit ihren Aussetzungen; erwähnt seien beispielsweise in der Bezifferung verlangte Quartvorhalte, die der Notensatz nicht hat (etwa Nr. 290 „Schrecklichs Zittern kommt mich an", Stollenschluss; Nr. 293 „Ich elender Mensch und Knecht", Hauptschluss). Aber auch Fehler bei Einzelnoten und Notengruppen kommen vor (falsche Tonhöhen und -werte, Augensprünge und daraufhin fehlende oder zusätzliche Noten u.a.). Die Bewältigung solcher Herausforderungen ist eigentlich Editoren-Alltag. Hier aber will es die Ironie des Schicksals, dass die Unzulänglichkeiten des Druckes selbst von den zuvor genannten redaktionellen Eigenwilligkeiten kaum mehr zu trennen sind.

Das daraufhin Nächstliegende, nämlich beim vorzulegenden Notentext ganz und gar auf Redigierung zu verzichten, von Eingriffen vollkommen abzusehen und stattdessen alles diplomatisch strikt nach Gl vorzulegen, haben wir uns versagt. Ein völliger Verzicht auf kritisches Vorgehen wäre mit dem Anspruch einer wissenschaftlichen Edition nicht zu vereinbaren gewesen; und es hätte zudem in Teilen zu grotesker Darstellung geführt. (Bereits die Übertragung in Partitur ist ja letztlich eine Abkehr von der diplomatischen Wiedergabe.) Dennoch halten wir immer noch in einem für wissenschaftliche (geschweige praktische) Ausgaben möglicherweise befremdlichen Ausmaß an dem fest, was Gl an Anfechtbarem im Notentext aufweist. Sehenden Auges werden Mängel bis hin zu eigentlich schwersten Fehlern in die Übertragungen überführt: Genannt seien unreine Intervalle in Klängen wie auch in Fortschreitungen, Querstandsbildungen, anfechtbare und unvollständige Bezifferungen (fehlende Sechsen u.a.), wie bereits erwähnt Unstimmigkeiten zwischen Bezifferung und Notentext sowie fehlende Leittonerhöhungen. Hinzu kommen parallele oder zumindest in dieselbe Richtung gehende auch größere Sprünge in sogar mehr als zwei Stimmen und nicht zuletzt Parallelen perfekter Konsonanzen, und das nicht wenige Male.[28]

Die einzelnen Sätze in Partitur sind mit einer aus zwei bis drei Gliedern zusammengesetzten Angabe überschrieben: der (wo nötig richtiggestellten) Nummer des Liedes im Druck, dem standardisierten Textanfang und ggf. dem Sigel der Text-Melodie-Verbindung in unserer Edition. Einige Male allerdings war dabei gemäß den Richtlinien (vgl. PPMEDW I/2, S. 29f. und 449f.) ein Sigel neu zusammenzustellen, und zwar bei Sätzen, die eine gegenüber den Wiedergaben in PPMEDW I/1–2 abweichende Text-Melodie-Verbindung haben (z.B. bei Nr. 519). Ist dabei die Melodie (d.h. die Cantus-Stimme des betreffenden Satzes) neu, so wird das durch ein hochgestelltes M hinter dem Stern ausgedrückt. (Vgl. PPMEDW I/2, S. 449; z.B. bei Nr. 80. Der umgekehrte Fall, dass nur der Text [T] neu ist, liegt allein bei Nr. 1214 vor.).[29] Da Gl wie üblich auch notenlose Texte enthält, hat die Nummernfolge Lücken. Über die Nummern hinaus wird aus den Überschriften in Gl nichts übernommen; im Unterschied zu PPMEDW I/1 unterbleiben auch weitere Angaben wie Dichter- und Komponistennamen u.a.

Die Übertragungen in Partitur beschränken sich strikt auf Wiedergabe des Notentextes, unterlegt mit der jeweils ersten Strophe. Die Noten sind wie bisher 1:1 und unter Beibehalt der originalen Schlüsselung und Vorzeichnung umgesetzt und stimmenweise in

---

[28] Größter Dank auch in diesem Zusammenhang gebührt Herrn Dr. Ekkehard Krüger vom ortus musikverlag. Im Ringen um ein bei all den Fragwürdigkeiten akzeptables Ergebnis hat der erfahrene Continuo-Spieler sich als höchst wertvolle Stütze erwiesen.

[29] Sämtliche Lieder, ob mit oder ohne Sigel, sind zudem in PPMEDW II/2 erfasst.

Zehnerschritten nummeriert. Auf Abweichungen gegenüber früheren Vorkommen der Liedtexte wird nicht eingegangen. Im Unterschied zu PPMEDW I/1–2 unterbleiben weitere Informationen wie Zeilennummern, Seitenwechsel, Zeichen für Umbruch und dergleichen mehr. Leichte Verschiebungen von Bögen und Bezifferung sind stillschweigend behoben; sind die Verschiebungen missverständlich, erfolgt ein Vermerk im Kritischen Kommentar. Zwischen Kreuz (※) und erhöhendem Auflösungszeichen (♮) wird im Druck mehrheitlich nicht unterschieden; beides wird auch in den Übertragungen als Kreuze wiedergegeben; die doch vorhandenen Auflösungszeichen sind stillschweigend zu Kreuzen geändert.[30] Rücknahmen von Erhöhungen sind dementsprechend in den Übertragungen wie im Druck durch ein ♭ ausgedrückt. Die problematische Akzidentiensetzung von Gl wird weitestgehend kommentarlos übernommen; Hilfsakzidentien im Übersatz unterbleiben (wie in PPMEDW I/1) ganz und gar.

Vieles an satztechnisch Problematischem wird durch Konkordanzen gestützt.[31] Anderes mag als subjektive Entscheidung wirken, nicht unanfechtbar sein und sich im Vergleich mit abweichender Behandlung an vergleichbarer Stelle auch als inkonsequent erweisen. Doch ergibt sich auch dann ein Brückenschlag zur Quelle selber. Bereits genannt sind die Inkonsequenz bei der Akzidentiensetzung und Unstimmigkeiten zwischen Notentext und Bezifferung. Im Übrigen ist selbstverständlich jeder redaktionelle Eingriff und gelegentlich auch das Unterbleiben eines solchen in den Kritischen Kommentaren dokumentiert.

Aufbau der Kritischen Kommentare

Wie die Melodien mit ihren Sätzen sind auch die dazugehörigen Kommentare in der Reihenfolge des Druckes Gl aufgeführt. Gegenüber PPMEDW I/2 gibt es einige Unterschiede. Insbesondere sind Einrichtung und Reihenfolge der Rubriken geändert, stehen doch jetzt die Melodien und ihre vierstimmigen Sätze im Vordergrund. Ferner sollten Wiederholungen von in PPMEDW I/2 gebotenen Angaben unterbleiben, und manches ließ sich geraffter als dort ausdrücken. Da für die Edition allein die „EDITIO XXIV." heranzuziehen war, erübrigen sich Verbreitungs- und Variantenangaben.

---

30 Bei Nr. 156, 177, 198, 199, 224, 477, 1018.
31 Bisweilen allerdings wird im Gegenteil die Behebung eines Mangels durch eine ältere Konkordanz erschwert: sei es aufgrund bestehender Lesartenunterschiede oder ebenfalls vorhandener Fehler – Zeugnissen fortwährenden Ringens mit einer Stelle; vgl. etwa Nr. 680 „Lobet den Herren, denn er ist sehr freundlich" und die Anmerkung dort.

Bei den Opitz'schen Epistelliedern (Nrn. 1073–1193) ergeben sich nochmals Änderungen, über die auf S. 399f. unterrichtet wird.

Die Kritischen Kommentare sind nach folgendem Schema aufgebaut:

[Kopfzeile]
Gl
Melodie
Vierstimmiger Satz
Text
Alternative Melodiezuweisung
Anmerkung

Die Rubriken und deren einzelne Unterabschnitte brauchen nicht sämtlich vorzukommen.

Kopfzeile
Die Kommentare zu den einzelnen Notensätzen haben dieselben Überschriften wie Letztere.[32]

Gl
Die Rubrik „Gl" entspricht in der Sache der Rubrik „EV" in PPMEDW II/2: Genannt werden Abweichungen, die der Edierte Notentext und die unterlegte erste Textstrophe aufgrund von nötigen Änderungen gegenüber der Quelle Gl aufweist. Gemäß der veränderten Gewichtung gegenüber PPMEDW I/1–2 steht „Noten:" hier vor „Text:".

Noten: Am Beginn stehen kursorische Angaben; anschließend werden die Angaben nach den Stimmen getrennt fortgeführt. Auch die Mitteilungen zu den Einzelstimmen können mit kursorischen Angaben beginnen (z.B. Mensurzeichen). Alle weiteren Angaben beziehen sich auf Einzeltöne und Tongruppen, die gemäß der Notenzählung bei der Wiedergabe des Tonsatzes durch Zahlen (mit Doppelpunkt dahinter) benannt sind. Den Zahlen kann auch ein „v" für „vor" und „n" für „nach" vorangestellt worden sein (z.B. „v8" meint: ‚vor Note 8 der betreffenden Stimme'). Die Notenwerte werden im Verhältnis 1:1 angegeben; die Tonhöhen sind durch Kursivbuchstaben bezeichnet. Die Angaben sind durch das Zeichen der liegenden Raute (◇) voneinander abgehoben. Wenn ein Eingriff durch eine Konkordanz gestützt werden kann, so wird das durch den Zusatz „(korr. nach …)" vermerkt. Bei Cantus und Basis bereits (in

---

[32] Vgl. oben S. XV.

PPMEDW I/1-2) edierter Sätze kann darauf weitestgehend verzichtet werden; desgleichen unterbleibt ein solcher Zusatz im Allgemeinen bei schlichten, offenliegenden Fehlern von Notenwerten. Umgekehrt wird einzelne Male auch das Unterbleiben eines Eingriffs gerechtfertigt (etwa bei Nr. 519).

Text: Soweit nicht bei den wenigen betreffenden Fällen (Nrn. 11, 48, 156, 811, 115) ausdrücklich anders vermerkt, fallen genannte Abweichungen in beiden Bänden an.

Insgesamt ist das Vorgehen weniger streng als in PPMEDW I/2: Fehler in der Nummerierung sind, wie erwähnt, stillschweigend richtiggestellt.[33] Die gleichfalls schon erwähnten Verschiebungen der Bezifferung und Bogensetzung werden nur bei drastischen und daraufhin missverständlichen Fällen aufgeführt. Sodann werden anders als in PPMEDW I/2 begleitende Angaben (z.B. Textmarken) weder erfasst noch kommentiert. Ebenfalls im Unterschied zu PPMEDW I/2 unterbleiben Hinweise auf Lücken statt Zeilentrennstrichen und Hinweise auf rudimentäre Zeilentrennstriche, zumal die Unterscheidung kaum möglich ist. Das Fehlen von Zeilentrennstrichen wird nur noch dort vermerkt, wo es unmissverständlich ist: wenn also ersichtlich kein Strich steht und das Notensystem stattdessen auch keine Lücke aufweist. Unstimmigkeiten bei Schlussstrichen sind ebenfalls nicht verzeichnet. Endlich gibt es auch keinerlei Mitteilungen, die die Sätze mit ihren jeweils unterlegten Eingangsstrophen nicht unmittelbar betreffen (z.B. unterbleiben Mitteilungen von Fehlern in Überschriften und Folgestrophen).

Hat das Lied ein Sigel nach vorliegender Edition, so unterbleiben jegliche weitere Rubriken mit Angaben zu Komponisten, Dichtern, Editionen sowie zu Erstquellen und Ersterscheinen in einer PPM-Ausgabe; all das wird an den betreffenden Stellen in PPMEDW I/2 geboten (erstmals schon bei Nr. 1).

Bei zusammengesetzten Sigeln wird sinngemäß verfahren. Sind dabei sowohl Text (Eingangsstrophe) als auch Melodie in PPMEDW I/1-2 (getrennt, an verschiedenen Stellen) vorgelegt, so erübrigen sich wiederum alle weiteren Angaben (z.B. bei Nr. 519). Ist jedoch die Melodie neu (im Sigel ausgedrückt durch ein hochgestelltes M hinter dem Stern, z.B. bei Nr. 80), so wird über sie informiert. (Der umgekehrte Fall, dass nur der Text [T] neu ist, liegt, wie erwähnt, allein bei Nr. 1214 vor und ist entsprechend dargestellt.)

---

33 Bei der Beschreibung des Druckes Gl in PPMEDW II/1, S. 381–384, sind die Nummerierungsfehler sämtlich aufgeführt und in Anmerkungen richtiggestellt (vgl. dazu oben Anm. 3).

Melodie (bei Melodien ohne PPM-Sigel)
Aufgeführt werden Neueditionen, der Komponist und die Quelle (der Erstdruck), wo erforderlich, mit begleitenden Angaben. Als Editionen werden nur solche genannt, die bereits in PPMEDW I/2 herangezogen wurden.[34] Wo geboten, erscheinen Zusatzinformationen in Kursivschrift.

Vierstimmiger Satz
Am Beginn der Rubrik wird auf Konkordanzen des jeweiligen Satzes hingewiesen, die in Crügers *Geistlichen Kirchen=Melodien* von 1649 und/oder seiner *PSALMODIA SACRA* von 1657/58 zu verzeichnen sind. Wie bereits bemerkt, kommt es bei Liedsätzen Crügers so gut wie nicht vor, dass verschiedentlich auftretende Sätze zur selben Melodie sich in jeder Hinsicht voneinander unterscheiden. In den meisten Fällen können die Sätze als mehr oder minder gleich gelten, dabei allerdings ein Spektrum umfassend, das sich von schlichten Konkordanzen bis hin zu Variantenbildungen größten Ausmaßes erstreckt. Aber selbst bei erheblichen Unterschieden bleiben Brücken erkennbar, die über das, was Harmonien implizieren, hinausgehen und die Sätze in letzter Instanz als verwandt erscheinen lassen.[35] Umgekehrt können Abweichungen wie gesucht erscheinen, was dann zwar ex negativo, aber doch ebenfalls auf Verbindungen hinweist (vgl. z.B. bei Nr. 2). In alledem äußert sich ein Grundzug der PPM einmal mehr: nämlich die ständige Auseinandersetzung Crügers, seiner Mitstreiter und Nachfolger mit einem zwar nicht vollends übereinstimmenden, im Grundsatz aber parallel laufenden Bestand.

All dies bedeutet zunächst, dass bei der Angabe von Konkordanzen großzügig verfahren werden konnte und auch musste. Andererseits sind hier keine zu großen Erwartungen zu hegen: Ausmaß und Vielfalt der Variantenbildungen zu erfassen, terminologisch näher zu bestimmen, geschweige sie in ein graduelles Schema zu bringen, war im Zuge der editorischen Arbeit, bei der vorhandenen Verpflichtung zu Überschaubarkeit, nicht zu leisten. Will sagen: Wenn auf Konkordanzen hingewiesen wird, so kann dies sowohl bedeuten, dass die betreffende Komposition in Gl gänzlich mit einem früheren Nachweis übereinstimmt, als auch heißen, dass bei ihr nur noch verhaltene Bezugnahme auf dasselbe musikalische Material vorliegt. Varianten sind auch nicht auf die Mittelstimmen beschränkt. Somit erfolgen im Anschluss an die Konkordanz-Angaben nach einem Spiegelstrich in einigen Fällen zusätzlich vorsichtige Hinweise darauf, ob und in welchem Ausmaß Varianten vorkommen und in welcher Art (vgl. z.B. bei Nr. 450). Angesichts der bestehenden Vielfalt war hierfür ein

---

34 Mit Ausnahme beim Heinrich-Albert-Satz Nr. 1042 „Ich bin ja, Herr, in deiner Macht".
35 Für die anderweitig mitgeteilten Instrumentalstimmen gilt das allerdings weniger.

weiter Ermessensspielraum zuzugestehen. Entsprechende Mitteilungen erfolgen deshalb nur, wo geboten, und ohne Anspruch auf Konsequenz und Vollständigkeit. Das bedeutet aber auch, dass, wenn solche Angaben unterbleiben, es sich keineswegs stets um schlichte, mehr oder minder variantenlose Konkordanzen handelt. Umgekehrt wird hier und dort auch mal auf Identisches hingewiesen. Im Übrigen bestehen auch Unterschiede zwischen den früheren Nachweisen in den *Geistlichen Kirchen=Melodien* einerseits und den *PSALMODIA SACRA*-Teilen andererseits. Ist das der Fall, so entspricht Gl mehrheitlich eher der *PSALMODIA SACRA*-Version bzw. lehnt sich eher an diese an. Zuweilen ist aber doch die Nähe zu den *Geistlichen Kirchen=Melodien* größer, oder es sind Brücken zu beiden früheren Vorkommen zu verzeichnen, oder es ergibt sich etwas Selbstständiges. Kurz, ein ganzes Spektrum von Möglichkeiten besteht also auch in dieser Hinsicht. Endlich sei noch hervorgehoben, dass die Konkordanz-Angaben in den früheren Crüger-Drucken nicht Identität der Texte einzuschließen brauchen.[36]

Text (bei Texten ohne PPM-Sigel)
Die Angaben zu den Texten beschränken sich auf den jeweiligen Autor (Dichter) mit Lebensdaten (sofern ermittelbar), das Jahr der Erstquelle und moderne Editionen. Ebenso wie bei den Melodien werden nur solche Editionen aufgeführt, die bereits in PPMEDW I/2 herangezogen wurden. Am Schluss der Rubrik ist vermerkt, in welcher PPM-Ausgabe nach 1661 der Text (und damit das betreffende Lied) erstmals auftritt.

Zu Besonderheiten bei den Epistelliedern (Nrn. 1073–1193) vgl. S. 399f.

Alternative Melodiezuweisung
Angaben entsprechen PPMEDW I/2. Die Rubrik „Alternative Melodiezuweisung" fällt weniger häufig an als bei den PPM-Ausgaben zu Crügers Lebzeiten und bei den Epistelliedern (Nrn. 1073–1193) überhaupt nicht.

Anmerkung
Unter der Rubrik „Anmerkung" werden erwähnenswert erscheinende Einzelheiten vorgebracht bzw. nähere Erläuterungen geboten. Zu Besonderheiten bei den Epistelliedern (Nrn. 1073–1193) vgl. S. 400.

Bei Sätzen, deren Melodien nicht in PPMEDW I/1–2 wiedergegeben sind, wird das innerhalb der PPM älteste Vorkommen der vorliegenden Text-Melodie-Verbindung angegeben. Mehrheitlich entspre-

---

36 Abweichungen sind über PPMEDW I/1–2 unschwer zu ermitteln.

chen auch die Bässe solchen in früheren PPM-Ausgaben; auch das wird eigens angegeben. (Bei den Melodien, enthalten in PPMEDW I/1–2, kann solches unterbleiben, da entsprechende Einzelheiten im Vergleich unschwer zu ermitteln sind.) Wenn die Bässe denen der Erstdrucke der Melodien entsprechen, ist das ebenfalls vermerkt. Dabei wird stets nur grundsätzlich festgestellt, dass solche Aufgriffe aus früheren PPM-Ausgaben bzw. anderen Drucken erfolgen. Ob dabei ein Bass als Ganzer übernommen wurde oder Veränderungen erfahren hat, wird nicht unterschieden, mit Ausnahme weniger Fälle (z.B. Nr. 2).

Auf frühere oder daneben bestehende Verbindungen des jeweiligen Textes mit (einer) anderen Melodie(n) innerhalb der PPM-Überlieferung wird nur ausnahmsweise eingegangen. Weitere Angaben fallen nur vereinzelt an; insgesamt sind die Anmerkungen weniger ausgreifend als die in PPMEDW I/2.

Übergreifende Anmerkung

Bei einigen vorderen Sätzen (Nrn. 177, 198, 199, 219, 302, 335) begegnet gleichbleibend eine seltsame Schlussbildung: Auf die Schlussnoten des eigentlichen Satzes, je nachdem als Semibrevis oder Minima, folgt noch ein dissonanter Klang auf je eine Longa mit g' im Cantus, c' im Altus, a im Tenor und d in der Basis. — Auffällig häufig (erstmals bei Nr. 18 in der Basis bei Note 20–21) sind Bögen gesetzt, obgleich die betreffenden Töne eindeutig syllabisch auszuführen sind oder gar dieselbe Höhe haben. Diese Bögen sind nicht in die Übertragung übernommen worden; auf ihr Vorhandensein wird in den Angaben zur Quelle hingewiesen.

Hans-Otto Korth und Wolfgang Miersemann

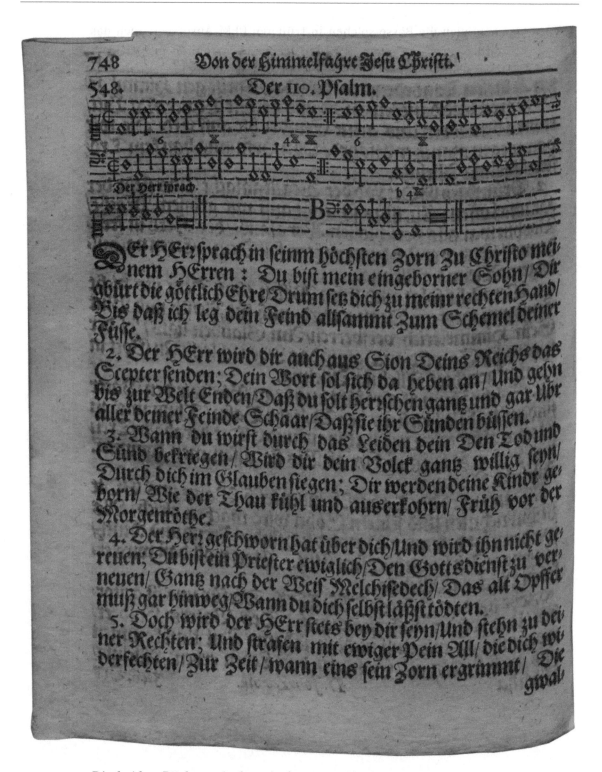

Die beiden Bücher mit dem Anfang von Nr. 548 „Der Herr sprach in seinm höchsten Thron". Im Druckträger wurden nur die Noten ausgetauscht; alles sonst ist identisch. Daraufhin finden sich bei den Textteilen dann auch alle Unzulänglichkeiten, sofern sie unbemerkt geblieben sind, hier wie dort: beispielsweise der einem Apostroph

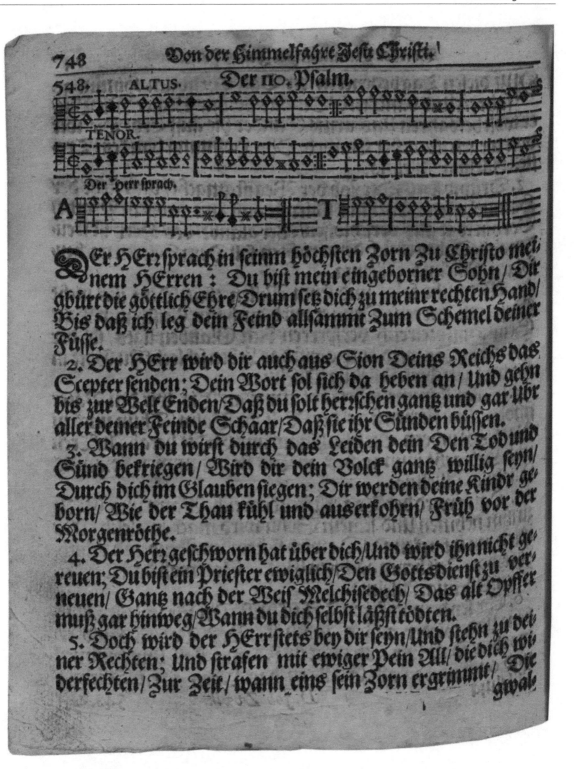

ähnliche Strich am Schluss der Kolumnenzeile (ein sog. „Spieß": die ungewollte Einfärbung eines auf die Ebene der Lettern verrutschten Auschlussstückes) und das sinnentstellende „Zorn" statt „Thron" in der ersten Zeile des Liedtextes.

Halle, Marienbibliothek, Signatur: KmG 1690/01

Übertragungen der Liedsätze

1. Wach auf, mein Herz, und singe [1*]

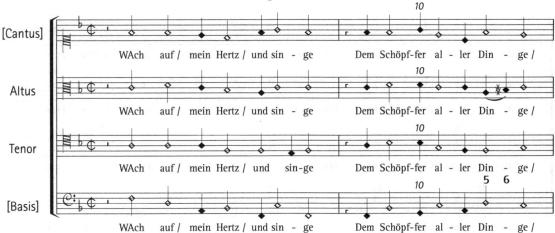

2. Die güldne Sonne voll Freud und Wonne

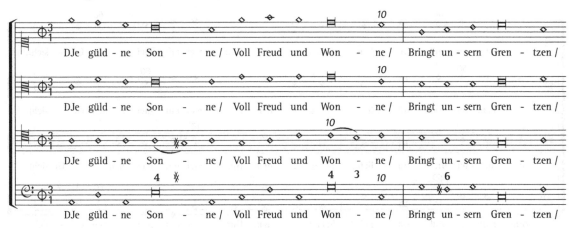

2. Die güldne Sonne voll Freud und Wonne

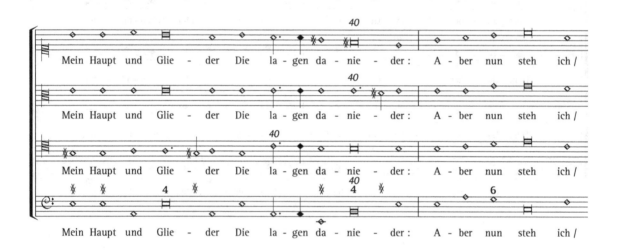

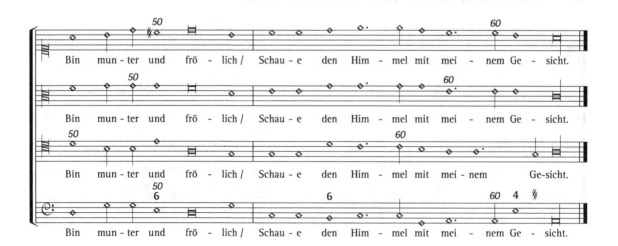

3. Aus meines Herzens Grunde [2*]

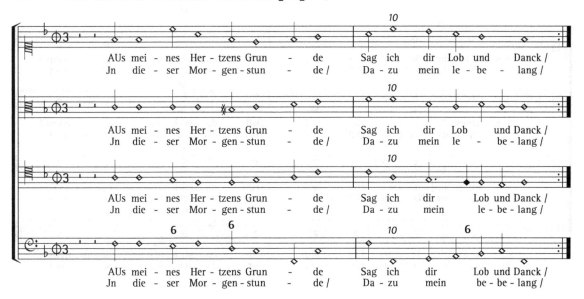
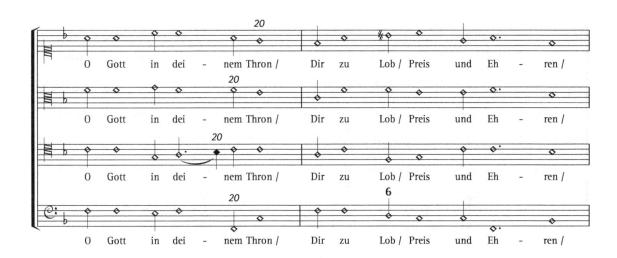
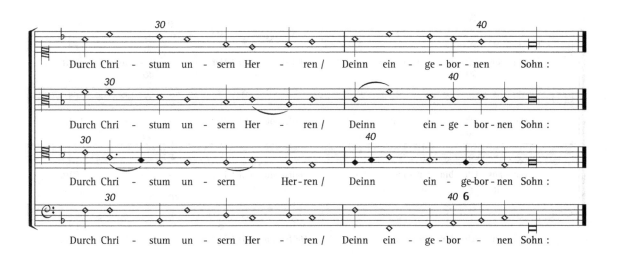

5. Ich dank dir, lieber Herre [4*]

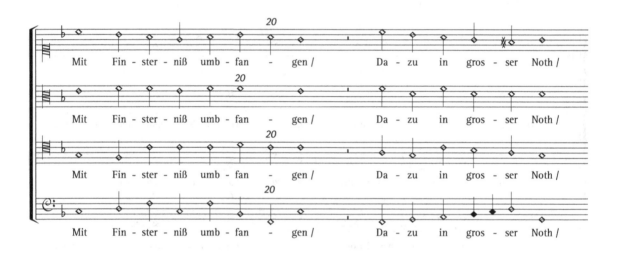
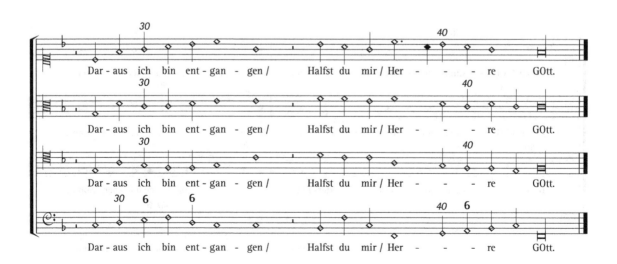

6. Gott, der du selber bist das Licht [5*]

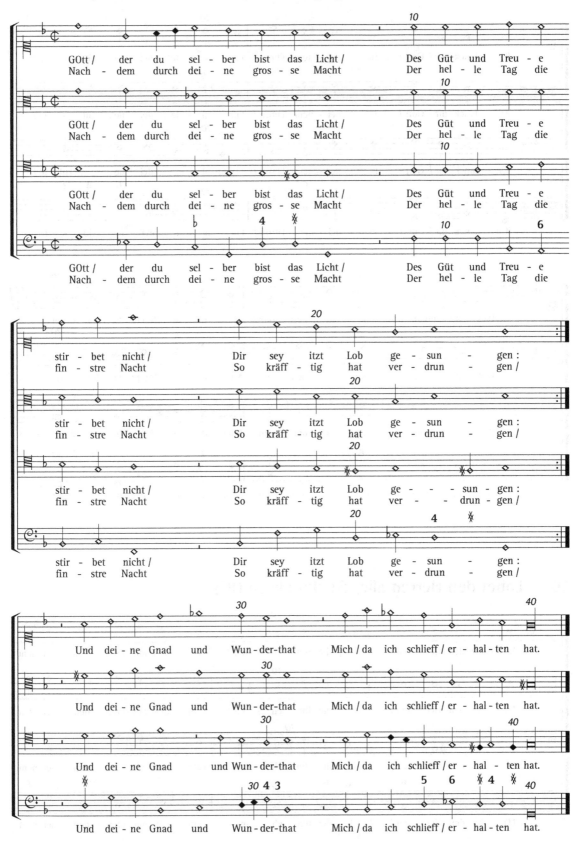

8. Ich dank dir, Gott, in deinem Thron [7*]

10. Lobet den Herren alle, die ihn ehren [8*]

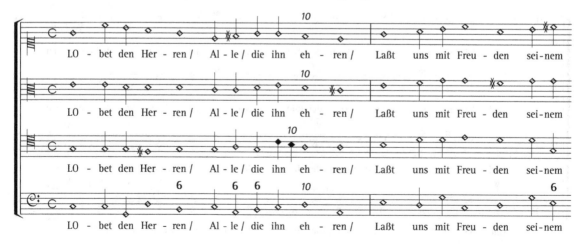

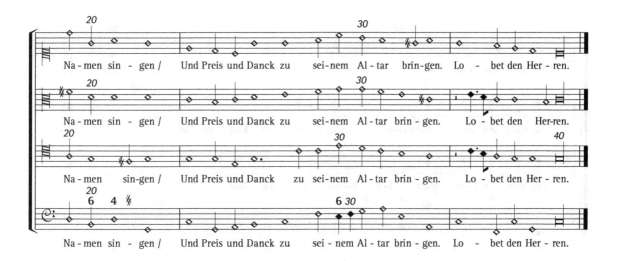

11. Ich dank dir, Gott, für all Wohltat [10*]

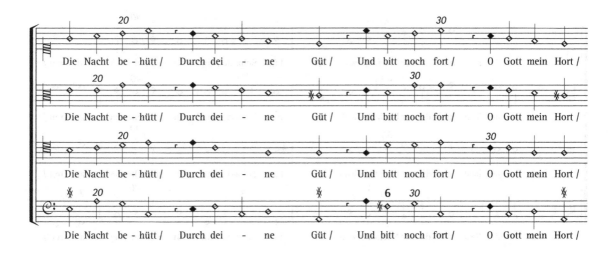

10   11. Ich dank dir, Gott, für all Wohltat [10*]

14.   Ich danke dir, o Gott, in deinem Throne [12*]

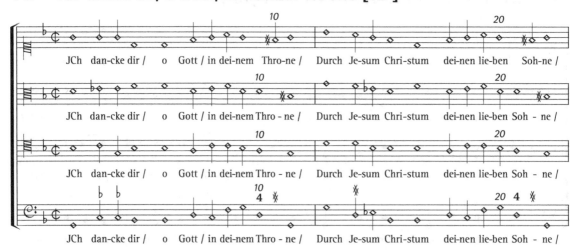

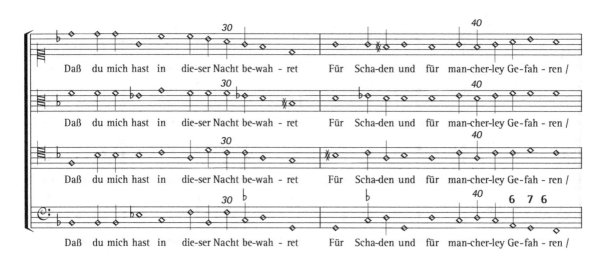

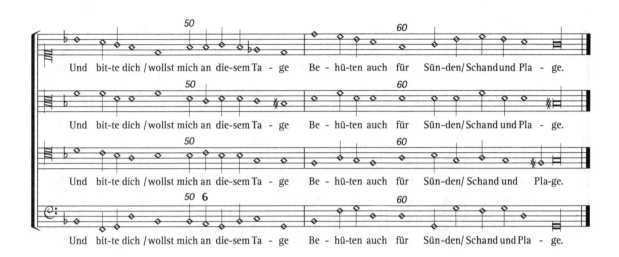

17. Dank sei Gott in der Höhe in dieser Morgenstund [13*]

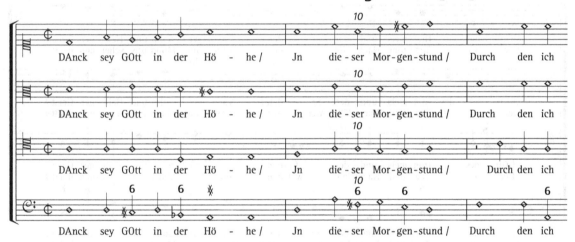

18. Gott des Himmels und der Erden, Vater [17*]

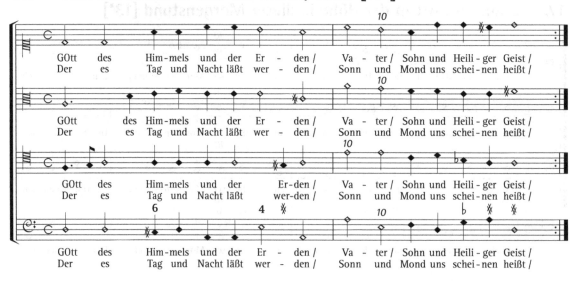

21. Der Tag bricht an und zeiget sich [20*]

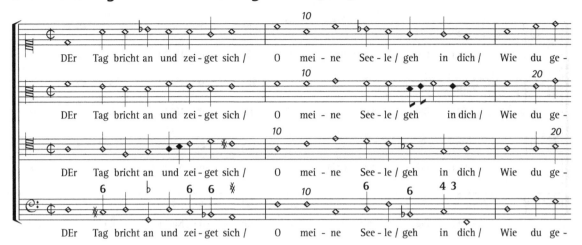

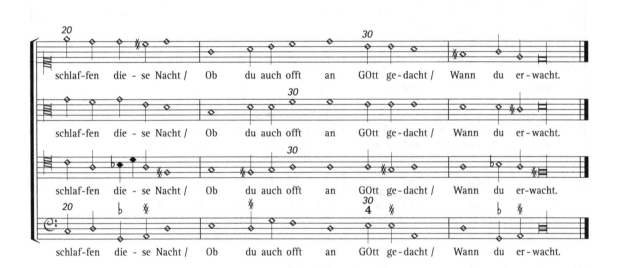

24. Der Tag vertreibt die finstre Nacht [21*]

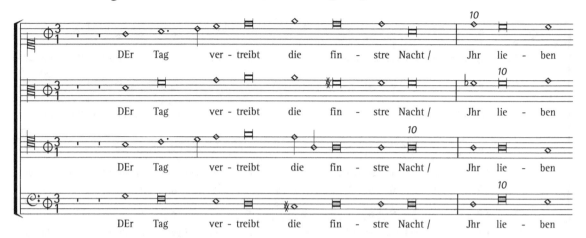

32. Wachet doch, erwacht, ihr Schläfer

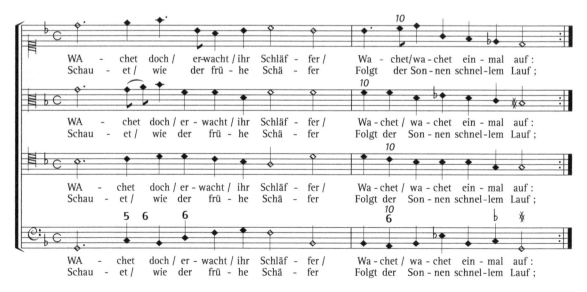

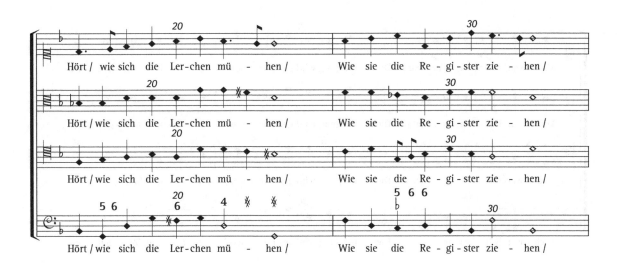

39. Erwache, mein Gemüte

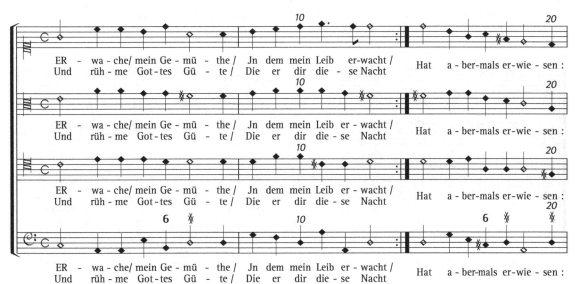

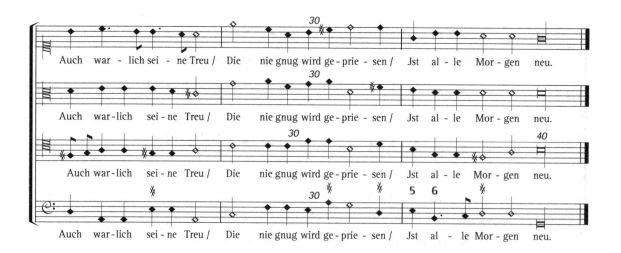

41. Auf, auf, mein Geist, zu loben

44. Mein Trost, auf den ich allzeit richte

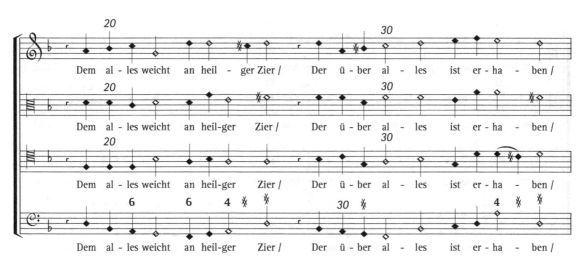

18   44. Mein Trost, auf den ich allzeit richte

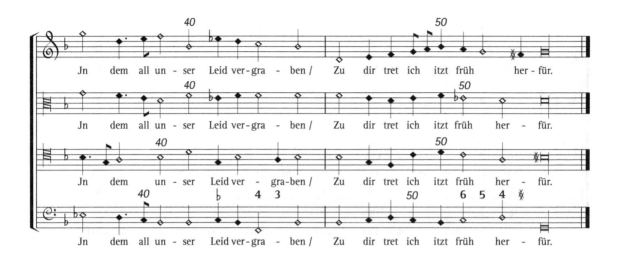

45. Das walt mein Gott, Gott Vater, Sohn und Heilg'er Geist

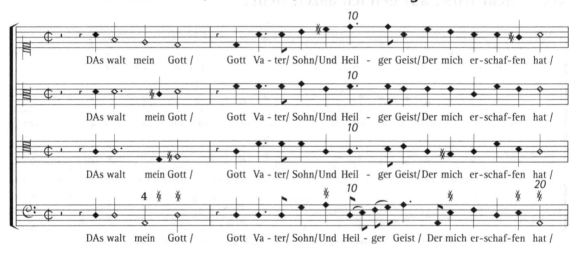

48. Sobald, o frommer Christ

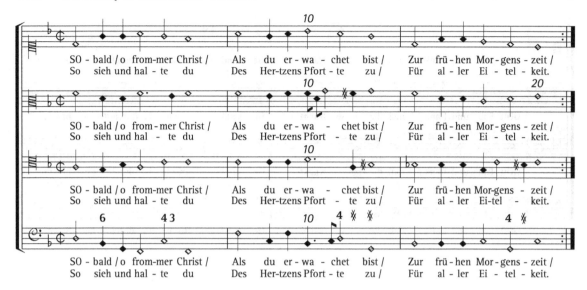

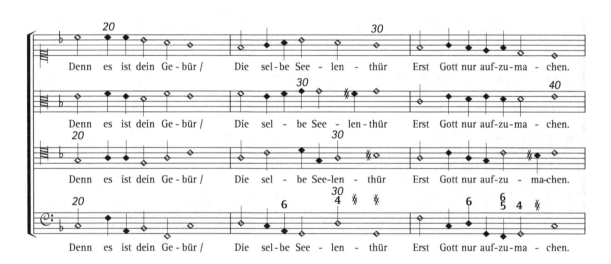

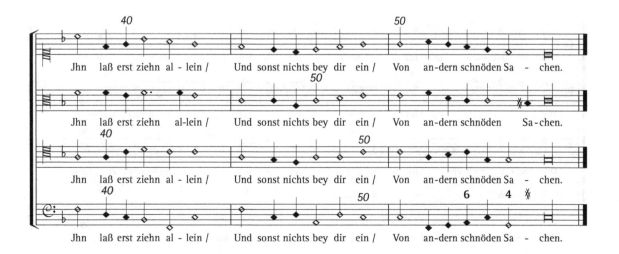

64. Gott Lob und Dank, dass diese Nacht

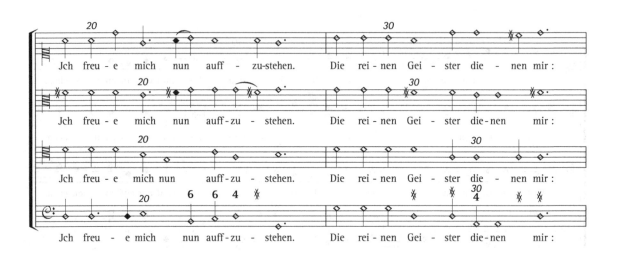

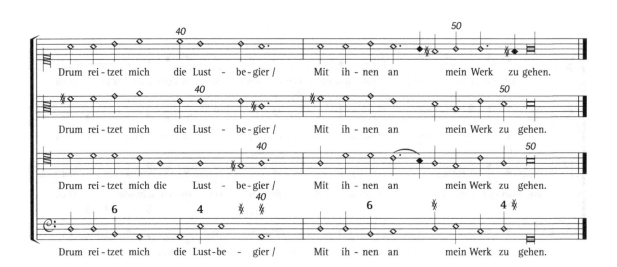

74. Der Tag mit seinem Lichte

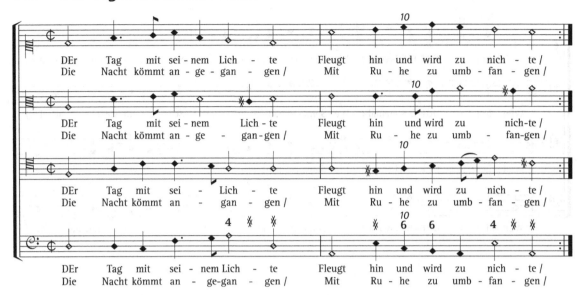
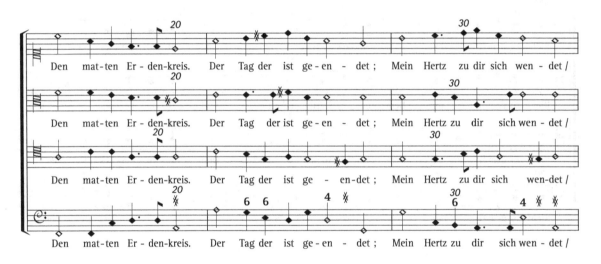

77. Weil dir, o Gottes Freund

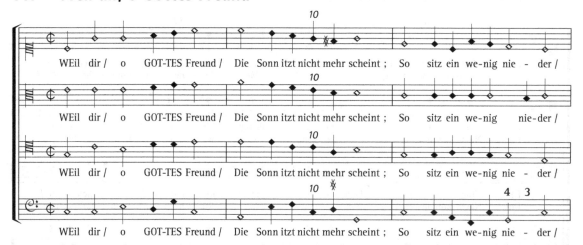

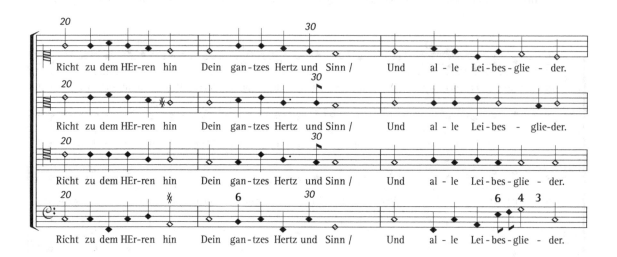

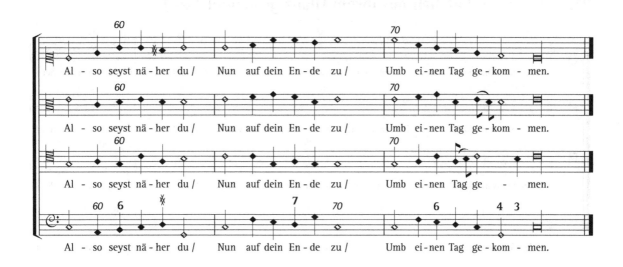

80. Nun ruhen alle Wälder [22*M]

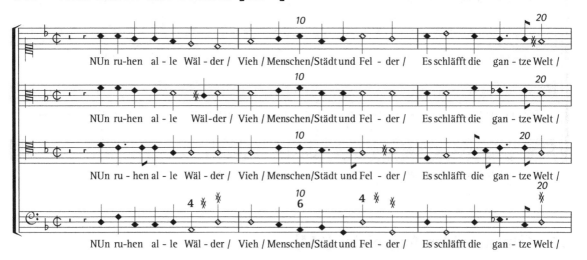

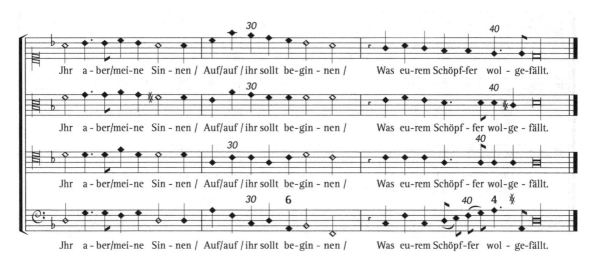

81. Die Sonn hat sich mit ihrem Glanz gewendet [24*]

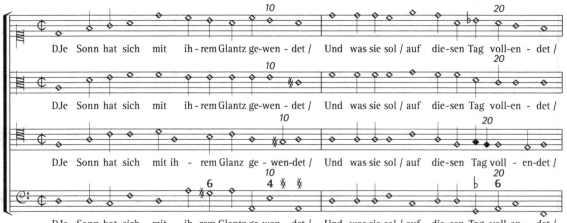

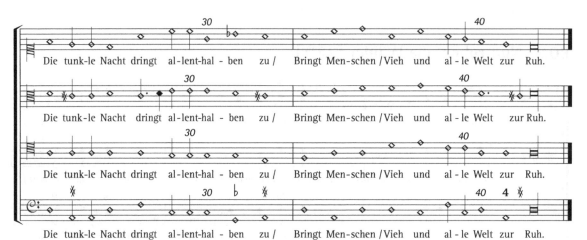

82. Unsre müden Augenlider [25*]

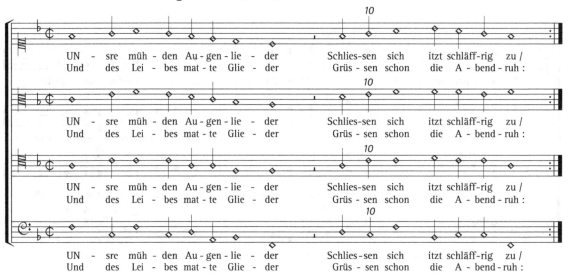

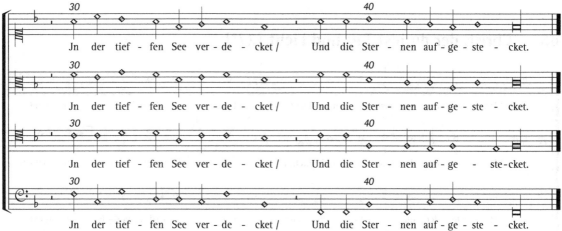

84. Christ, der du bist der helle Tag [26*]

84. Christ, der du bist der helle Tag [26*]

85. Christ, der du bist Tag und Licht [27*]

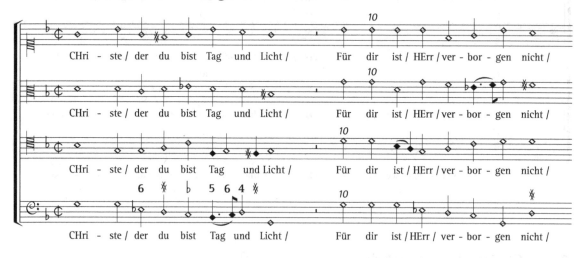

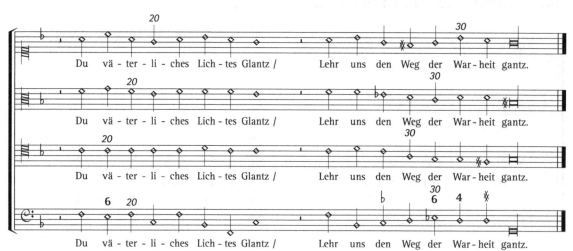

90. Werde munter, mein Gemüte [30*M]

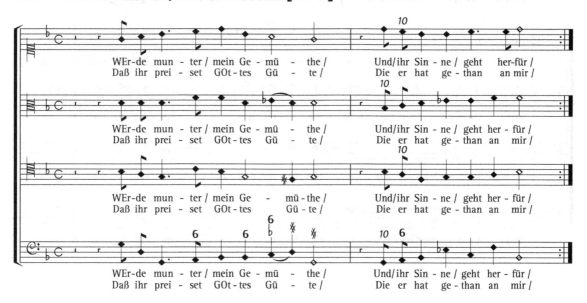

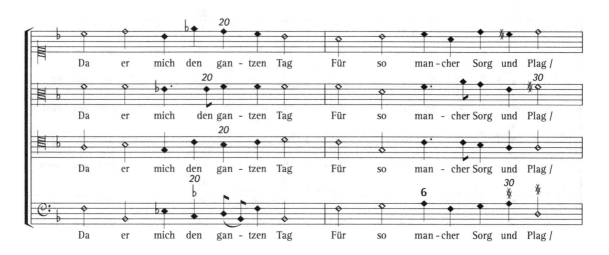

91. Mein Augen schließ ich jetzt in Gottes Namen zu [28*]

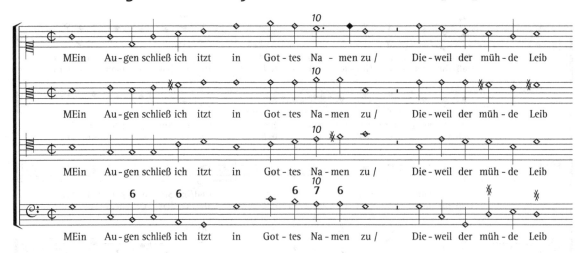
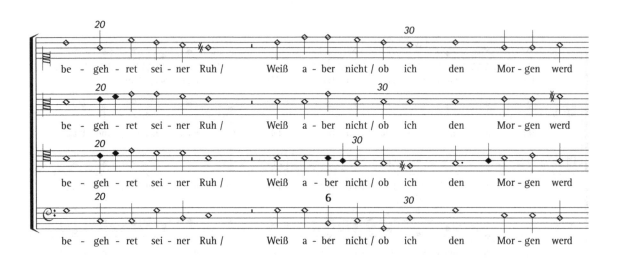
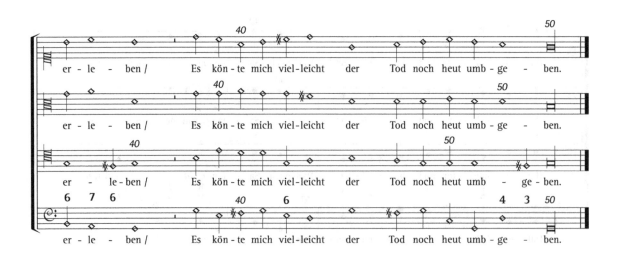

92. In dieser Abendstunde [32*]

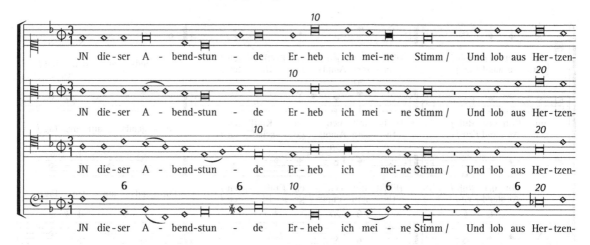
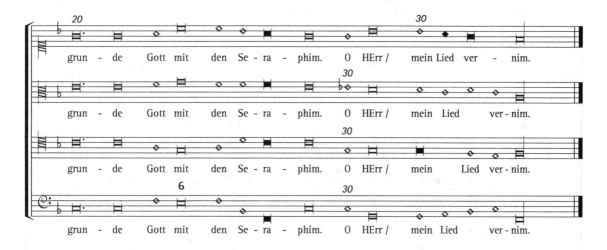

94. O Christe, Schutzherr deiner Glieder [35*]

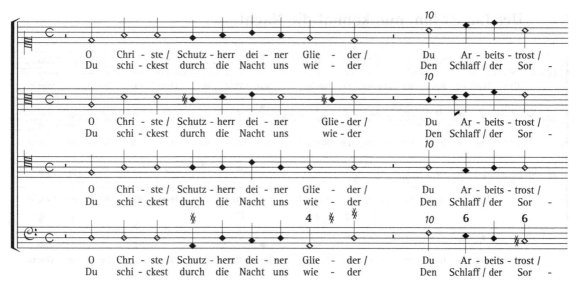

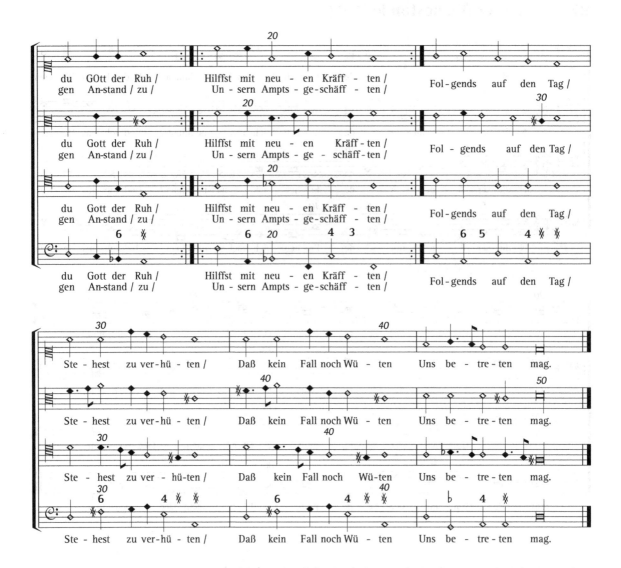

97. Der Tag ist hin, nun kommt die Nacht

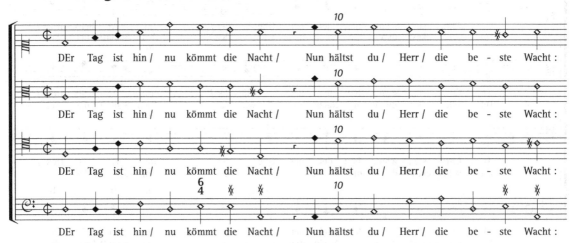

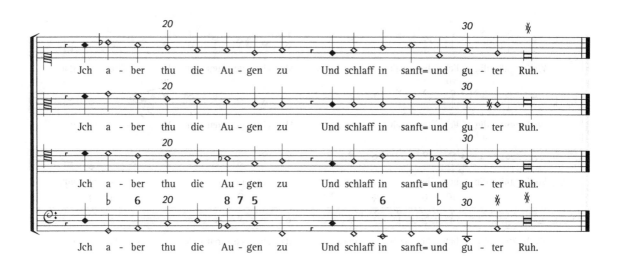

98. Ich dank dir, Gott, von Herzen [36*]

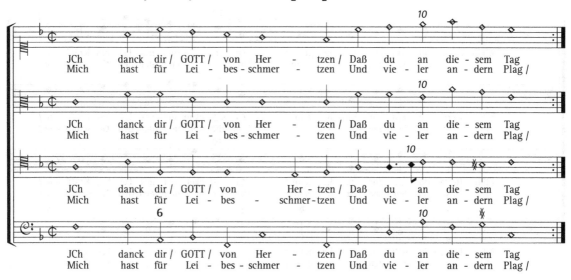

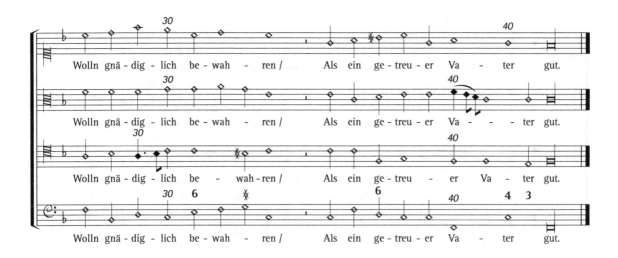

102. Mein Herz, du willst zur Ruhe gehn

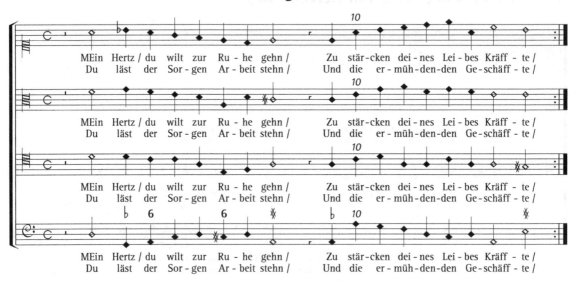

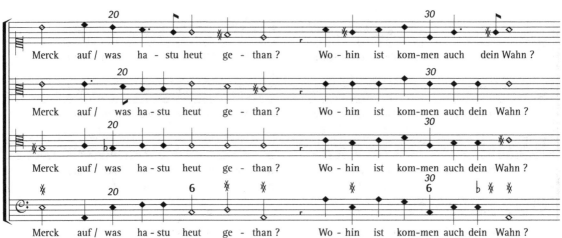

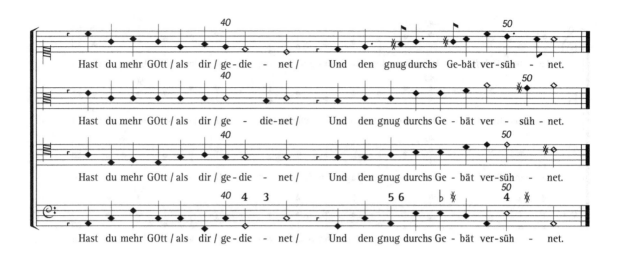

114. Die Sonn hat sich verkrochen, der Tag ist [x93*M]

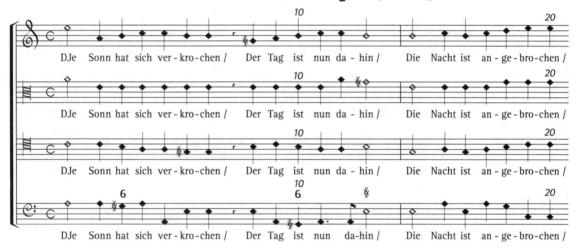

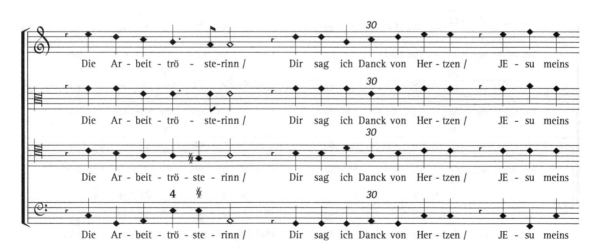

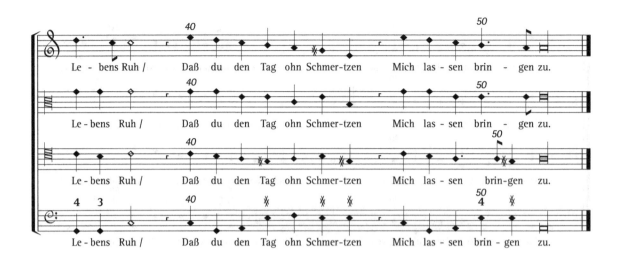

120. Der Tag ist hin, der Sonnen Glanz

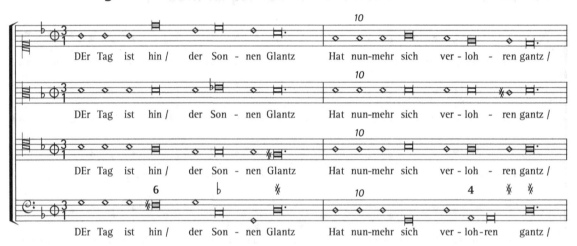

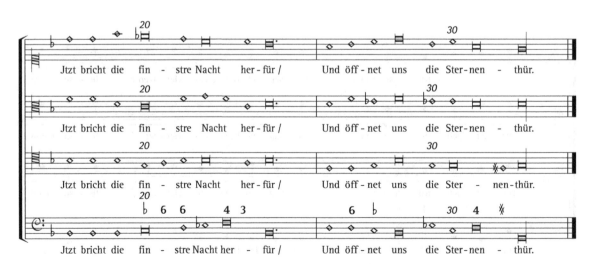

131. Schönste Sonne, Himmelszier

134. Der Tag, der ist nun auch verflossen

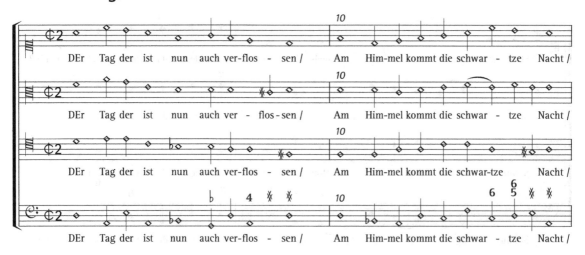

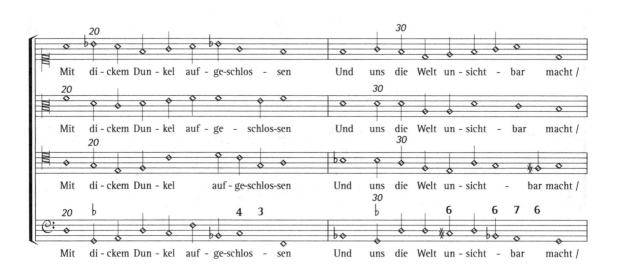

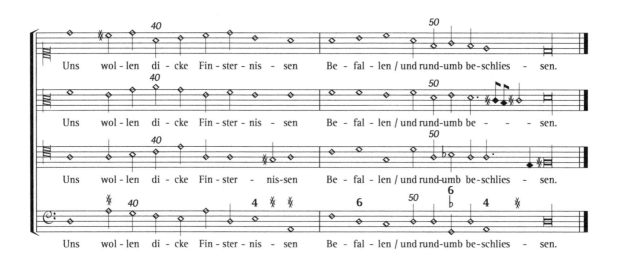

150. Erbarm dich mein, o Herre Gott [39*]

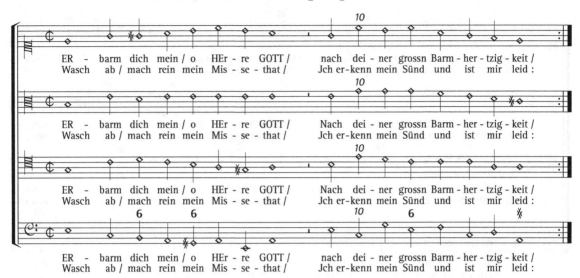
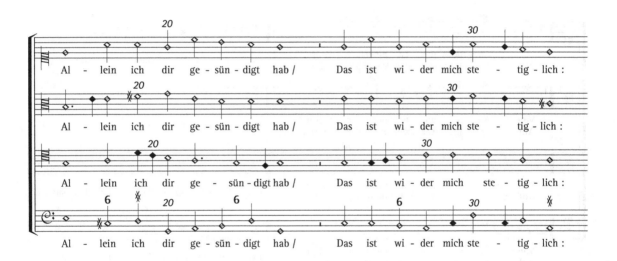

152. Allein zu dir, Herr Jesu Christ, mein Hoffnung [42*]

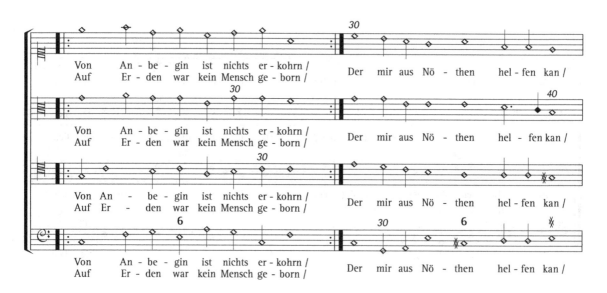

155. Herr, straf mich nicht in deinem Zorn [43*]

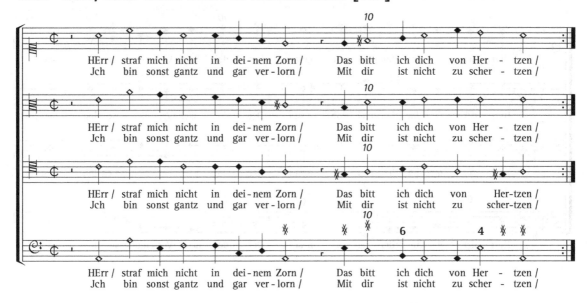

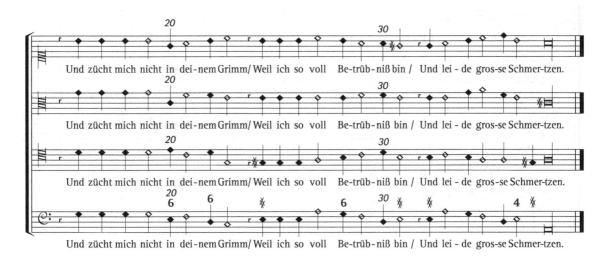

156. Herr, der du im Himmel wohnest

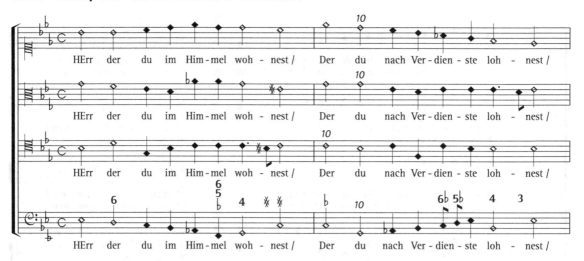
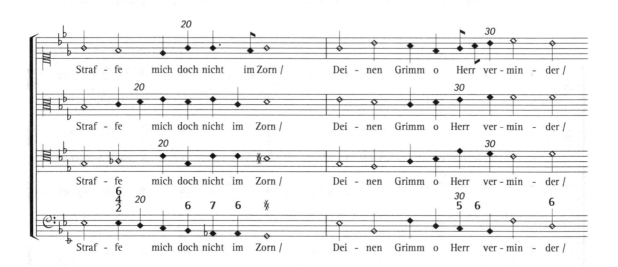

157. Herr, nicht schicke deine Rache [44*]

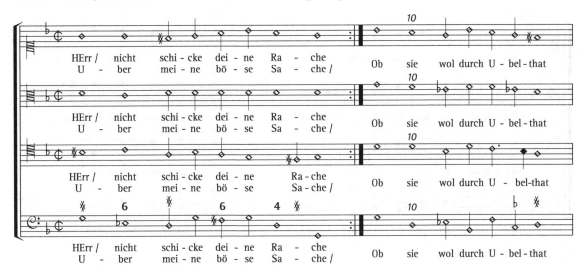
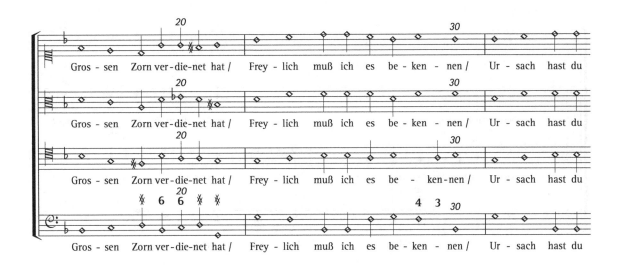
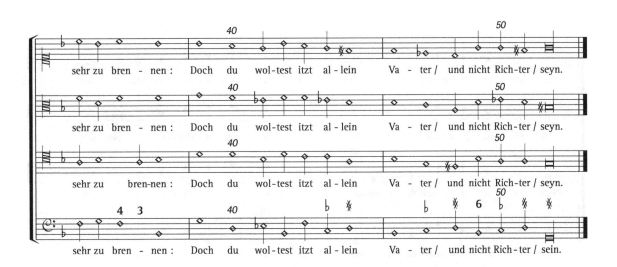

158. Herr, gieß deines Zornes Wetter [45*]

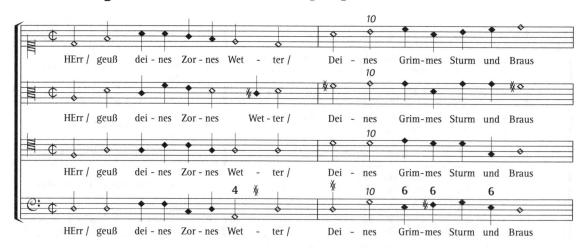

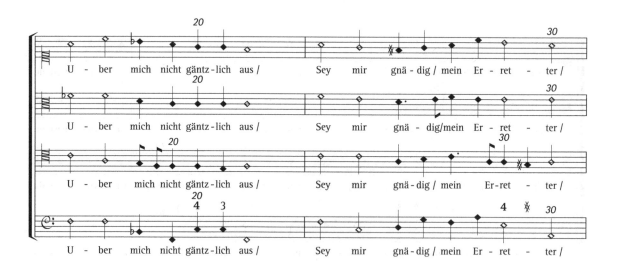

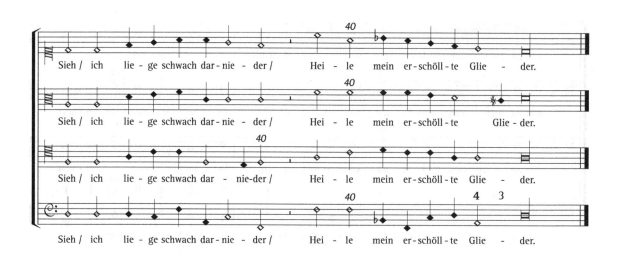

159. Wohl dem, wohl dem, dem hier im Leben

44 159. Wohl dem, wohl dem, dem hier im Leben

160. Herr, lass deines Eifers Plagen [46*]

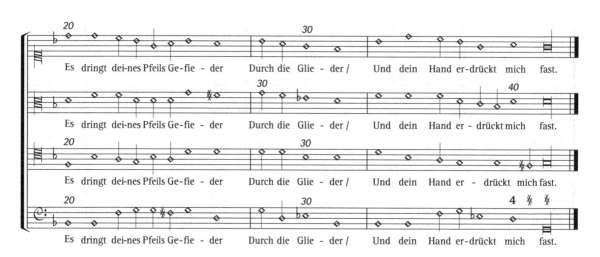

163. Herr, ich habe missgehandelt [47*]

165. O Herr, erhöre mein Gebet, und lass

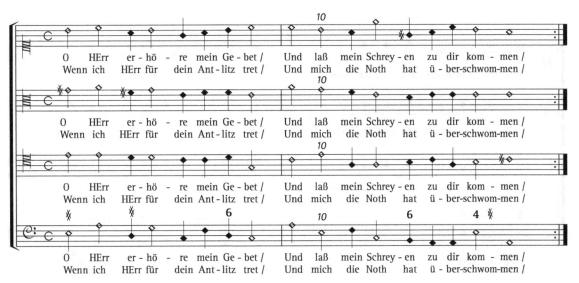

165. O Herr, erhöre mein Gebet, und lass

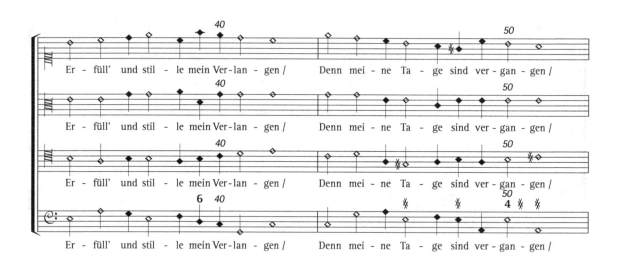

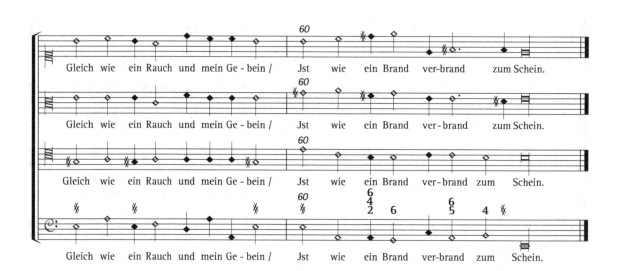

169. Erhör, o Höchster, mein Gebet

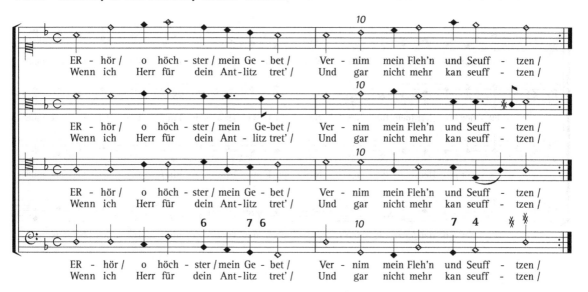

ER - hör / o höch - ster / mein Ge - bet / Ver - nim mein Fleh'n und Seuff - tzen /
Wenn ich Herr für dein Ant - litz tret' / Und gar nicht mehr kan seuff - tzen /

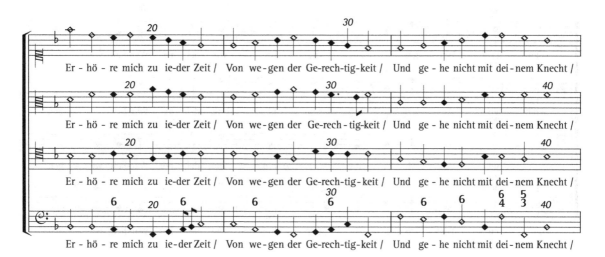

Er - hö - re mich zu ie - der Zeit / Von we - gen der Ge - rech - tig - keit / Und ge - he nicht mit dei - nem Knecht /

Jn das Ge - rich - te plötz - lich hin / Denn Herr für dir von an - be - gin / Jst kein le - ben - di - ger ge - recht.

171. Erhör, o Herr, mein Bitten [50*]

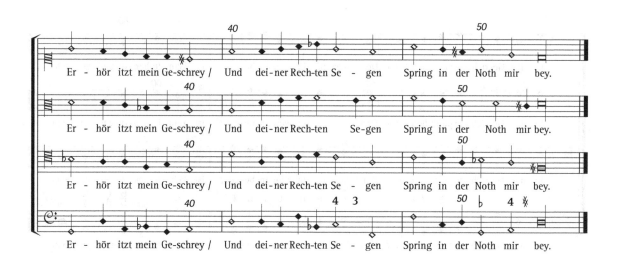

174. O Gott, sehr reich von Güt [51*]

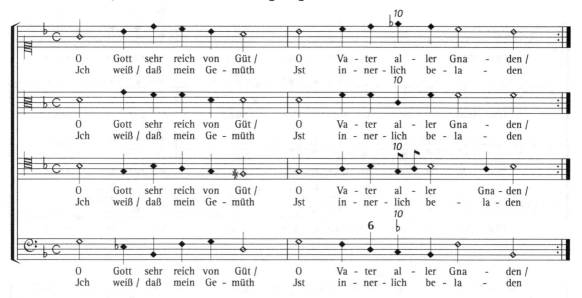

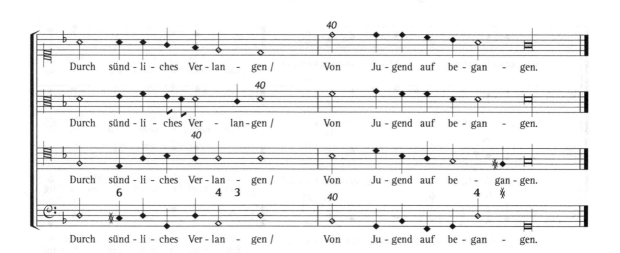

177. Herr Gott, erzeige doch Erbarmen

178[a]. Sei gnädig, Herr, sei gnädig deinem Knecht [54*]

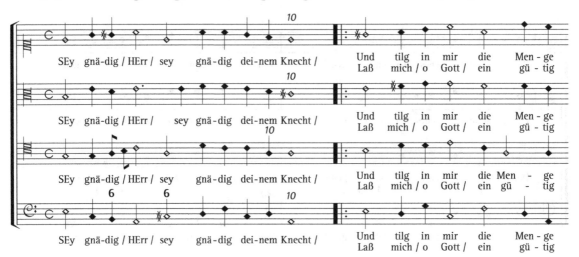

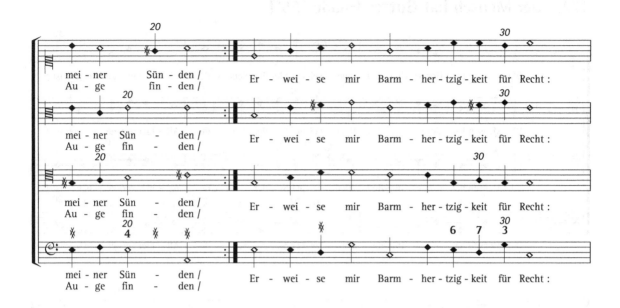
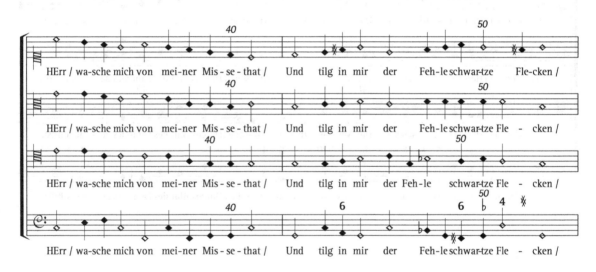
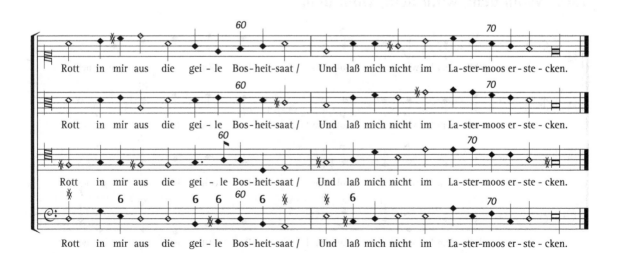

179. Der Mensch hat Gottes Gnade [55*]

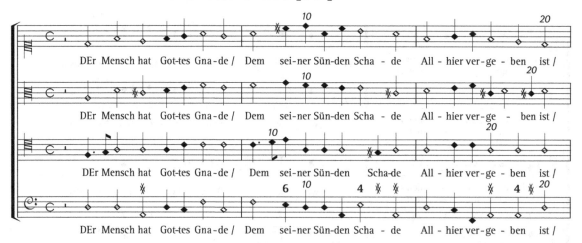

180. Wohl dem, wohl dem, wohl dem

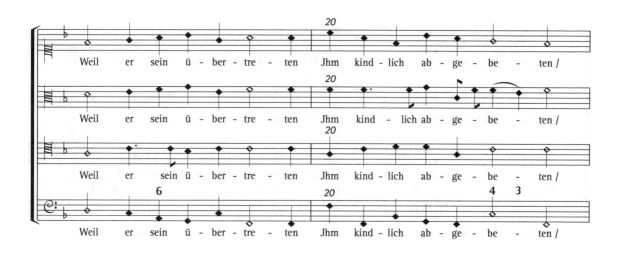

182. Herr, deinen Zorn wend ab von uns mit Gnaden [56*]

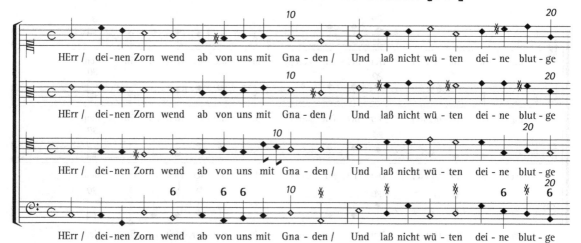

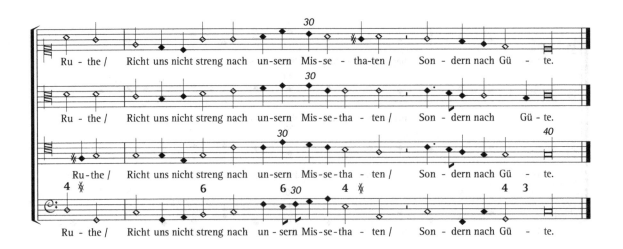

183. Ach Gott, mein Herr, wie groß und schwer [57*]

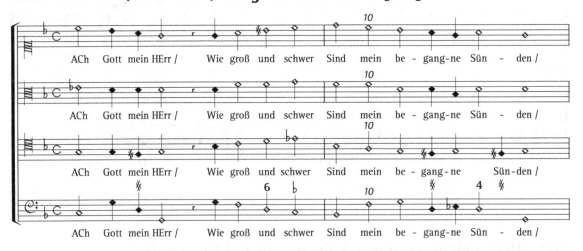

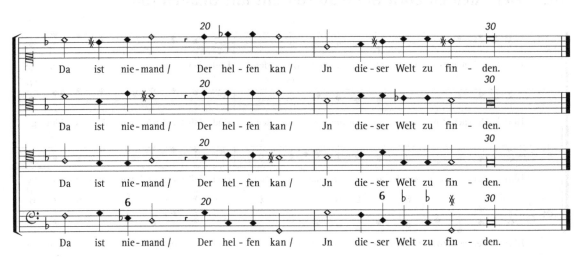

184. O Jesu Christ, du höchstes Gut [58*]

186. Aus tiefer Not schrei ich zu dir ... was Sünd und Unrecht [59*]

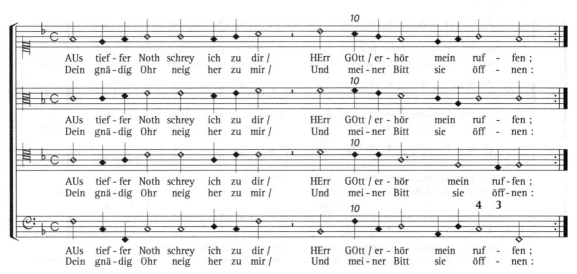

186. Aus tiefer Not schrei ich zu dir ... was Sünd und Unrecht [59*]

189. Herr Gott, ich ruf zu dir aus tiefer Angst und Not [61*]

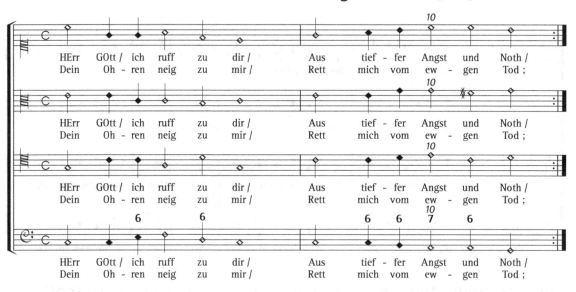

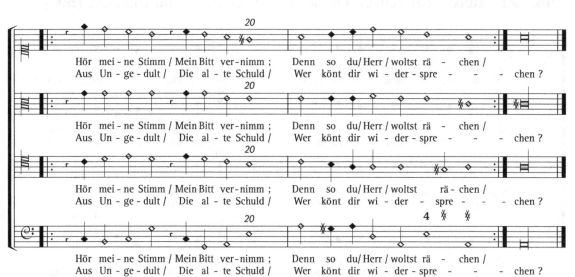

196. Wie geh ich so gebückt

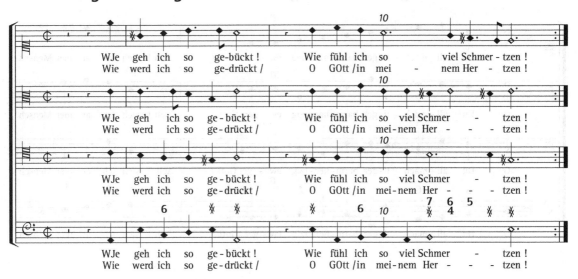

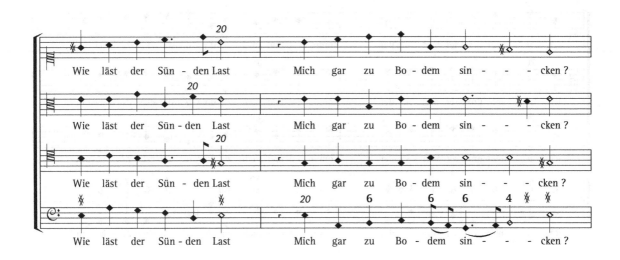

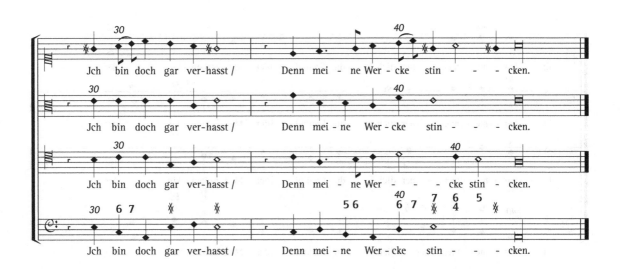

198. O du allmächtiger, barmherzig ew'ger Gott

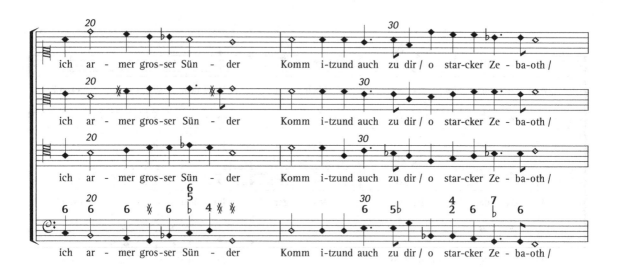
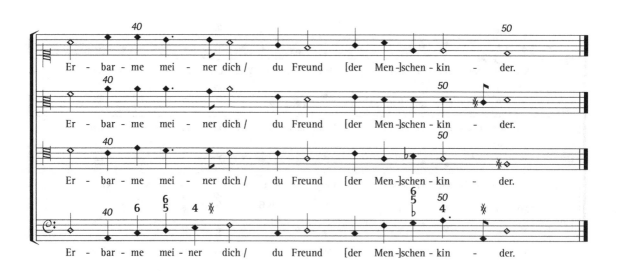

199. O du allmächtig gnäd'ger Gott

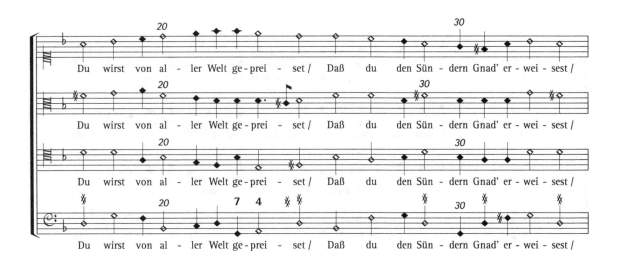

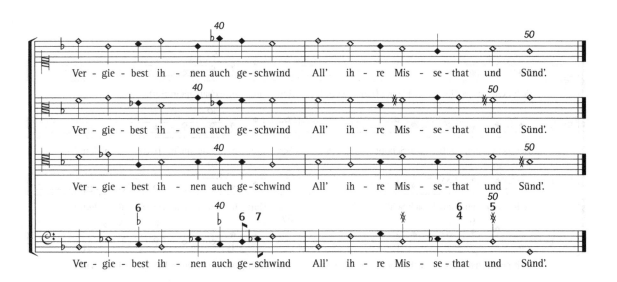

211. Ach Gott, soll ich noch länger klagen

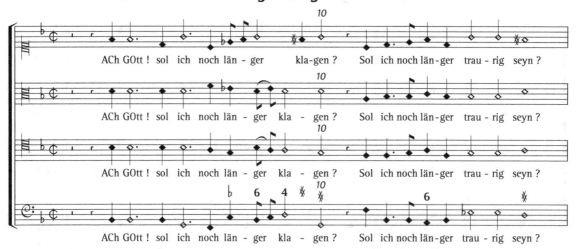

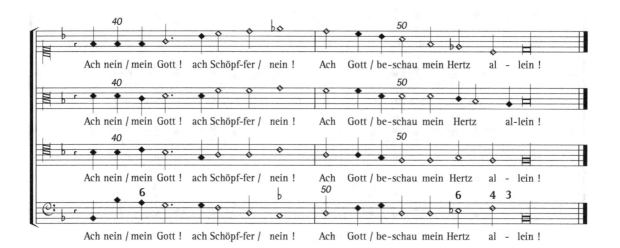

214. Mein höchste Lust, Herr Jesu Christ [66*]

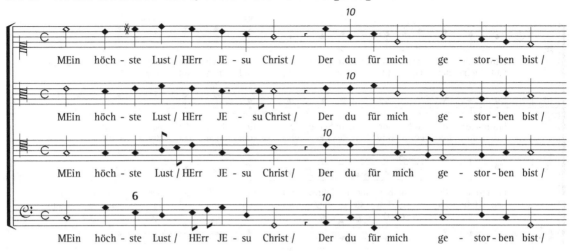

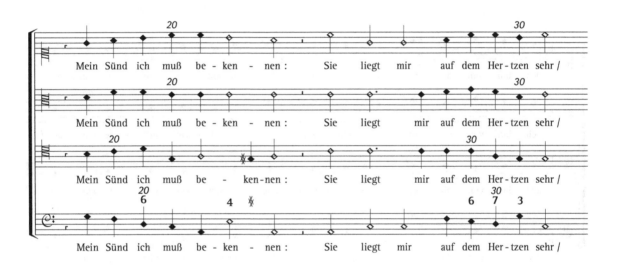

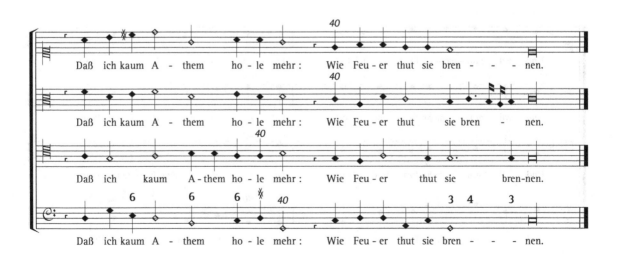

219. Frommer Jesu, hör mein Schreien

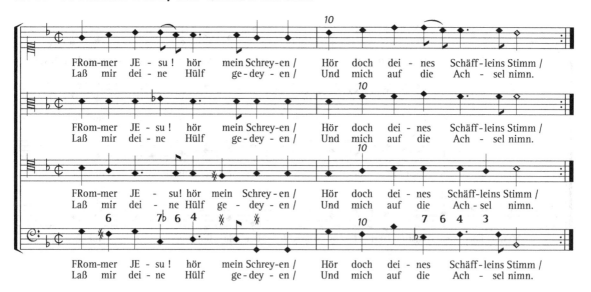
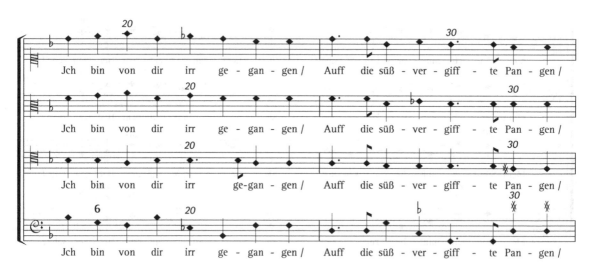

224. Ach wehe mir Elend- und Armen

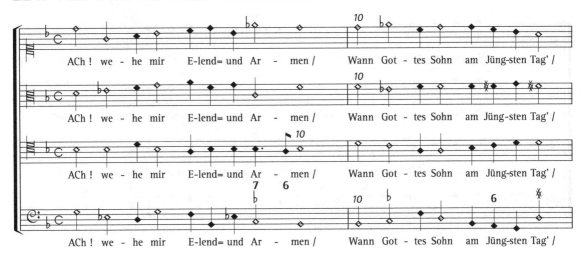
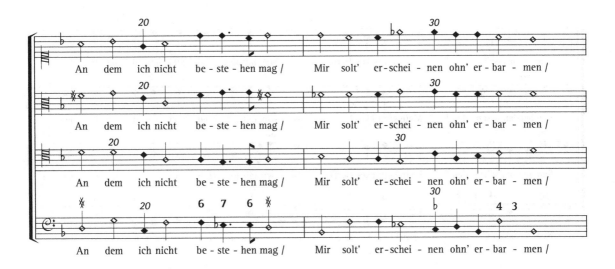
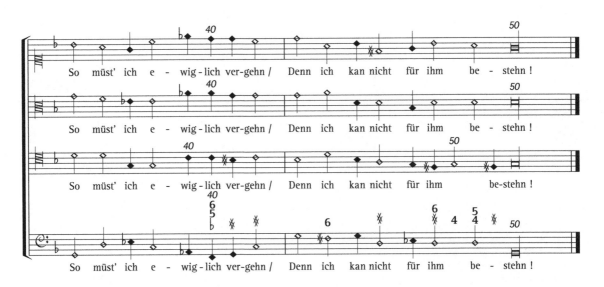

230. Ach frommer Gott, wo soll ich hin [71*]

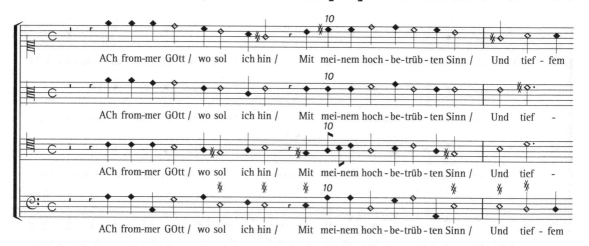

242. Groß, o Herr, sind meine Schmerzen

248. Hast du Angst im Herzen

254. Vater, liebstes Vaterherze

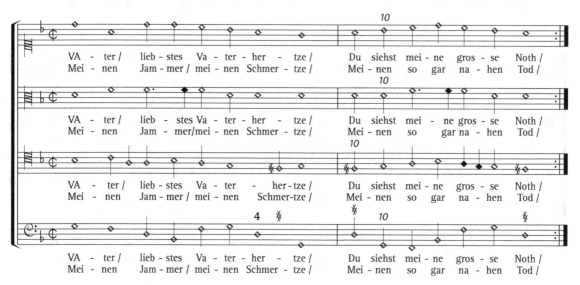

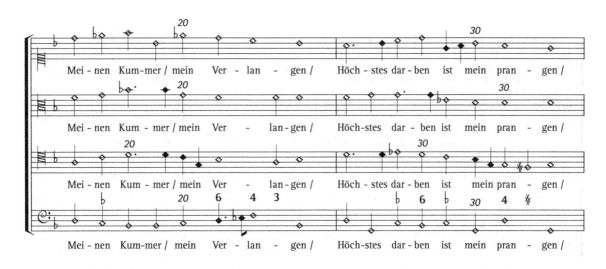

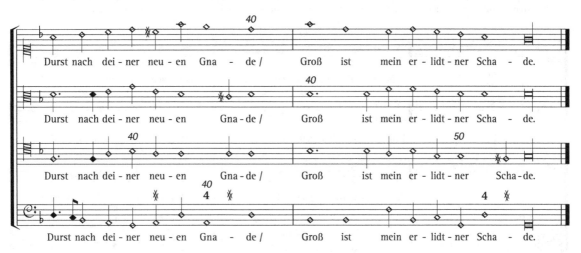

257. Ich will zu Gott erheben meine Stimm [75*]

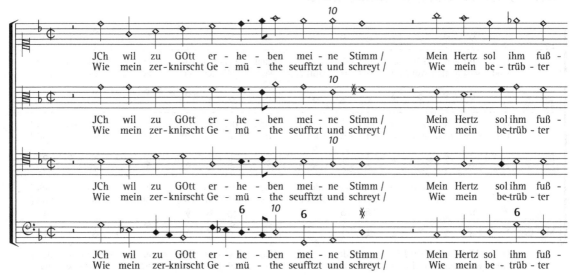

267. O Herre Gott, begnade mich

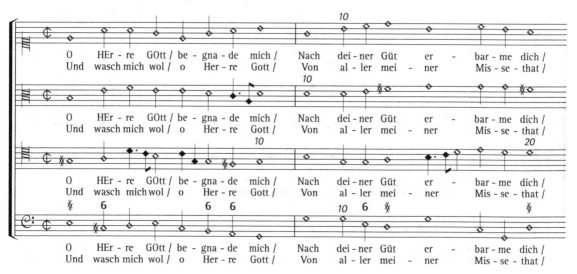

267. O Herre Gott, begnade mich

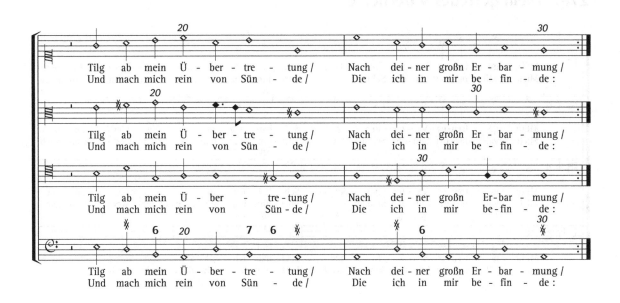
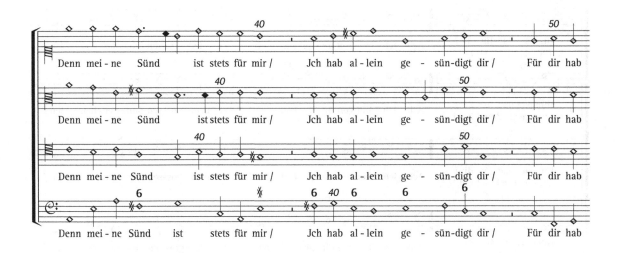
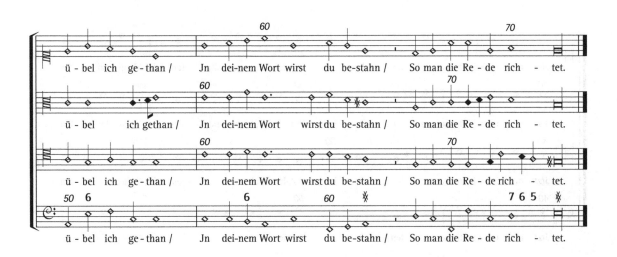

278. Mein getreues Vaterherze

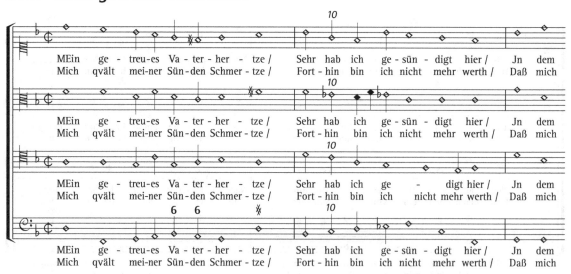
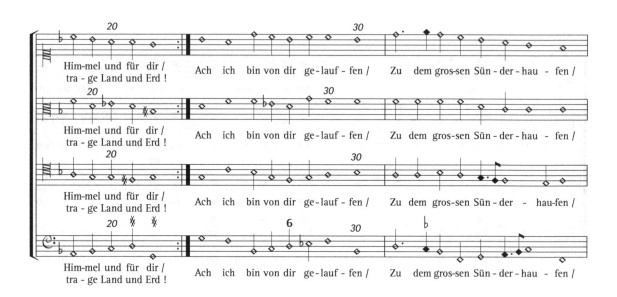
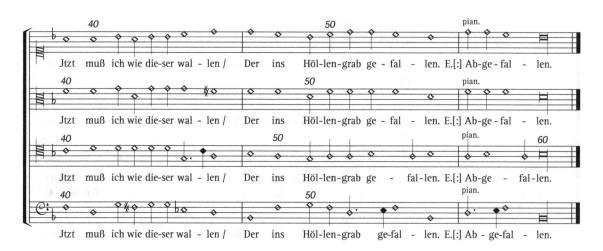

283. Jesu, Jesu, hör, ach höre

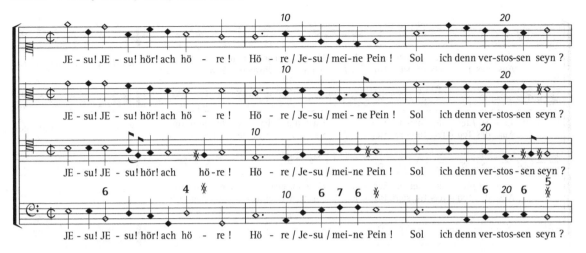

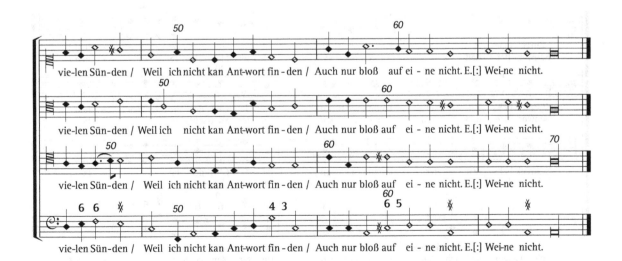

285. Jesu, der du meine Seele

290. Schrecklichs Zittern kommt mich an

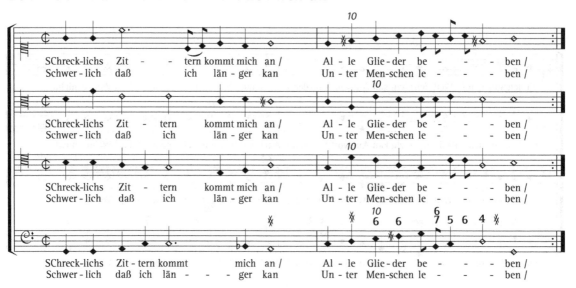

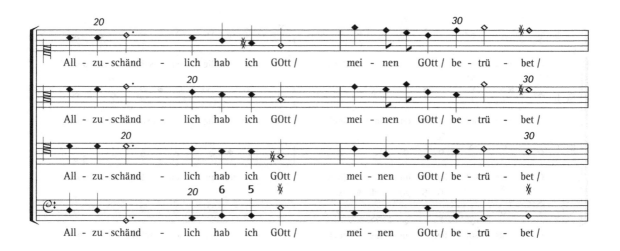

293. Ich elender Mensch und Knecht

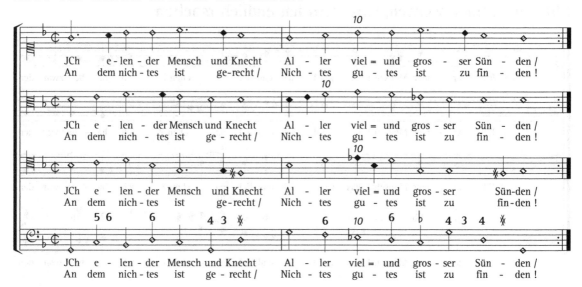

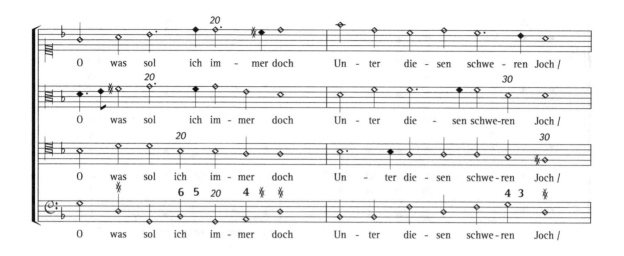

296. Ich armer Mensch, was werd ich endlich machen

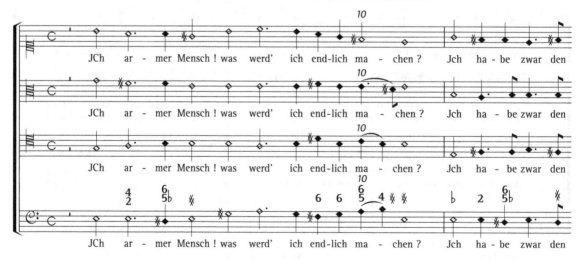

296. Ich armer Mensch, was werd ich endlich machen

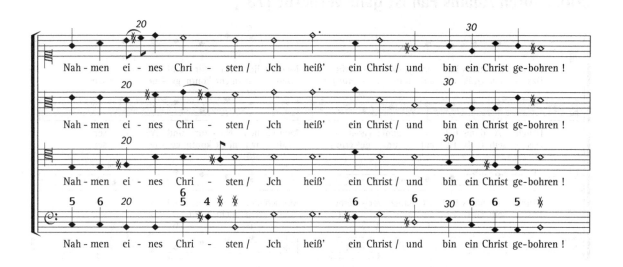

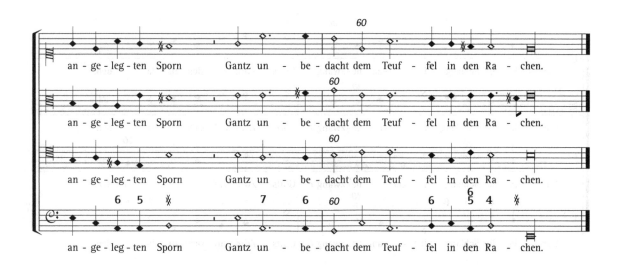

300. Durch Adams Fall ist ganz verderbt [78*]

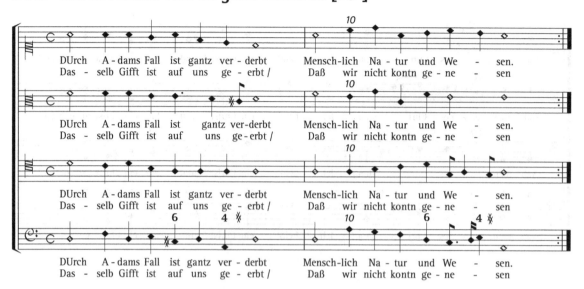

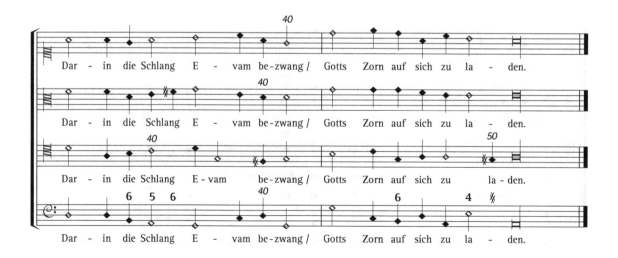

302. Die Wolkenröhr und Luftkartaunen

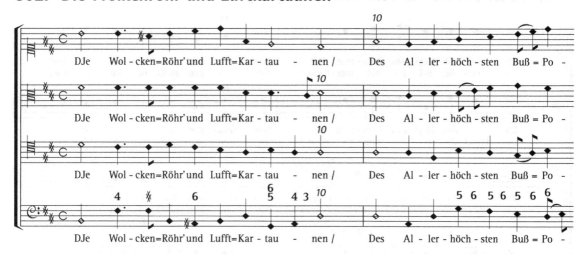

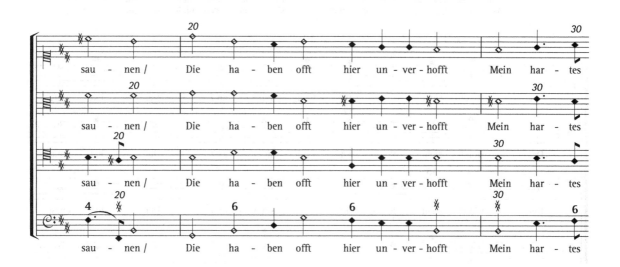

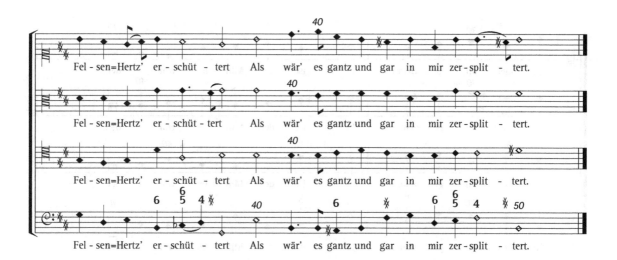

304. Es ist das Heil uns kommen her [79*]

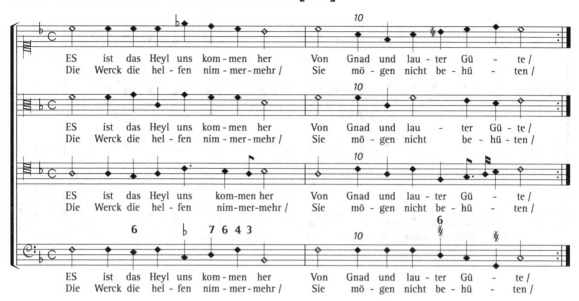

ES ist das Heyl uns kom-men her Von Gnad und lau-ter Gü-te /
Die Werck die hel-fen nim-mer-mehr / Sie mö-gen nicht be-hü-ten /

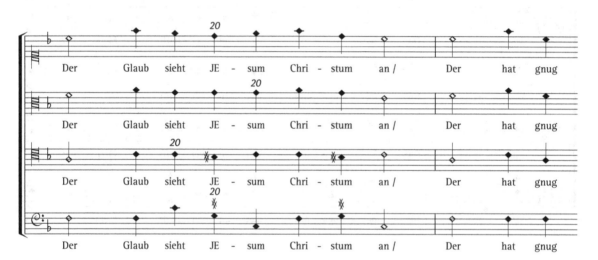

Der Glaub sieht JE-sum Chri-stum an / Der hat gnug

für uns all ge-than / Er ist der Mitt-ler wor-den.

305. Herr Christ, der einig Gottes Sohn [81*]

306. Nun freut euch, lieben Christen gemein [80*]

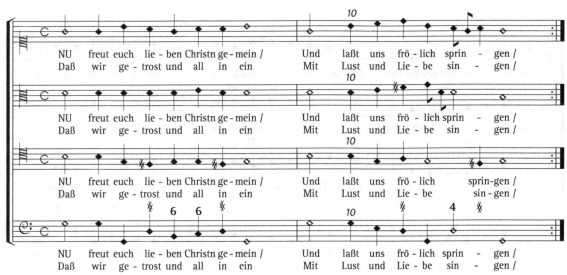

308. Es spricht der Unweisen Mund wohl [82*]

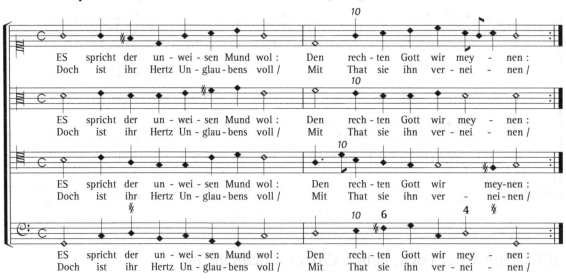

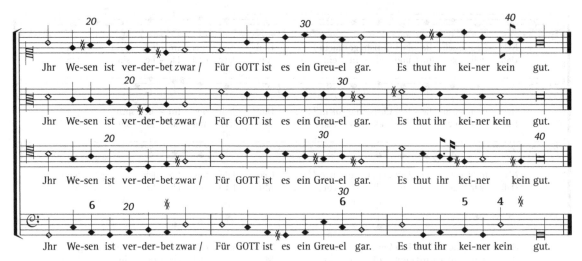

319. Nun komm, der Heiden Heiland [83*]

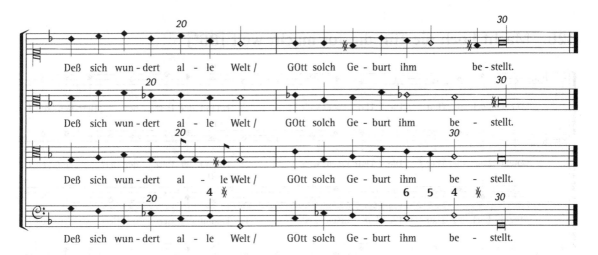

325. Nun jauchzet all, ihr Frommen [84*]

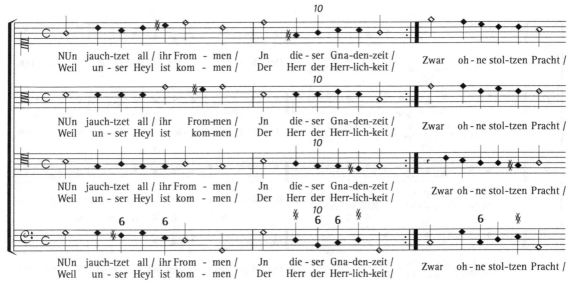

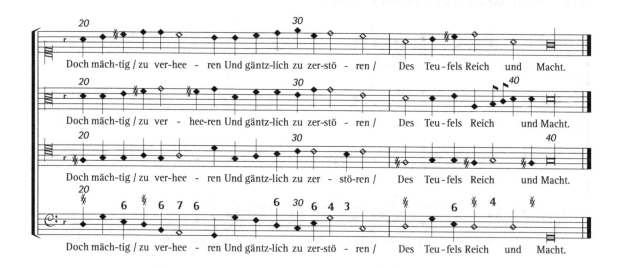

326. Macht hoch die Tür, die Tor macht weit [86*]

331. Lob sei dem allerhöchsten Gott [89*]

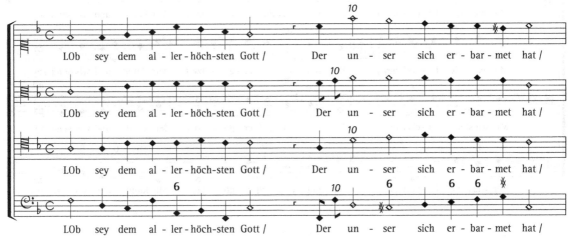

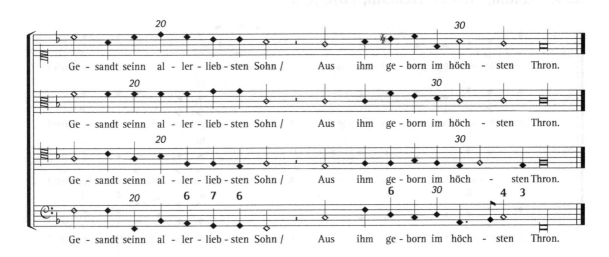

333. Wie soll ich dich empfangen [90*]

334. Komm, Heiden Heiland, Lösegeld

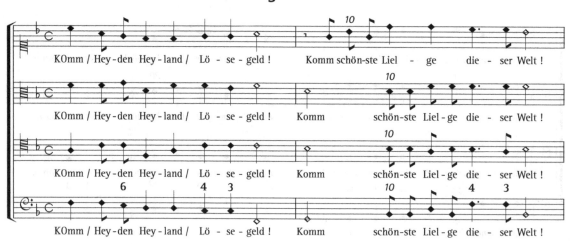

335. Nun ist erfüllet ganz und gar

336. Warum willst du draußen stehen [91*]

337. Hosianna, Davids Sohne, der soll

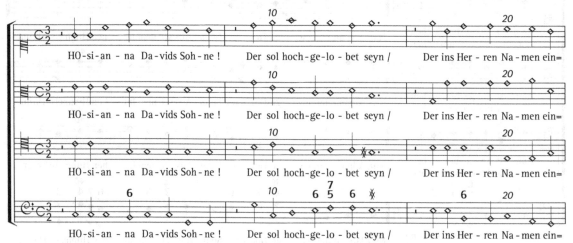

338. Von Adam her so lange Zeit [93*]

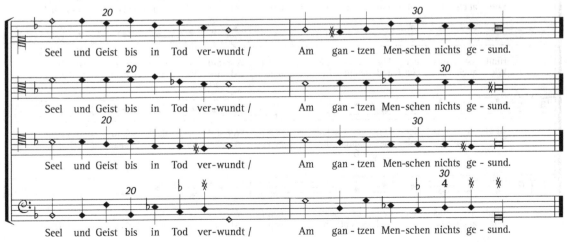

340. Als der gütige Gott vollenden wollt sein Wort [94*]

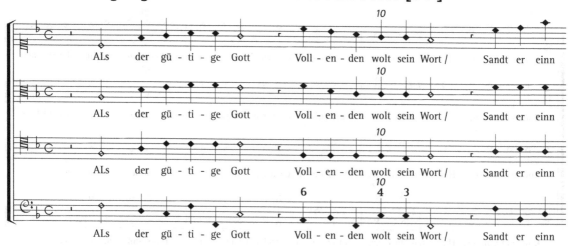
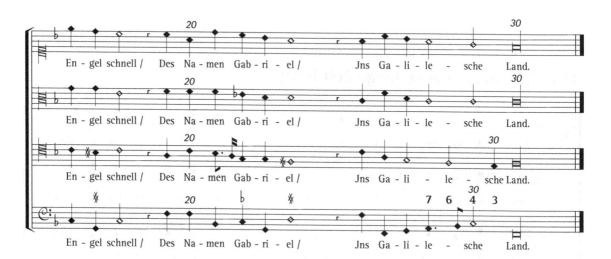

ALs der gütige Gott Vollenden wolt sein Wort / Sandt er einn Engel schnell / Des Namen Gabriel / Jns Galileesche Land.

342. Heut ist uns der Tag erschienen

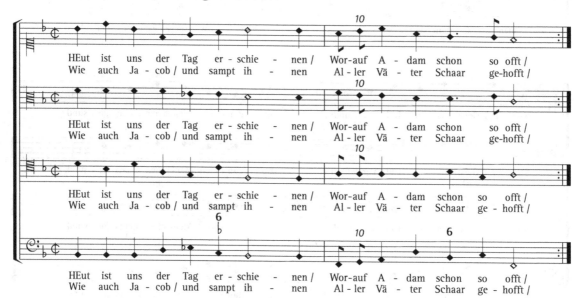

HEut ist uns der Tag erschienen / Worauf Adam schon so offt /
Wie auch Jacob / und sampt ihnen Aller Väter Schaar gehofft /

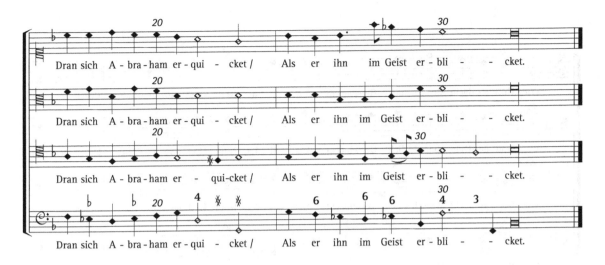

343. Ein Engel schon aus Gottes Thron

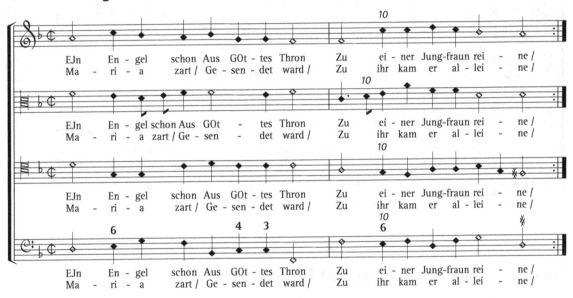

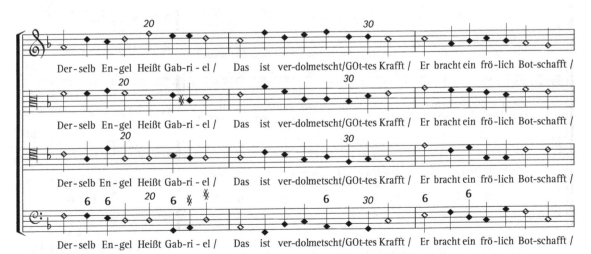

343. Ein Engel schon aus Gottes Thron

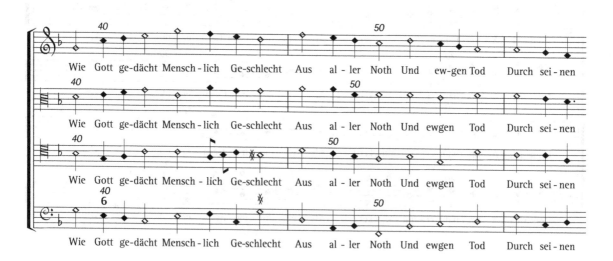

344. Wach auf, mein Geist, mit Freuden

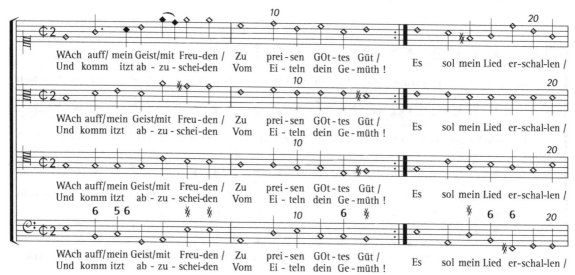

345. Weltschöpfer, Herr Gott, Jesu Christ

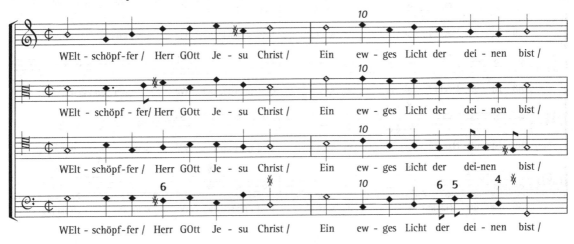

346. Ermuntre dich, mein schwacher Geist [96*]

ER - mun - tre dich / mein schwa - cher Geist / Und tra - ge groß Ver - lan - gen /
Ein klei - nes Kind / das Va - ter heißt / Mit Freu - den zu em - pfan - gen /

Diß ist die Nacht / dar - in es kam / Und mensch - lich We - sen an sich nahm /

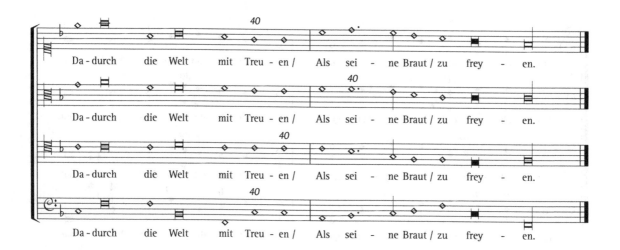

Da - durch die Welt mit Treu - en / Als sei - ne Braut / zu frey - en.

347. Freut euch, ihr lieben Christen

348. Vom Himmel hoch, da komm ich her [97*]

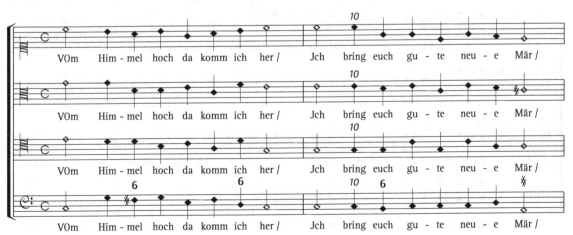

348. Vom Himmel hoch, da komm ich her [97*]

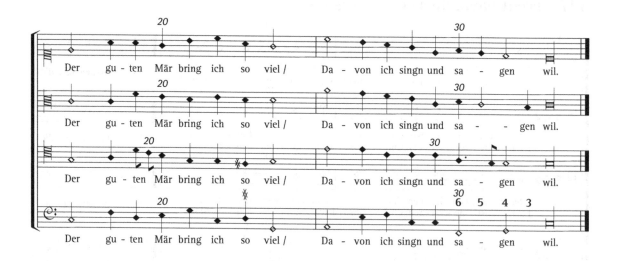

351. Der Tag, der ist so freudenreich [99*]

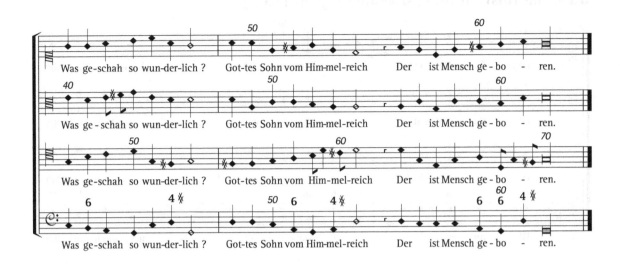

352. Gelobet seist du, Jesu Christ [101*]

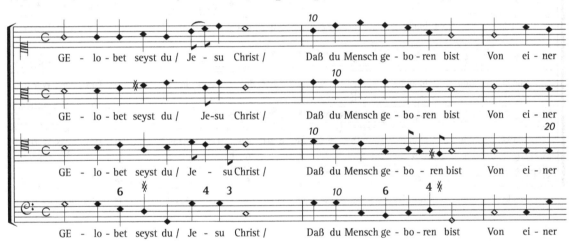

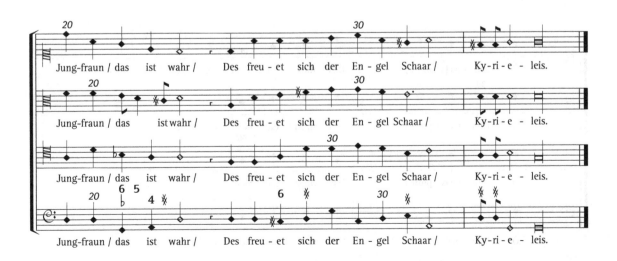

354. Im finstern Stall, o Wunder groß [102*]

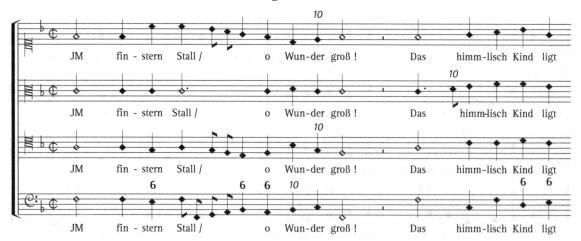
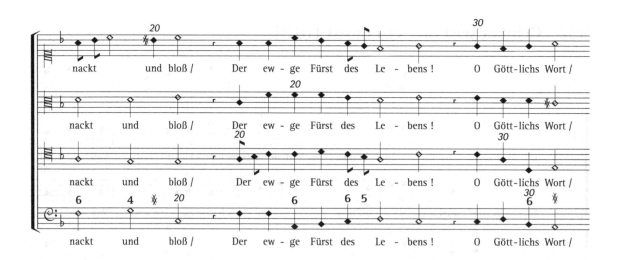
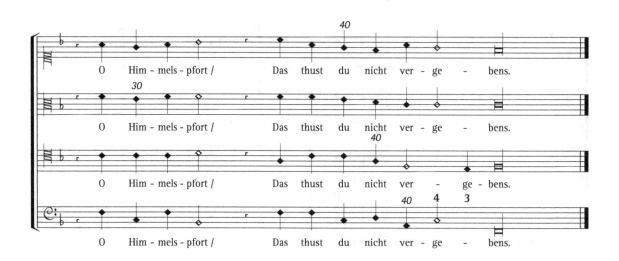

355. Christum wir sollen loben schon [103*]

357. Lobt Gott, ihr Christen, allzugleich [104*]

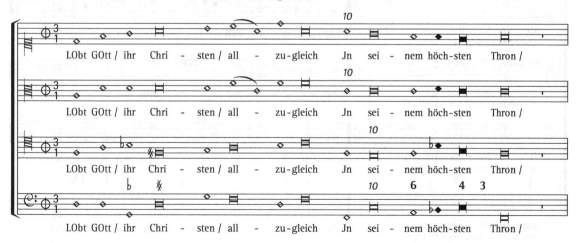

357. Lobt Gott, ihr Christen, allzugleich [104*]

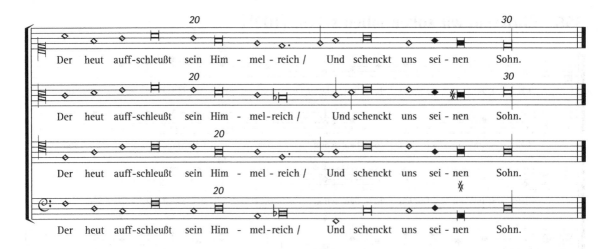

361. Jauchzt Gott mit Herzensfreud [107*]

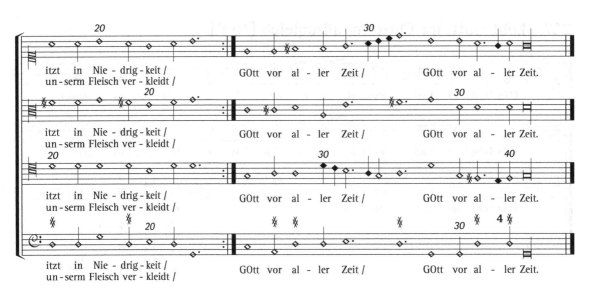

364. Wir Christenleut haben jetzund Freud [108*]

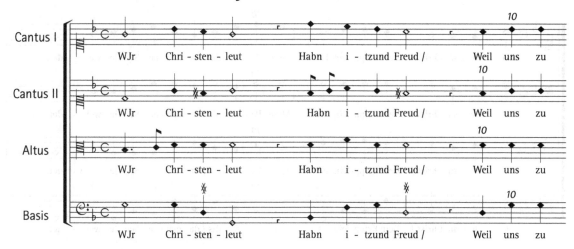
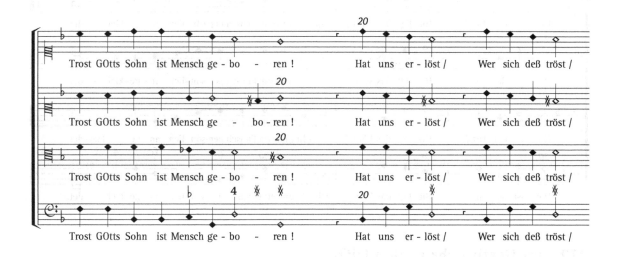
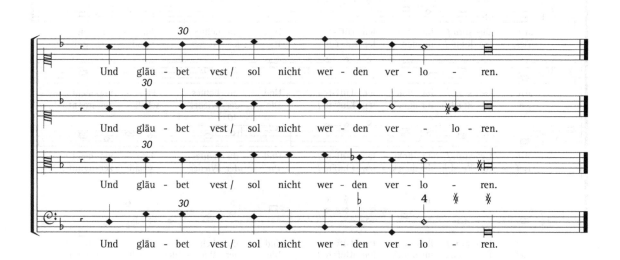

369. O Jesu Christ, dein Kripplein ist [110*]

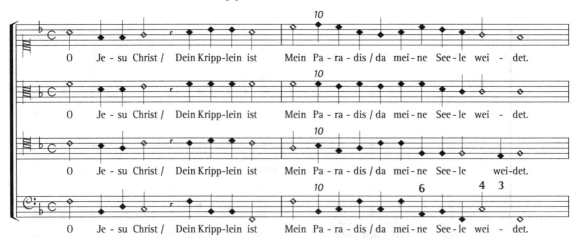

O Jesu Christ / Dein Kripplein ist Mein Paradis / da meine Seele weidet.
Hie ist der Ort / Hie ligt das Wort / Mit unserm Fleisch persönlich angekleidet.

372. Ihr Gestirn, ihr hohlen Lüfte

JHr Gestirn / ihr hohlen Lüffte / Und du lichtes Firmament;
Tieffes Rund / ihr duncklen Klüffte / Die der Wiederschall zertrennt:

376. Ihr Christen auserkoren [112*]

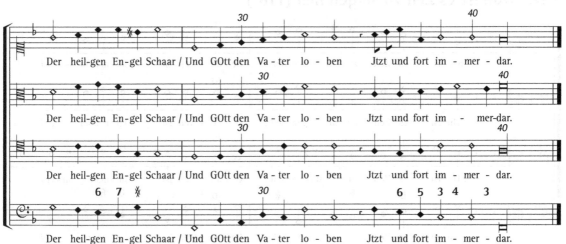

379. Fröhlich soll mein Herze springen [113*]

381. Nun ist es Zeit zu singen hell [118*]

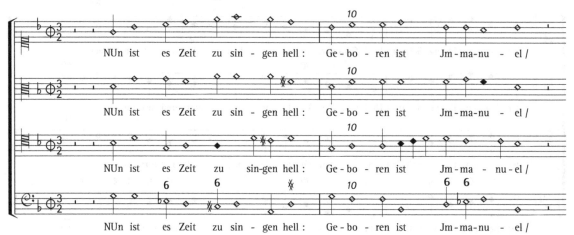

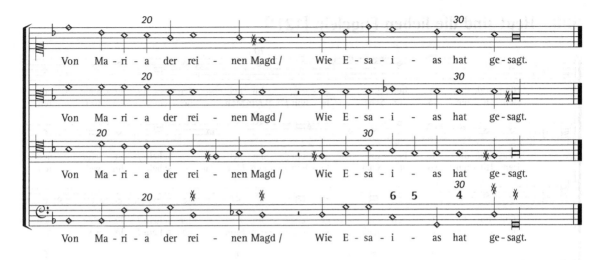

385. Puer natus in Bethlehem / Ein Kind geborn zu Bethlehem [x4/119*]

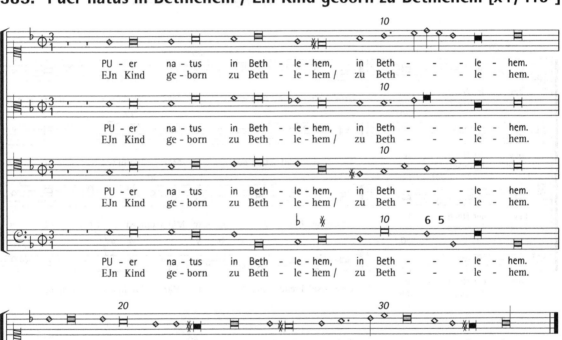

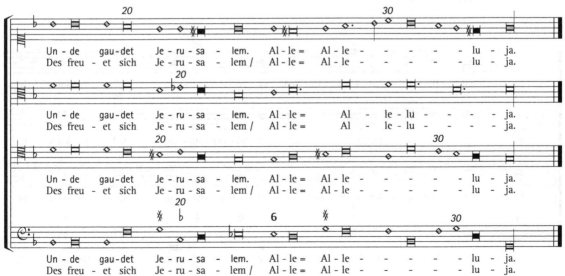

388. Heut sind die lieben Engelein [121*]

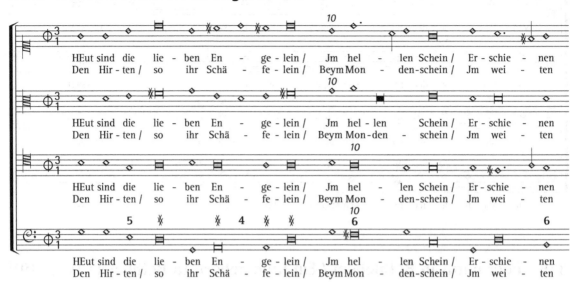
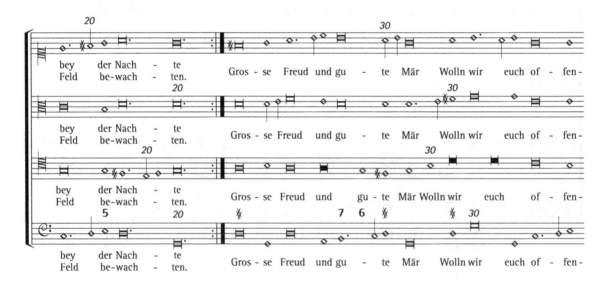

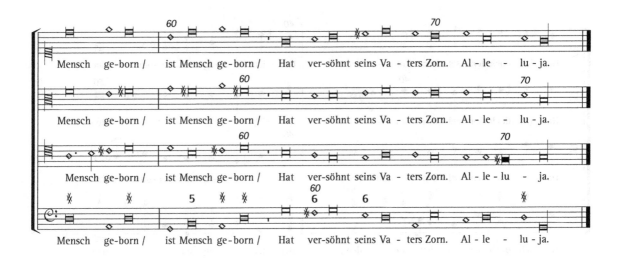

389. Ich bisher elende Seele

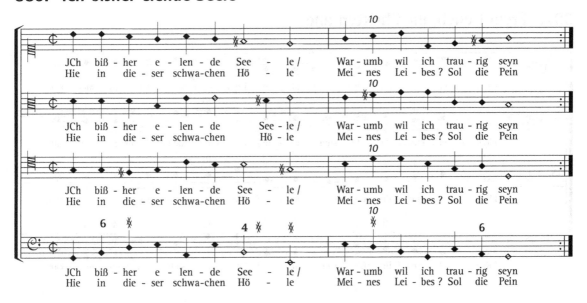

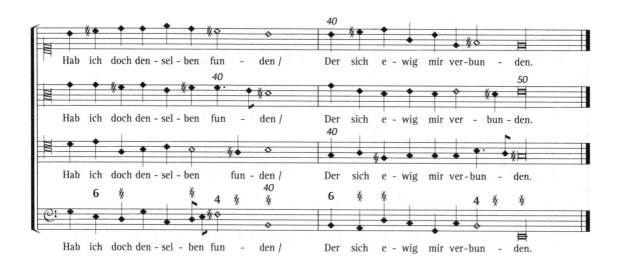

392. Freuet euch, ihr Christen alle

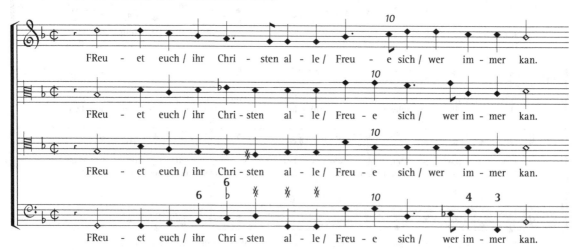

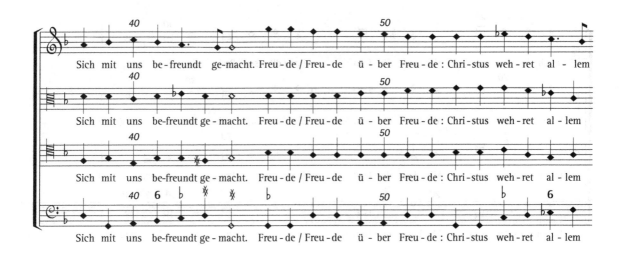

394. Dies ist der Tag der Fröhlichkeit [124*]

394. Dies ist der Tag der Fröhlichkeit [124*]

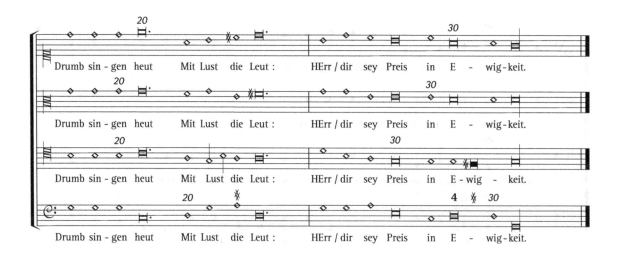

395. Alle, die ihr Gott zu Ehren

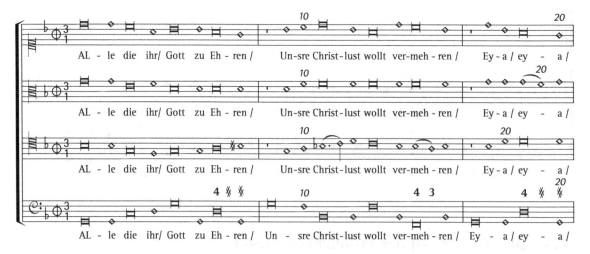

398. Das neugeborne Kindelein [126*]

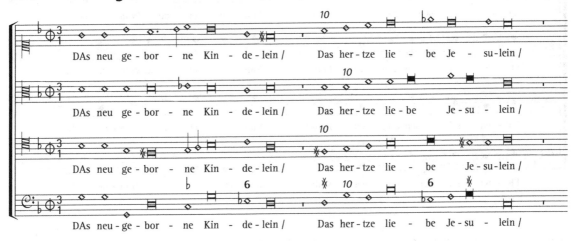

399. Lobet Gott von Herzensgrunde

401. Das alte Jahr ist nun vergahn [127*]

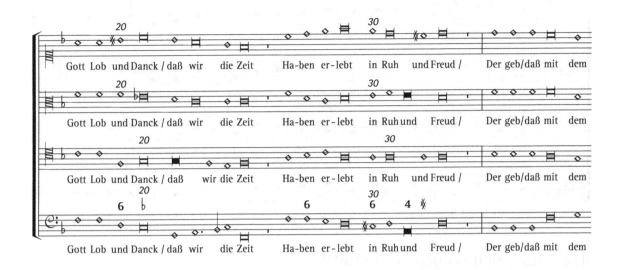

406. Helft mir Gotts Güte preisen [128*]

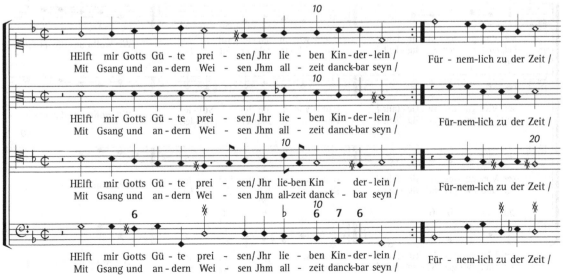

406. Helft mir Gotts Güte preisen [128*]

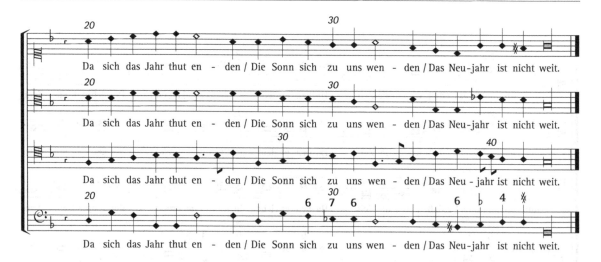

412. Jesu, nun sei gepreiset [139*]

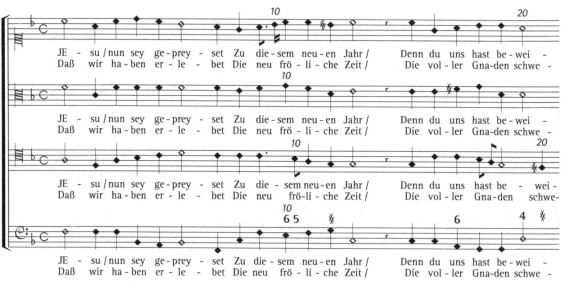

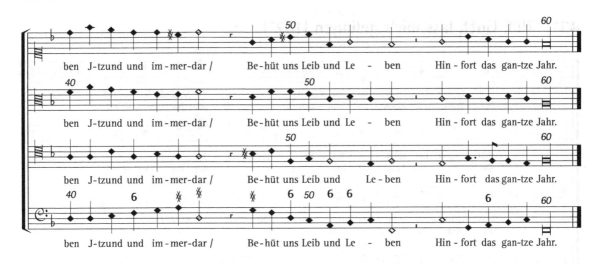

413. Lasst uns inbrünstig treten

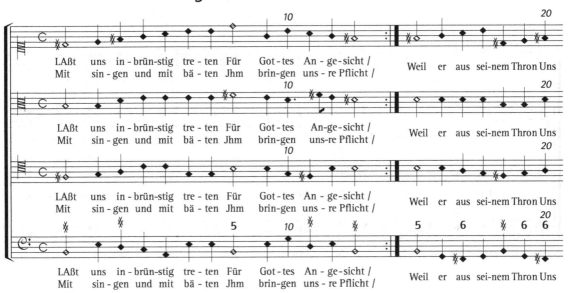

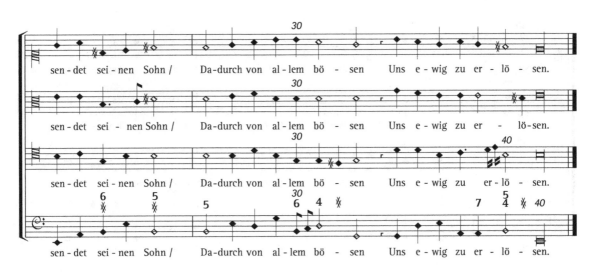

431. Hilf, Gott, lass mir's gelingen [147*]

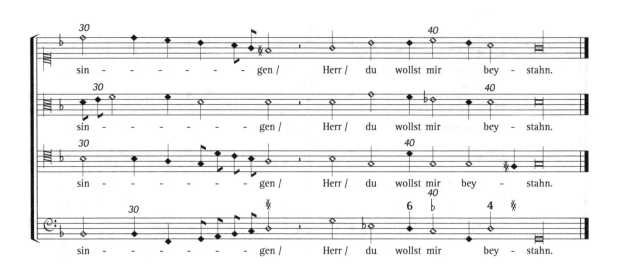

433. Wer ist der, dessen heller Schein

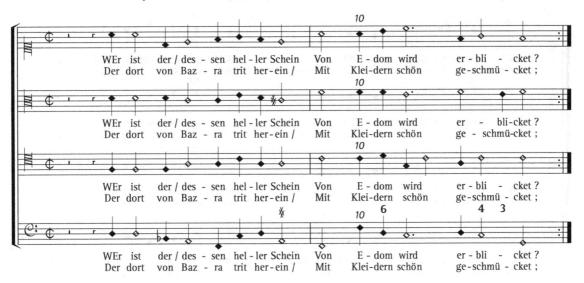

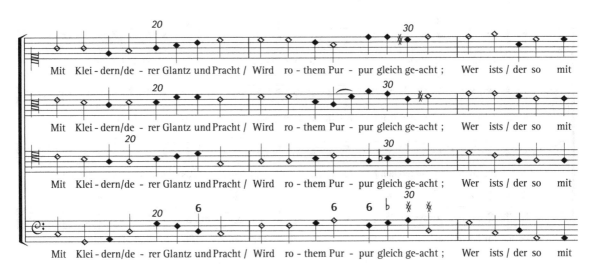

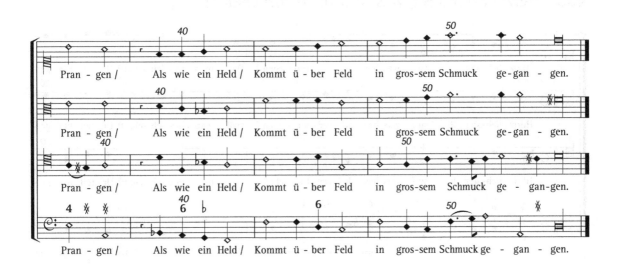

434. O großer Gott im Himmelsthron [149*]

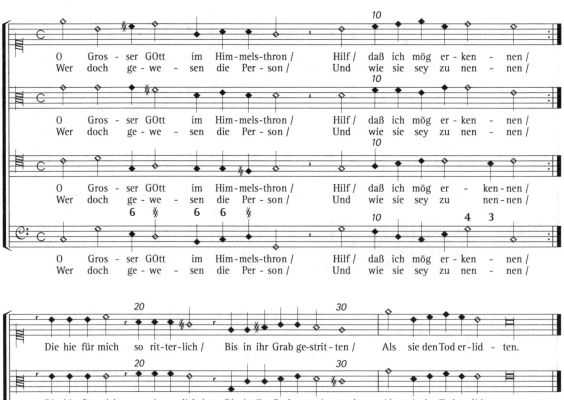

435. Herzliebster Jesu, was hast du verbrochen [148*]

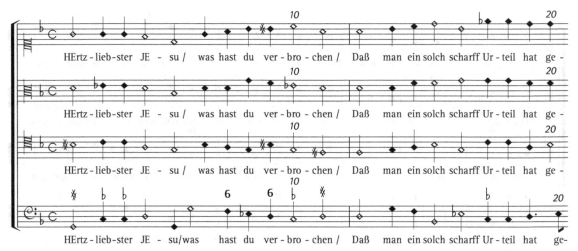

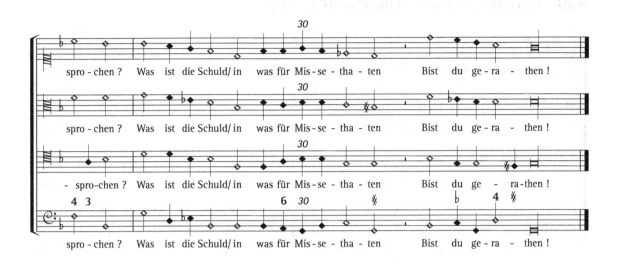

438. O Welt, sieh hier dein Leben [151*]

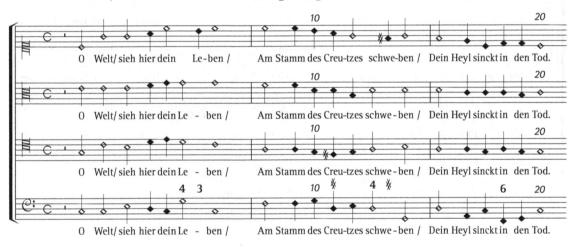

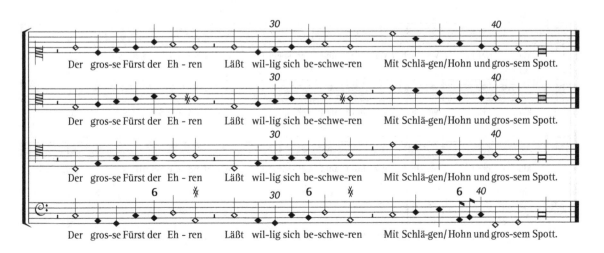

439. Christus, der uns selig macht [150*]

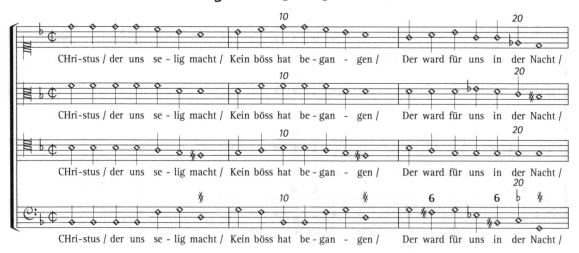

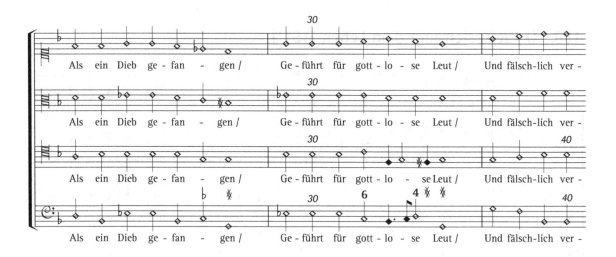

443. Da Jesus an dem Kreuze stund [154*]

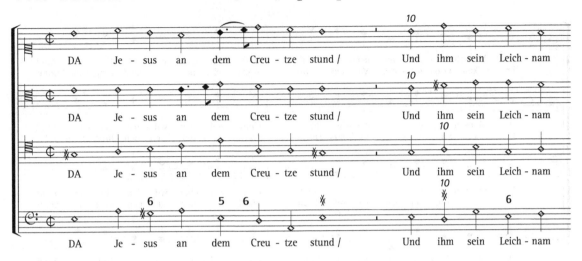
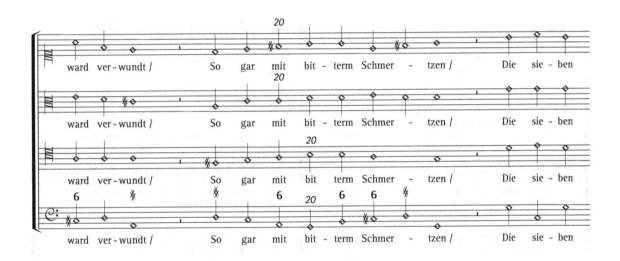
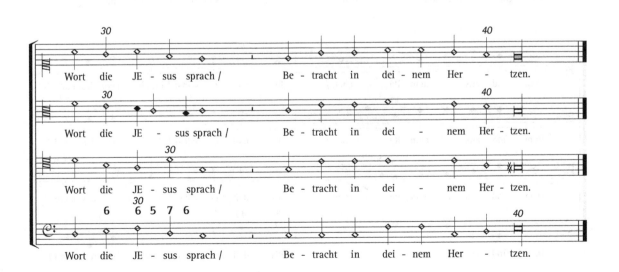

450. O Mensch, beweine deine Sünd [160*]

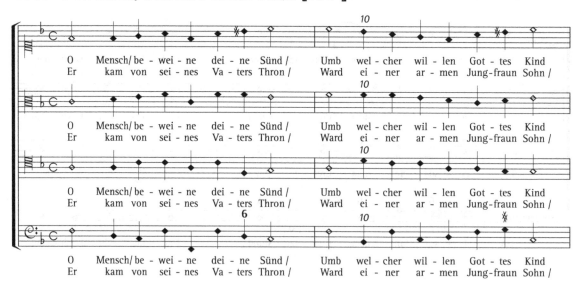

O Mensch/ be - wei - ne dei - ne Sünd / Umb wel - cher wil - len Got - tes Kind
Er kam von sei - nes Va - ters Thron / Ward ei - ner ar - men Jung-fraun Sohn /

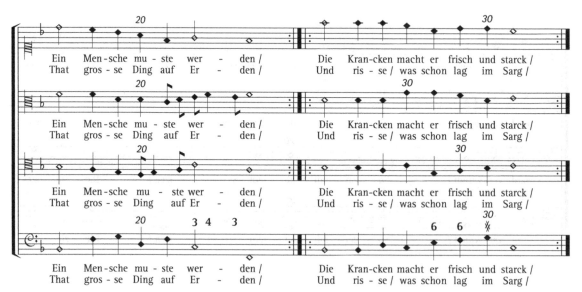

Ein Men - sche mu - ste wer - den / Die Kran-cken macht er frisch und starck /
That gros - se Ding auf Er - den / Und ris - se / was schon lag im Sarg /

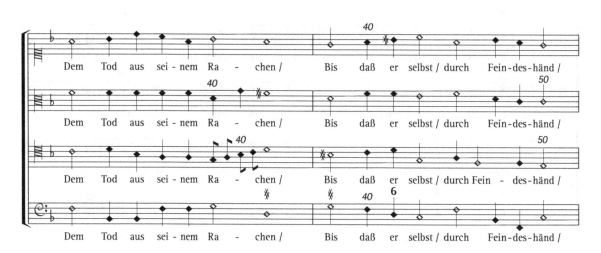

Dem Tod aus sei - nem Ra - chen / Bis daß er selbst / durch Fein-des-händ /

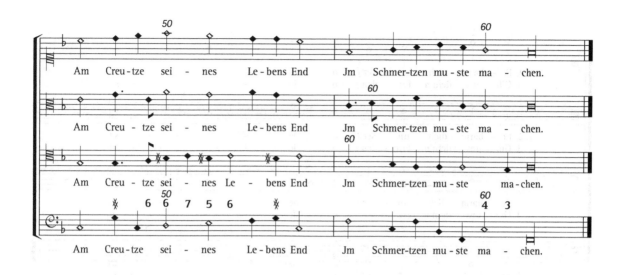

462. O Lamm Gottes, unschuldig [167*]

462. O Lamm Gottes, unschuldig [167*]

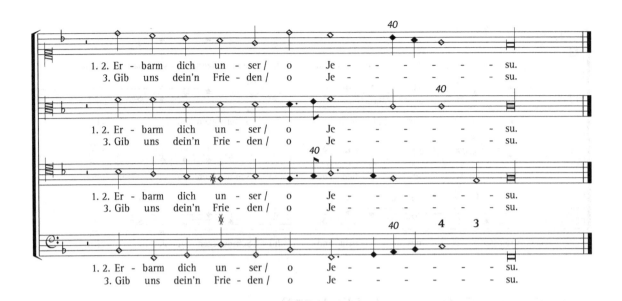

475. Die Propheten han prophezeit

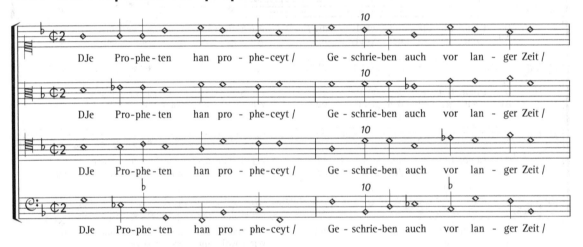

477. Wenn, o mein Gott, ich nur dich habe

480. O Jesu Christe, Gottes Sohn, der du zu

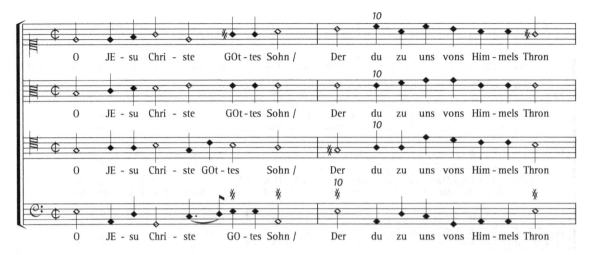
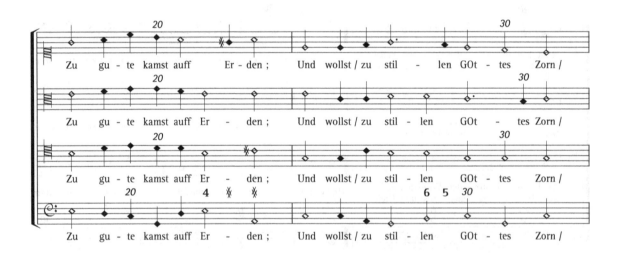
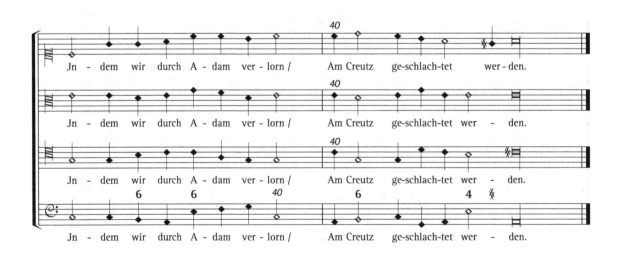

482. O Jesu, unbeflecktes Lamm

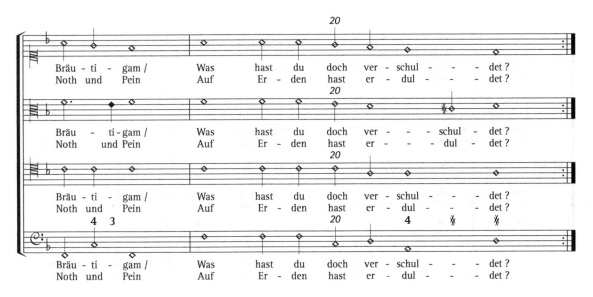
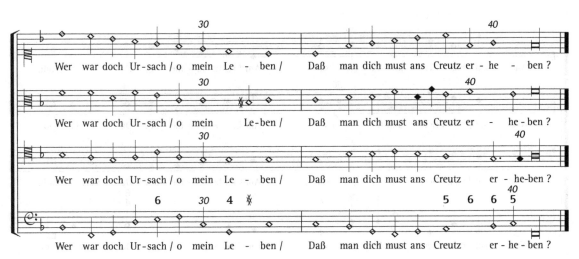

484. Wach auf, mein Geist, erhebe dich

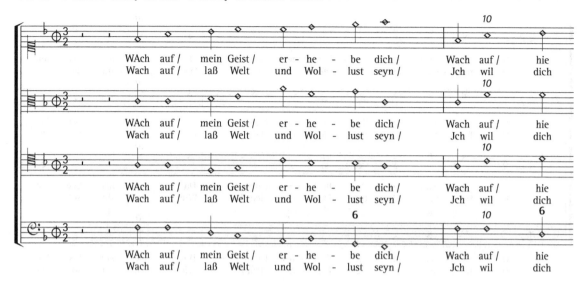

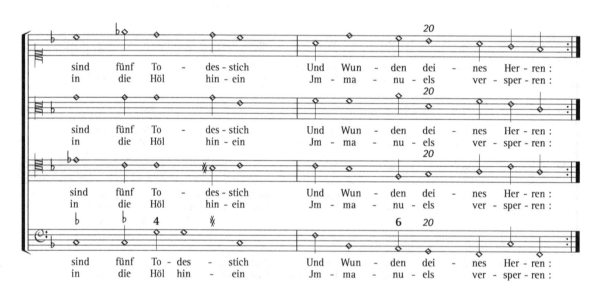

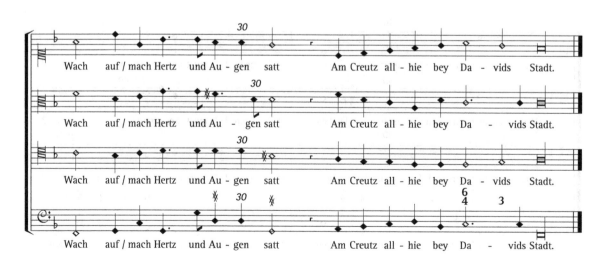

486. O Mensch, schau Jesum Christum an, der Gottes Zorn getragen

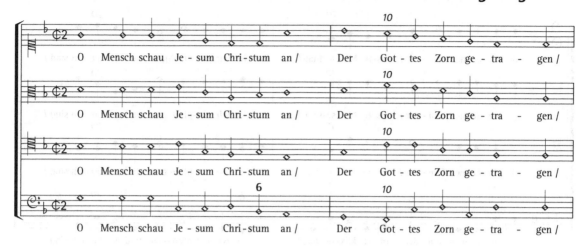

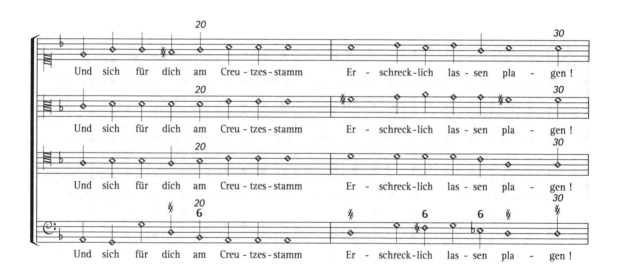

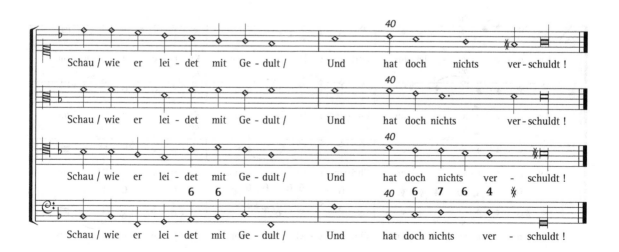

488. O wir armen Sünder, unsre Missetat

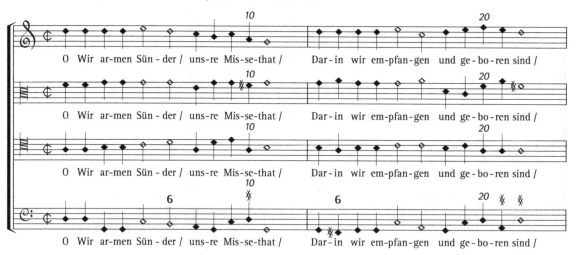
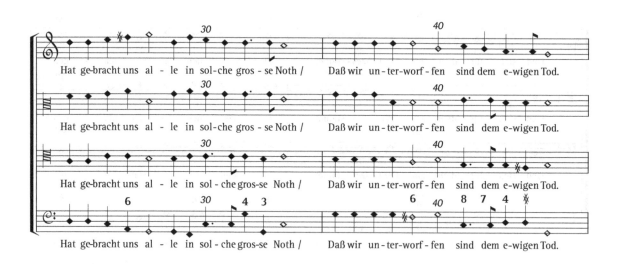

489. O Mensch, schau, welch ein Mensch

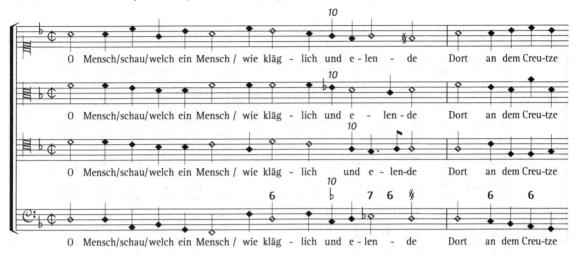

O Mensch/schau/welch ein Mensch / wie kläg-lich und e-len-de Dort an dem Creu-tze

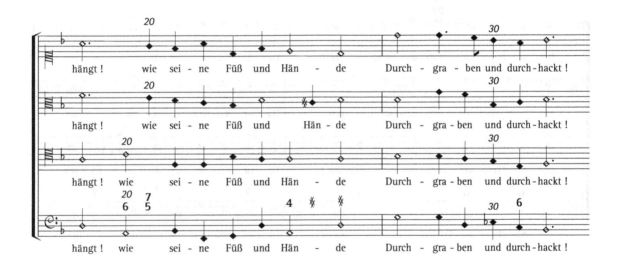

hängt! wie sei-ne Füß und Hän-de Durch-gra-ben und durch-hackt!

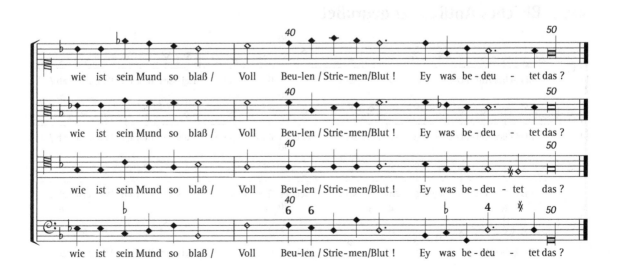

wie ist sein Mund so blaß / Voll Beu-len / Strie-men/Blut! Ey was be-deu-tet das?

490. Liebster Jesu, sei gegrüßet, sei gegrüßet

493. Bleiches Antlitz, sei gegrüßet

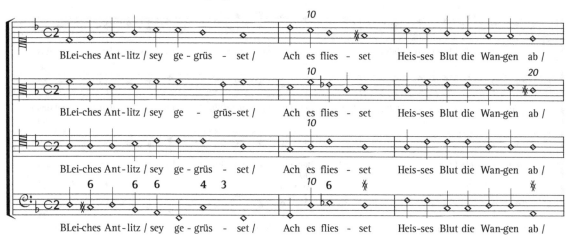

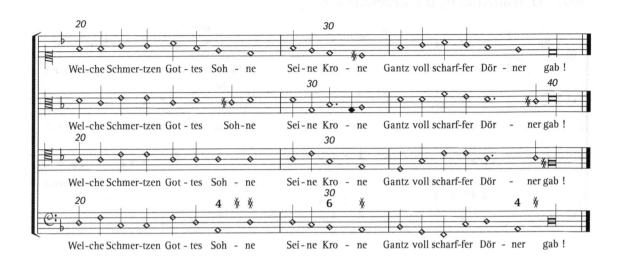

496. Herr Christe, treuer Heiland wert [179*]

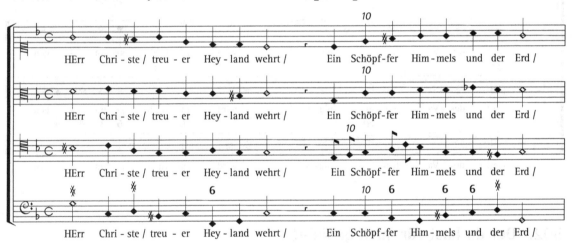

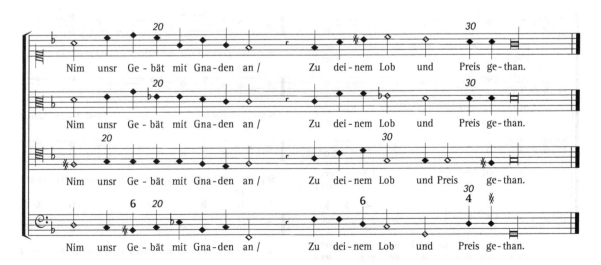

497. O Traurigkeit, o Herzeleid [181*]

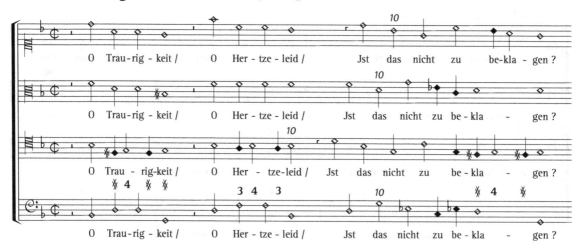

502. Der du hast für mich gebüßet

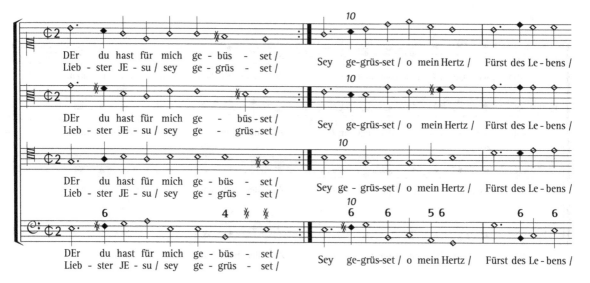

505. Als Gottes Lamm und Leue

506. Christe, du Lamm Gottes

511. Ist dieser nicht des Höchsten Sohn

512. Erschienen ist der herrlich Tag [186*]

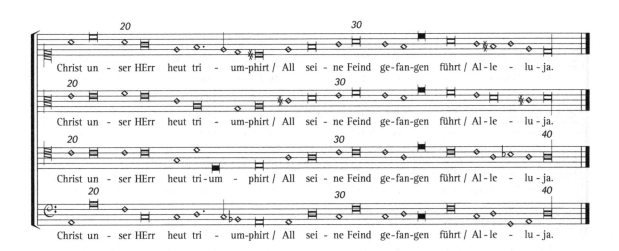

514. Auf, auf, mein Herz, mit Freuden [187*]

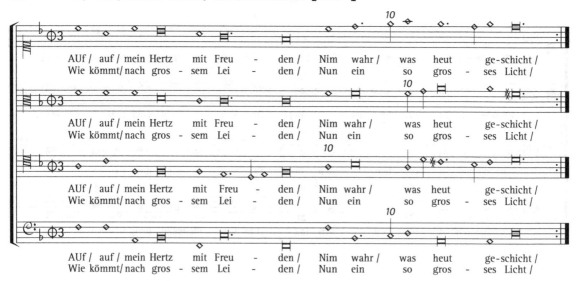

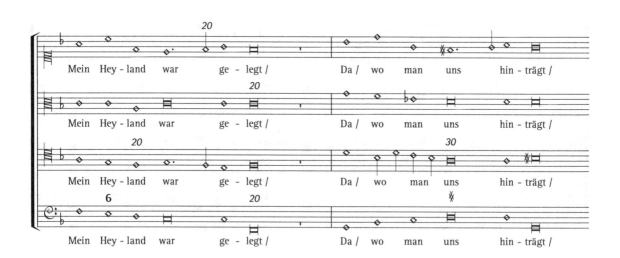

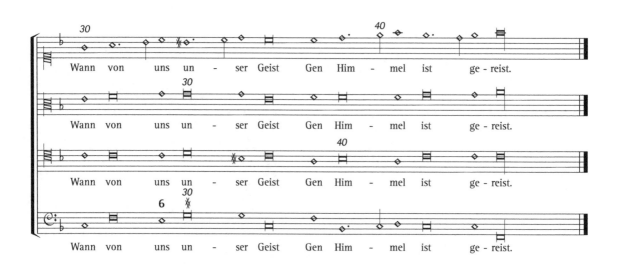

516. Christ lag in Todesbanden [188*]

517. Heut triumphieret Gottes Sohn [189*]

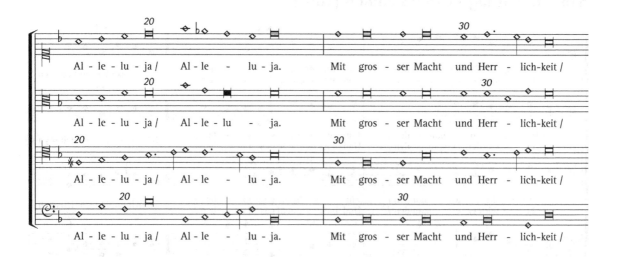

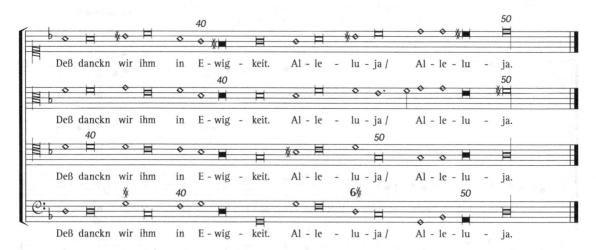

518. Lasset uns den Herren preisen [193*]

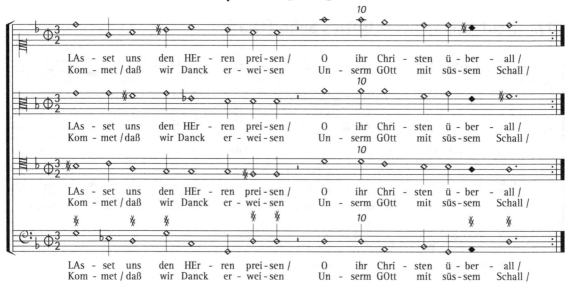

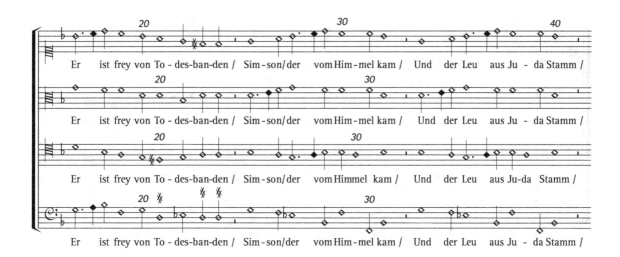

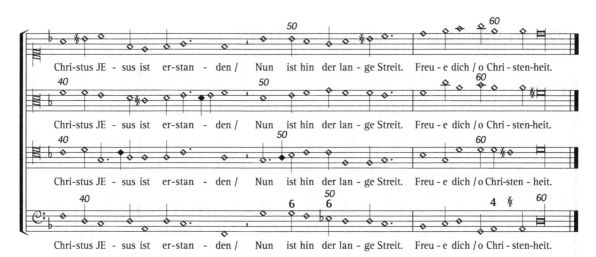

519. Erstanden ist der heil'ge Christ, Halleluja, der aller Welt ein Tröster ist [194*ˣ²⁴]

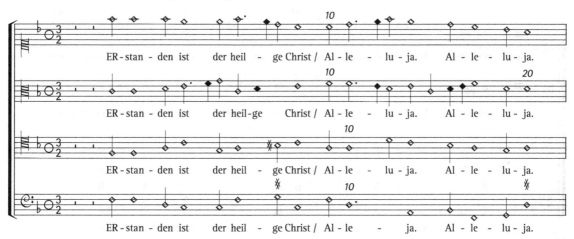

519. Erstanden ist der heil'ge Christ, Halleluja, der aller Welt ein Tröster ist [194* x24]

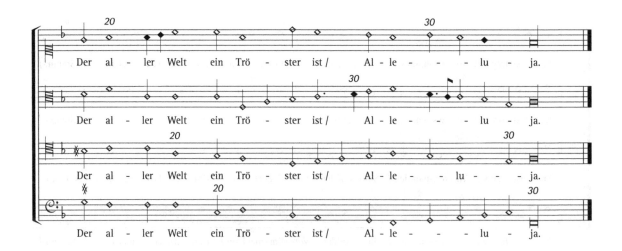

522. Sei fröhlich alles, weit und breit [191*]

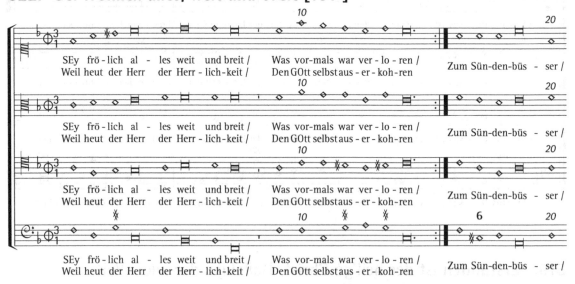

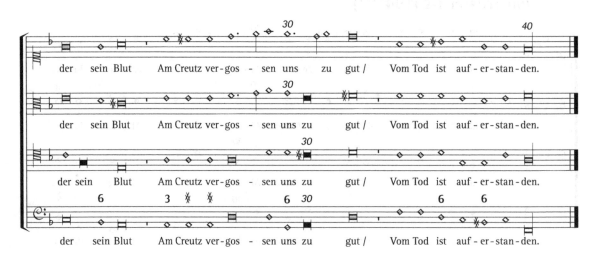

526. Jesus Christus, unser Heiland, der den Tod [200*]

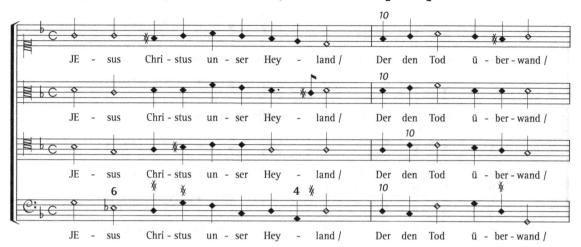
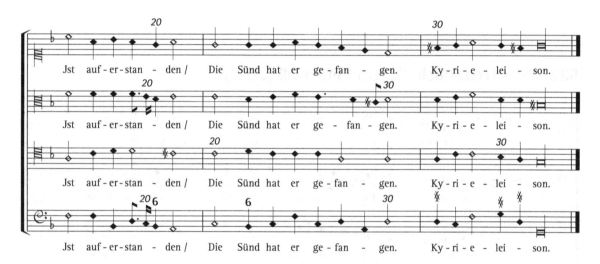

527. Jesus, meine Zuversicht [202*]

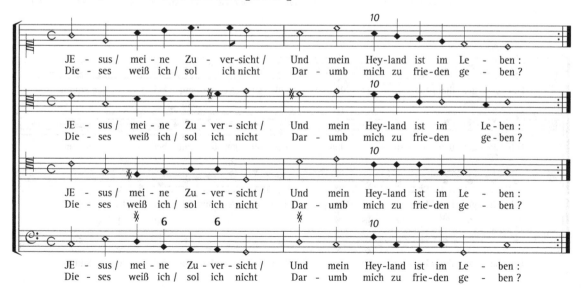

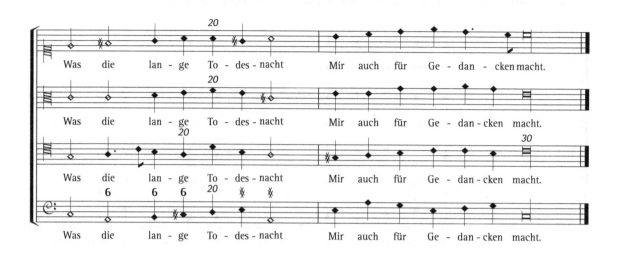

532. Nun freut euch, Gottes Kinder all [206*]

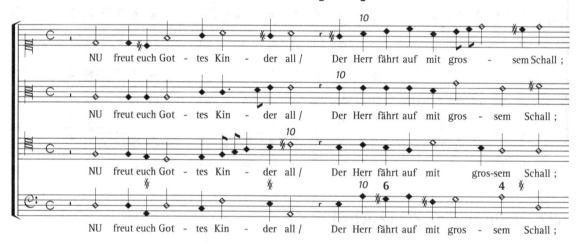

534. Das herrlich hohe Fest

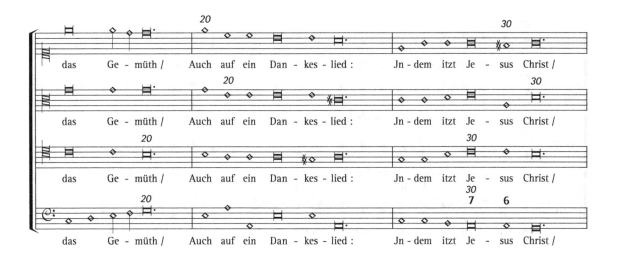

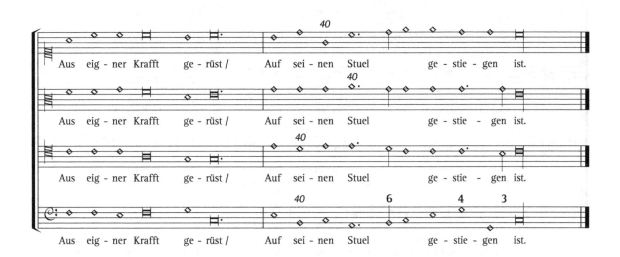

537. Freut euch, ihr Christen alle, der Siegfürst [207*]

538. Du Lebensfürst, Herr Jesu Christ, der du [208*]

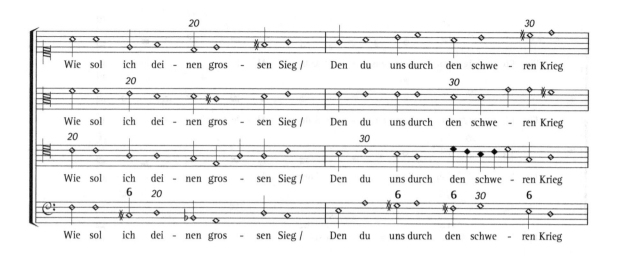

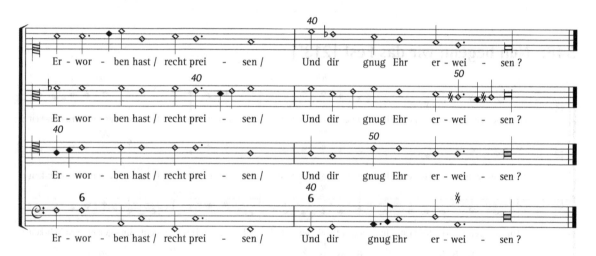

543. Christus ist heut gen Himml gefahrn [212*]

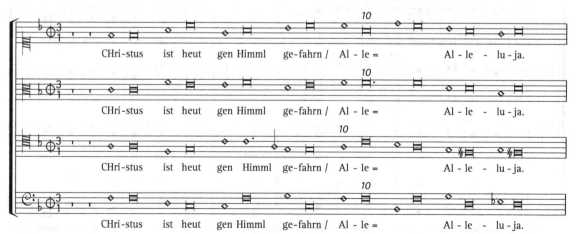

543. Christus ist heut gen Himml gefahrn [212*]

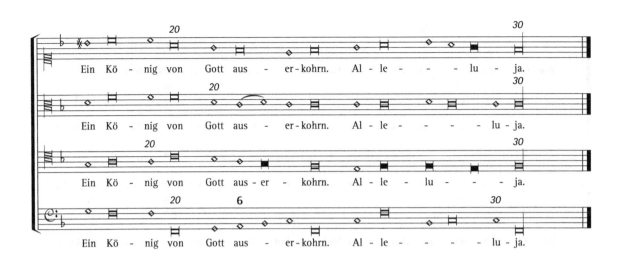

546. Nun begehn wir das Fest [213*]

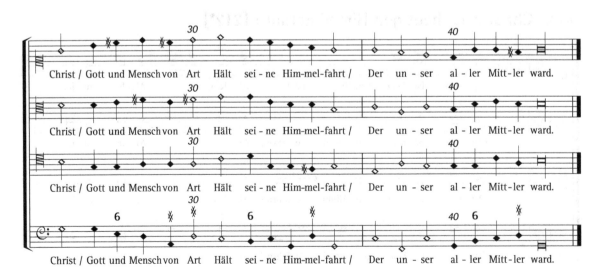

547. Auf diesen Tag bedenken wir

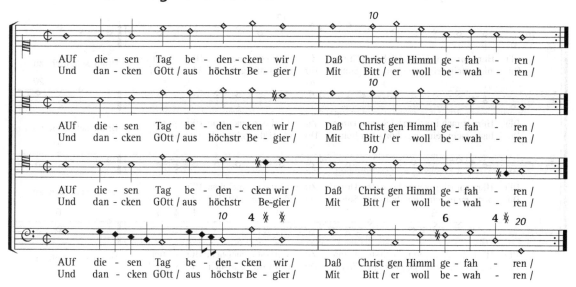

AUf diesen Tag be-den-cken wir / Daß Christ gen Himml ge-fah-ren /
Und dan-cken GOtt / aus höchstr Be-gier / Mit Bitt / er woll be-wah-ren /

Uns ar-me Sün-der hie auff Erd / Die wir von we-gen man-cher Gfährd /

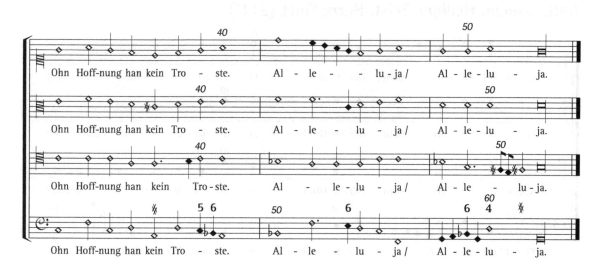

Ohn Hoff-nung han kein Tro-ste. Al-le-lu-ja / Al-le-lu-ja.

548. Der Herr sprach in seinm höchsten Thron

549. Komm, Heiliger Geist, Herre Gott [214*]

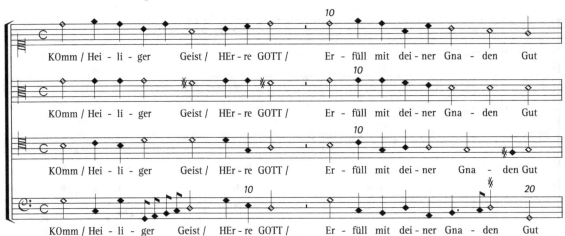

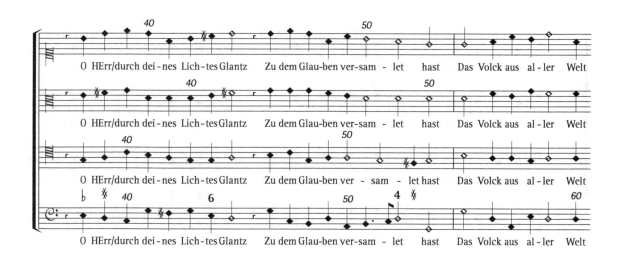
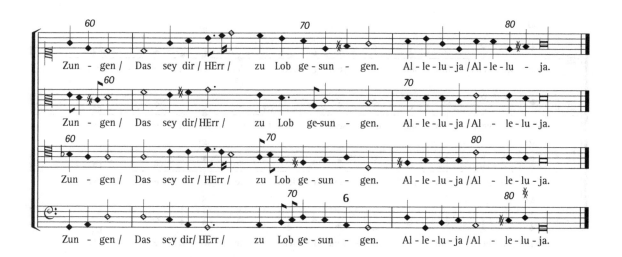

551. Nun bitten wir den Heiligen Geist [216*]

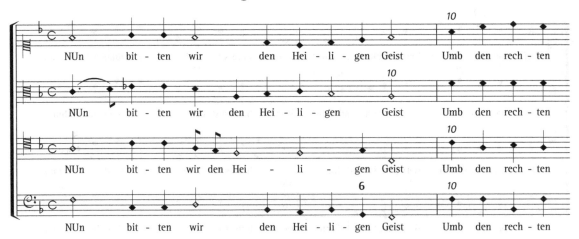
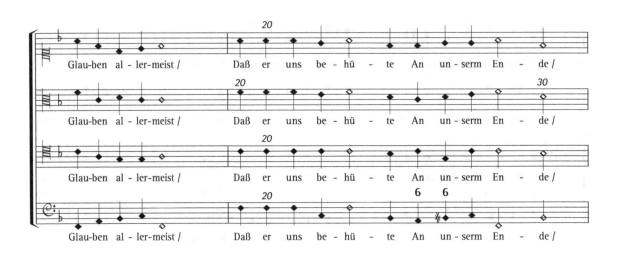
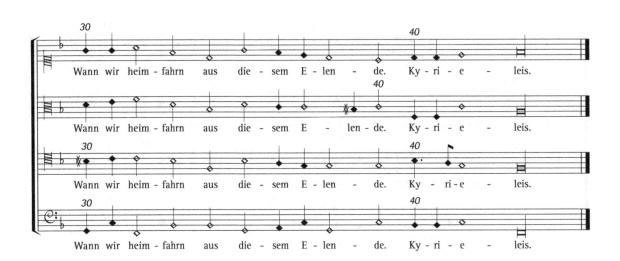

553. Zeuch ein zu deinen Toren [217*]

554. Brunnquell aller Güter [219*]

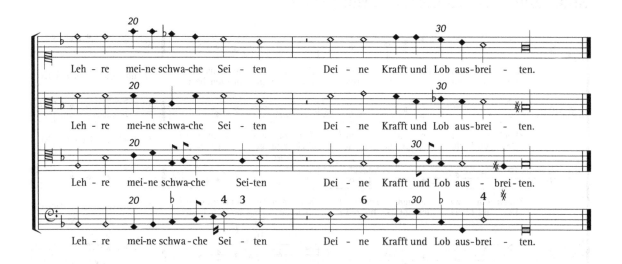

558. Als Jesus Christus, Gottes Sohn [222*]

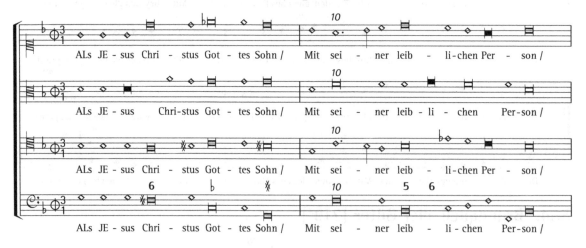

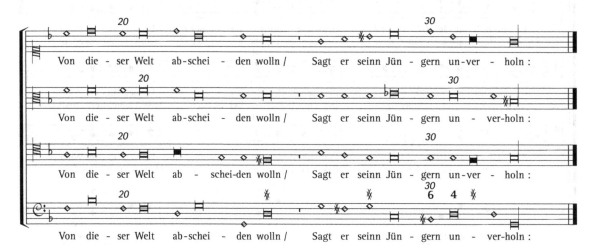

562. Heil'ger Geist, du Tröster mein [227*]

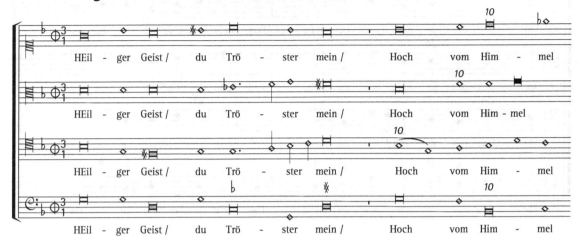

563. Komm, Gott Schöpfer, Heiliger Geist [228*]

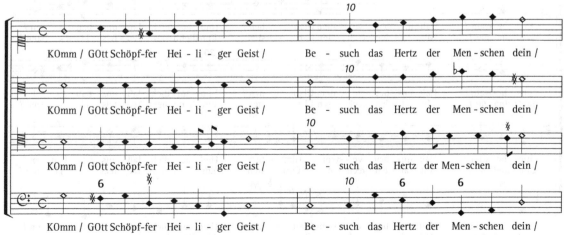

154 563. Komm, Gott Schöpfer, Heiliger Geist [228*]

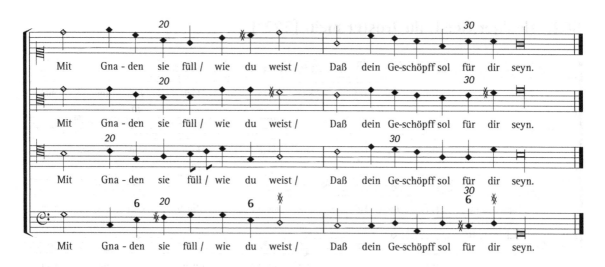

566. Gott, der Vater, wohn uns bei [229*]

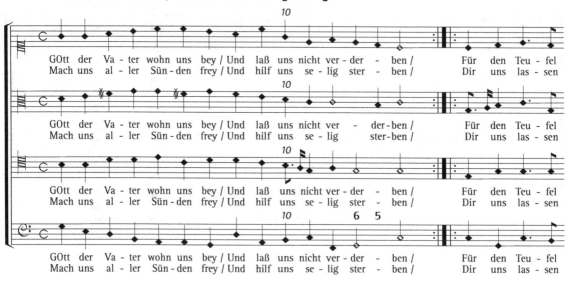

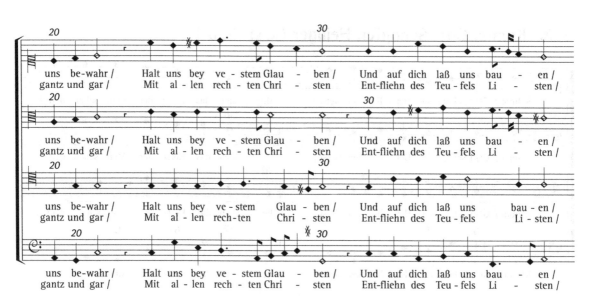

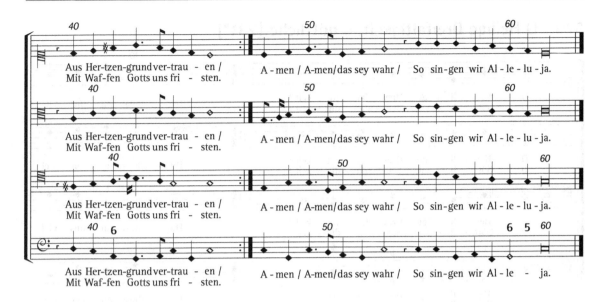

567. Allein Gott in der Höh sei Ehr [230*]

570. O Heilige Dreifaltigkeit, o göttliche [231*]

572. Dreieinigkeit, der Gottheit wahrer Spiegel [233*]

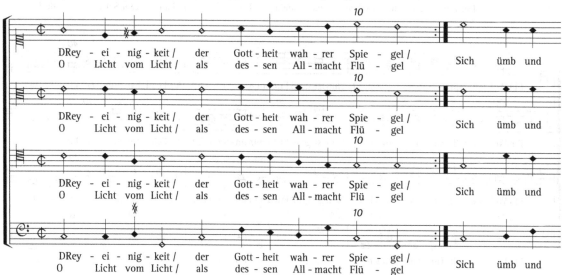

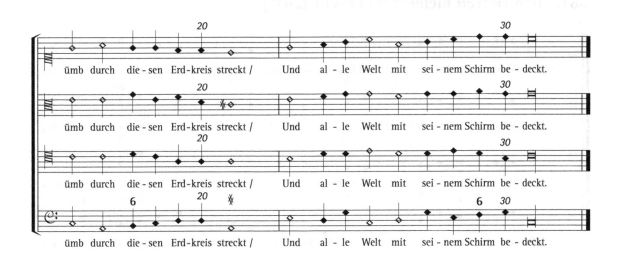

580. Mein Seel erhebt den Herren [240*]

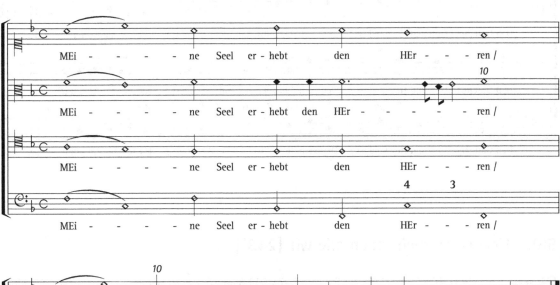

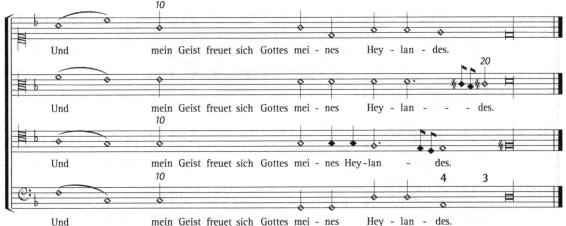

581. Den Herren meine Seel erhebt [241*]

585. Herr Gott, dich loben alle wir [243*]

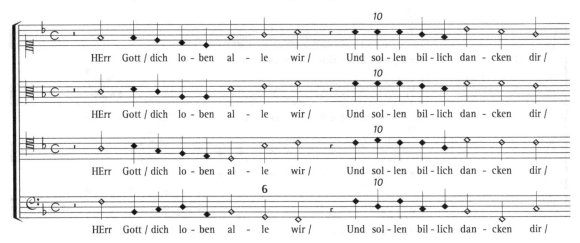

590. O Gott, die Christenheit dir dankt [247*]

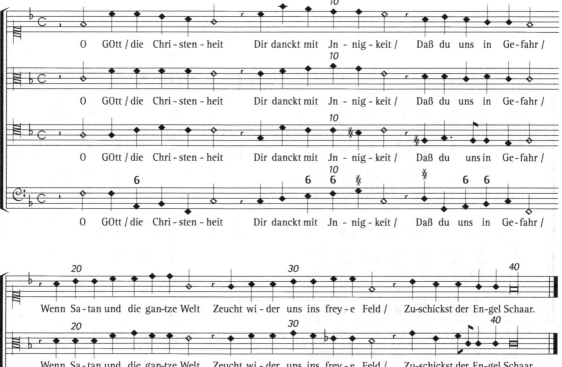

592. Herr Gott, dich loben wir, Herr Gott [249*]

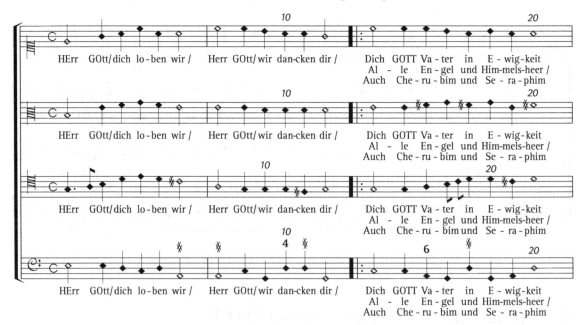

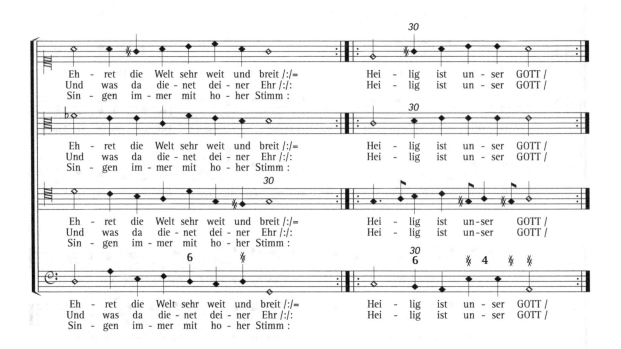

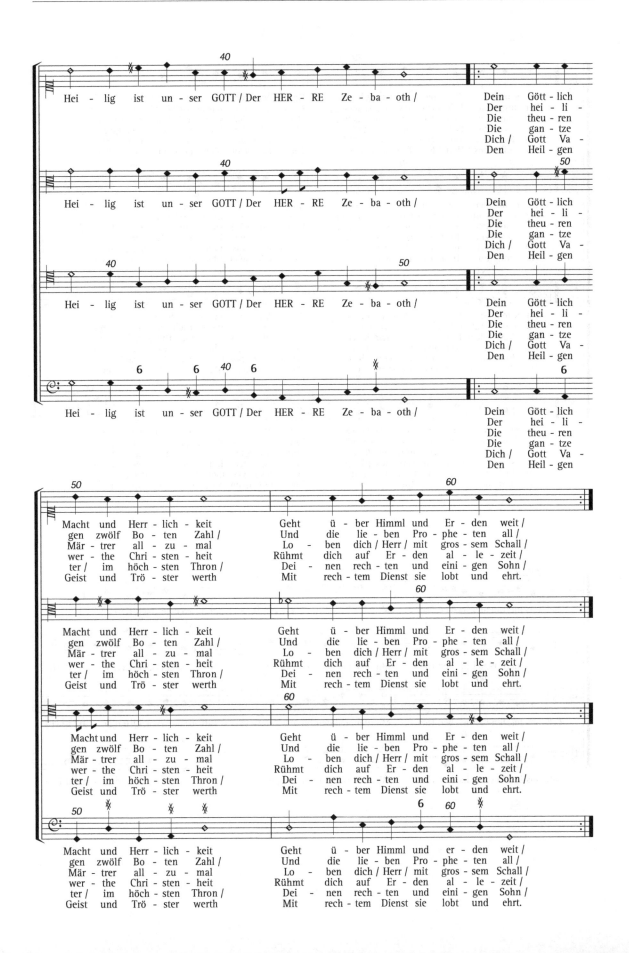

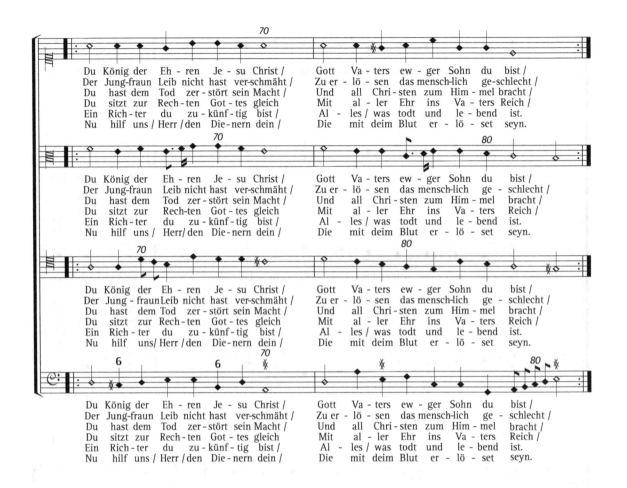

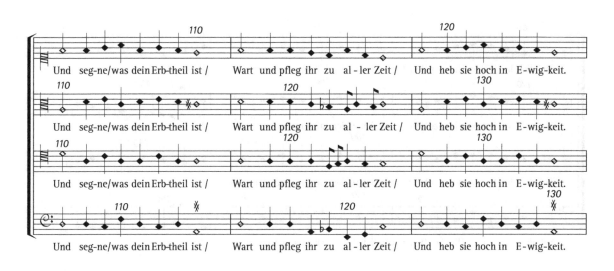
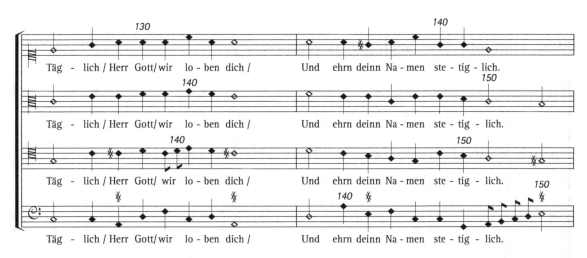
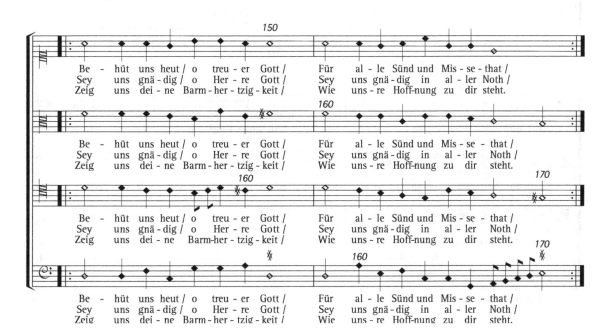

593. Nun lob, mein Seel, den Herren [250*]

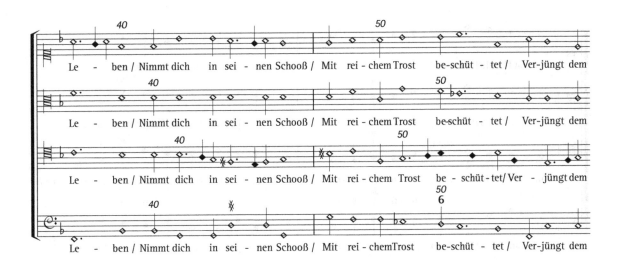

594. Mein Herz, du sollst den Herren billig preisen [251*]

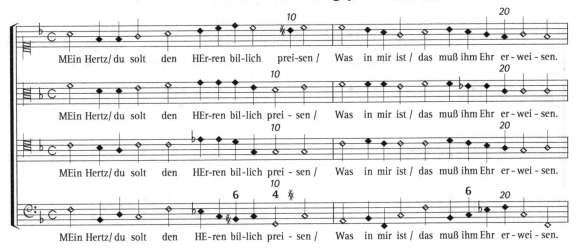

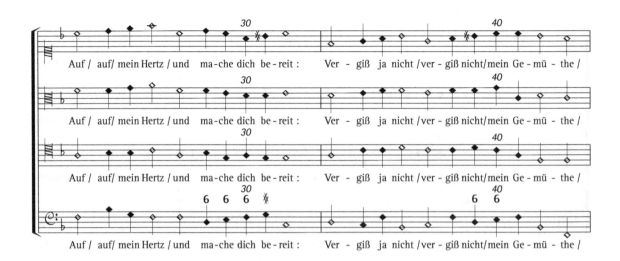

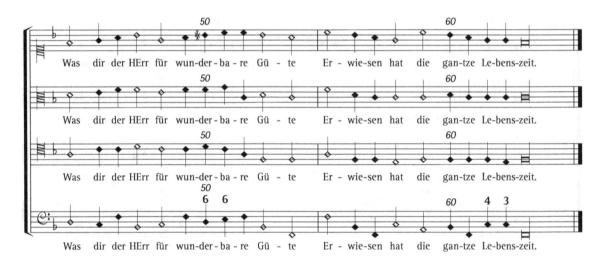

595. Heb hoch des Herren Herrlichkeit [252*]

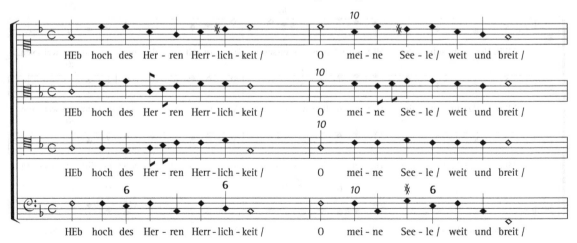

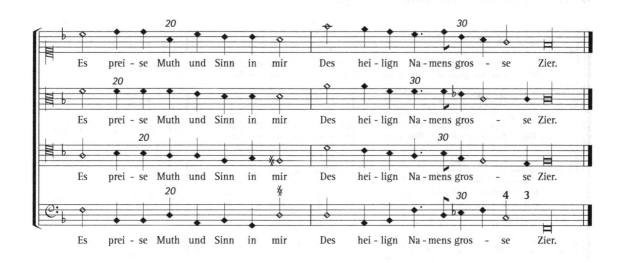

604. Nun danket all und bringet Ehr [253*]

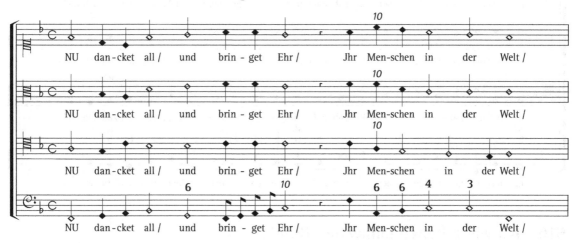

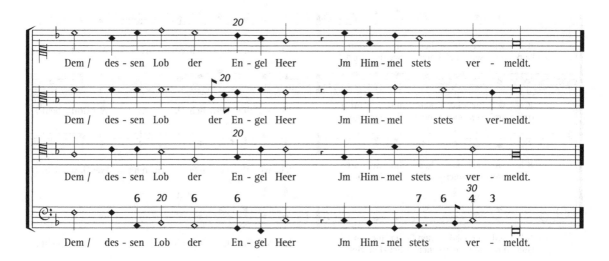

614. Ich preise dich und singe [263*]

615. Ich will erhöhen immerfort [264*]

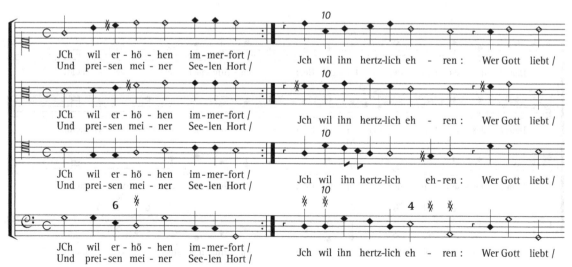

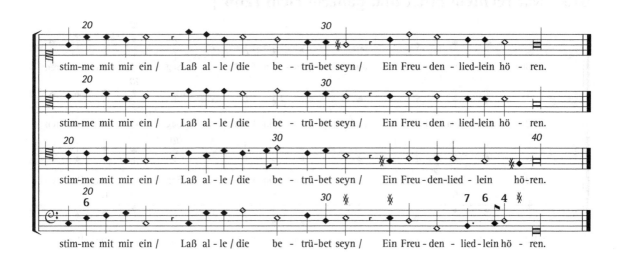

616. Alle Welt, was kreucht und webet [265*]

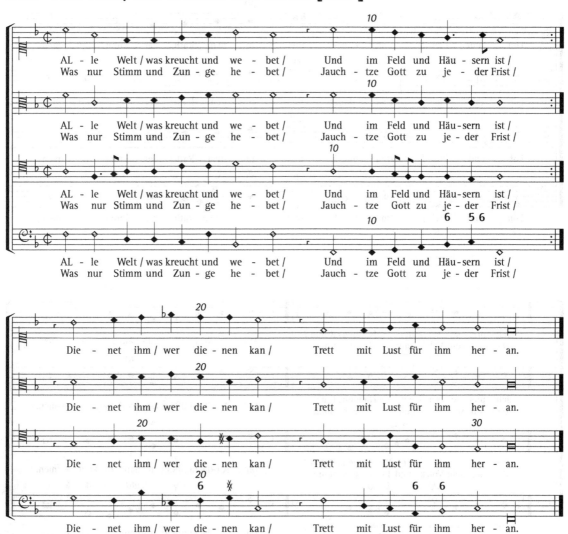

618. Mit rechtem Ernst und ganzem Fleiß [266*]

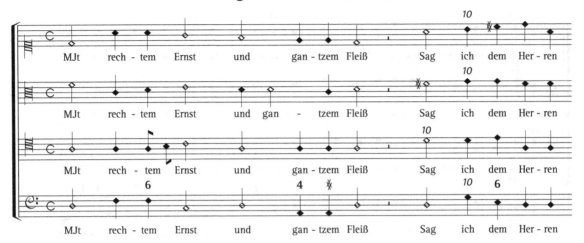

621. Lasst uns dem Herren sämtlich danken [268*]

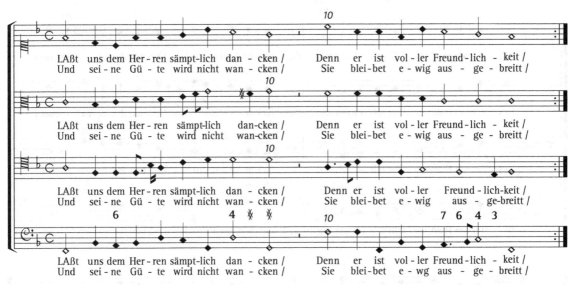
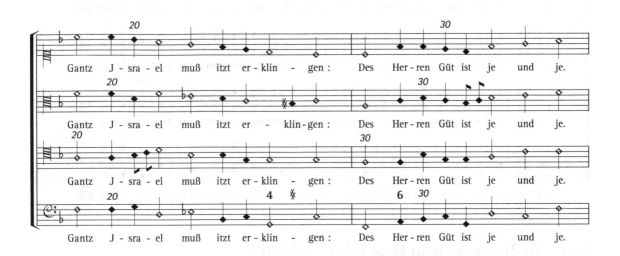
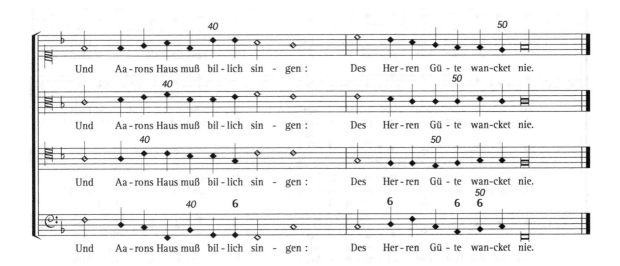

624. Des Herren Huld gefällt mir allzeit wohl [267*]

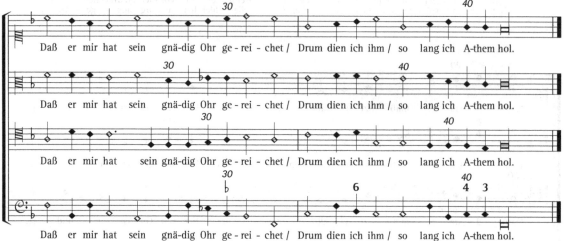

627. Zu Zion wird dein Nam erhoben [270*]

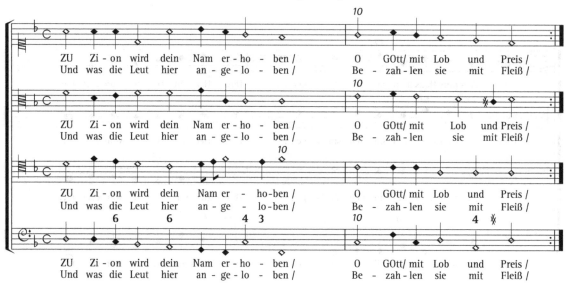

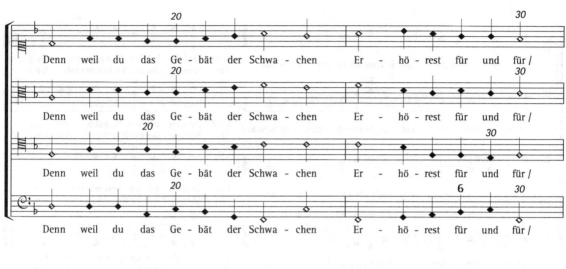

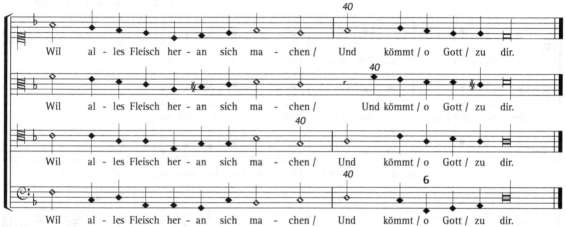

628. Ihr Himmel, lobt des Herren Macht [275*]

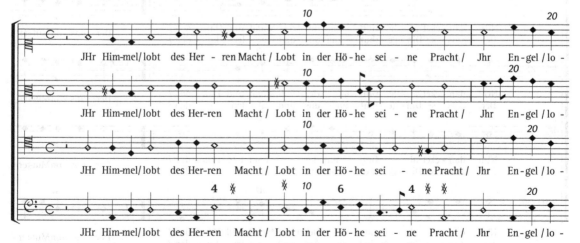

631. Nun danket alle Gott mit Herzen [277*]

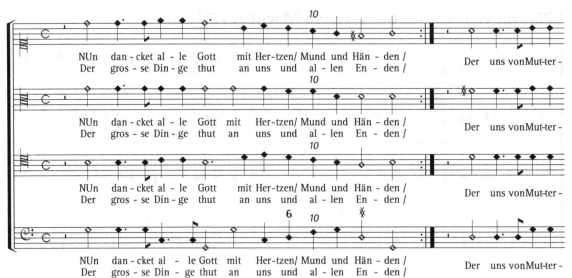

636. Jesu, wollst uns weisen [280*]

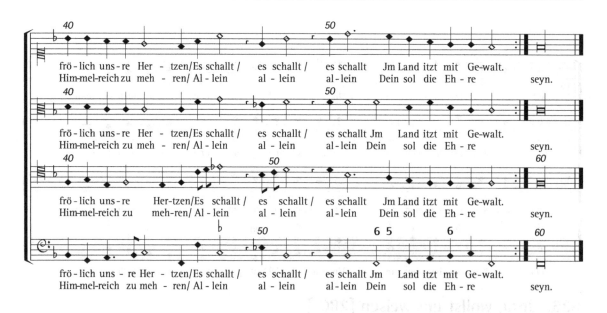

638. Lobet Gott, unsern Herren, in seinem Heiligtum [279*]

640. Lobt unsern Gott auf's Beste

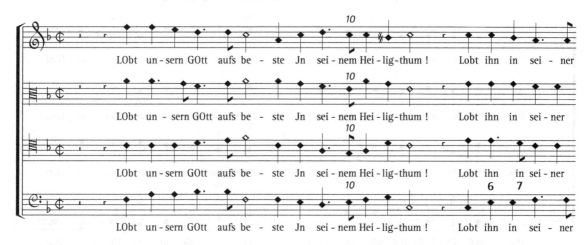

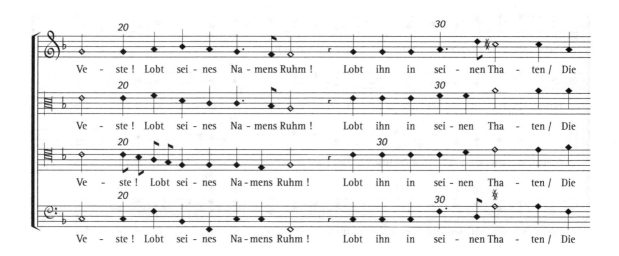

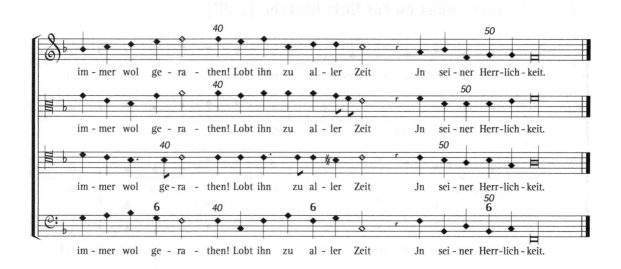

643. Dies sind die heil'gen zehn Gebot, die uns [285*]

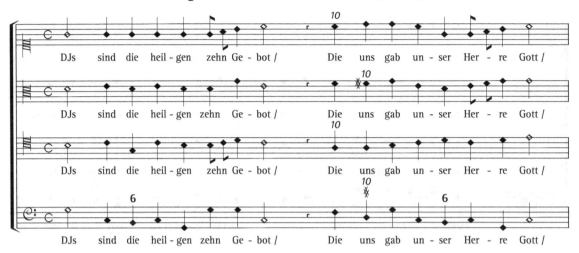

645. O Mensch, willst du für Gott bestahn [288*]

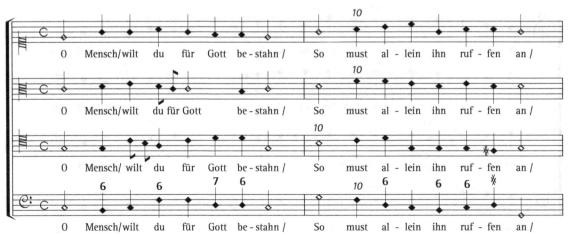

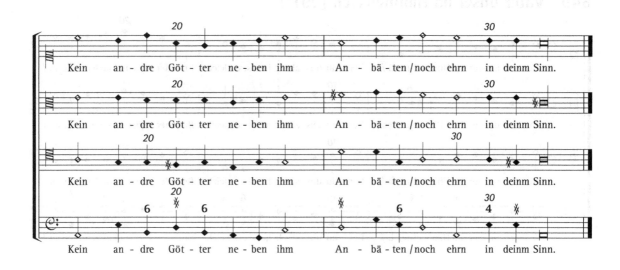

647. Mensch, willst du leben seliglich [289*]

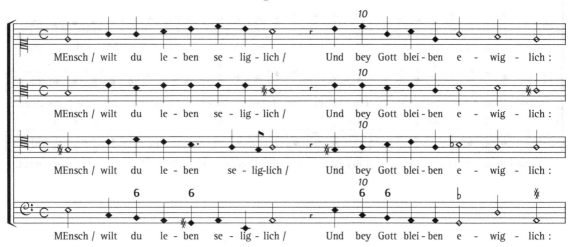

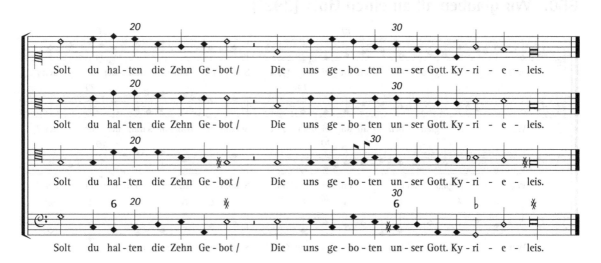

649. Vater unser im Himmelreich [291*]

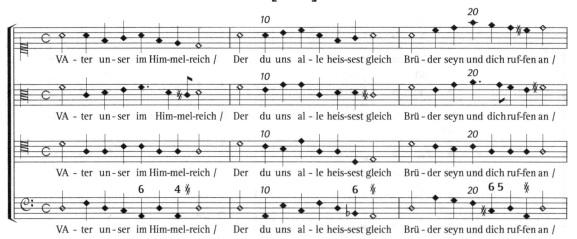

650. Wir glauben all an einen Gott [292*]

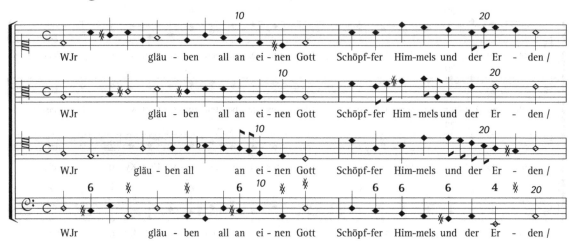

650. Wir glauben all an einen Gott [292*]

653. Christ, unser Herr, zum Jordan kam [296*]

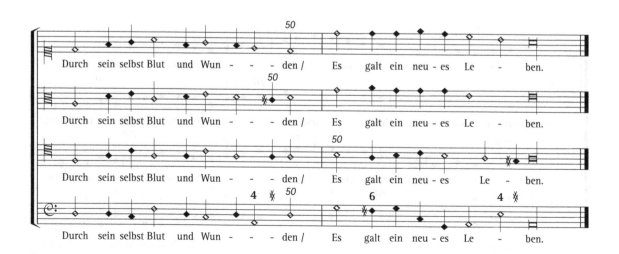

655. Schmücke dich, o liebe Seele [298*]

658. Jesaia, dem Propheten, das geschah [297*]

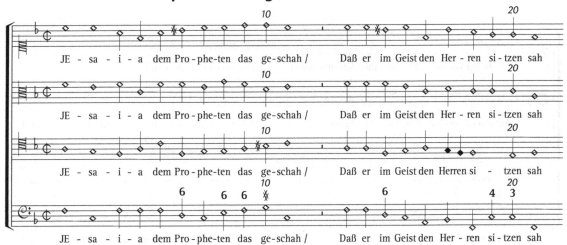

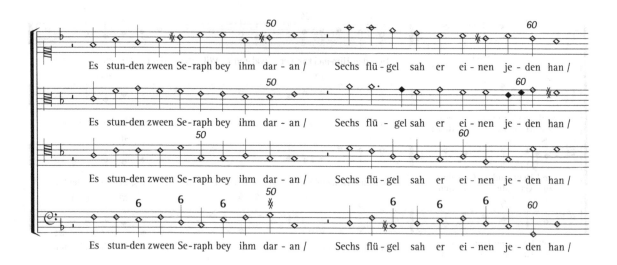
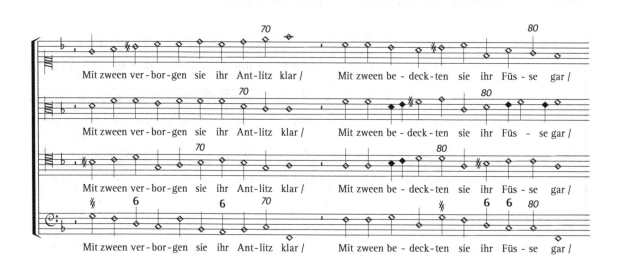

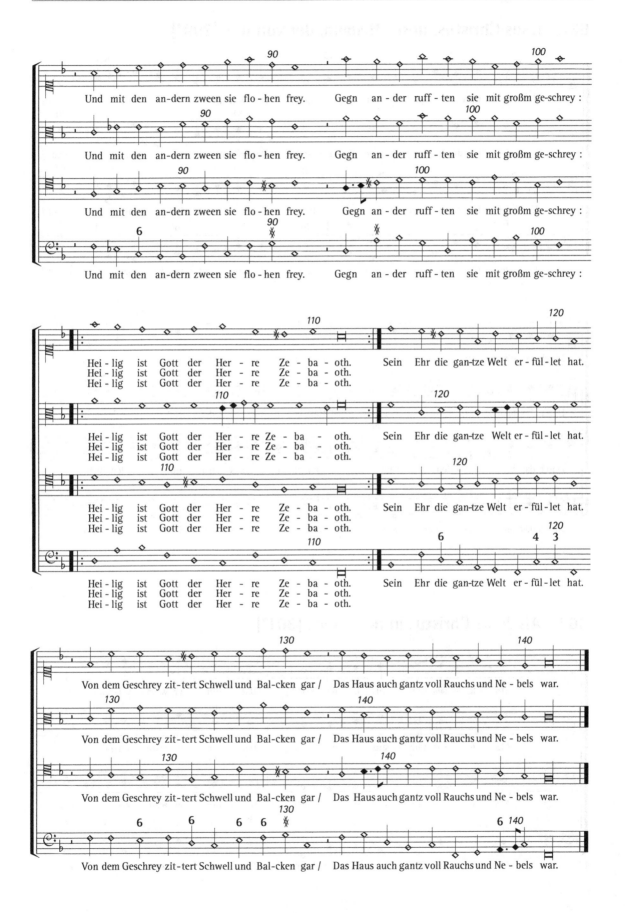

661. Jesus Christus, unser Heiland, der von uns [299*]

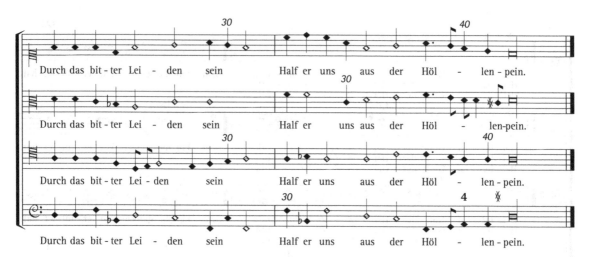

663. Als Jesus Christus in der Nacht [301*]

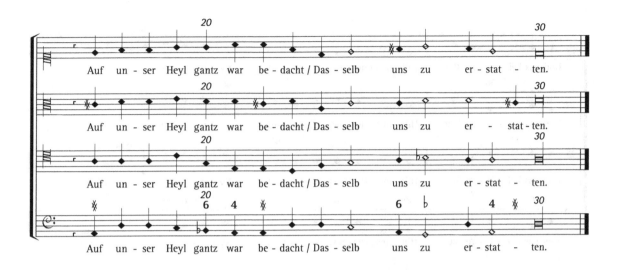

671. Gott sei gelobet und gebenedeiet [303*]

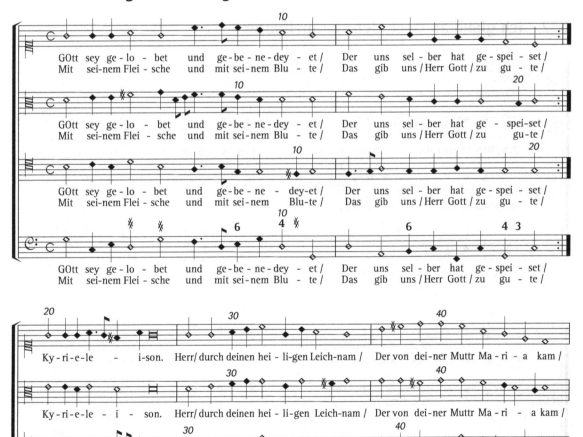

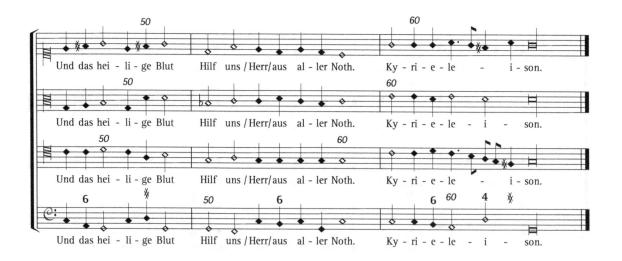

672. Ich glaub an Gott, den Himmelsvater

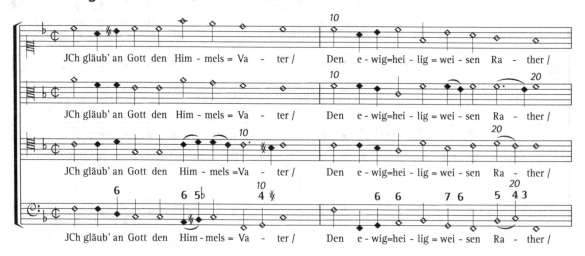

674. Danket dem Herren, denn er ist sehr freundlich, und seine Güt [305*]

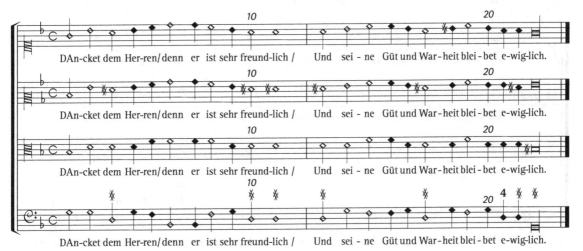

676. Dankt dem Herrn, heut und allezeit [307*]

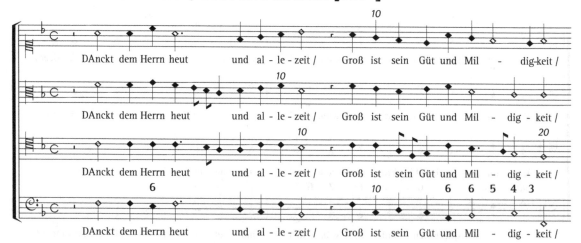

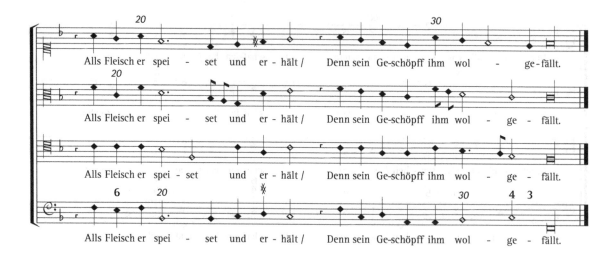

677. Singen wir aus Herzensgrund [309*]

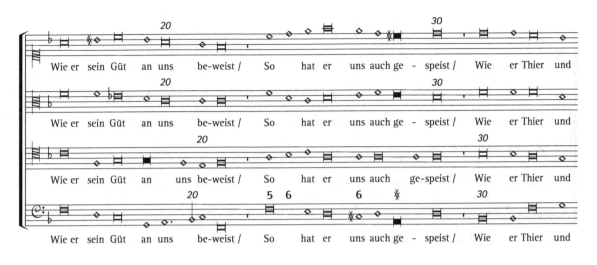

679. Lobet den Herrn und dankt ihm seiner Gaben [311*]

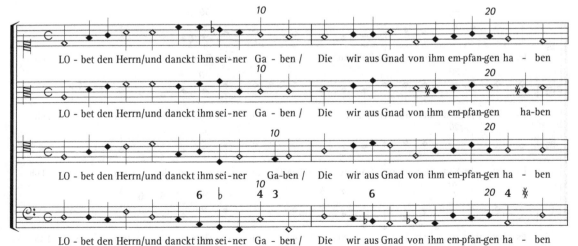

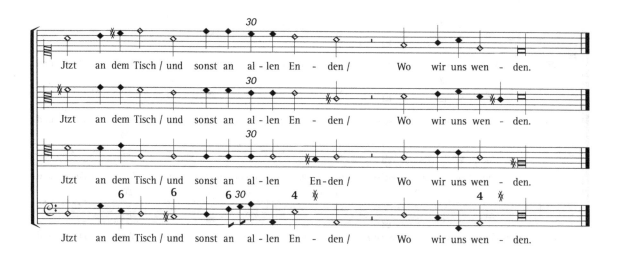

680. Lobet den Herren, denn er ist sehr freundlich, es ist sehr köstlich [310*]

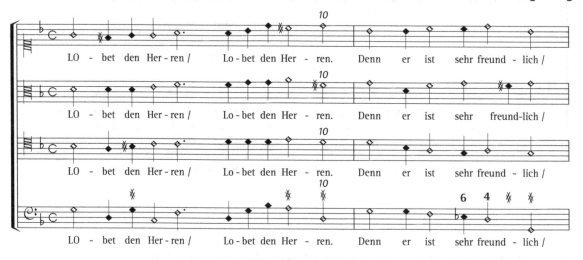

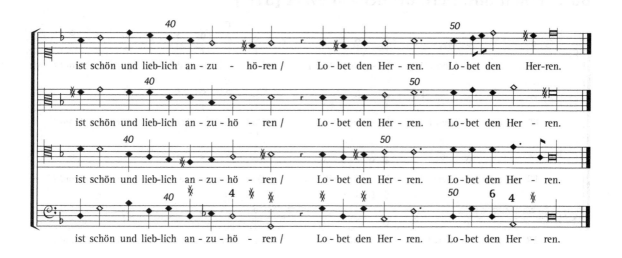

684. Den Vater dort oben [316*]

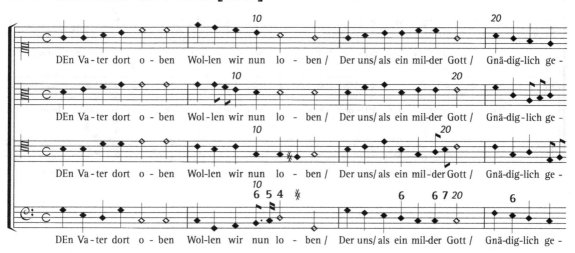

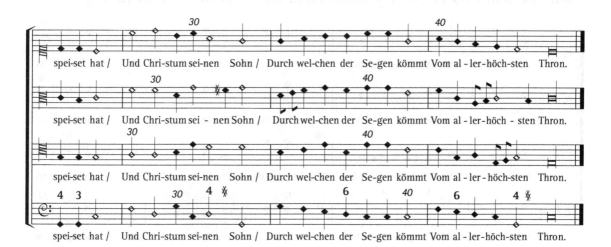

687. Erhalt uns, Herr, bei deinem Wort [317*]

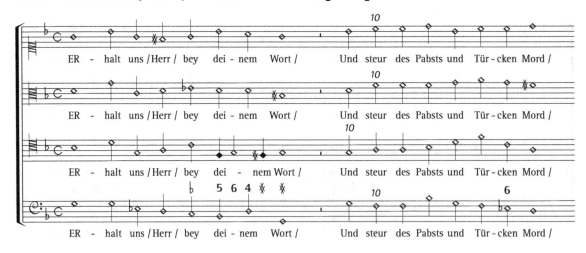

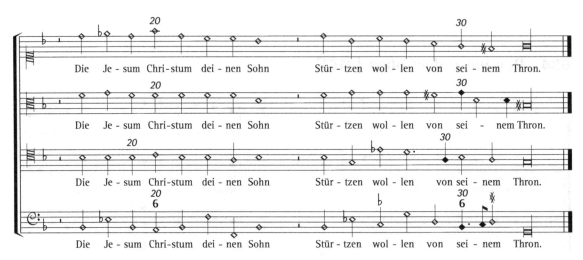

688. Verleih und Frieden gnädiglich ... Gib unsern Fürsten [318*]

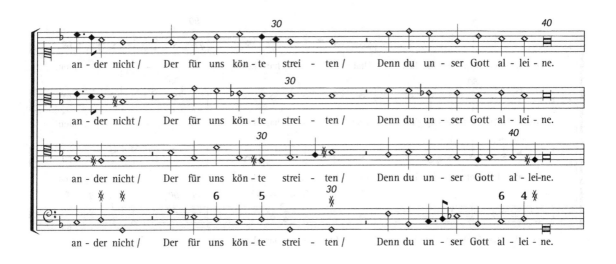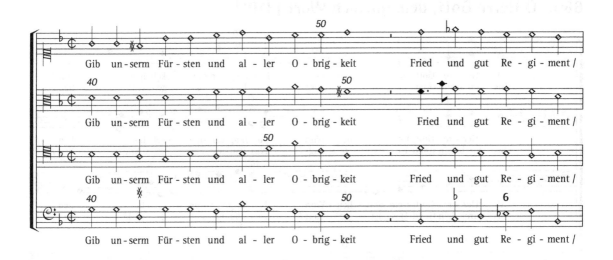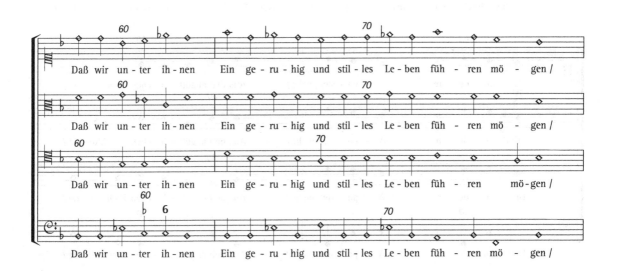

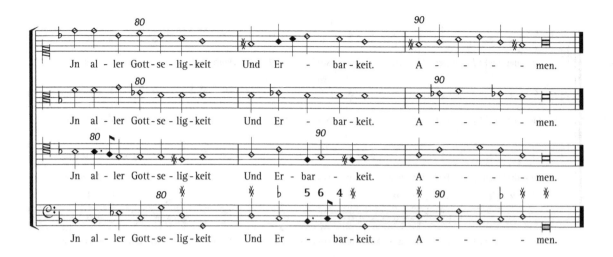

689. O Herre Gott, dein göttlich Wort [319*]

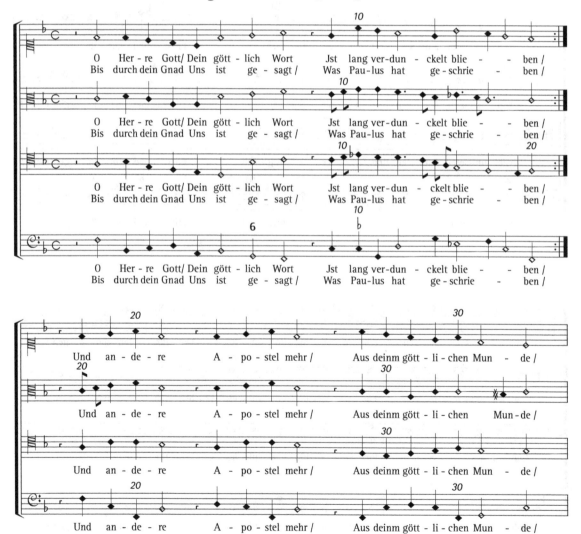

690. Ein feste Burg ist unser Gott [320**x50]

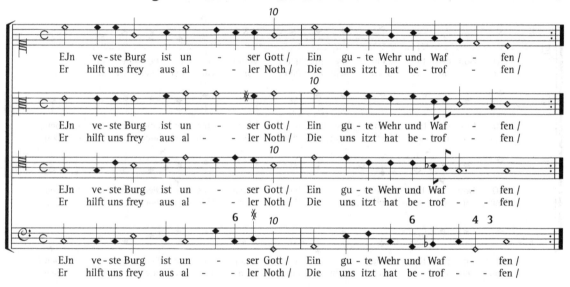

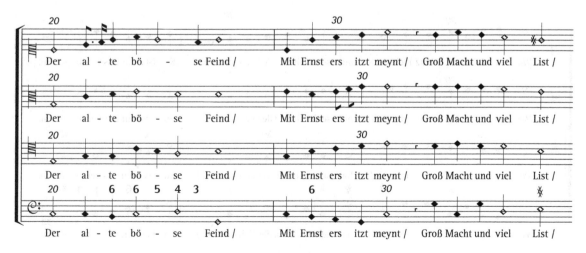

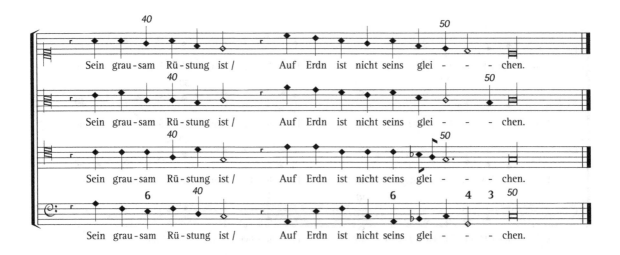

691. Wo Gott, der Herr, nicht bei uns hält [321*]

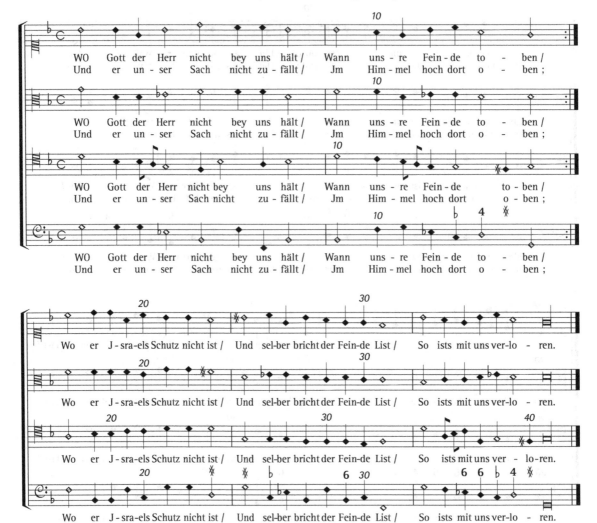

692. Wär Gott nicht mit uns diese Zeit [322*]

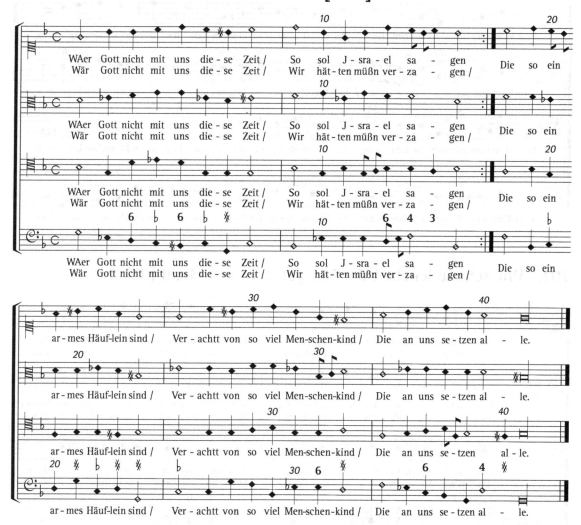

696. Ach Gott, vom Himmel sieh darein und lass dich [324*]

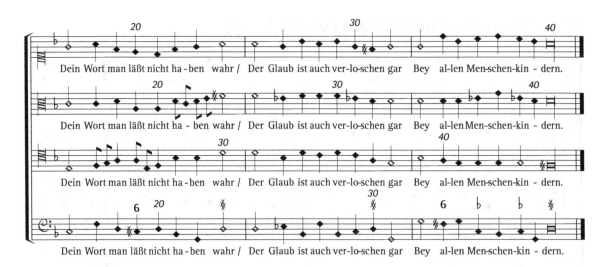

701. Wie schöne leucht't der Morgenstern voll Gnad [331*]

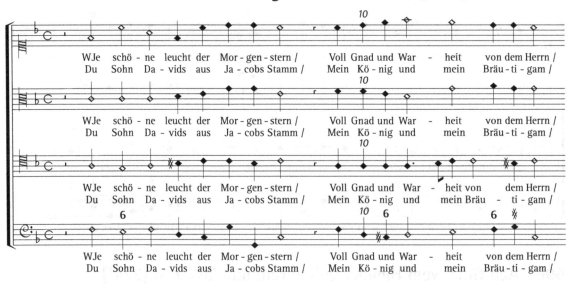

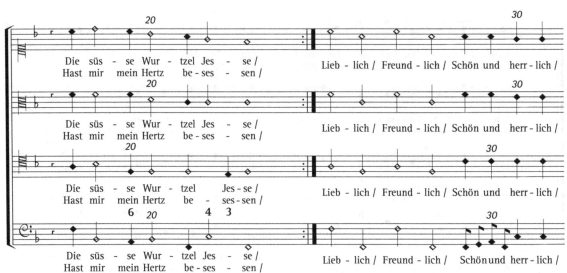

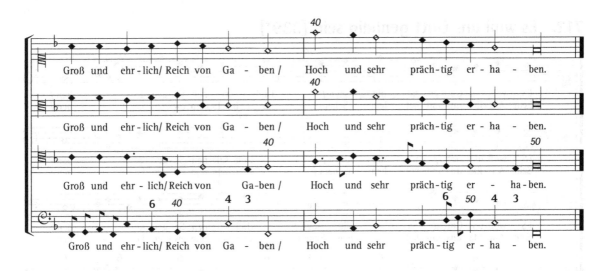

710. Es ist ein Freud dem Herzen mein [337*]

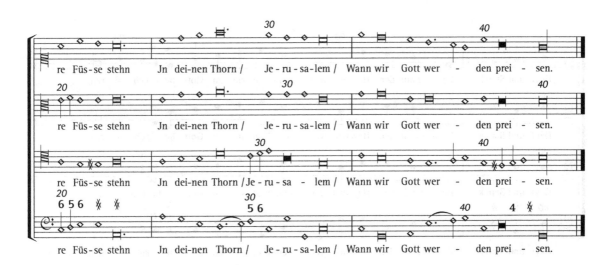

712. Es woll uns Gott genädig sein [339*]

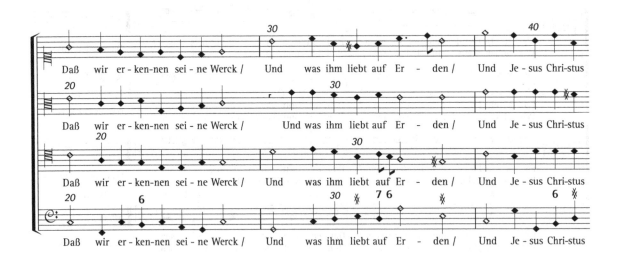
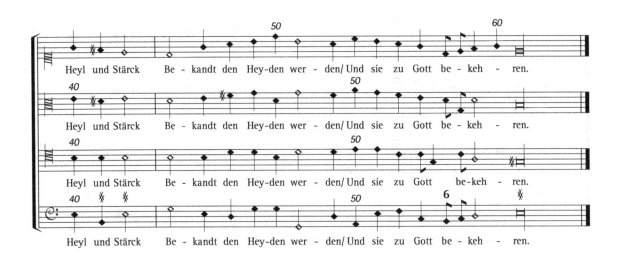

717. Ich ruf zu dir, Herr Jesu Christ, ich bitt [343*]

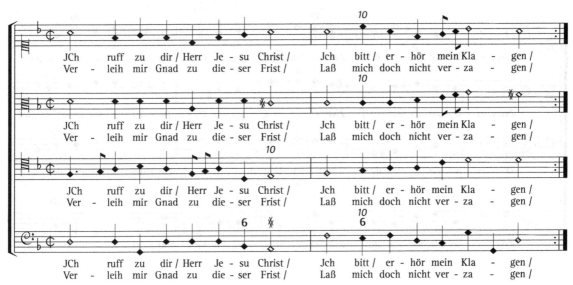
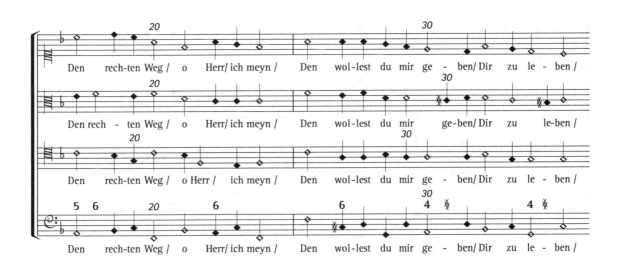
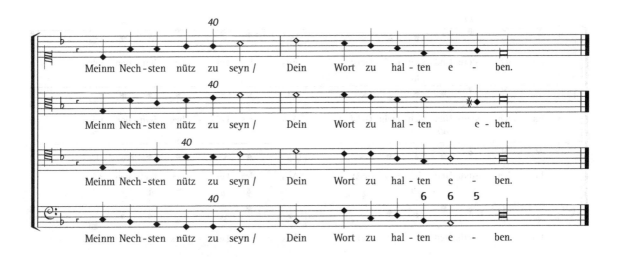

719. Zweierlei bitt ich von dir [345* x74]

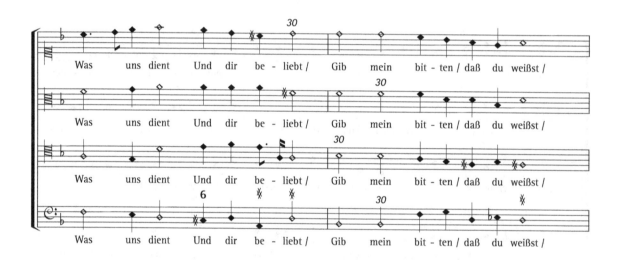

720. Weltlich Ehr und zeitlich Gut [346*]

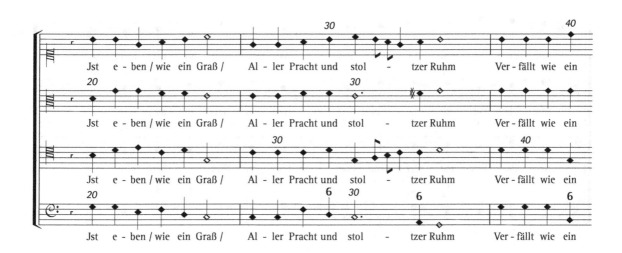
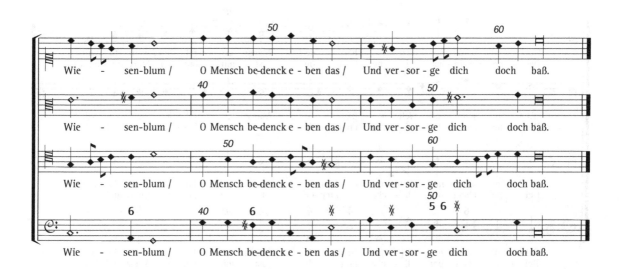

724. Nicht so traurig, nicht so sehr [348*]

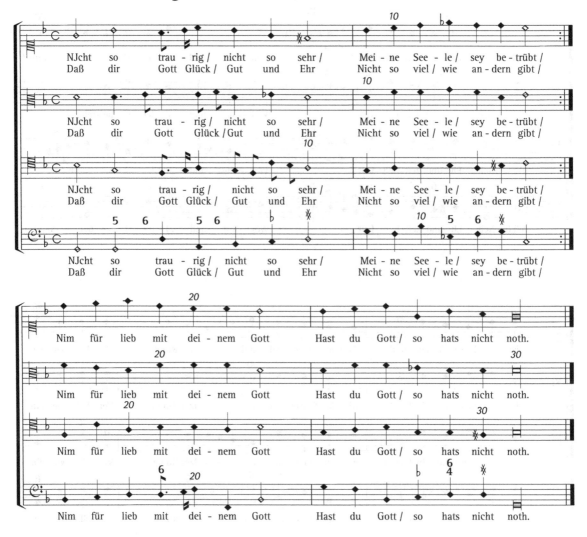

725. Du, o schönes Weltgebäude [350*]

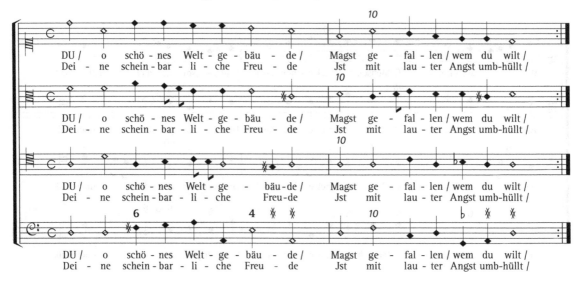

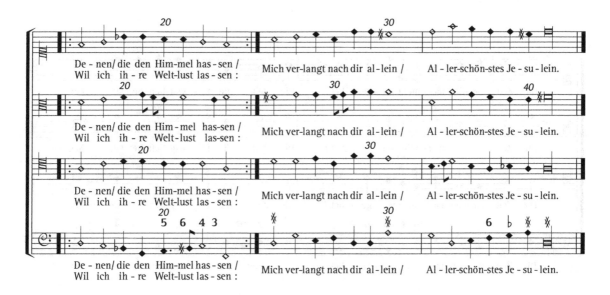

732. O Mensch, bedenke doch das Ende

733. Ich lass es gehen, wie es geht

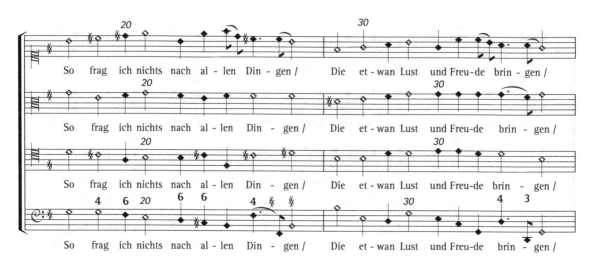

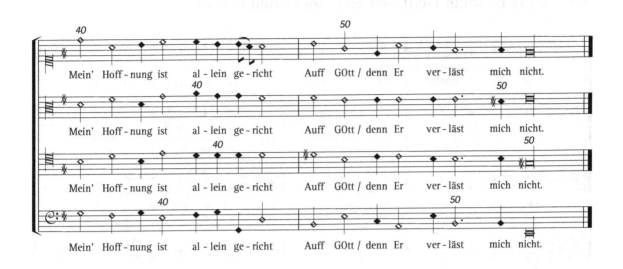

743. Warum sollt ich mich den grämen [353*]

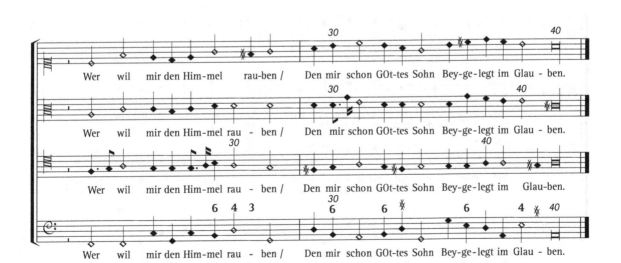

746. Gott ist mein Licht, der Herr mein Heil [355*]

750. Was mein Gott will, das gscheh allzeit [359*]

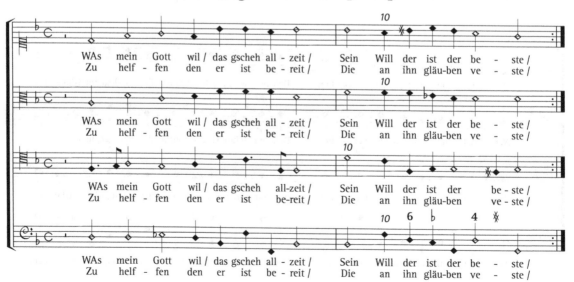

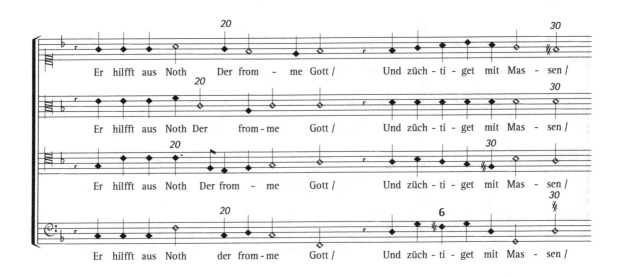

760. In dem Leben hier auf Erden [370*]

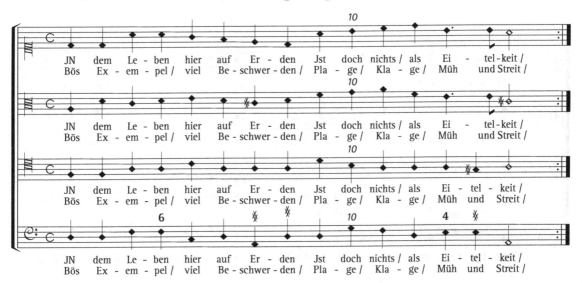

761. Kommt her zu mir, spricht Gottes Sohn [371*]

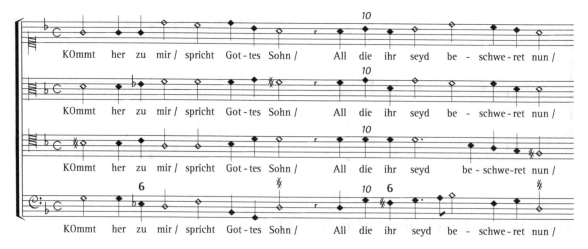

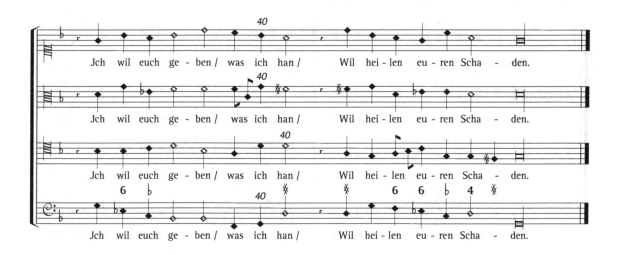

767. Steh doch, Seele, steh doch stille

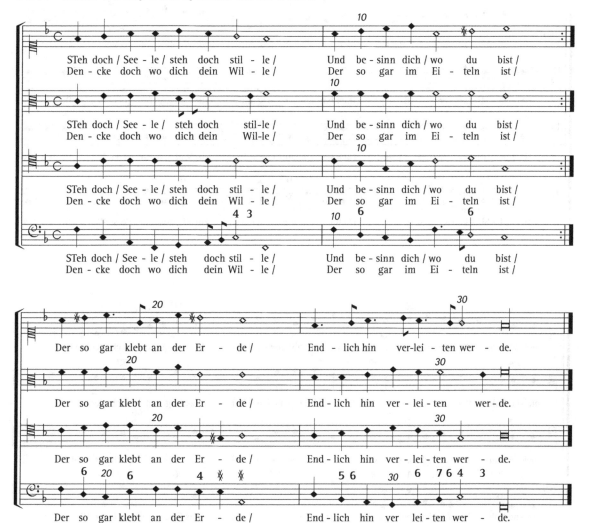

777. Was frag ich nach der Welt

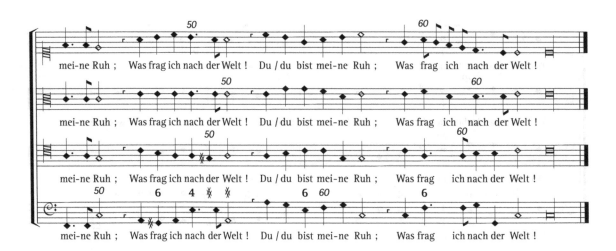

780. Gib dich zufrieden und sei stille

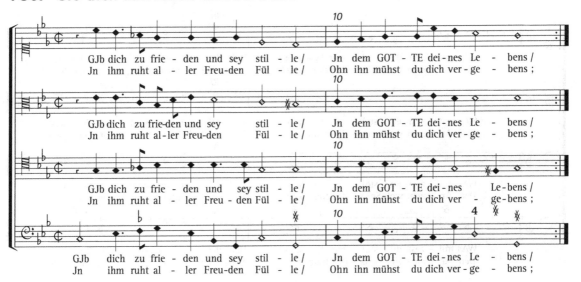

781. Was trotzest du, stolzer Tyrann

783. In allen meinen Taten

789. Wo Gott zum Haus nicht gibt sein Gunst [377*]

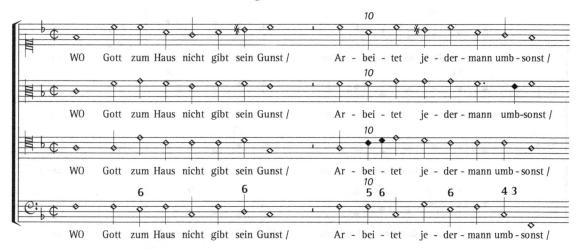

789. Wo Gott zum Haus nicht gibt sein Gunst [377*]

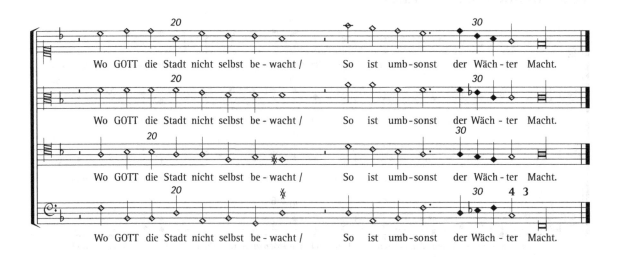

790. Vergebens ist all Müh und Kost [378*]

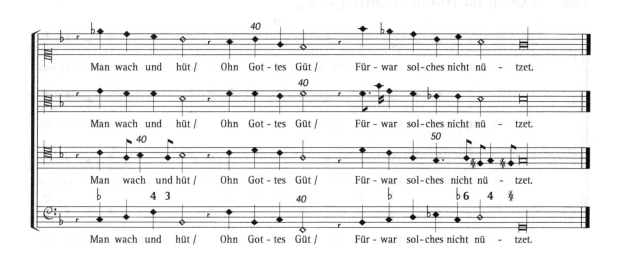

792. Ein Weib, das Gott, den Herren, liebt [380*]

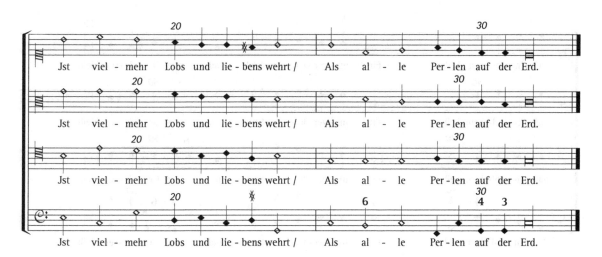

795. O Gott, du frommer Gott [383*]

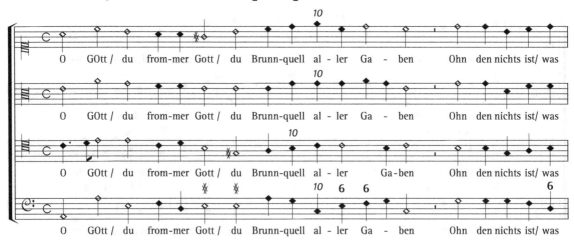
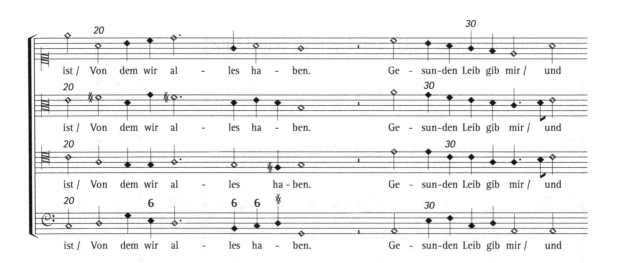
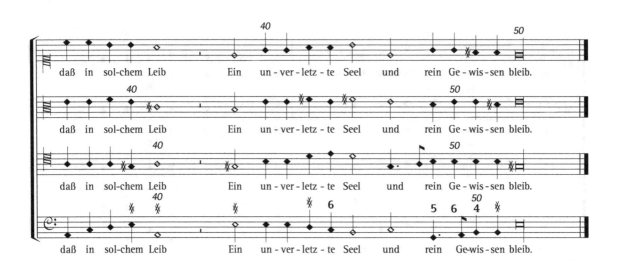

796. Allein auf Gott setz dein Vertraun [384*]

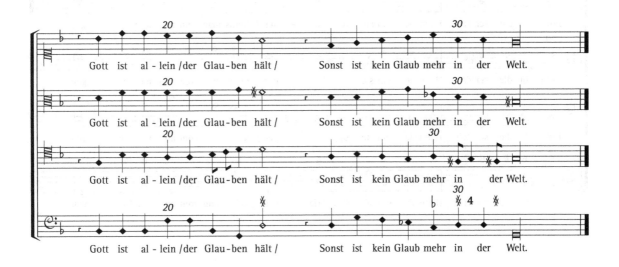

799. Nun höret zu, ihr Christenleut [387*]

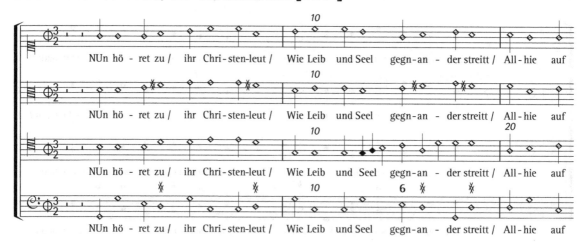

808. Meinen Jesum lass ich nicht, weil er sich

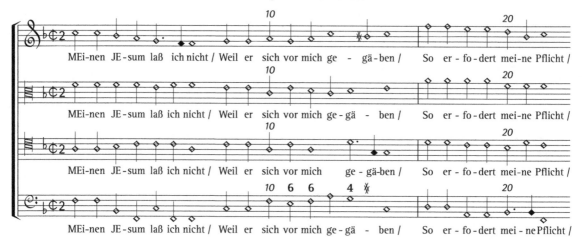

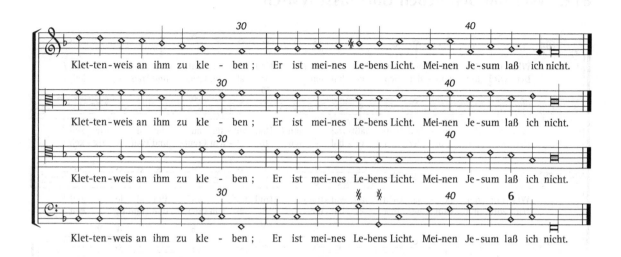

811. Ach, dass doch mein Heiland käme

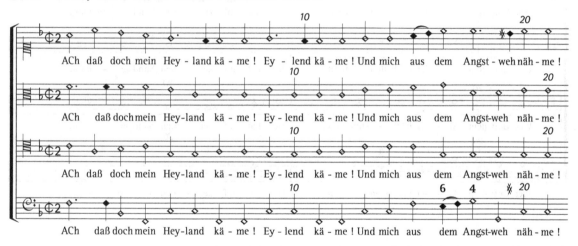

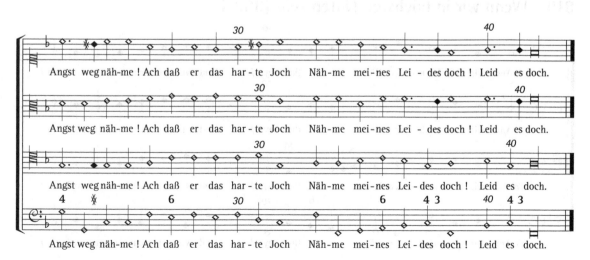

812. Wer nur den lieben Gott lässt walten

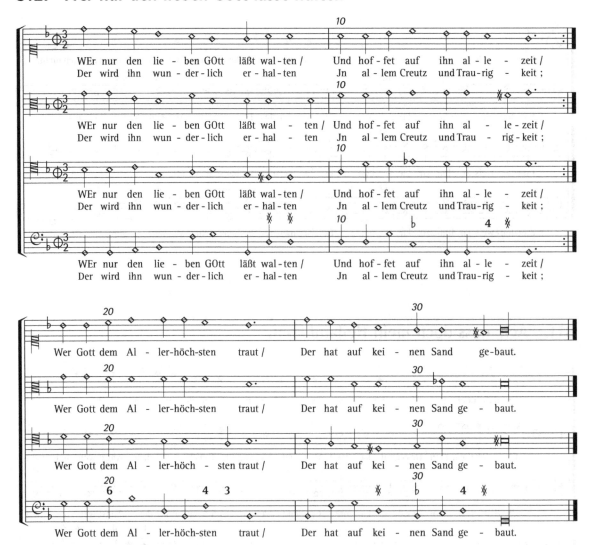

819. Wenn wir in höchsten Nöten sein [388*]

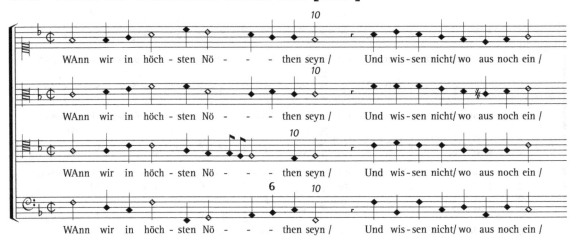

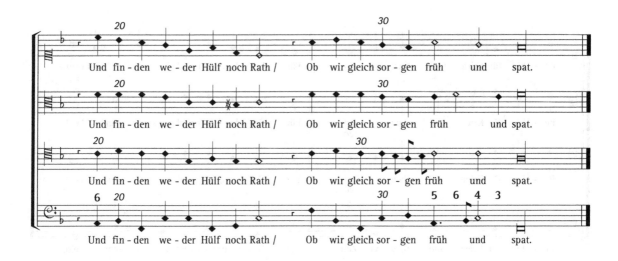

822. Nimm von uns, Herr, du treuer Gott [391*]

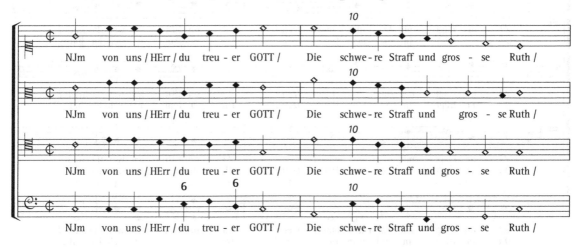

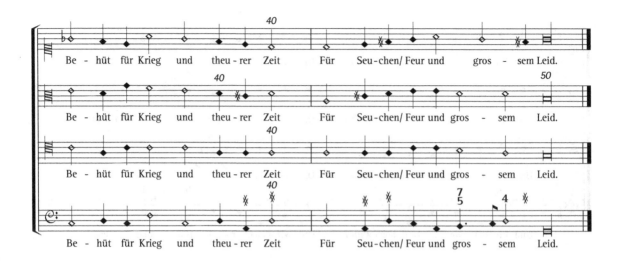

828. Zion klagt mit Angst und Schmerzen [393*]

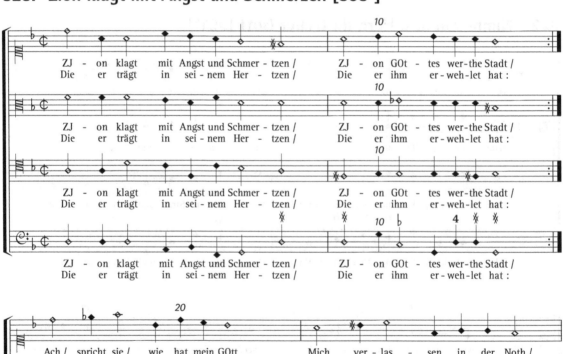

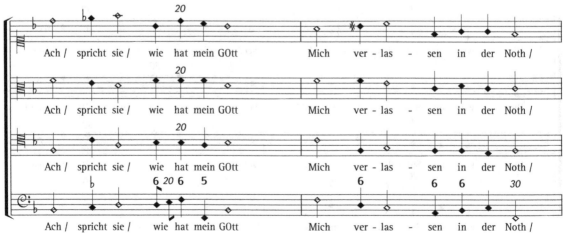

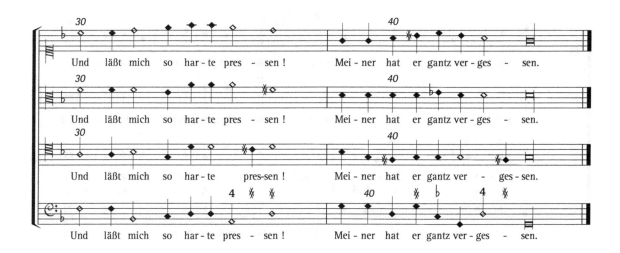

830. Mag ich Unglück nicht widerstahn [395*]

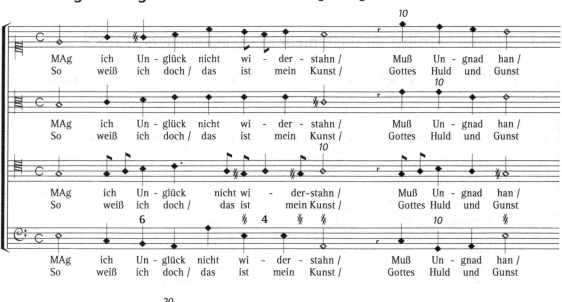

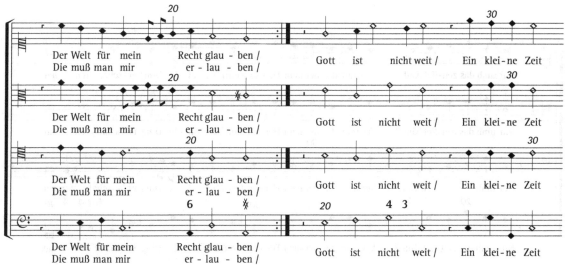

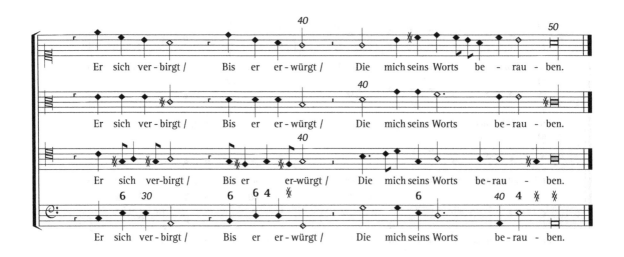

833. Warum betrübst du dich, mein Herz, bekümmerst [398*]

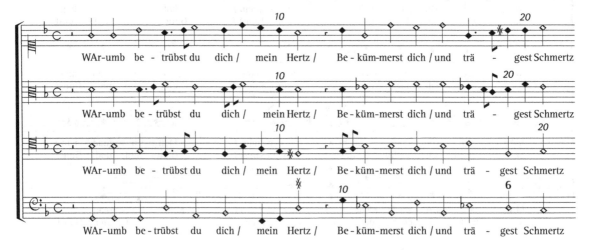

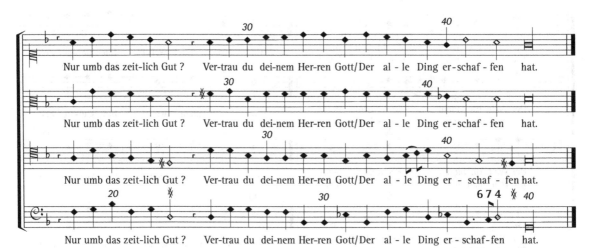

834. Verzage nicht, o frommer Christ [399*]

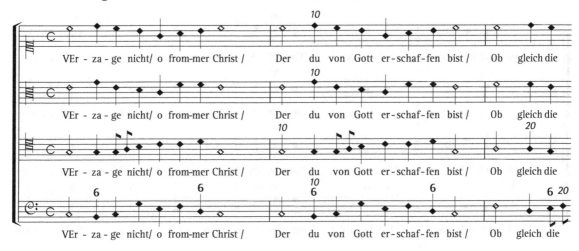

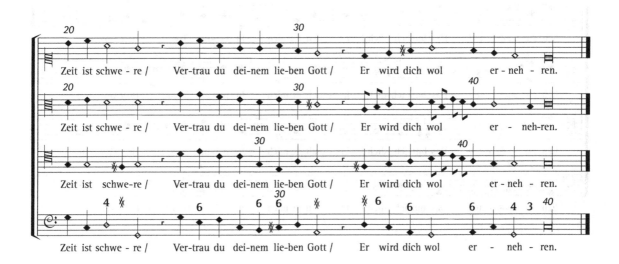

836. In dich hab ich gehoffet, Herr [401*]

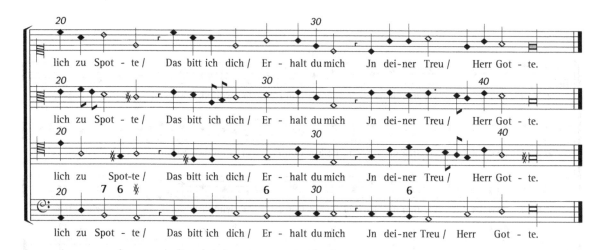

839. Wie der Hirsch in großen Dürsten [403*]

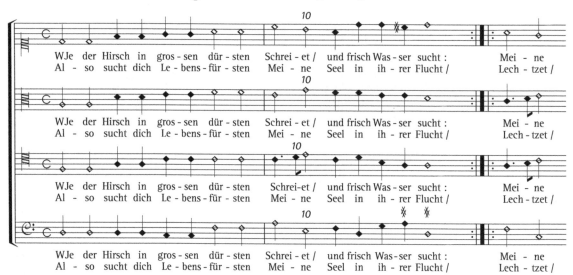

842. Herr, wie lange willst du doch [406*]

843. Herr, der du vormals hast dein Land [408*]

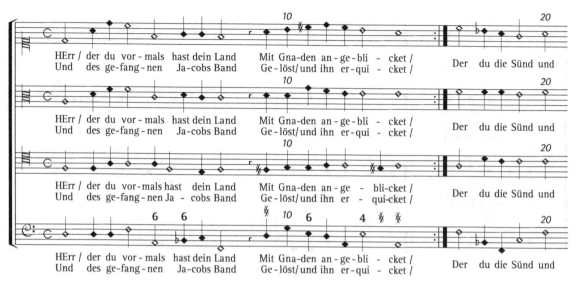

845. Mein Geschrei und meine Tränen [410*]

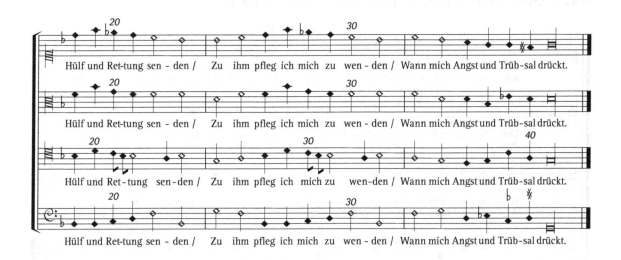

846. Ich erhebe, Herr, zu dir [412*]

847. Gott, höre mein Gebet und Tränen [414*]

848. Ich heb mein Augen sehnlich auf [413*]

851. An Wasserflüssen Babylon [415*]

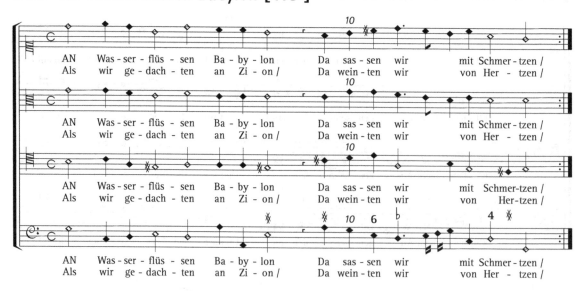

AN Was-ser-flüs-sen Ba-by-lon Da sas-sen wir mit Schmer-tzen /
Als wir ge-dach-ten an Zi-on / Da wein-ten wir von Her-tzen /

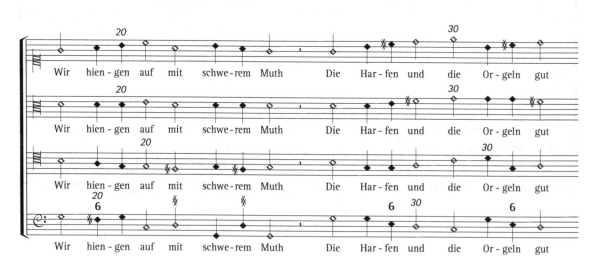

Wir hien-gen auf mit schwe-rem Muth Die Har-fen und die Or-geln gut

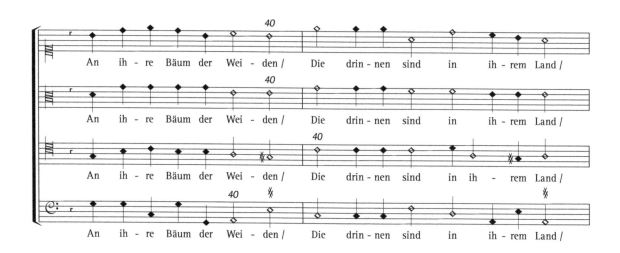

An ih-re Bäum der Wei-den / Die drin-nen sind in ih-rem Land /

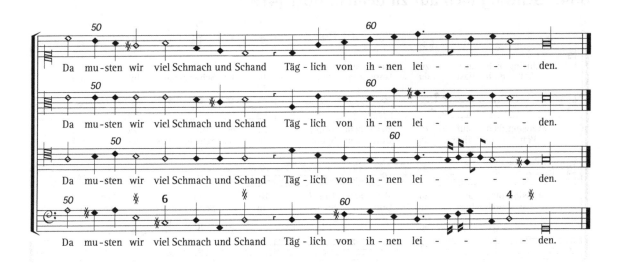

853. Ist Ephraim nicht meine Kron [416*]

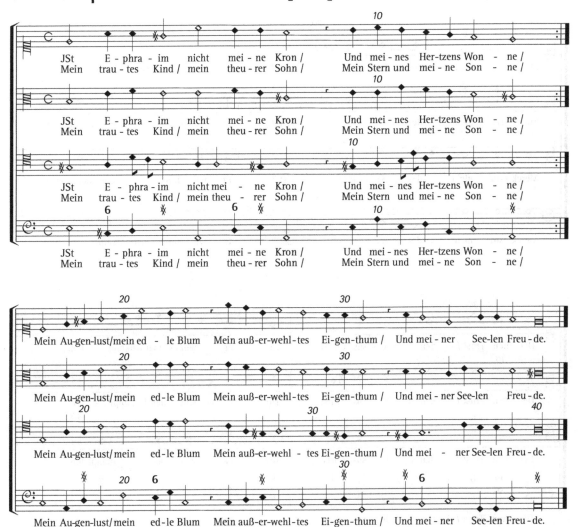

854. Schwing dich auf zu deinem Gott [419*]

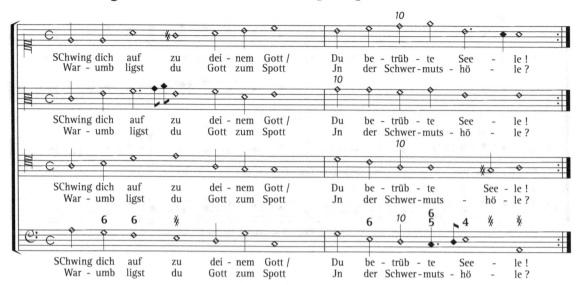

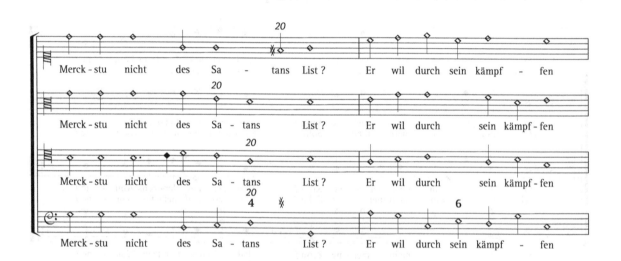

855. Von Gott will ich nicht lassen [421*ˣ⁴⁸]

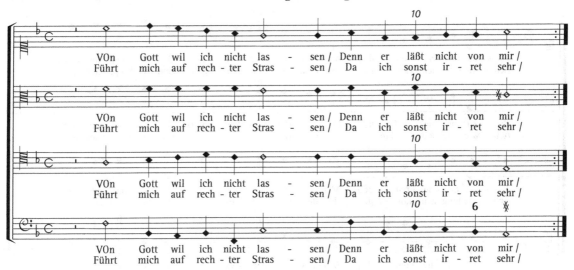

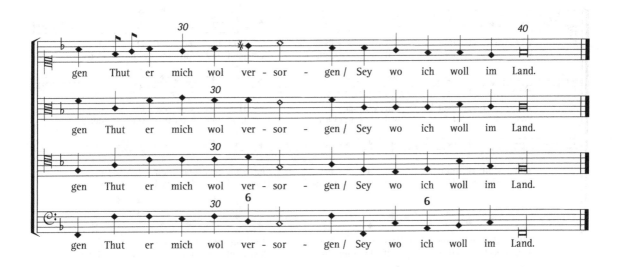

880. Jesu, meine Freude [427*]

882. Wer Gott vertraut, hat wohl gebaut [428*]

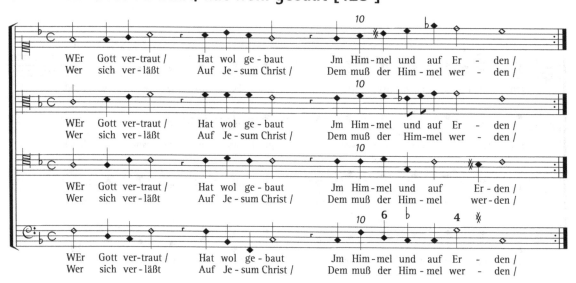

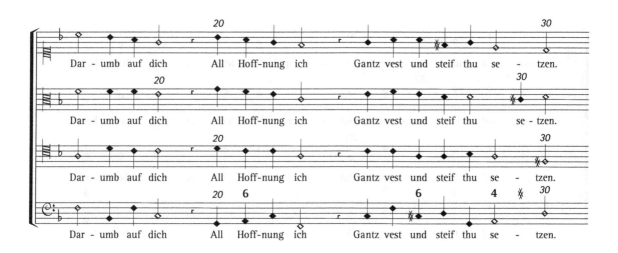

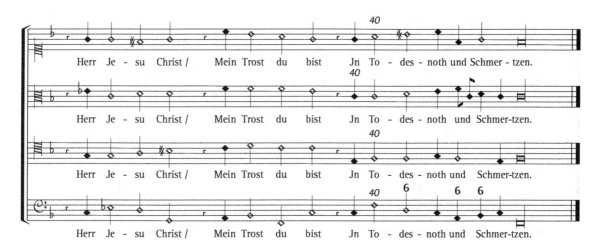

887. Keinen hat Gott verlassen [431*⁴⁸⁷]

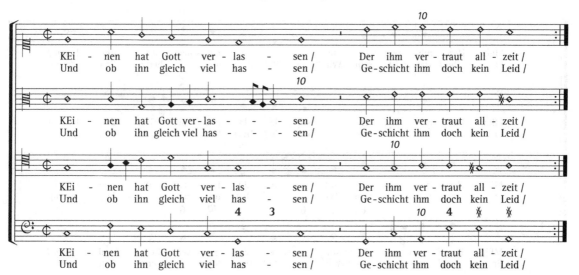

887. Keinen hat Gott verlassen [431* 487]

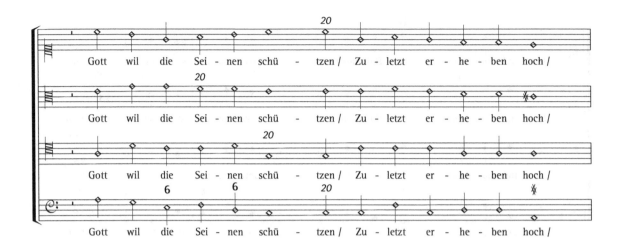

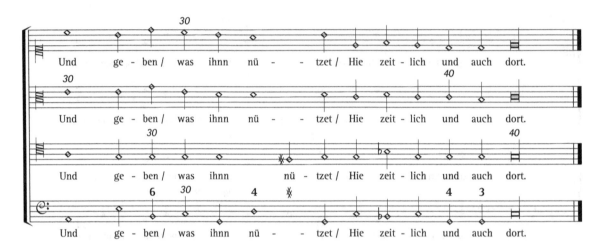

888. Mein Herz ruht und ist stille [434*]

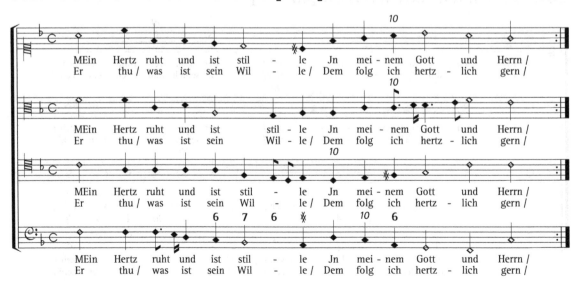

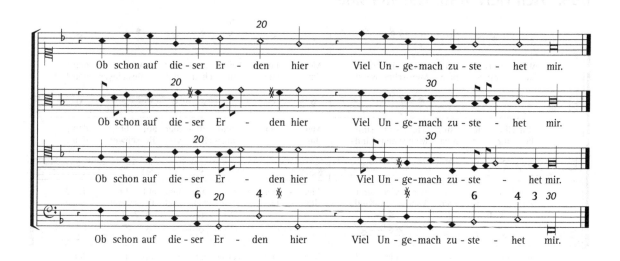

892. Wenn dich Unglück tut greifen an [436*]

899. Ach Herr Jesu, wie viel sind

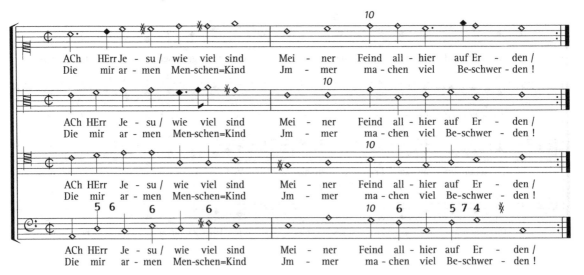

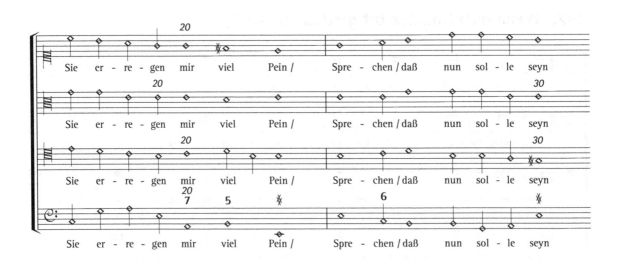

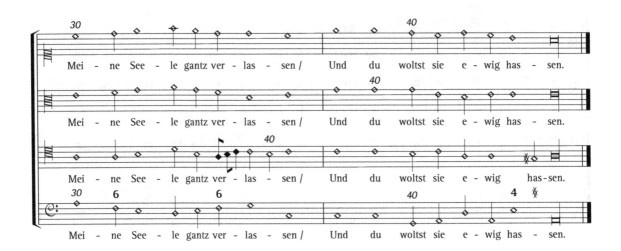

907. Ach Gott, erhör mein Seufzen und Wehklagen

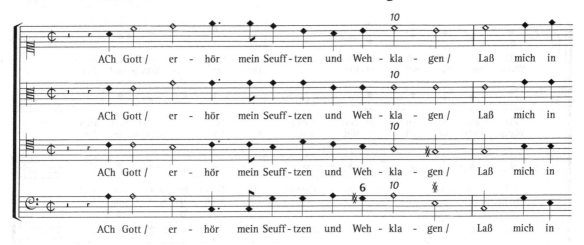

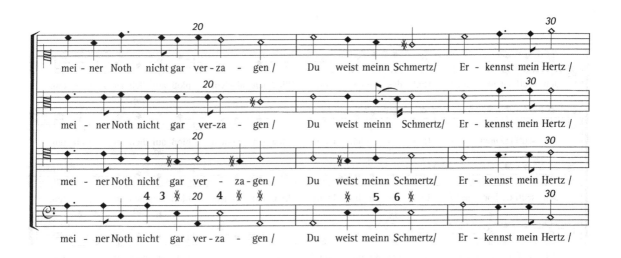

913. Zu dir ruf ich in Nöten

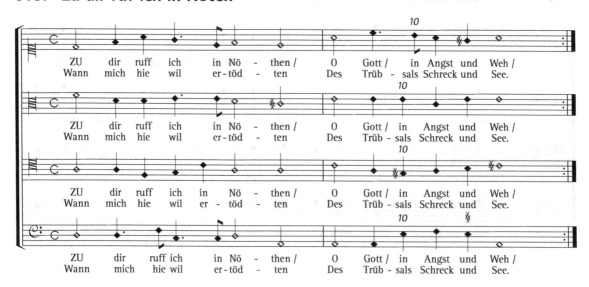

919. Du Friedensfürst, Herr Jesu Christ [442*]

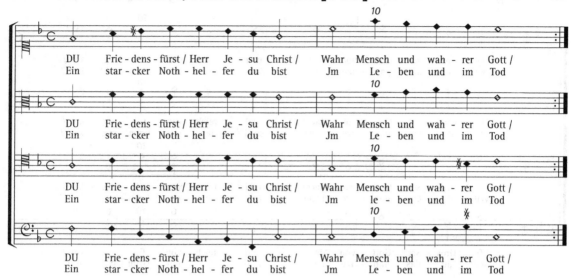

DU Friedensfürst / Herr Jesu Christ / Wahr Mensch und wahrer Gott /
Ein starcker Nothhelfer du bist Jm Leben und im Tod

Drümb wir allein Jm Namen dein Zu deinem Vater schreyen.

921. O großer Gott von Macht und reich von Gütigkeit [548*M]

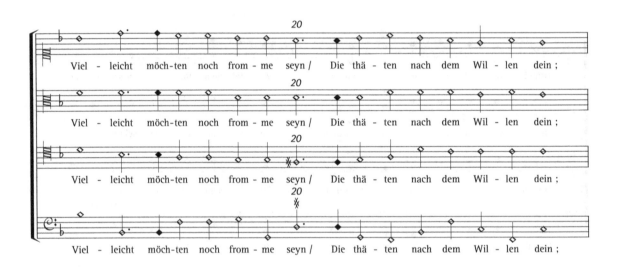

955. So brech ich auf von diesem Ort [466*]

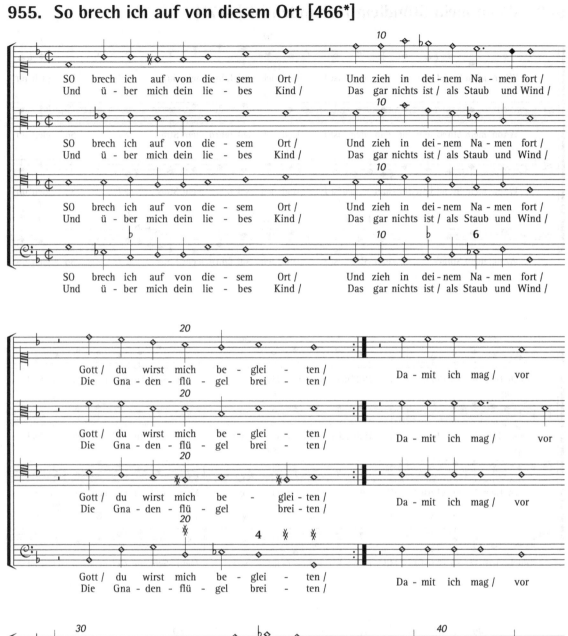
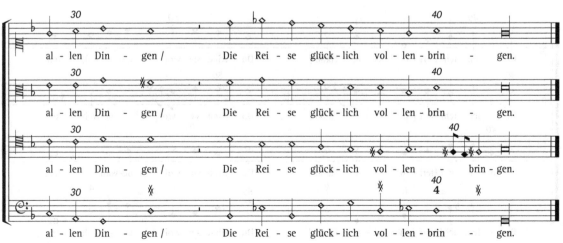

969. Wenn mein Stündlein fürhanden ist [477*]

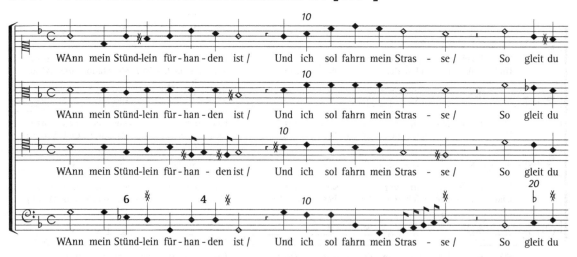

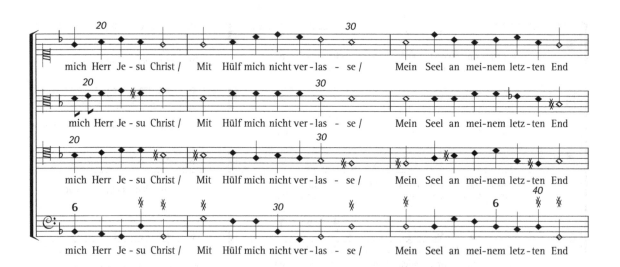

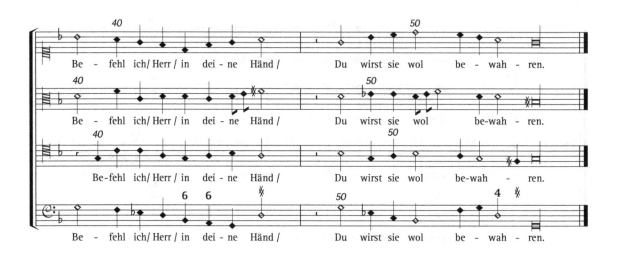

970. Herr Jesu Christ, wahr Mensch und Gott, der du [478*]

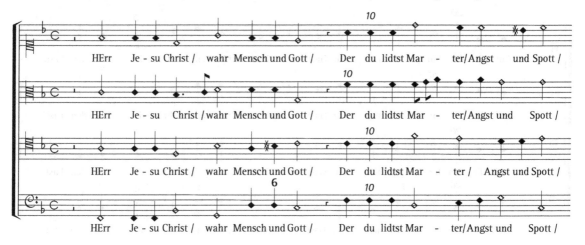

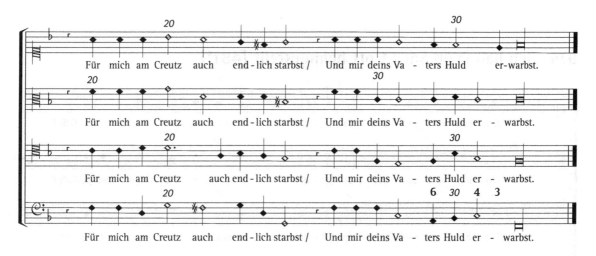

972. O Jesu Christ, meins Lebens Licht, mein höchster Trost [479*]

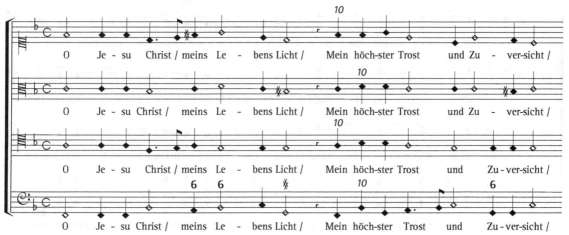

972. O Jesu Christ, meins Lebens Licht, mein höchster Trost [479*]

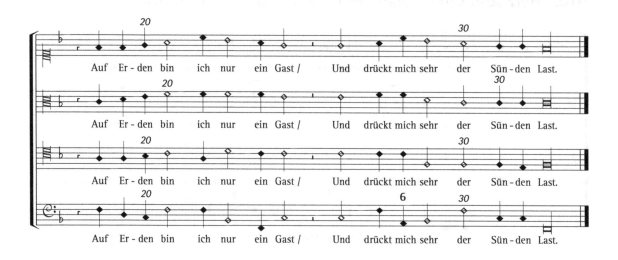

974. Ich hab mein Sach Gott heimgestellt [481*]

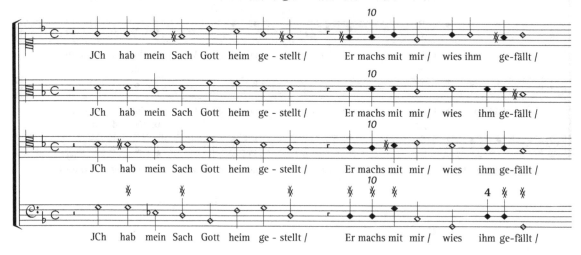

975. Herzlich lieb hab ich dich, o mein Herr [483*]

976. Mitten wir im Leben sind mit dem Tod [484*]

977. Ach Gott, ich muss in Traurigkeit [482*]

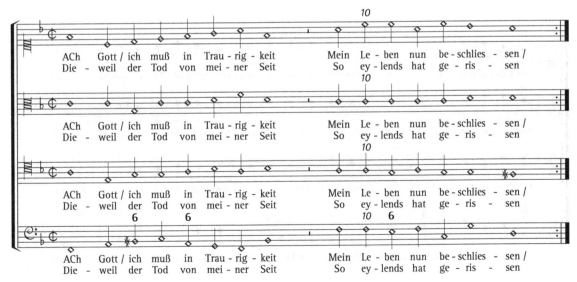

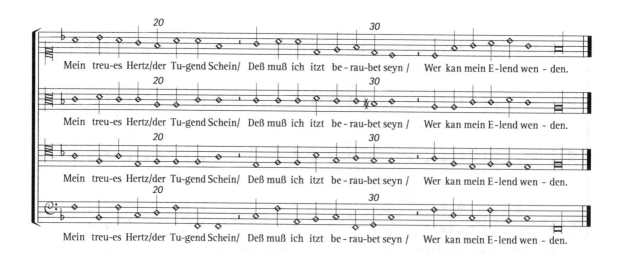

979. Auf meinen lieben Gott [486*]

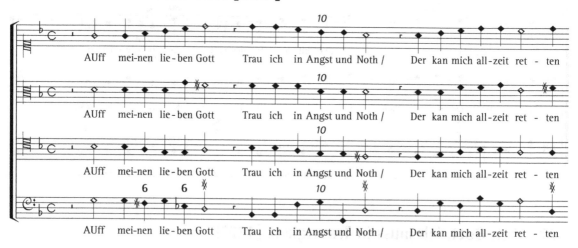

982. Herzlich tut mich verlangen [487*]

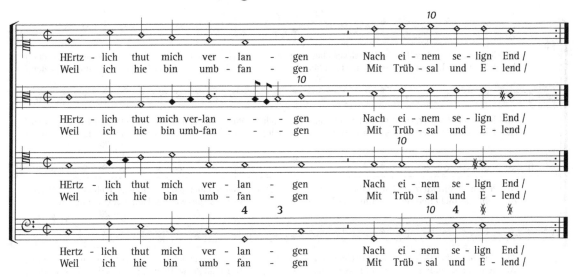
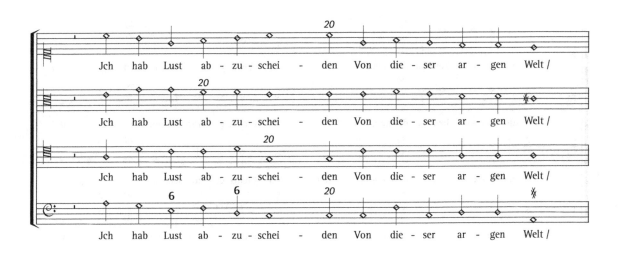
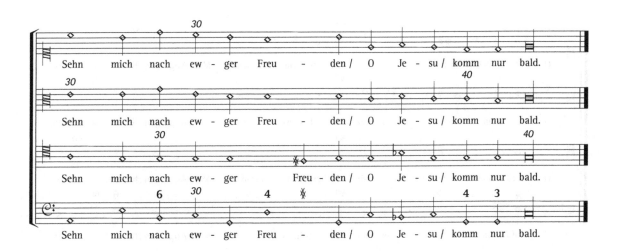

988. Allein nach dir, Herr Jesu Christ, verlanget mich [498*]

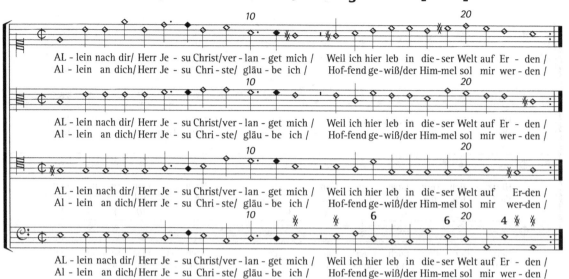
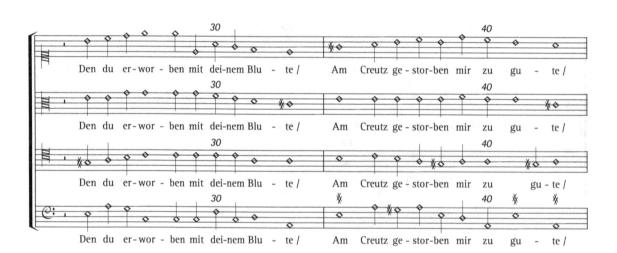
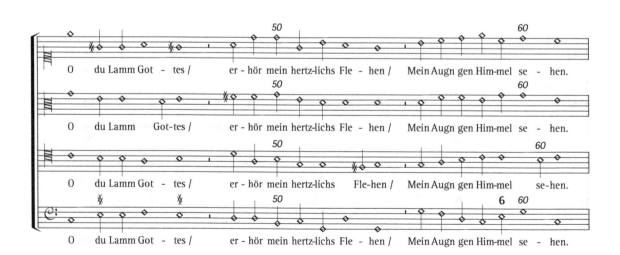

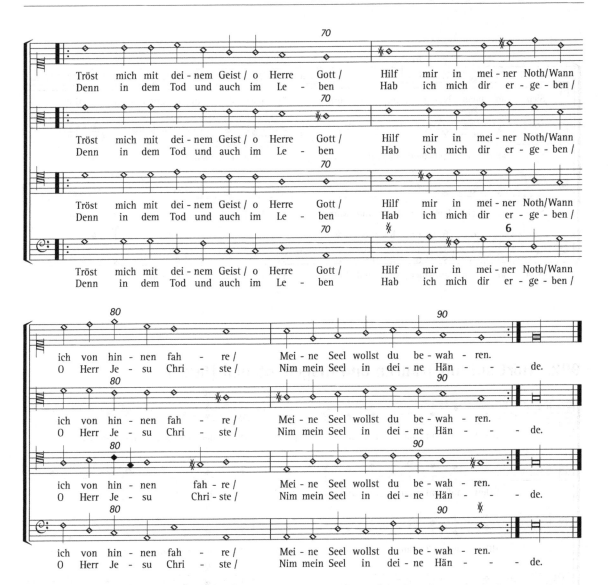

989. Mein Gott und Herr, ach sei nicht ferr [497*]

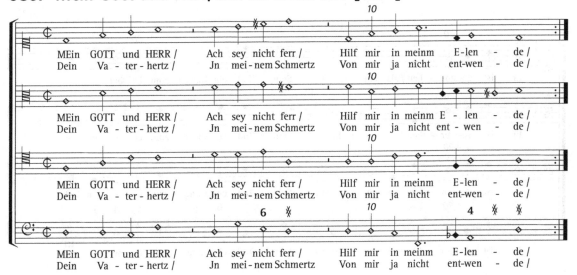

992. Hört auf mit Trauren und Klagen, ob den [500*]

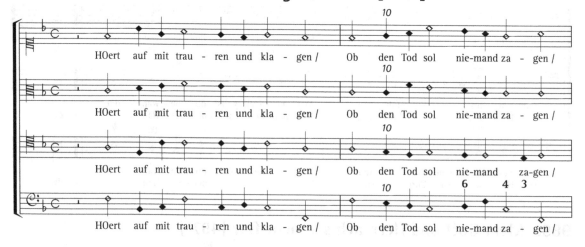

997. Was trauerst du, mein Angesicht

998. O Welt, ich muss dich lassen [501*]

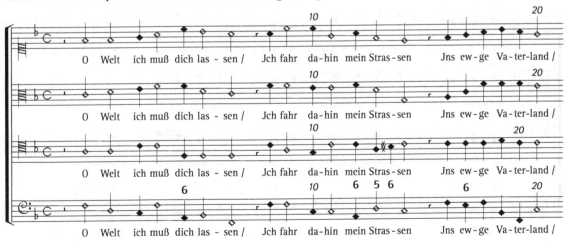

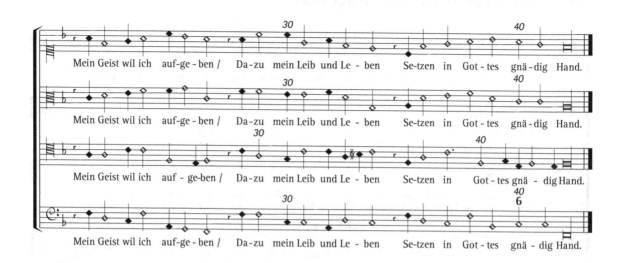

1002. Wie ein gejagtes Hirschelein [506*]

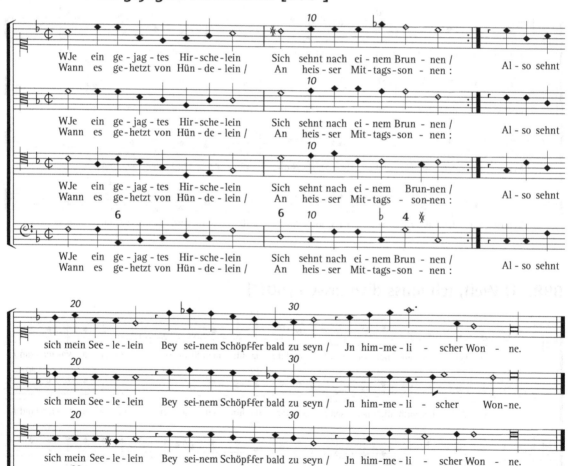

1011. O heil'ger Gott, der du den Himmel zierest

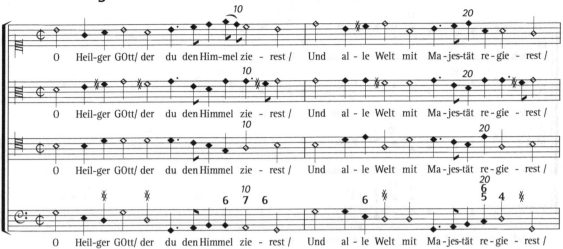

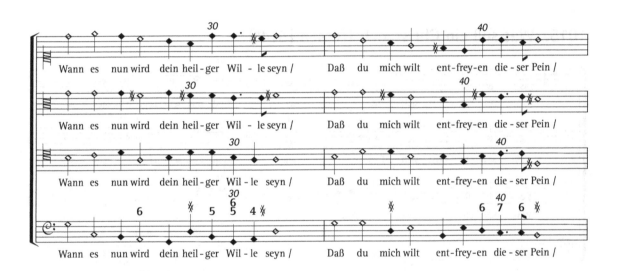

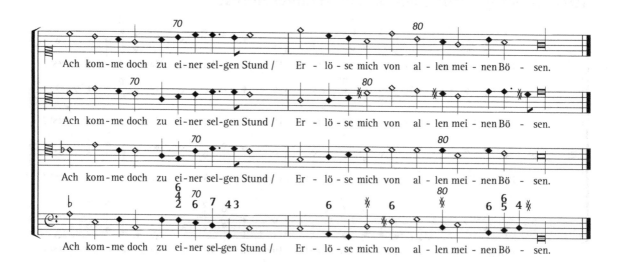

1015. Was soll ein Christ sich fressen [514*]

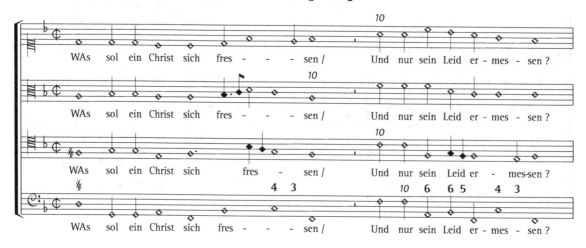

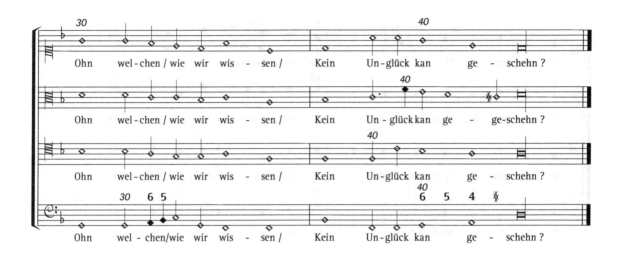

1016. Alle Menschen müssen sterben

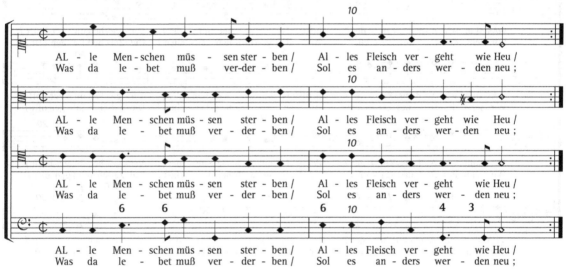

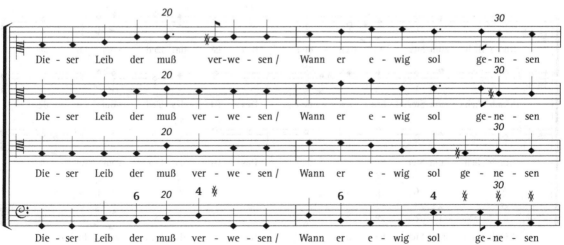

1018. Was sind wir Adamskinder

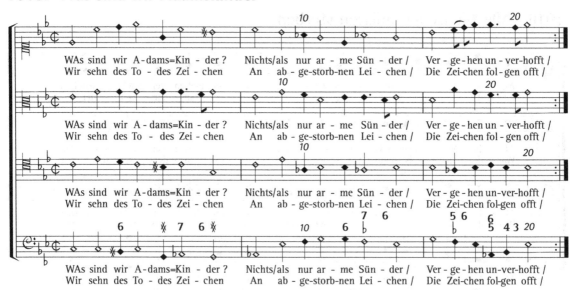

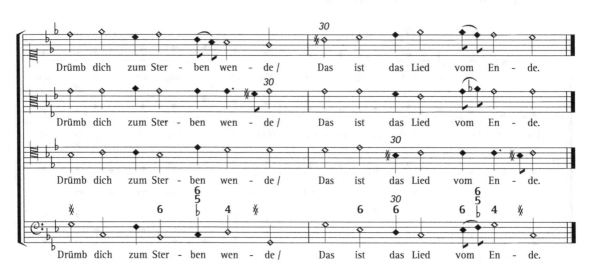

1019. Christus, der ist mein Leben

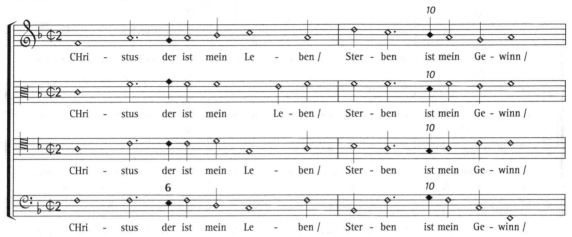

1024. O wie selig seid ihr doch, ihr Frommen [520*]

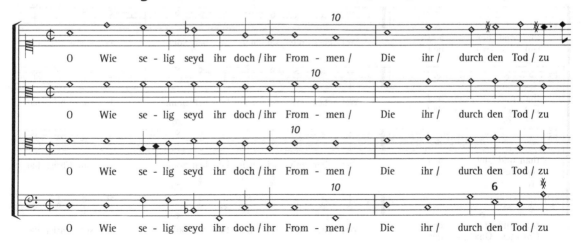

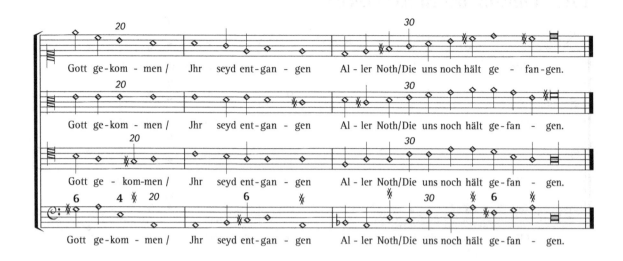

1027. Ich weiß, dass mein Erlöser lebt, ob ich schon [522*]

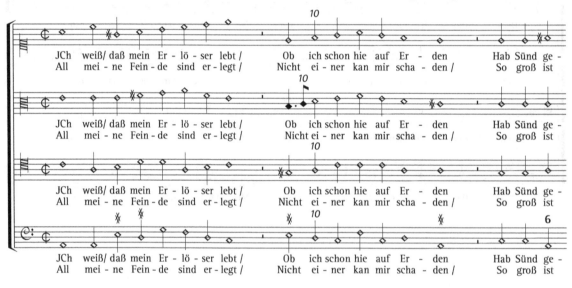

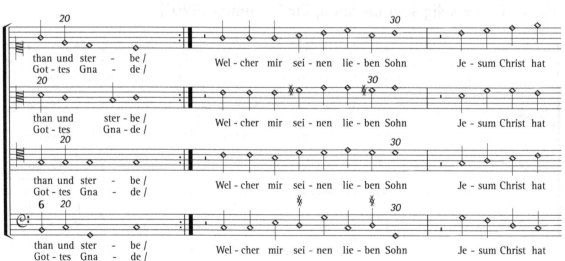

1028. Ein Würmlein bin ich, arm und klein [524*]

1031. Nun lieg ich armes Würmelein und ruh [525*]

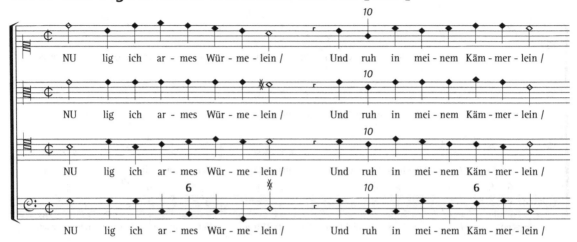

1034. Der Tod klopft jetzund bei mir an [529*]

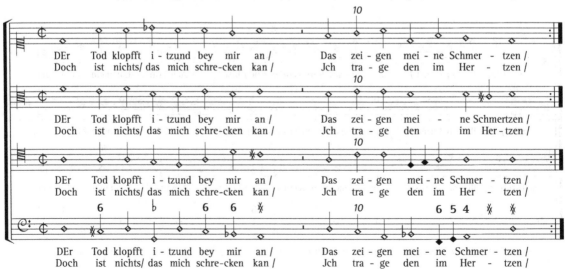

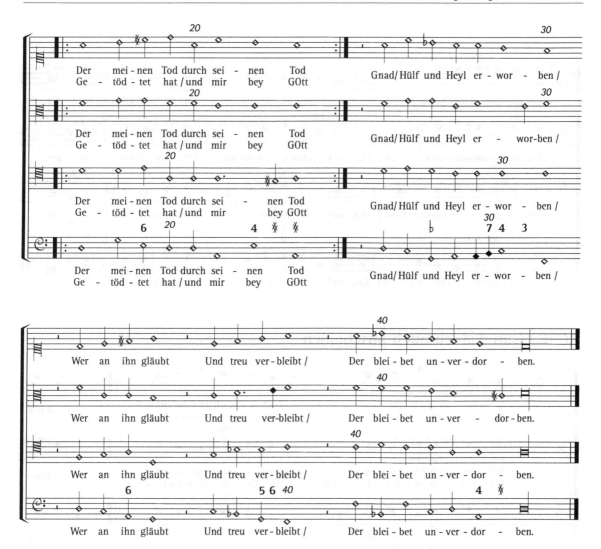

1035. Ich will still und geduldig sein [528*]

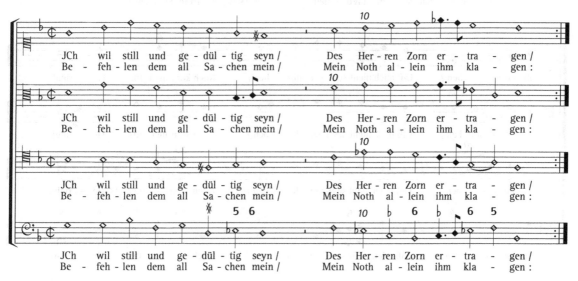

1036. Nun will ich auch abscheiden

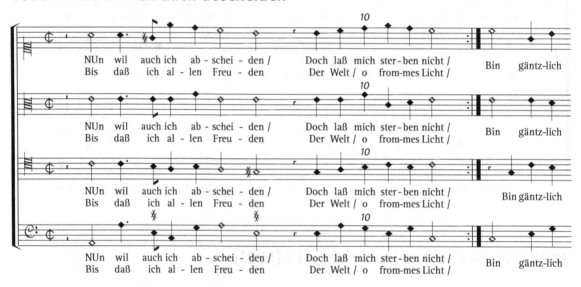

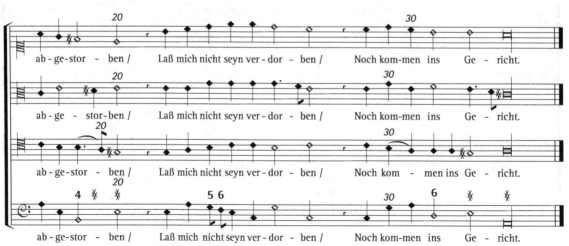

1037. O Herr, gedenk in Todespein [526*]

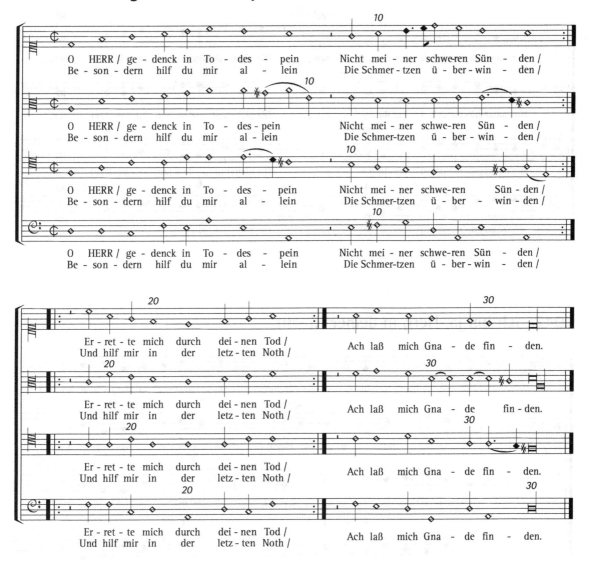

O HERR / ge-denck in To-des-pein Nicht mei-ner schwe-ren Sün-den /
Be-son-dern hilf du mir al-lein Die Schmer-tzen ü-ber-win-den /

Er-ret-te mich durch dei-nen Tod / Ach laß mich Gna-de fin-den.
Und hilf mir in der letz-ten Noth /

1038. Nun hör auf alles Leid, Klag und Sehnen

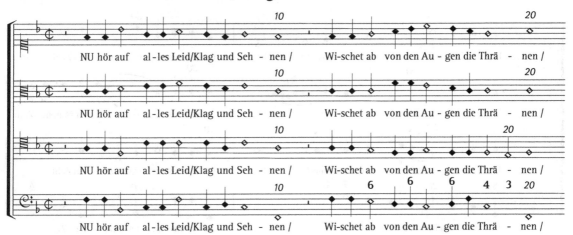

NU hör auf al-les Leid/Klag und Seh-nen / Wi-schet ab von den Au-gen die Thrä-nen /

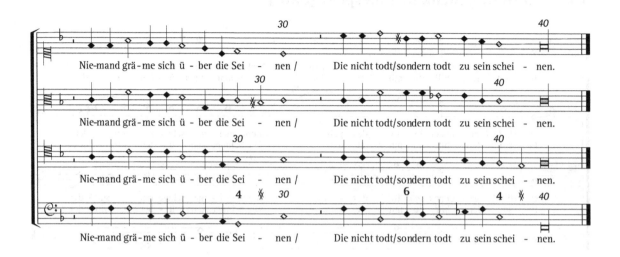

1042. Ich bin ja, Herr, in deiner Macht

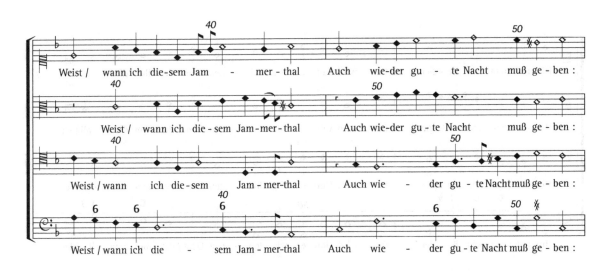

1043. Valet will ich dir geben

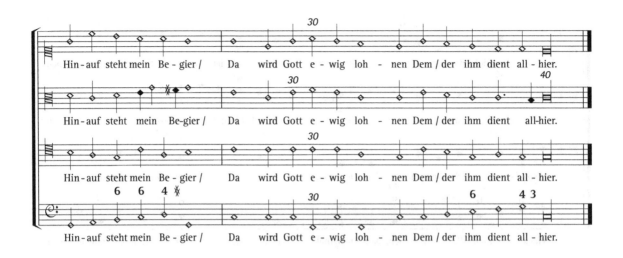

1047. Ach wie nichtig, ach wie flüchtig [530*]

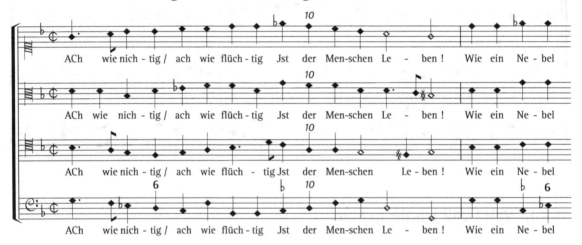

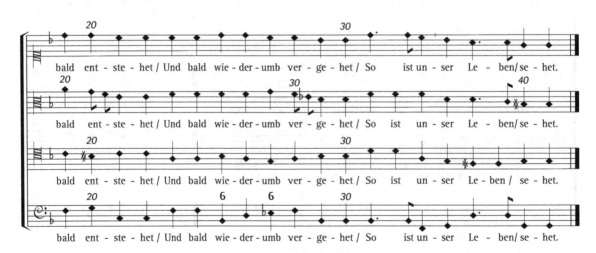

1050. Mit Fried und Freud ich fahr dahin [531*]

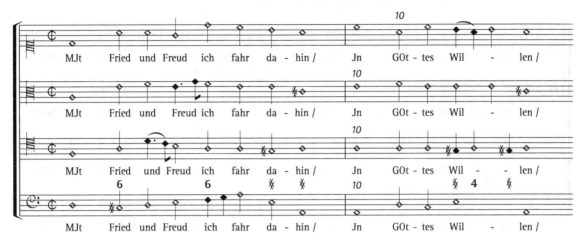

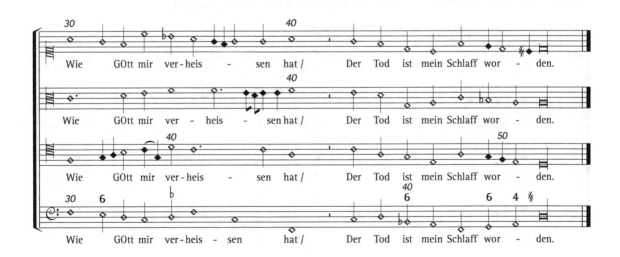

1053. Nun lasst uns den Leib begraben [533*]

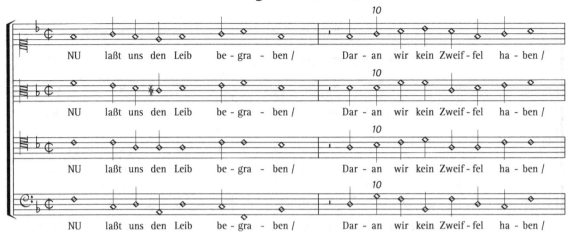

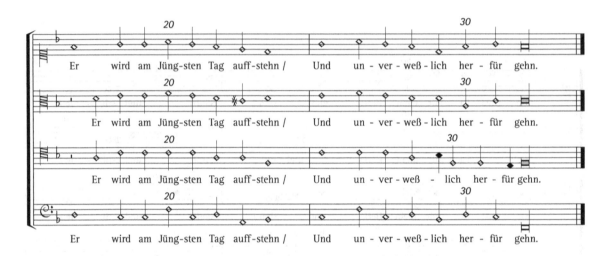

1056. Es wird schier der letzte Tag herkommen [535*]

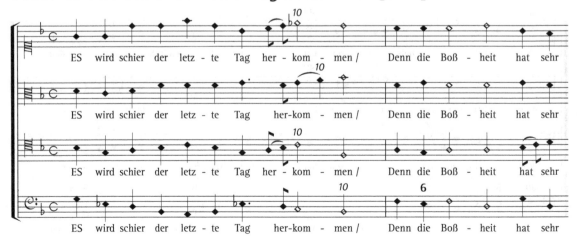

1057. Gott hat das Evangelium [536*]

1059. O Ewigkeit, du Donnerwort [539*]

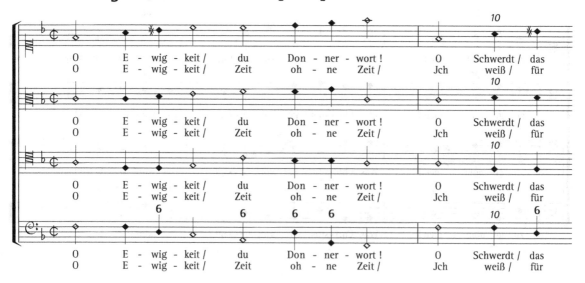
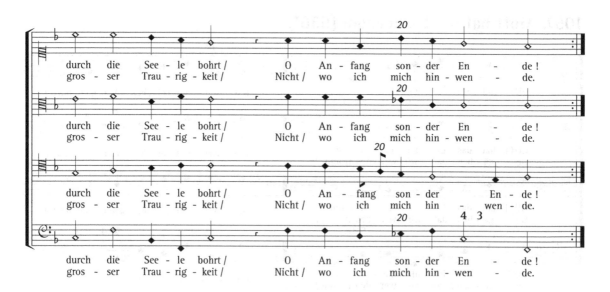

1065. Höret, o ihr Kinder Gottes, höret [541*]

1069. Ach Gott, tu dich erbarmen durch Christum [544*]

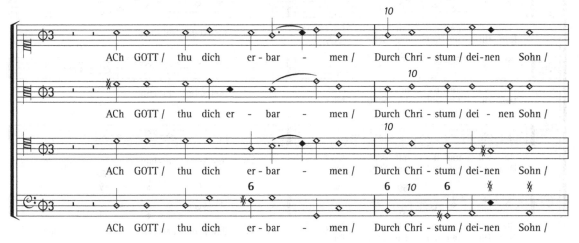

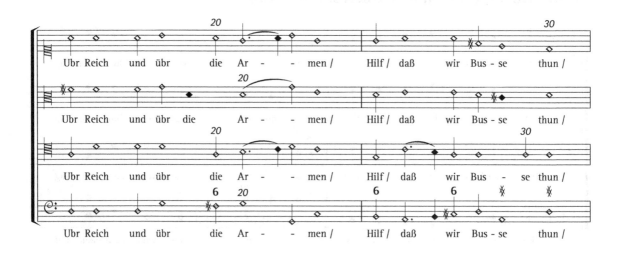
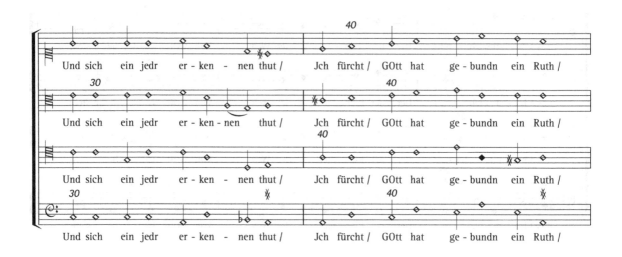
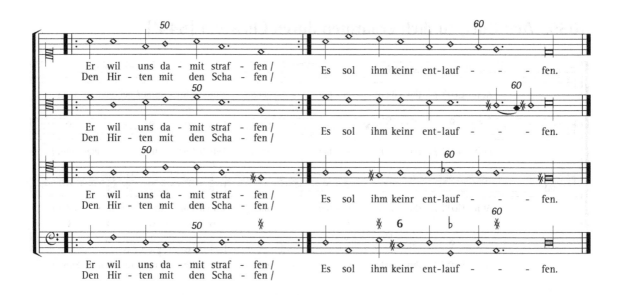

1070. Kyrie eleison, Herr Gott, Vater im Himmel (Litanei) [545*]

KY - ri - e /
　　　Chri - ste /
Ky - ri - e /
　　　Chri - ste /

E - le - i - son.
Er - hö - re uns.

E - le - i - son.
Er - hö - re uns.

E - le - i - son.
Er - hö - re uns.

E - le - i - son.
Er - hö - re uns.

Herr Gott Va - ter im Him - mel /
Herr Gott Sohn / der Welt Hey - land /
Herr Gott Hei - li - ger Geist /

Er - barm dich ü - ber uns.

Er - barm dich ü - ber uns.

Er - barm dich ü - ber uns.

Er - barm dich ü - ber uns.

Sey uns gnä - dig /
Sey uns gnä - dig /

Ver - schon uns / lie - ber Her - re Gott.
Hilf uns / lie - ber Her - re Gott.

Ver - schon uns / lie - ber Her - re Gott.
Hilf uns / lie - ber Her - re Gott.

Ver - schon uns / lie - ber Her - re Gott.
Hilf uns / lie - ber Her - re Gott.

Ver - schon uns / lie - ber Her - re Gott.
Hilf uns / lie - ber Her - re Gott.

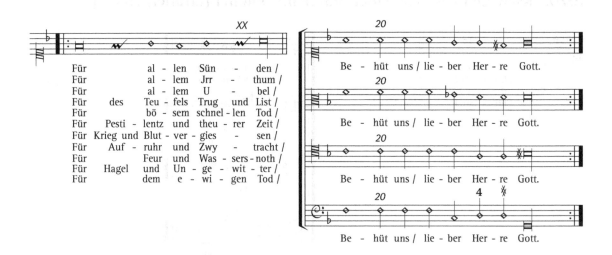
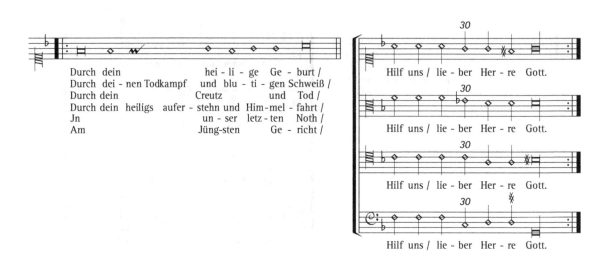
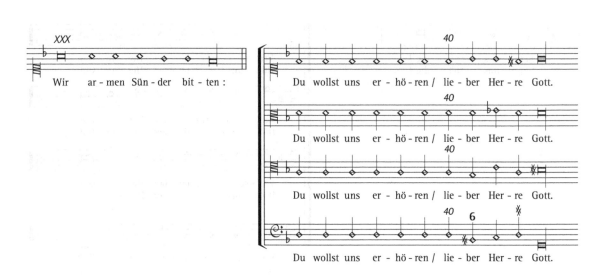

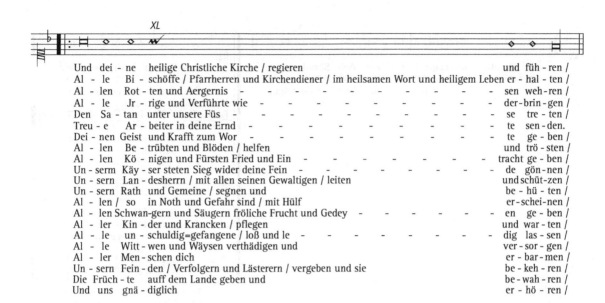

Und dei - ne heilige Christliche Kirche / regieren	und füh - ren /
Al - le Bi - schöffe / Pfarrherren und Kirchendiener / im heilsamen Wort und heiligem Leben er - hal - ten /	
Al - len Rot - ten und Aergernis — — — — — — — — — — sen weh - ren /	
Al - le Jr - rige und Verführte wie — — — — — — — — der-brin-gen /	
Den Sa - tan unter unsere Füs — — — — — — — — se tre - ten /	
Treu - e Ar - beiter in deine Ernd — — — — — — — — te sen - den.	
Dei - nen Geist und Krafft zum Wor — — — — — — — — te ge - ben /	
Al - len Be - trübten und Blöden / helfen	und trö - sten /
Al - len Kö - nigen und Fürsten Fried und Ein — — — — — tracht ge - ben /	
Un - serm Käy - ser steten Sieg wider deine Fein — — — — — de gön - nen /	
Un - sern Lan - desherrn / mit allen seinen Gewaltigen / leiten	und schüt - zen /
Un - sern Rath und Gemeine / segnen und	be - hü - ten /
Al - len so in Noth und Gefahr sind / mit Hülf	er - schei - nen /
Al - len Schwan-gern und Säugern frölige Frucht und Gedey — — — — en ge - ben /	
Al - len Kin - der und Krancken / pflegen	und war - ten /
Al - le un - schuldig=gefangene / loß und le — — — — — dig las - sen /	
Al - le Witt - wen und Wäysen verthädigen und	ver - sor - gen /
Al - ler Men - schen dich	er - bar - men /
Un - sern Fein - den / Verfolgern und Lästerern / vergeben und sie	be - keh - ren /
Die Früch - te auff dem Lande geben und	be - wah - ren /
Und uns gnä - diglich	er - hö - ren /

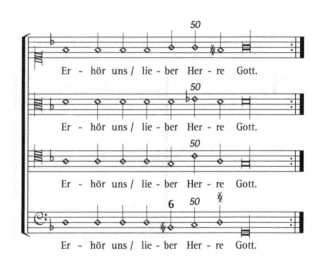

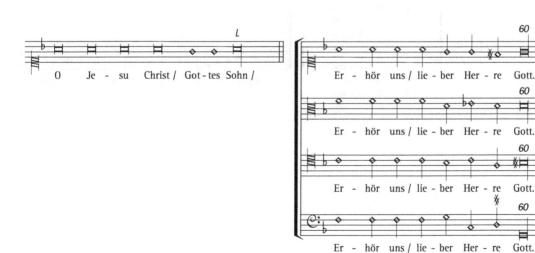

O Je - su Christ / Got - tes Sohn /

1070. Kyrie eleison, Herr Gott, Vater im Himmel (Litanei) [545*]

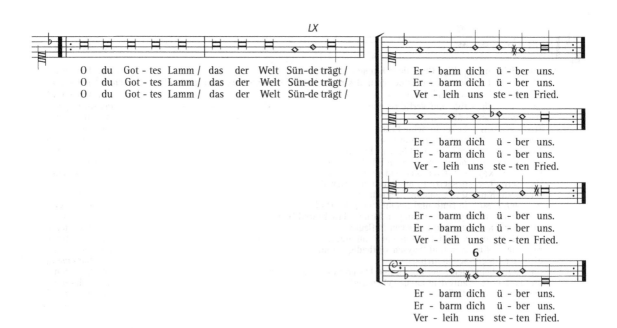
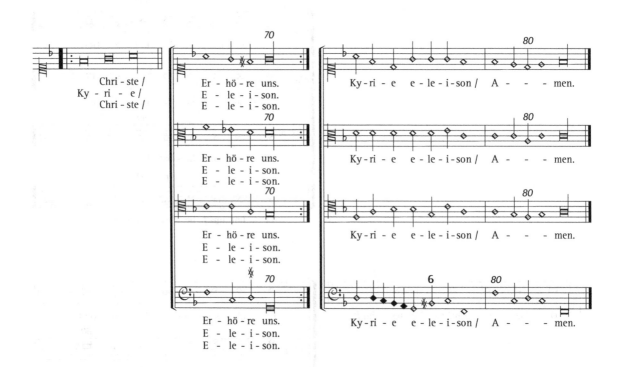

1073. Auf, auf, die rechte Zeit ist hier

1075. Was vor diesem, meine Lieben

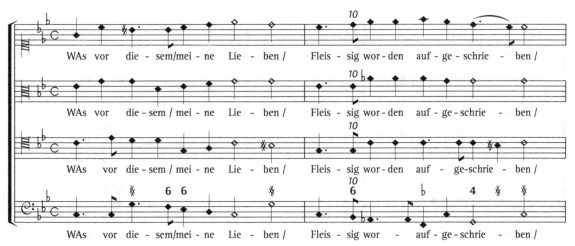

1076. Dafür mag uns ein jedermann erkennen

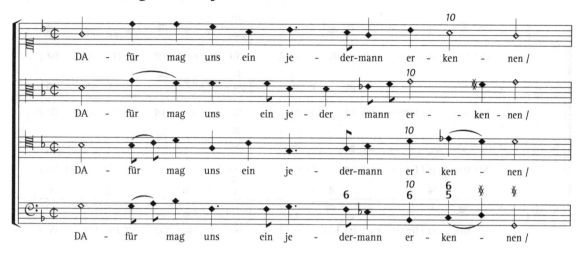

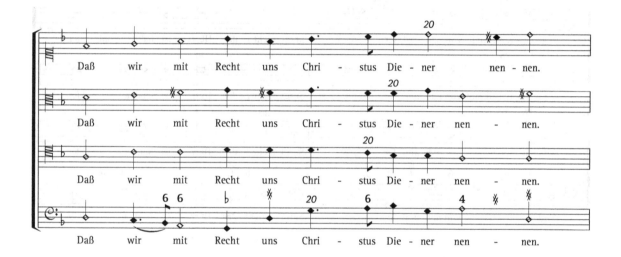

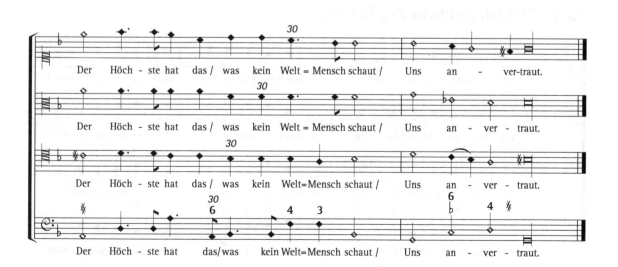

1078. Nun freuet, freuet euch im Herren

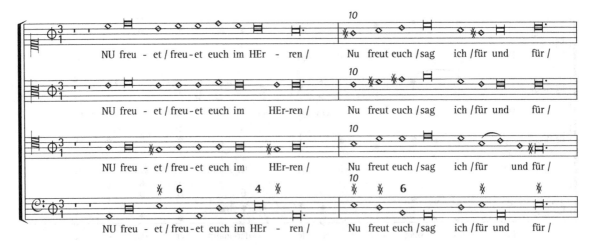

1080. Das Gnadenlicht des Herren

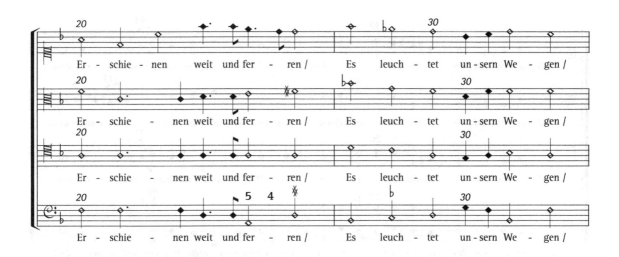

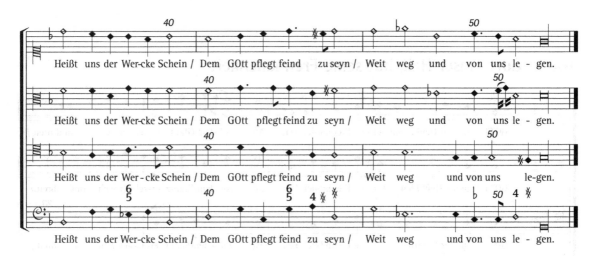

1081. So lange Zeit ein Erbe bleibt ein Kind

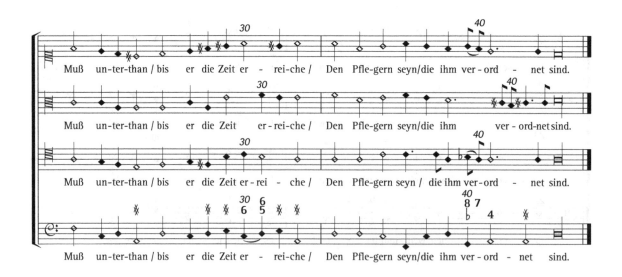

1083. Gott, unser Heil, hat seine Freundlichkeit

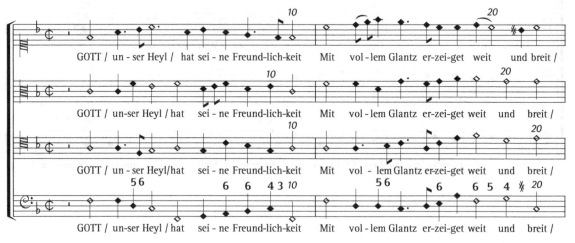

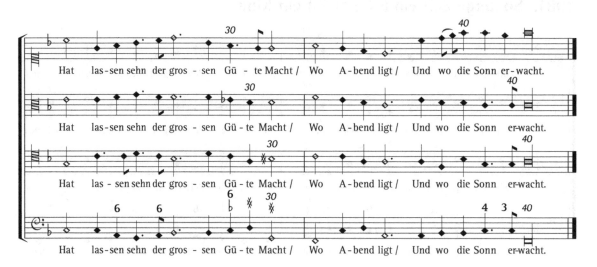

1085. Was das Gesetz heißt, wie wir wissen

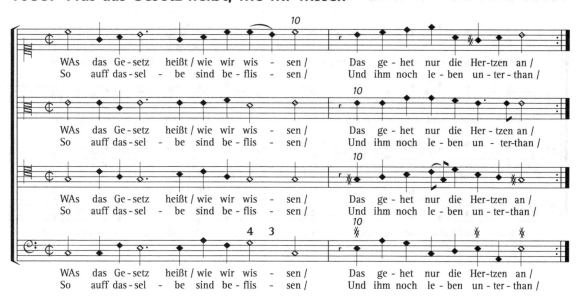

1. WAs das Gesetz heißt / wie wir wissen / Das gehet nur die Hertzen an /
2. So auff dasselbe sind beflissen / Und ihm noch leben unter than /

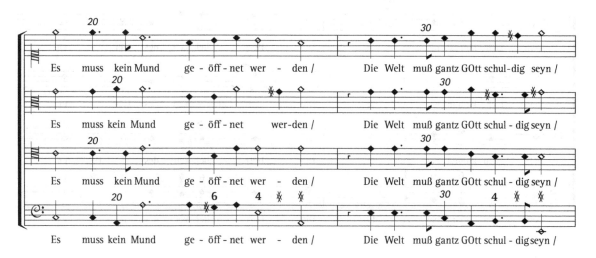

Es muss kein Mund geöffnet werden / Die Welt muß gantz GOtt schuldig seyn /

Kein Mensch lebt auf der weiten Erden / Der durchs Gesetz ist recht und rein.

1086. Brich auf und werde lichte

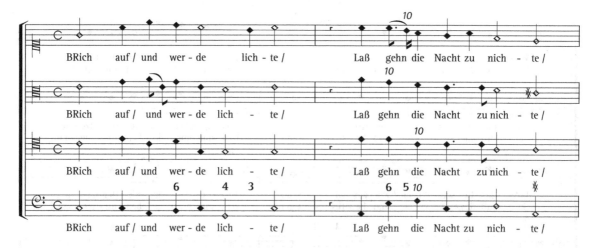

1088. Durch unsers Gottes Gütigkeit

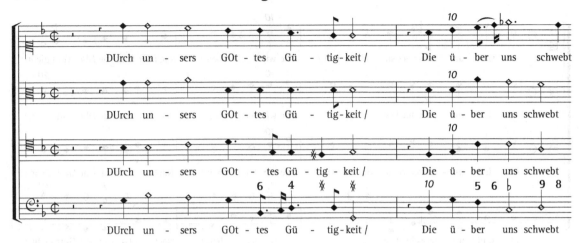
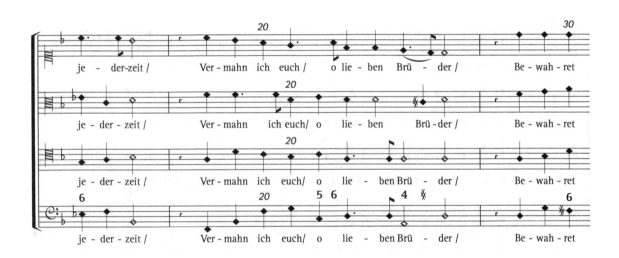
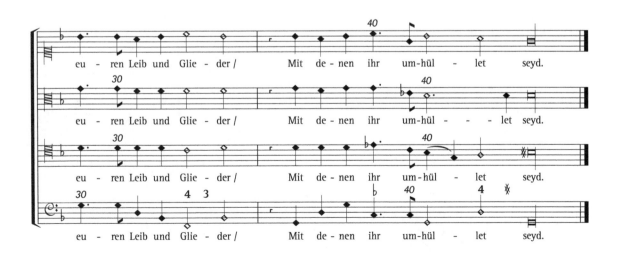

1090. Es sind unterschiedne Gaben

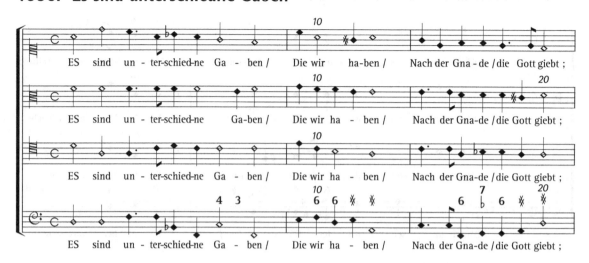

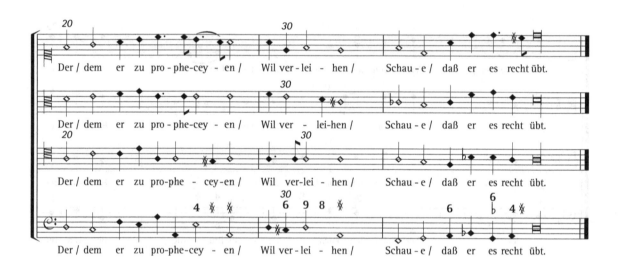

1092. Meint nicht, ihr habt der Klugheit gar zu viel

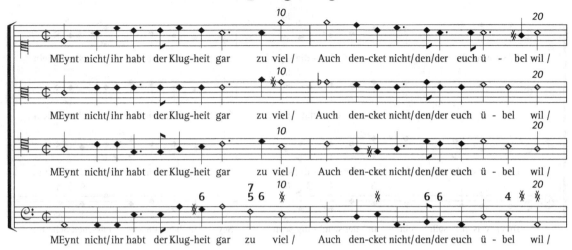

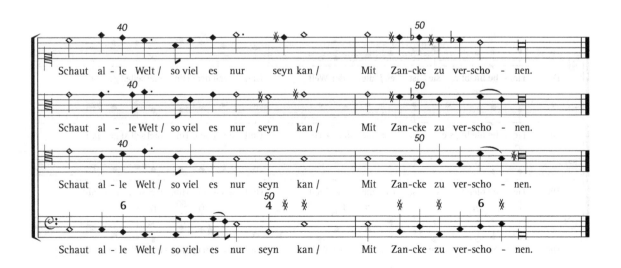

1094. Das, was ihr sollt einander schuldig sein

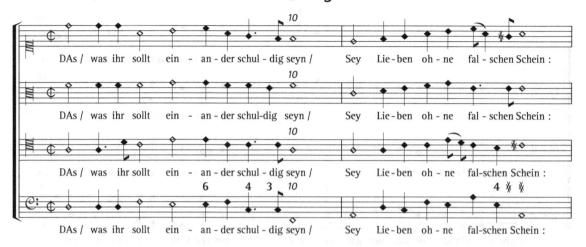

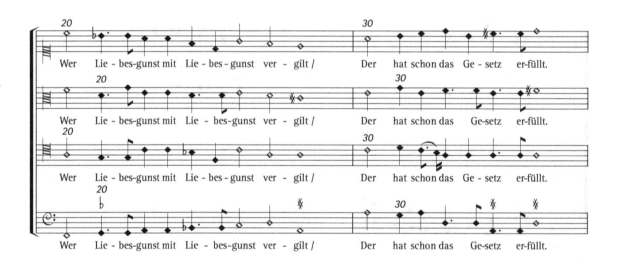

1096. Denkt und erwägt, o Brüder, jederzeit

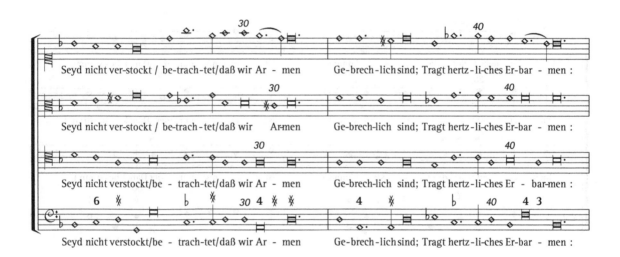

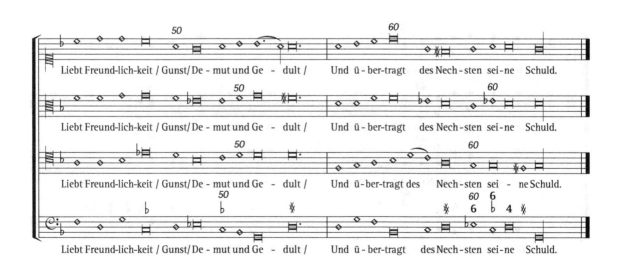

1098. Ihr wisset, dass zwar ihrer viel

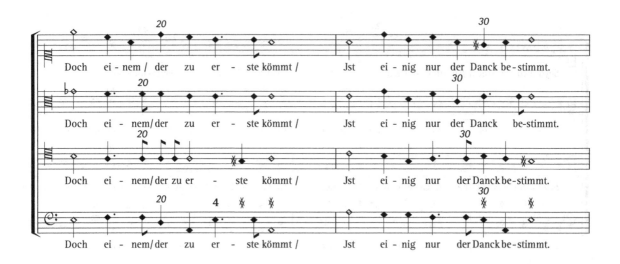
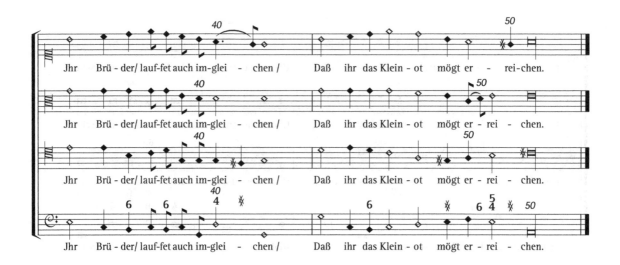

1100. Weil ihr seid klug, ihr Brüder, und bedacht

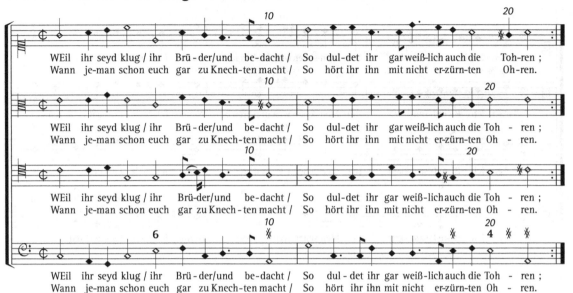

WEil ihr seyd klug / ihr Brü-der/und be-dacht / So dul-det ihr gar weiß-lich auch die Toh-ren;
Wann je-man schon euch gar zu Knech-ten macht / So hört ihr ihn mit nicht er-zürn-ten Oh-ren.

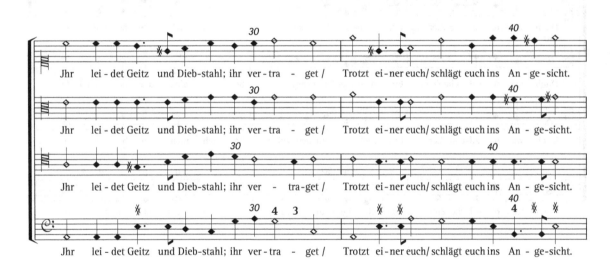

Jhr lei-det Geitz und Dieb-stahl; ihr ver-tra-get / Trotzt ei-ner euch/ schlägt euch ins An-ge-sicht.

Diß red ich so / als wie die Welt zwar sa-get / Die nach dem Schein ihr Ur-theil von uns spricht.

1102. Hätt ich Beredsamkeit

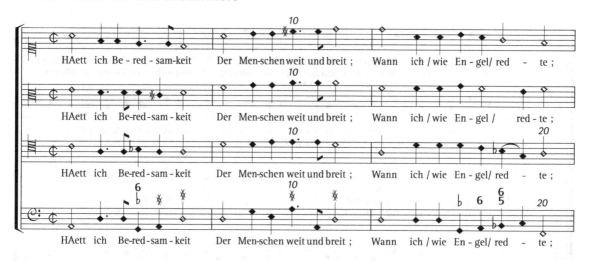

1104. Sinnt nach, ihr Brüder, und bedenkt

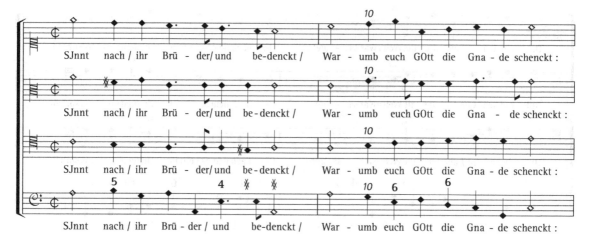

1104. Sinnt nach, ihr Brüder, und bedenkt

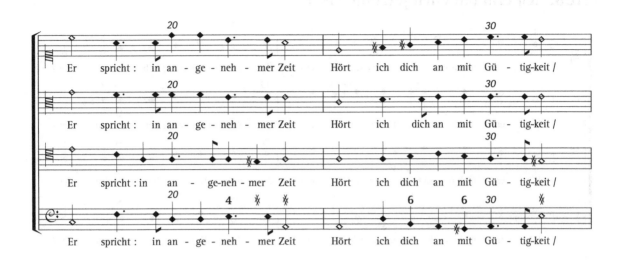

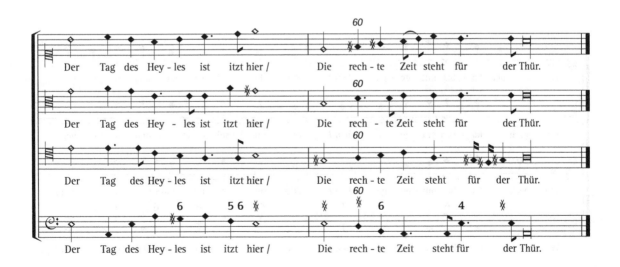

1106. Ich ermahn euch jetzund wieder

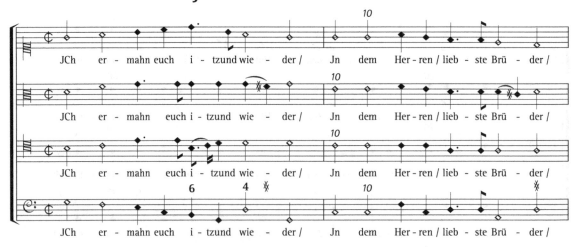

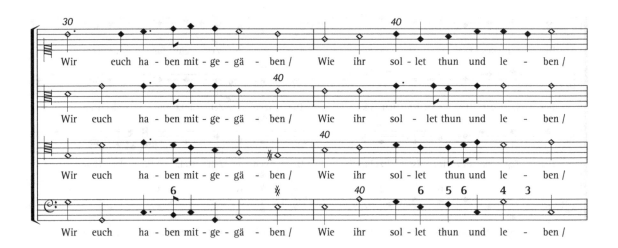

1108. So tut nun, was das höchste Gut

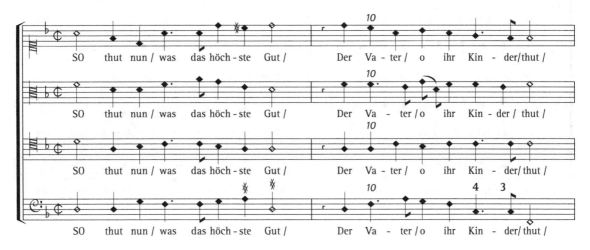

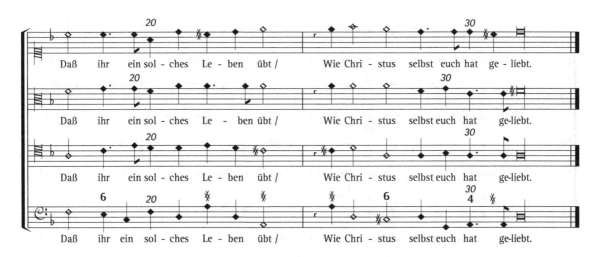

1110. Erzählet mir, ihr, derer Rede geht

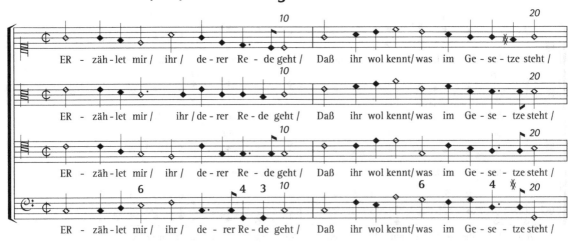

ER - zäh - let mir / ihr / de - rer Re - de geht / Daß ihr wol kennt / was im Ge - se - tze steht /

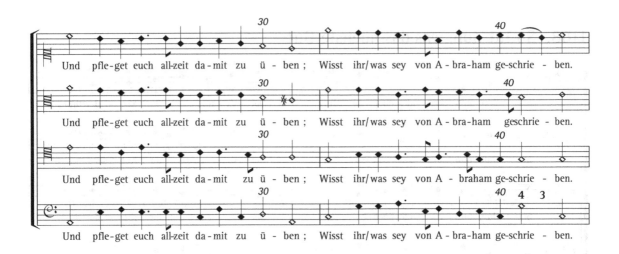

Und pfle - get euch all - zeit da - mit zu ü - ben; Wisst ihr / was sey von A - bra - ham ge - schrie - ben.

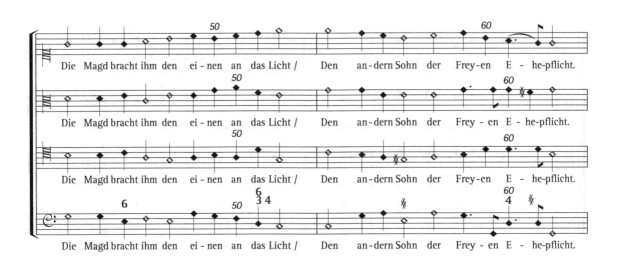

Die Magd bracht ihm den ei - nen an das Licht / Den an - dern Sohn der Frey - en E - he - pflicht.

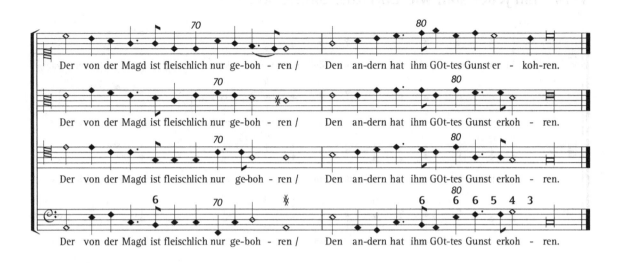

1112. Christus ist auf Erden kommen

1114. Ein jeder soll, wie Christus, Sinnes werden

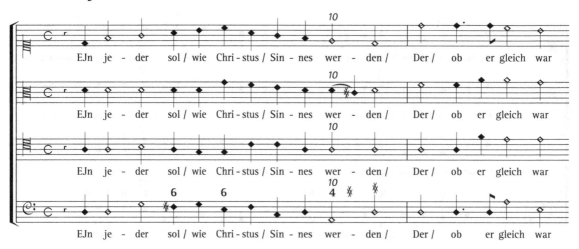

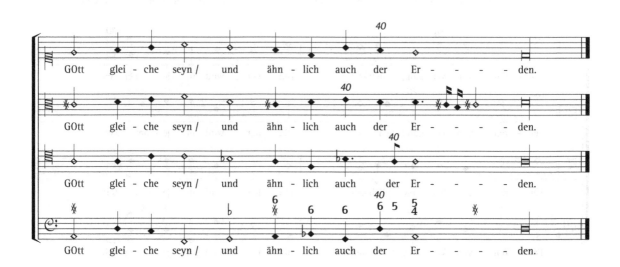

1115. Vom Herren hab ich es bekommen

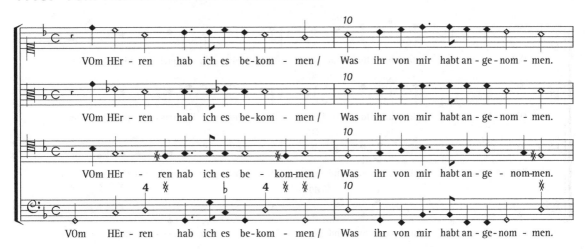

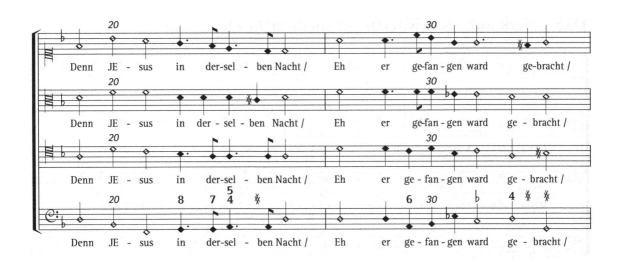

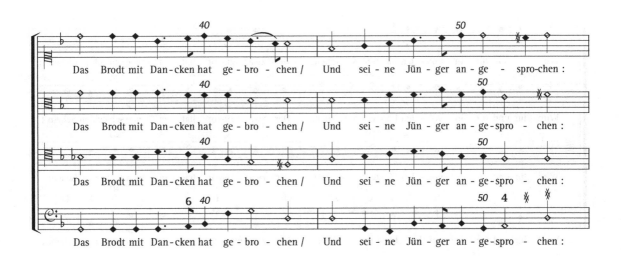

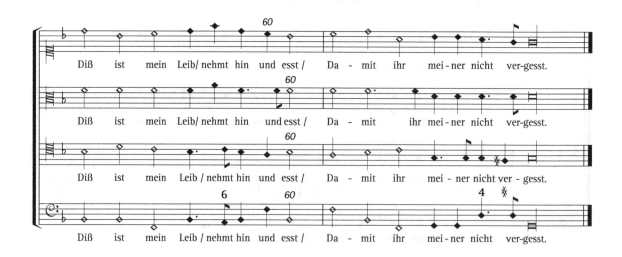

1116. Merk auf, mein Knecht wir nicht mehr elend sein

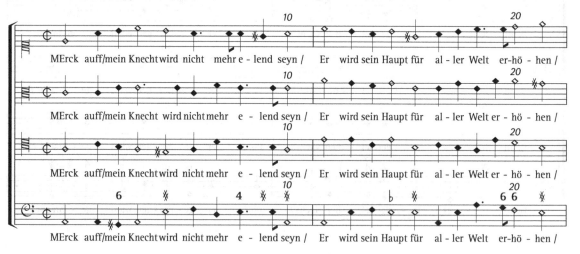

1117. Fegt ab von euch den Sauerteig der Erden

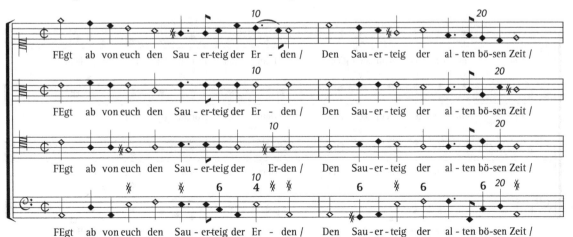

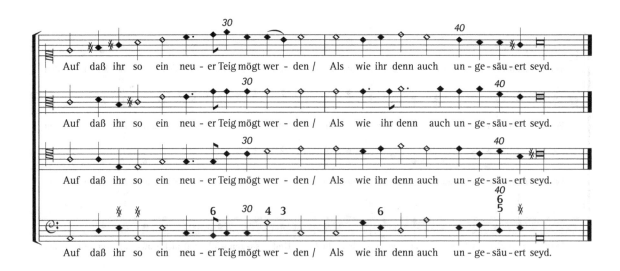

1118. Petrus, Gottes treuer Knecht

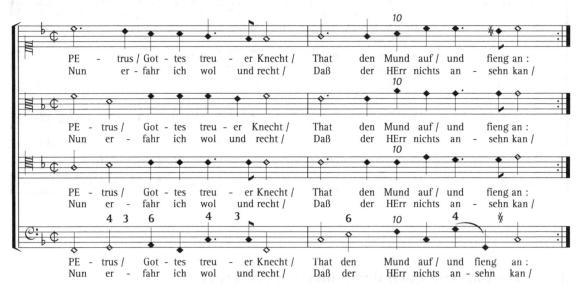

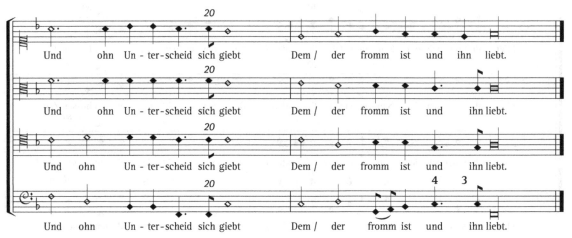

1120. Ihr Männer, Abrahams Geschlecht

1122. Ein jedes Ding und Tun, so Gott gefällt

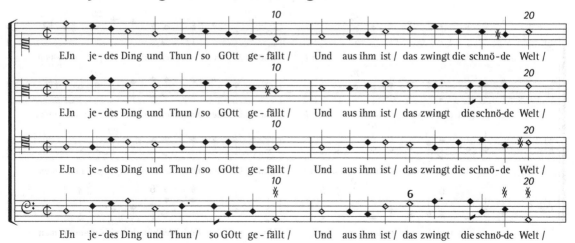

1122. Ein jedes Ding und Tun, so Gott gefällt

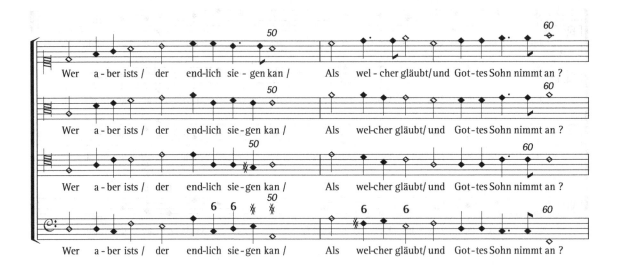

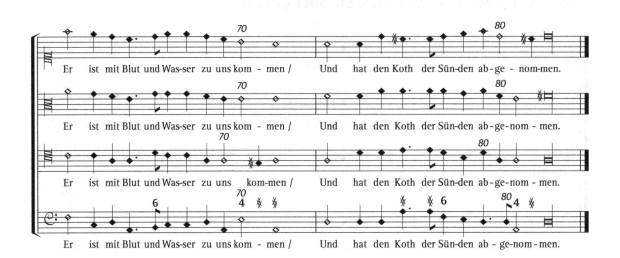

1125. Bedenkt, ihr Brüder, jederzeit

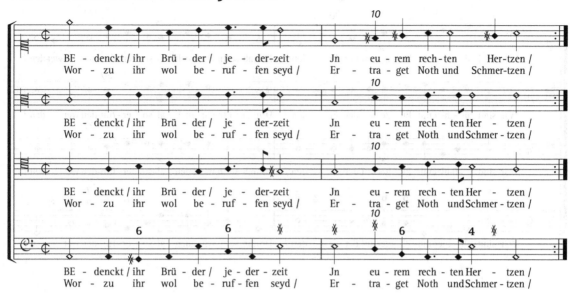

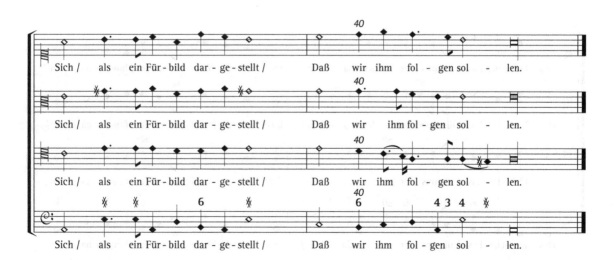

1127. Wir sind allhier nur Pilger auf der Erden

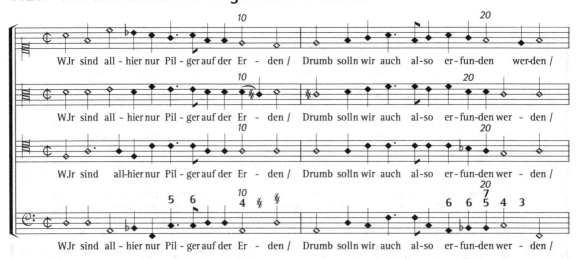

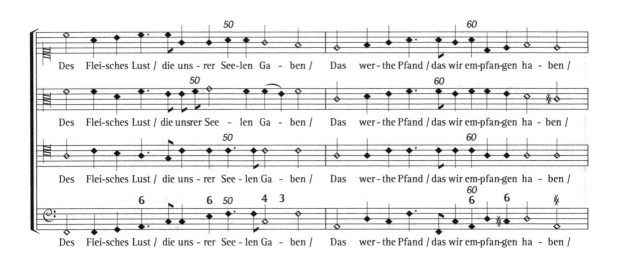

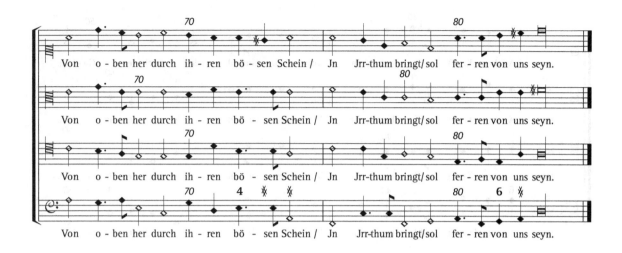

1129. Was unser Glaube Gutes tut

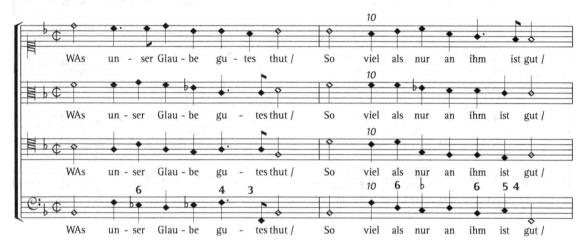

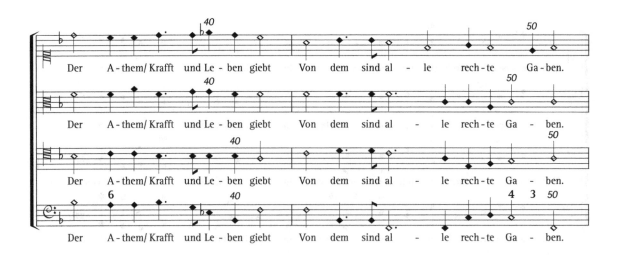

1131. Es ist zu wenig, das Wort hören

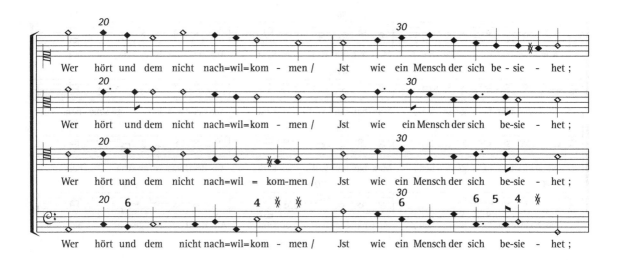

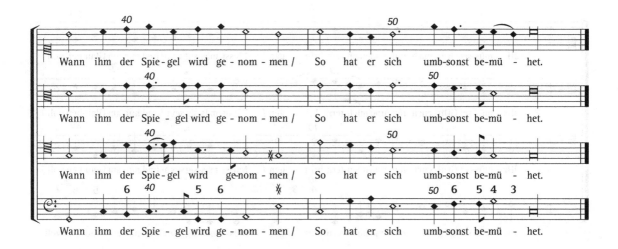

1133. Wie Christus auferstanden

1134. Ihr müsset Gott euch rein und nüchtern bringen

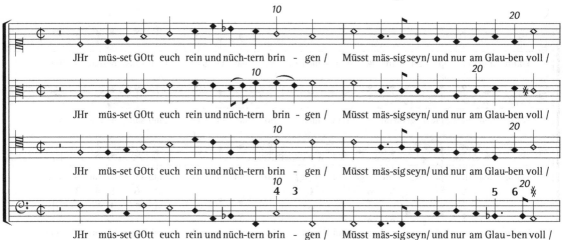

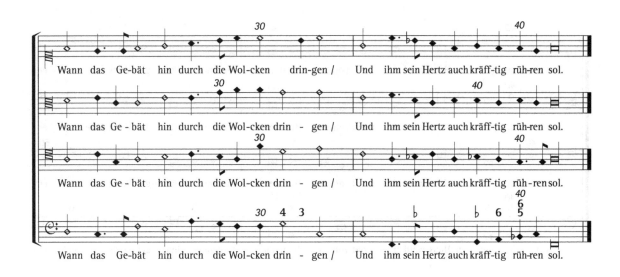

1136. Als durch das schöne Licht der Sonnen ward gebracht

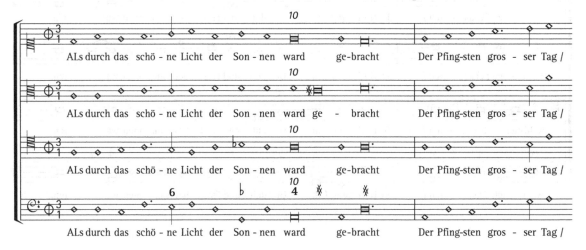

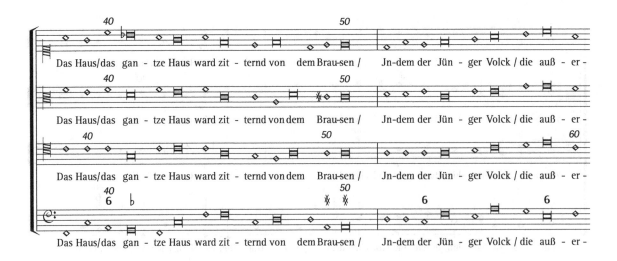
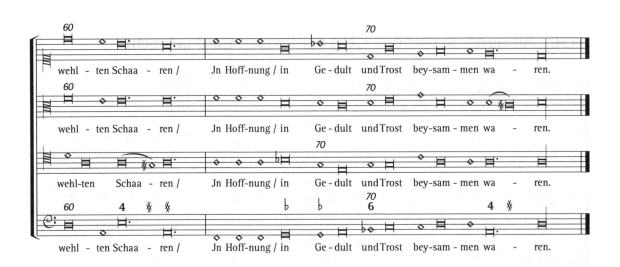

1138. O selig ist ein solcher Mann

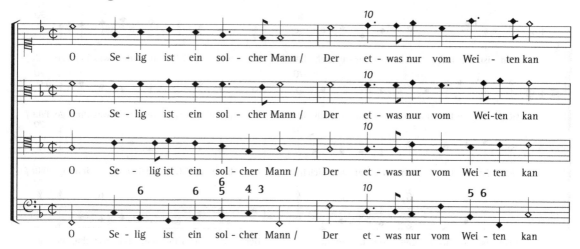

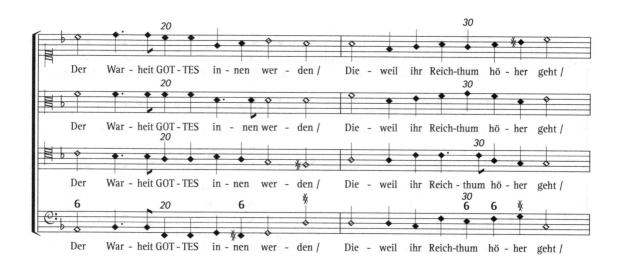

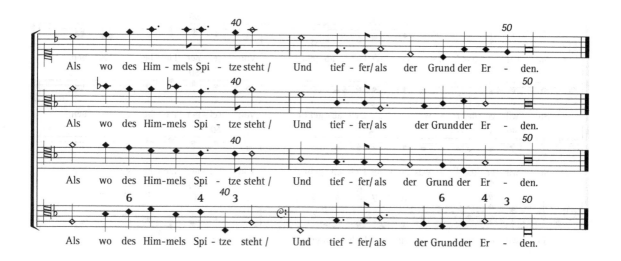

1140. Gott ist die Lieb, und wer daran sich hält

1142. Ihr dürfet euch gar nicht betrüben

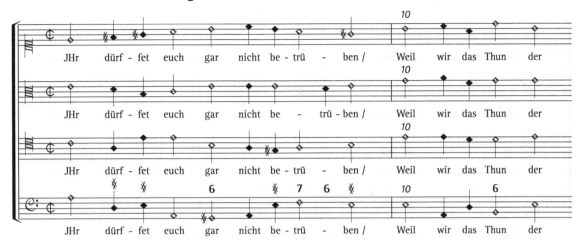

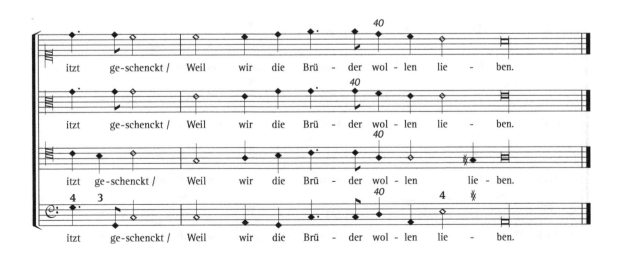

1144. Stellet Gott heim eure Sachen

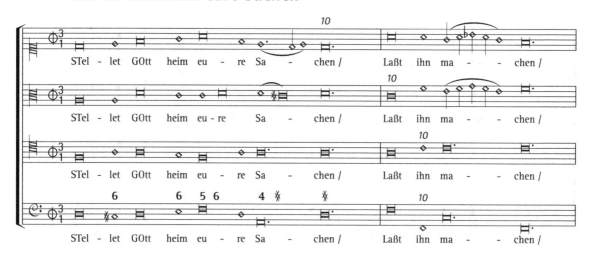

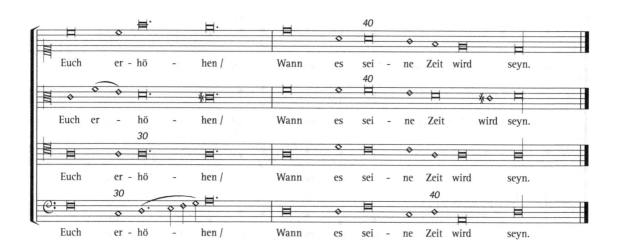

1146. Ich glaube recht und wohl

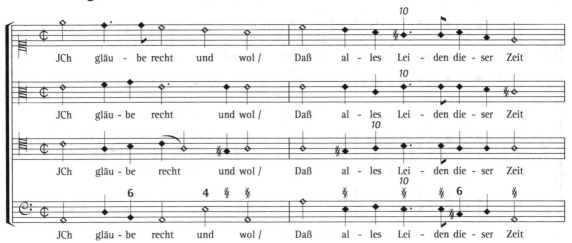
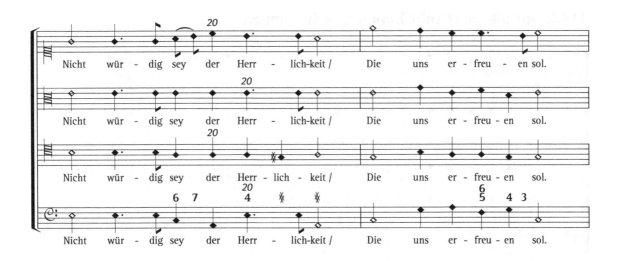
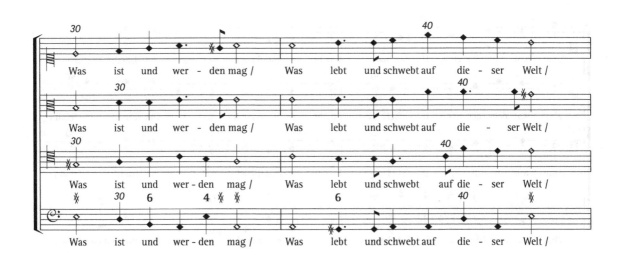

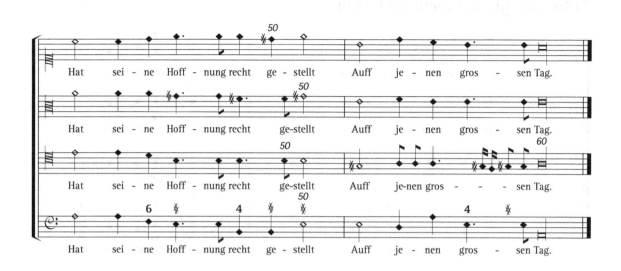

1148. Ihr allesamt sollt haben gleiche Sinnen

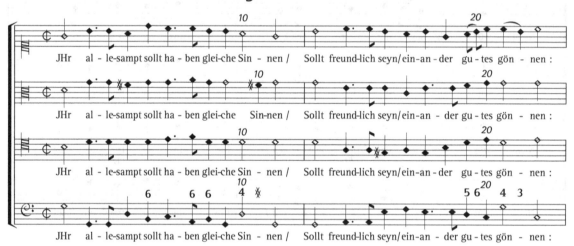

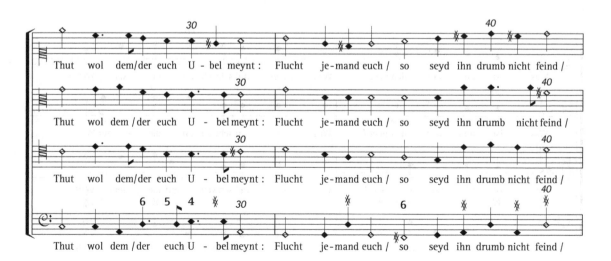

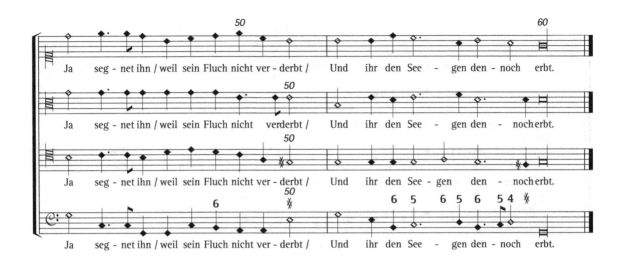

1150. Die du, Christus, hast erkaufet

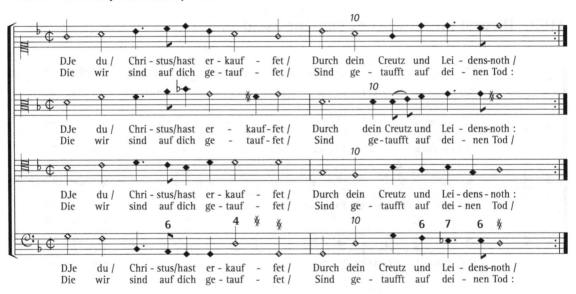

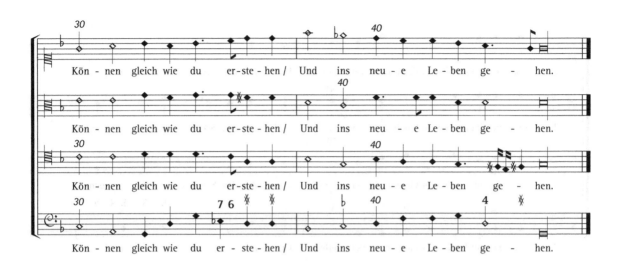

1152. Dieweil ihr schwaches Fleisches seid

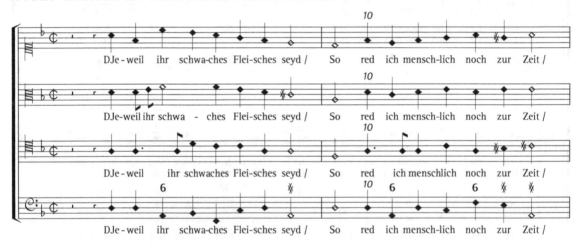

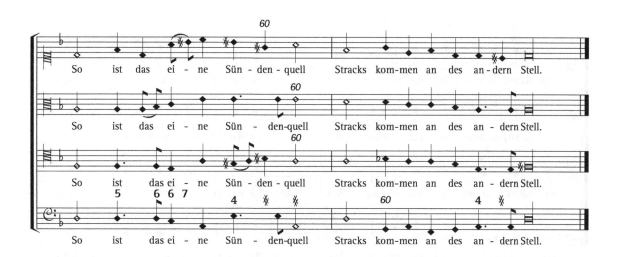

1154. Ihr müsset nach dem Fleische sterben

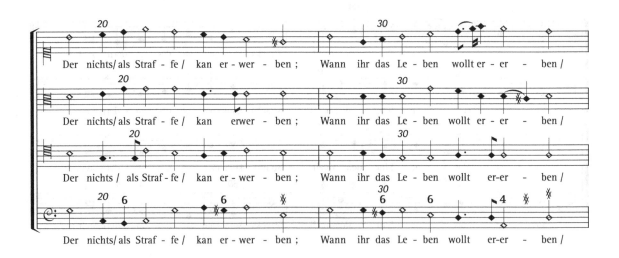

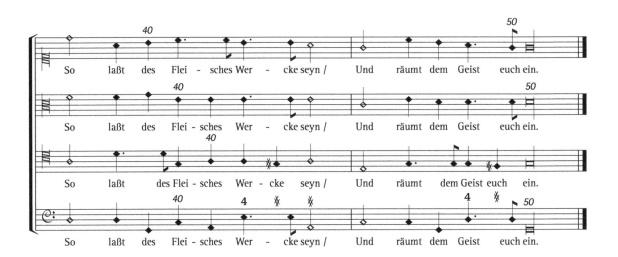

1156. O Korinth, du Zier der Welt

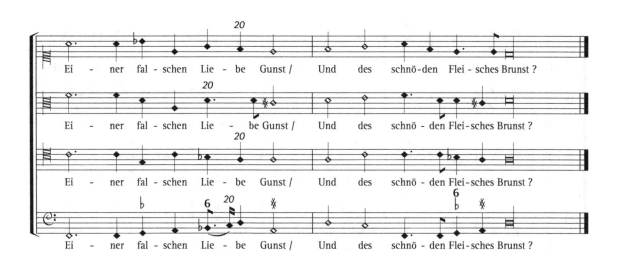

1158. O liebste Schar, denkt nach des Geistes Gaben

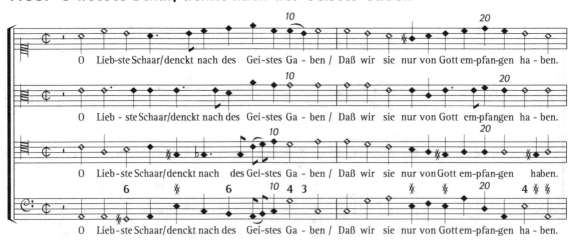

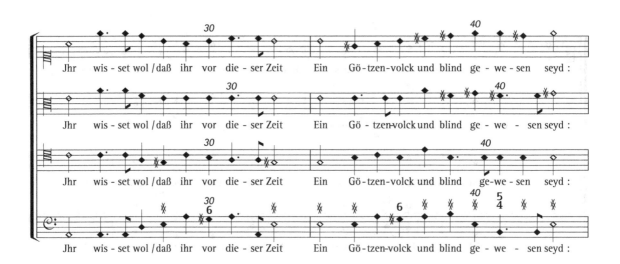

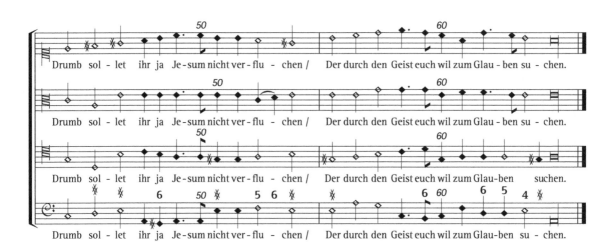

1160. Ich hoff, ihr liebet noch und ehrt

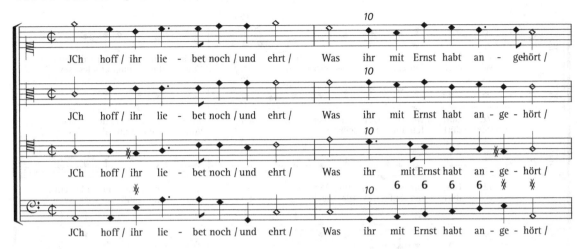

1162. Zu Gott wir setzen ein Vertrauen

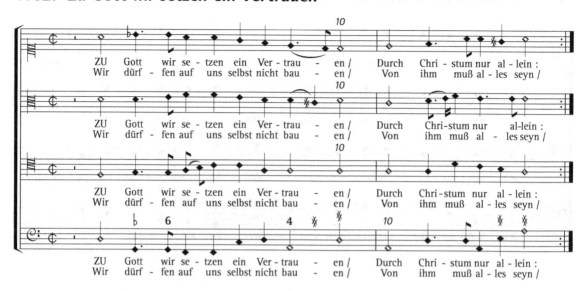

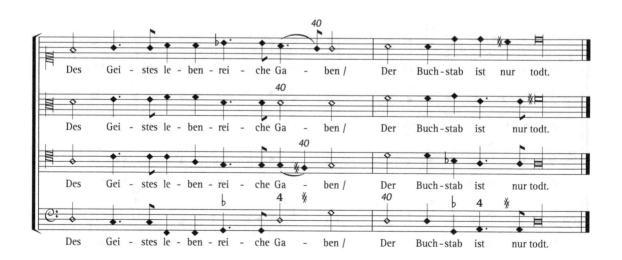

1164. Dieweil man ja der Menschen Testament

DJe - weil man ja der Men - schen Te - sta - ment Für recht und gut er-kennt /
Thut nichts da - zu / und nimmt auch nichts da - von / Jsts ein - mal kräff - tig schon :

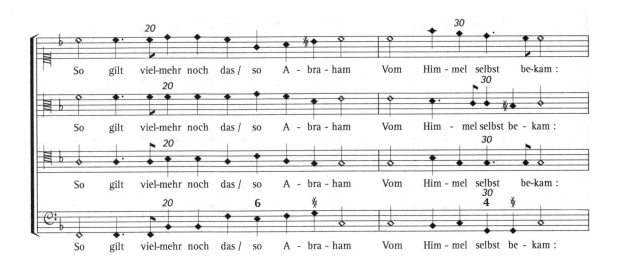

So gilt viel-mehr noch das / so A - bra - ham Vom Him - mel selbst be - kam :

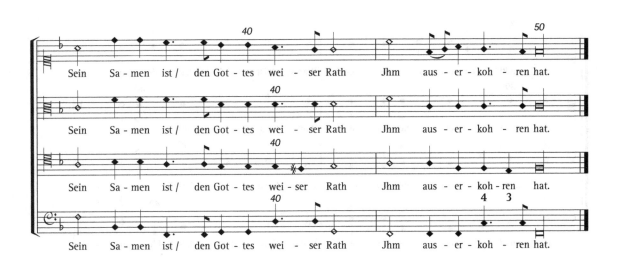

Sein Sa - men ist / den Got - tes wei - ser Rath Jhm aus - er - koh - ren hat.

1166. Schaut über euch und auf den Geist

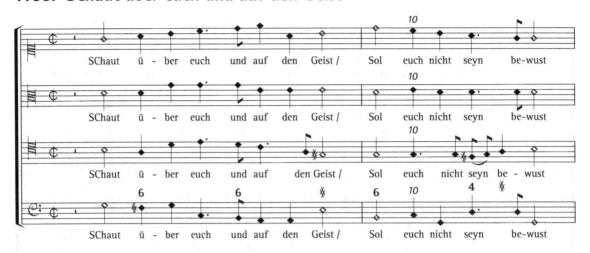
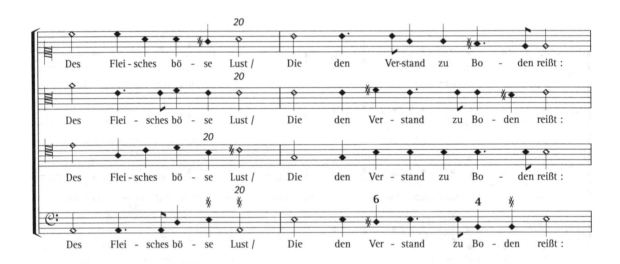
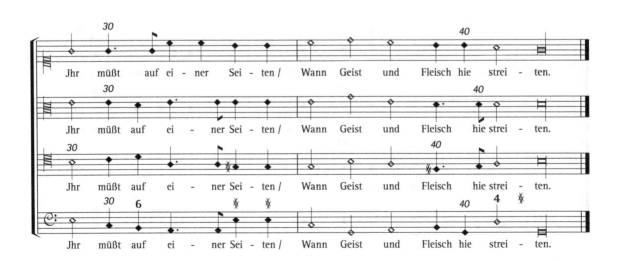

1168. Weil unser Gott den Geist uns hat gegeben

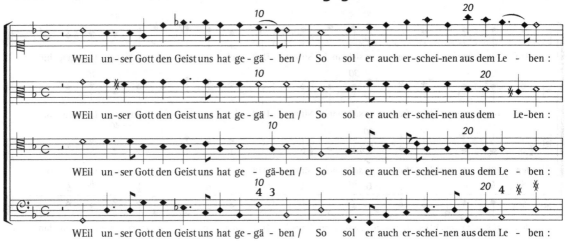

1170. Lasst drum nicht ab, ihr Brüder, Gott zu lieben

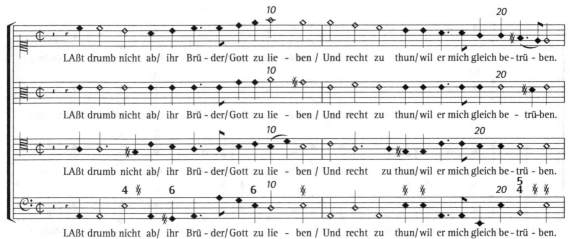

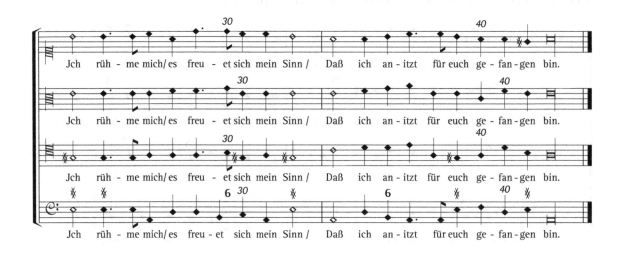

1172. Ich zwar Gefangner Gottes wegen

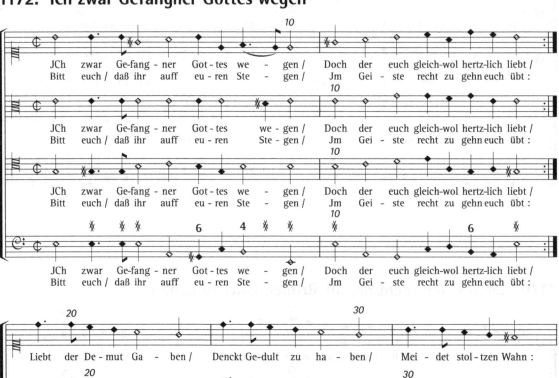

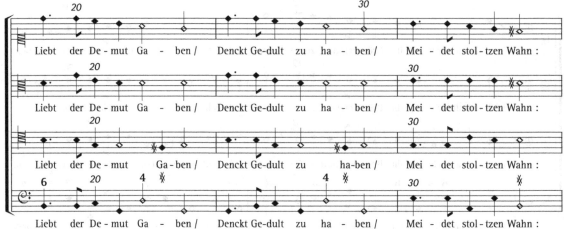

1174. Im Hause der Unsterblichkeit

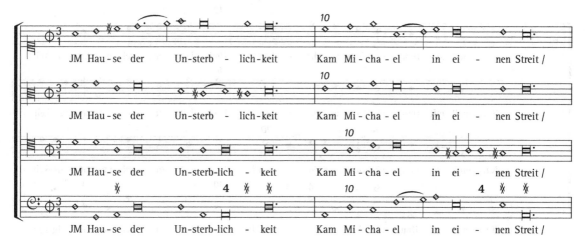

1176. Ich muss mit Danke Gott erheben

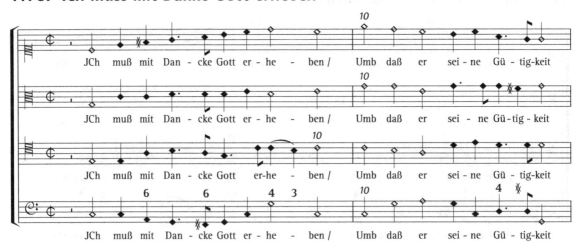

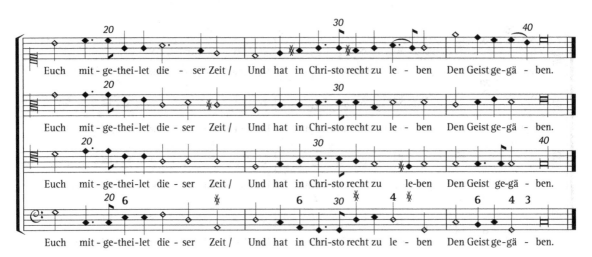

1178. Schaut, dass ihr von euch leget

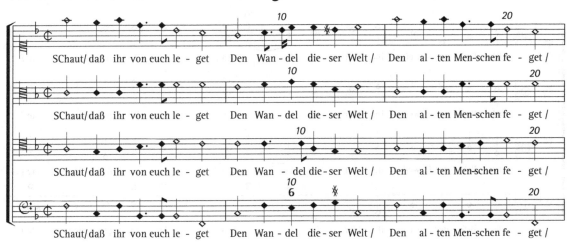

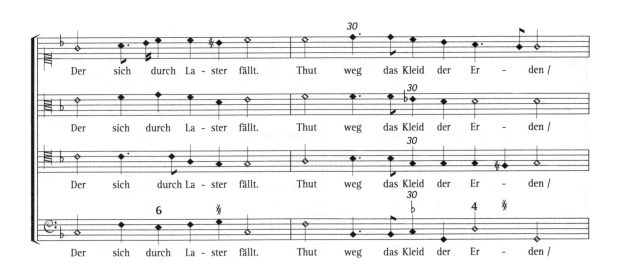

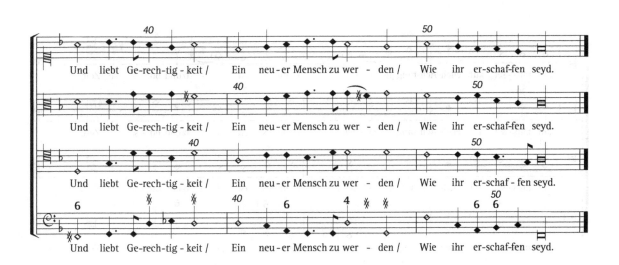

1180. Ihr Brüder, weil ihr hier im Leben

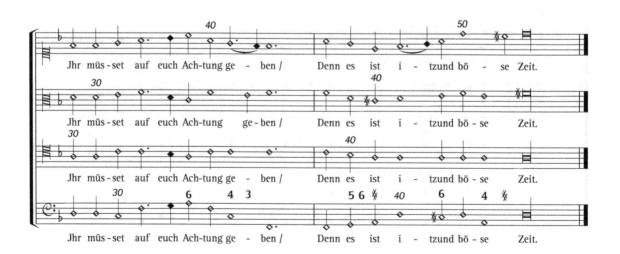

1182. Bemühet euch, ihr Brüder, stark zu werden

BE - mü - het euch/ ihr Brü - der/ starck zu wer - den   Jn Gott / zieht an den Harnisch sei - ner Macht.
Es ist ein Feind nicht hier nur von der Er - den /   Der stünd - lich euch zu fäl - len ist be - dacht.

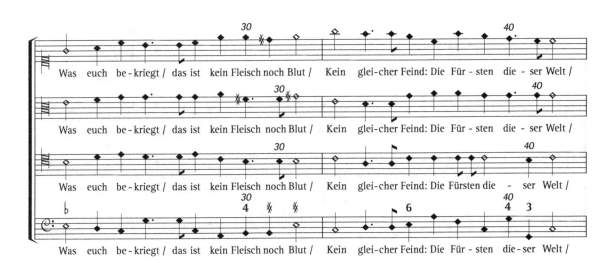

Was euch be - kriegt / das ist kein Fleisch noch Blut /   Kein glei - cher Feind: Die Für - sten die - ser Welt /

Der Teuf - fel Schaar kömmt sel - ber in das Feld /   Sie stel - let nach auf eu - rer See - len Gut.

1184. So oft ich an euch denken können

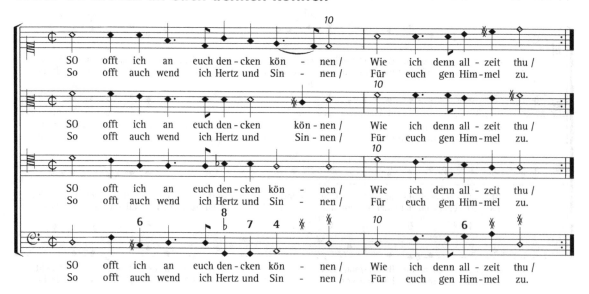
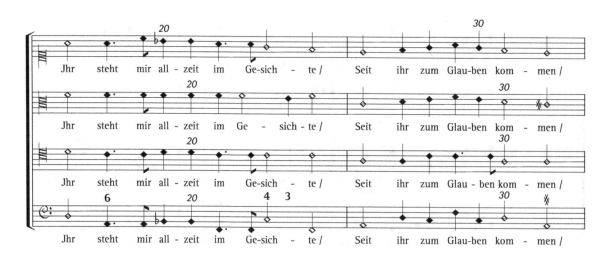
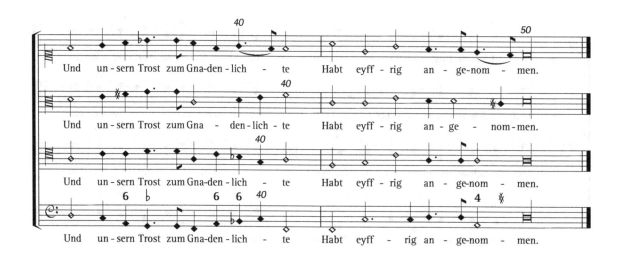

1186. Wollt ihr die gute Straße reisen

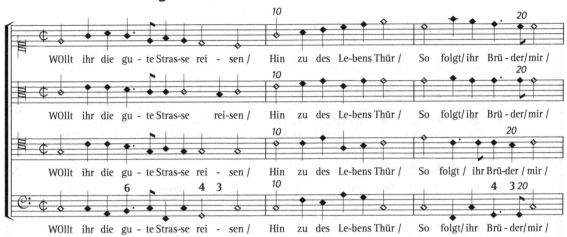

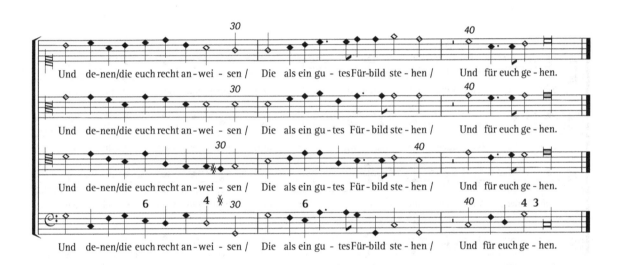

1188. Seit wir in Erfahrung kommen

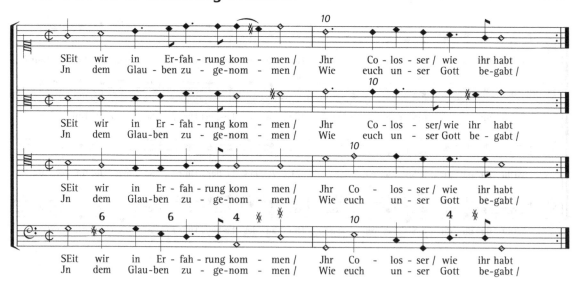

SEit wir in Er-fah-rung kom - men / Jhr Co - los-ser / wie ihr habt
Jn dem Glau-ben zu-ge-nom - men / Wie euch un-ser Gott be-gabt /

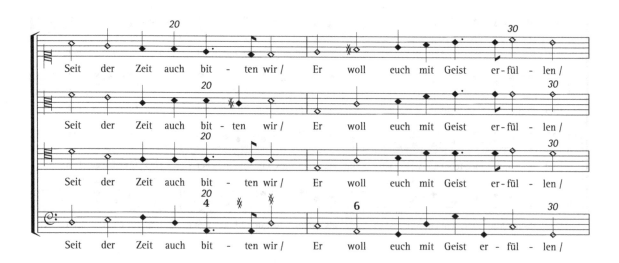

Seit der Zeit auch bit - ten wir / Er woll euch mit Geist er-fül - len /

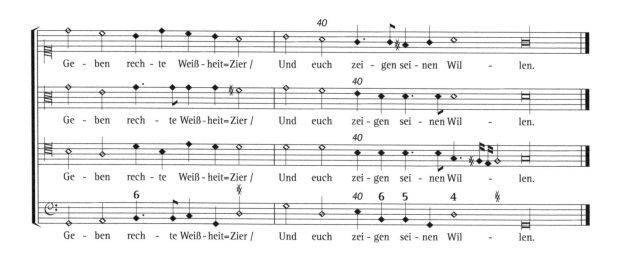

Ge - ben rech - te Weiß-heit=Zier / Und euch zei-gen sei-nen Wil - len.

1190. Das blinde Volk der Heiden [493*M]

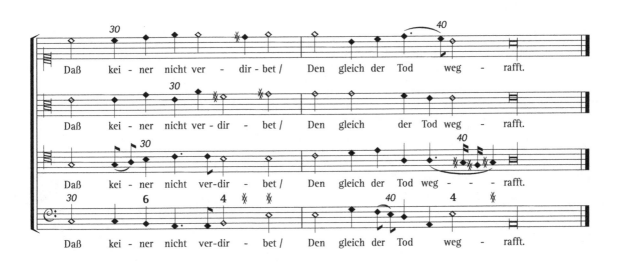

1192. Wer recht tun will, der muss des Glaubens Gaben

1193. Seid jetzt und allezeit

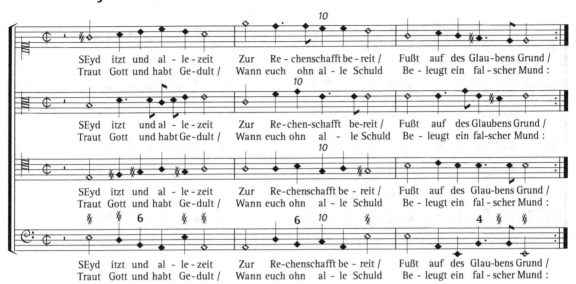
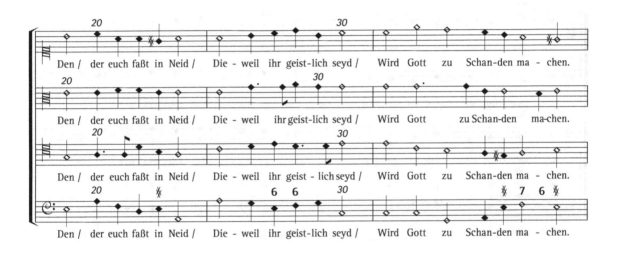
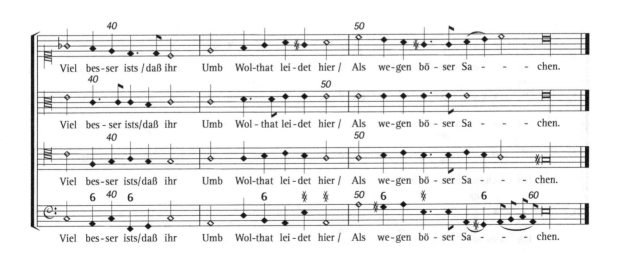

1202. Sei gnädig, Herr, mir armen Sünder

1203. Ach, ach, ich habe missgehandelt

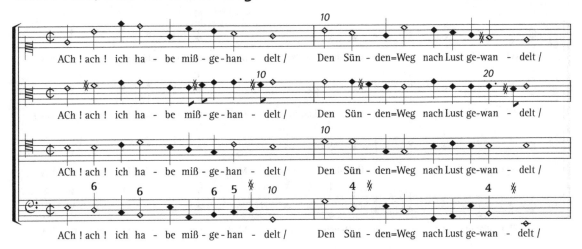

Ach! ach! ich habe miß-ge-han-delt / Den Sün-den=Weg nach Lust ge-wan-delt /

Miß-brau-chet Got-tes Gnad' und Huld' / Jch muß es frey her-aus be-ken-nen

Und mich den grö-sten Sün-der nen-nen / Der recht den Ew-gen Todt ver-schuldt.

1214. Wer glaubt, dass eine Gottheit sei [T*ˣ⁶⁰]

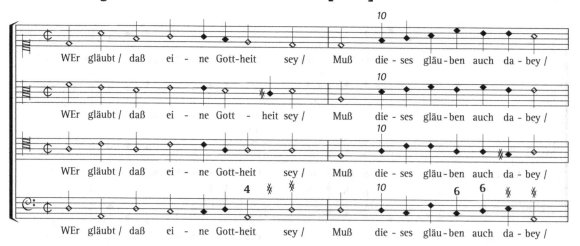
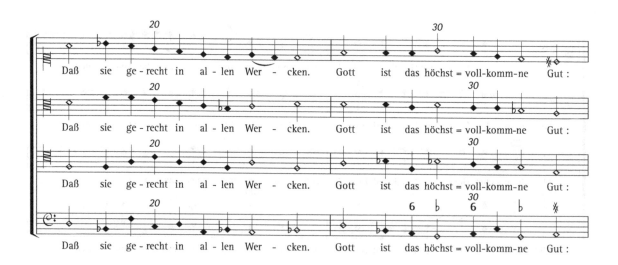

Kritische Kommentare

1. Wach auf, mein Herz, und singe [1*]

Gl
> Noten: Altus: C ⟺ 23: *e'* (auch PS II)
> Vierstimmiger Satz
> B, Nr. 1; PS II, Nr. 267

2. Die güldne Sonne voll Freud und Wonne

Gl
> *Abb. WenzelU, S. 195*
> Noten: Cantus: 9: mit Abwärtscauda links ⟺
> Altus: Φ**3**; falsche c$_2$-Schlüssel ⟺ Tenor: Φ**3** ⟺
> 32: Punkt im dritten Spatium ⟺ v33: ✕ auf der
> zweiten Linie ⟺ 48: *d'* ⟺ 65: *g*
> Text: Mit ihrem Gläntzen *fehlt*

Melodie
> Neuedition: Z IV,8014
> Komponist: Jacob Hintze (1622–1702) (in Gl
> Angabe „J H")
> Quelle: Neuvermehrete Geistliche Wasserquelle,
> Berlin 1670 (DKL 1670[07]), S. 409

Text
> Paul Gerhardt (1607–1676) 1666 (FT III,478;
> BachmannG, Nr. CI); PPM erstmals Gd

Anmerkung
> *Innerhalb der PPM-Überlieferung erscheint die
> Melodie zu diesem Text seit Gd. Auch der dortige Bass wurde herangezogen. Abweichungen, so
> erheblich sie sind, wirken eher wie gesucht, als
> dass sie gegen einen Bezugnahme auf ihn vorgebracht werden können.*

3. Aus meines Herzens Grunde [2*]

Gl
> Noten: Altus: 23: *e'* ⟺ Tenor: 29–30: ohne ZT
> Vierstimmiger Satz
> B, Nr. 2; PS II, Nr. 243

5. Ich dank dir, lieber Herre [4*]

Gl
> Noten: Altus: 10–13: entstellt ♢ ♩ ⟺ *e' c' h* (korr.
> nach B) ⟺ 34–35: ♢ ⊤ ♩ ⟺ Tenor: 39–40: ♩♩
> (s. Anmerkung) ⟺ Basis: 43: *B*
> Vierstimmiger Satz
> B, Nr. 3; PS II, Nr. 244

Anmerkung
> *Die beiden Semiminimae im Tenor der Schlusszeile begegnen so auch in PS II, indes passend zur
> dortigen Version des Satzes.*

6. Gott, der du selber bist das Licht [5*]

Gl
> Noten: Altus: 5: *e'* (auch PS II) ⟺ 26: ♢ ⟺ 32:
> *e'* (auch PS II) ⟺ v39: ✕ im dritten Spatium ⟺
> Tenor: 8–9: ♢ ⊏ ♩ ⟺ 41: *f* ⟺ Basis, letzten beiden
> Zeilen: Bezifferung fehlerhaft bis entstellt
> Vierstimmiger Satz
> B, Nr. 4; PS II, Nr. 252

8. Ich dank dir, Gott, in deinem Thron [7*]

Gl
> Noten: Cantus: 24: *g'*
> Vierstimmiger Satz
> B, Nr. 5; PS II, Nr. 245

10. Lobet den Herren alle, die ihn ehren [8*]

Gl
> Noten: Cantus: ₵
> Vierstimmiger Satz
> PS II, Nr. 250

11. Ich dank dir, Gott, für all Wohltat [10*]

Gl
> Noten: Tenor: 26–28: ♩ ♩ ♩ ⟺ Basis: 28: ♩ ⟺
> 39: *A*
> Text: *statt* danck dir: dancke dir *im Cantus-
> Basis-Band;* dancke die *im Altus-Tenor-Band* ⟺
> wiederfahr *statt* widerfahr
> Vierstimmiger Satz
> B, Nr. 6; PS II, Nr. 246

14. Ich danke dir, o Gott, in deinem Throne [12*]

Gl
> Noten: Tenor: 54–55: ♩ (!) ⟺ 63: *b* ⟺ Basis: 27:
> fehlt
> Text: Das *statt* Daß
> Vierstimmiger Satz
> B, Nr. 7; PS I, Ps 23

17. Dank sei Gott in der Höhe in dieser Morgenstund [13*]

Gl
Noten: Cantus: C ◇ Altus: 37: *f'* ◇ 49-50: *f' f'* ◇ Basis: 16, Bezifferung: die 6 deutlich erst über 17 ◇ 51, Bezifferung: 5⚹ statt 4⚹

Vierstimmiger Satz
Cantus und Basis des Satzes in Gl entsprechen denen von [13]. Die Mittelstimmen aber sind anders als die der Geistlichen Kirchen=Melodien B, Nr. 47 (dort als [112*¹³] „Ihr Christen auserkoren"). In PS II tritt die Melodie nicht auf.*

18. Gott des Himmels und der Erden, Vater [17*]

Gl
Altus: v8: ⚹ bereits v7 auf der dritten Linie ◇ Basis: 20-21: Bog.

Vierstimmiger Satz
PS II, Nr. 249

21. Der Tag bricht an und zeiget sich [20*]

Gl
Noten: Altus: 24: *e'* ◇ 27: *c'* ◇ Tenor: v28: ♭ statt ⚹

24. Der Tag vertreibt die finstre Nacht [21*]

Gl
Noten: Cantus: 15: ohne ♭ ◇ Altus: ¢3 ◇ Tenor: ¢3 ◇ Basis: ¢³₁ ◇ 14: ohne ♭

Vierstimmiger Satz
B, Nr. 8

32. Wacht doch, erwacht, ihr Schläfer

Gl
Noten: Cantus: 27: s. Basis, Note 26 ◇ Altus: 43: *g'* ◇ Tenor: 11: *f* ◇ Basis: 10, Bezifferung: ♭ statt 6 ◇ 26, Bezifferung: das ♭ im Untersatz von Cantus, Note 27

Melodie
Neuedition Z IV,6805
Komponist: Christoph Runge (1619-1681) (?) (in Quelle Angabe „C R")
Quelle: G, S. 51, Nr. 30

Text
Georg Philipp Harsdörffer (1607-1658); PPM erstmals Da

Alternative Melodiezuweisung
„Du, o schönes Weltgebäude" [350*]

Anmerkung
Auch der Bass aus G wurde herangezogen; ungeachtet erheblicher Abweichungen bleibt das erkennbar. – In Da hatte das Lied eine andere Melodie (Z IV,6804), nämlich die des Liedes „Daphnis ging für wenig Tagen" von Johann Rist (1607-1667). Dass Runge ihr eine eigene entgegensetzte, mag ein weiterer Ausdruck seiner Ablehnung der Frankfurter PPM-Ausgaben sein. Vgl. dazu PPMEDW II/1.1, Anm. 868.

39. Erwache, mein Gemüte

Gl
Cantus: ¢ ◇ Altus: 36: *e'* ◇ Tenor: 21: ⚹ im Übersatz ◇ Basis: ¢

Melodie
Neuedition: Z III,5482
Komponist: Anonymus
Quelle: Ga, S. 41, Nr. 33

Text
Johann Franck (1618-1677) 1666 (?); PPM erstmals Ga (Quelle)

Anmerkung
Auch der Bass aus Ga wurde herangezogen.

41. Auf, auf, mein Geist, zu loben

Gl
Tenor: 38-39: enggestellt, beide Noten mit Aufwärtscauda links

Melodie
Neuedition: Z III,5483
Komponist: Jacob Hintze (1622-1702) (in Gl Angabe „J H")
Quelle: Ga, S. 43, Nr. 34

Text
Johann Franck (1618-1677) 1666 (FT IV,115); PPM erstmals Ga (Quelle)

Alternative Melodiezuweisung
„Zu dir von Herzensgrunde" [19] (in PPMEDW I ohne eigene Melodie, in Gl nicht enthalten)

Anmerkung
Auch der Bass aus Ga wurde herangezogen.

44. Mein Trost, auf den ich allzeit richte

Gl
Noten: Altus: 34: ◊ ◇ Tenor: 53: ⊟ ⊟ ◇ Basis: 26, Bezifferung: mit 6 ◇ 31, Bezifferung: 6 statt ⚹

Melodie
>   Neuedition: Z II,3006
>   Komponist: Jacob Hintze (1622–1702) (in Gl Angabe „J H")
>   Quelle: Gd, S. 59 f., Nr. 41

Text
>   Christoph Runge (1619–1681) 1671; PPM erstmals Gd (Quelle)

Anmerkung
>   *Auch der Bass aus Gd wurde herangezogen.*

45. Das walt mein Gott, Gott Vater, Sohn und Heil'ger Geist

Gl
>   Noten: Cantus: 26–28: *h'* (Zeilenumbruch) *b' h* ◇ Basis: 11: *c* ◇ 38–39: Bog.

Melodie
>   Neuedition: Z III,4219; WenzelU, S. 211
>   Komponist: Jacob Hintze (1622–1702) (in Gl Angabe „J H")
>   Quelle: = Gl

Text
>   anonym 1613 (FT I,48); PPM erstmals Gc

48. Sobald, o frommer Christ

Gl
>   Noten: Cantus: 31: *sic* (auch Custos) statt *a'* ◇ 33: fehlt ◇ 43–44: ohne ZT ◇ 50: *f'* ◇ Basis: 44–45: *c B*, ohne ZT
>   Text: 1 fronuner *im Cantus-Basis-Band statt* frommer *(auch Altus-Tenor-Band)*

Melodie
>   *Melodie des Genfer Psalters zu Ps 19 (in Gl aber Angabe „J H" zum Satz)*
>   Neuedition: Z VIII,8232; Pidoux 19c; EdK 2, Fa19

Vierstimmiger Satz
>   PS I, Ps 19. – *Deutliche Abweichungen. Innerhalb der PPM-Überlieferung erscheint die Genfer Melodie zu diesem Text seit Gg. Auch der dortige Bass entspricht dem in PS I.*

Text
>   „D. v. W. O." (KLL II, S. 260); PPM erstmals Gg

Anmerkung
>   *Ähnlich fragwürdige oder tatsächlich falsche Zuweisungen des Satzes an Jacob Hintze als Komponist vgl. auch bei Nrn. 64, 77, 534, 1019, 1042.*

64. Gott Lob und Dank, dass diese Nacht

Gl
>   Noten: Cantus 43–44: ohne ZT ◇ Altus: 20: ♩ ◇ Basis: 40: ◊

Melodie
>   Neuedition: Z II,2671
>   Komponist: „M. H." (Z II,2671; in Gl aber Angabe „J H" zum Satz)
>   Quelle: Nürnbergisches Gesang-Buch, Nürnberg 1676 (DKL 1676[15]), S. 847 f.

Text
>   anonym; PPM erstmals Gi

Anmerkung
>   *Innerhalb der PPM-Überlieferung erscheint die Melodie zu diesem Text seit Gi. Auch der dortige Bass wurde herangezogen; er entspricht ebenfalls dem der Melodiequelle DKL 1676[15]. – Ähnlich fragwürdige oder tatsächlich falsche Zuweisungen des Satzes an Jacob Hintze vgl. auch bei Nrn. 48, 77, 534, 1019, 1042.*

74. Der Tag mit seinem Lichte

Gl
>   Noten: Altus 11–12: dazwischen ✖ im Übersatz

Melodie
>   Neuedition: Z IV,7512
>   Komponist: Jacob Hintze (1622–1702)
>   Quelle: Neuvermehrete Geistliche Wasserquelle, Berlin 1670 (DKL 1670[07]), S. 414 f.

Text
>   Paul Gerhardt (1607–1676) 1666 (FT III,479; BachmannG, Nr. CII); PPM erstmals Ge

Anmerkung
>   *Innerhalb der PPM-Überlieferung erscheint die Melodie zu diesem Text seit Ge. Auch der dortige Bass wurde herangezogen; er entspricht ebenfalls dem der Melodiequelle DKL 1670[07].*

77. Weil dir, o Gottes Freund

Gl
>   Noten: Tenor: 15: *g* ◇ Basis: 68, Bezifferung: die 7 deutlich erst über 69

Melodie
>   *Melodie des Genfer Psalters zu Ps 3 (in Gl aber Angabe „J H" zum Satz)*
>   Neuedition: Z VIII,8234; Pidoux 3c; EdK 2,Fa3/Fa3A

Vierstimmiger Satz
>   PS I, Ps 3 – *Deutliche Abweichungen. Innerhalb der PPM-Überlieferung erscheint die Genfer Melodie zu diesem Text seit Gg. Auch der dortige Bass entspricht dem in PS I.*

Text
>   „D. V. VV. O."; PPM erstmals Gg

Anmerkung
Ähnlich fragwürdige oder tatsächlich falsche Zuweisungen des Satzes an Jacob Hintze als Komponist vgl. auch bei Nrn. 48, 64, 534, 1019, 1042.

80. Nun ruhen alle Wälder [22*M]

Gl
   Noten: Altus: 6: ♭ ◇ Tenor: 43: g ◇ Basis: 8: ♭
Melodie
   Neuedition: Z II,2310; WenzelU, S. 212
   Komponist: Jacob Hintze (1622–1702) (in Gl Angabe „J H")
   Quelle: = Gl

81. Die Sonn hat sich mit ihrem Glanz gewendet [24*]

Gl
   Noten: Tenor: 32: d (korr. nach B, PS I)
Vierstimmiger Satz
   B, Nr. 9; PS I, Ps 8

82. Unsre müden Augenlider [25*]

Gl
   Noten: Altus: 15: e' (korr. nach PS I) ◇ Tenor: 45: d
Vierstimmiger Satz
   PS I, Ps 42
Alternative Melodiezuweisung
   „Zion klagt mit Angst und Schmerzen" [393*] ◇ „Werde munter, mein Gemüte" (= Nr. 90; vgl. dort)

84. Christ, der du bist der helle Tag [26*]

Gl
   Noten: Altus: ohne MZ ◇ Tenor: ohne MZ
   Text: Uns statt uns
Vierstimmiger Satz
   B, Nr. 10; PS II, Nr. 254

85. Christ, der du bist Tag und Licht [27*]

Gl
   Noten: Altus: ohne MZ ◇ Tenor: C ◇ Basis: 25–26: ◇ 𝄴 ♭

Vierstimmiger Satz
   B, Nr. 14; PS II, Nr. 255

90. Werde munter, mein Gemüte [30*M]

Gl
   Noten: Altus: 6: f' ◇ v30: ꭕ auf der fünften Linie ◇ 44: ♪ ◇ Basis: 30, Bezifferung: 6 statt ꭕ
Melodie
   Neuedition: WenzelU, S. 213
   Komponist: Jacob Hintze (1622–1702) (in Gl Angabe „J H")
   Quelle: = Gl
   Bei Z IV,6551a (= Melodie [30*]) der Vermerk: „Die Prax. p. Berlin 1690 edit. XXIV. giebt eine Mel. von Jak. Hintze, die sich nicht erhalten hat."
Alternative Melodiezuweisung
   „Nach bekandter Melodie" [30*]

91. Mein Augen schließ ich jetzt in Gottes Namen zu [28*]

Gl
   Noten: Tenor: C
Vierstimmiger Satz
   B, Nr. 11; PS II, Nr. 258

92. In dieser Abendstunde [32*]

Gl
   Cantus: ¢ 3/1 ◇ Tenor: ¢ 3/1 ◇ Basis: 34–35: ⊨ c (s. Anmerkung)
Vierstimmiger Satz
   B, Nr. 13; PS II, Nr. 257
Anmerkung
   Die Schlusszeile erscheint in den Drucken Gl, B und PS II jeweils etwas anders. Die seltsame Brevis c in der Basis Gl statt der üblichen Töne 34–35 dort ist als Teil der Veränderungen schwer hinnehmbar. Zu denken ist an einen misslungenen Kompilierungsversuch; vielleicht mit einer Ligatur in der Vorlage.

94. O Christe, Schutzherr deiner Glieder [35*]

Gl
   Noten: Cantus: ¢ ◇ Altus: 18: ♭ ◇ v45: ꭕ auf der vierten Linie ◇ Basis: 14, Bezifferung: mit 6

97. Der Tag ist hin, nun kommt die Nacht

GI
  Noten: Tenor: 8-9: ♩ ⊥ ♩ ◇ 27-28: *a a* ◇ Basis: 6, Bezifferung: als 64 nebeneinander ◇ 22: Bezifferung: sic

Melodie
  Neuedition: Z I,645
  Komponist: „J. P. G." (Angabe in Ga, Gl); nach WenzelU, S. 197f., vermutlich der Cöllner Stadtpfeifer Johann Paul Glück
  Quelle: Ga, S. 64, Nr. 50

Text
  Joachim Pauli (1635/36-1708) 1666 (FT III,55); PPM erstmals Ga (Quelle)

Alternative Melodiezuweisung
  „Lob sei dem allerhöchsten Gott" [89*]

Anmerkung
  Auch der Bass aus Ga wurde herangezogen.

98. Ich dank dir, Gott, von Herzen [36*]

GI
  Noten: Tenor: 13: ※ im Übersatz

Vierstimmiger Satz
  B, Nr. 15

102. Mein Herz, du willst zur Ruhe gehn

GI
  Noten: Cantus: 17: mit ※ über der Note ◇ Altus: 30: *c'* ◇ Basis: 41, Bezifferung: 45 statt 43

Melodie
  Neuedition: Z III,5888
  Komponist: Anonymus
  Quelle: G, S. 80, Nr. 47
  anderer Bass

Text
  Christoph Runge (1619-1681) 1664 (FT III,531); PPM erstmals G (Quelle)

114. Die Sonn hat sich verkrochen, der Tag ist [x93*M]

GI
  Tenor: 22, 48: g (s. Anmerkung)

Melodie
  Neuedition: Z III,5479
  Quelle: Da, S. 68, Nr. 53

Alternative Melodiezuweisung
  „Erhör, o Herr, mein Bitten, nimm doch" [50*]

Anmerkung
  Auch der Bass aus Da wurde herangezogen. – Würden die Tenor-Töne 22 und 48 gemäß dem Druck als g ausgeführt, ergäben sie jeweils gleich zwei Oktavparallelen zur Basis. Die Übereinstimmung der beiden Parallelstellen aber deutet darauf hin, dass es sich nicht um schlichte Druckfehler handelt.

120. Der Tag ist hin, der Sonnen Glanz

GI
  Noten: Altus: 22-23: ♮ *es'* (!; entstellte Ligatur?) ◇ Tenor: 20-21: ♮ ♮ (entstellte Ligatur?)

Melodie
  Neuedition: Z I,626
  Komponist: Johann Schop (um 1590-1640)
  Quelle: Johann Rist: Frommer und Gottseliger Christen Alltägliche HAuszmusik, Lüneburg 1654 (DKL 1654[04]), S. 234f., Nr. XLIV

Text
  Johann Rist (1607-1667) 1654 (FT II,261); PPM erstmals Dd

Alternative Melodiezuweisung
  „Christe, der du bist Tag und Licht, für dir" [27*]

Anmerkung
  Innerhalb der PPM-Überlieferung erscheint die Melodie zu diesem Text seit Dd. Auch der dortige Bass wurde herangezogen; er entspricht ebenfalls dem der Melodiequelle DKL 1654[04].

131. Schönste Sonne, Himmelszier

GI
  Noten: Altus: C ◇ 29-30: ♩ ♭ ♮ *cis' d c* (!) ◇ Basis: 3-5: Bog. ◇ 21, Bezifferung: $^6_4$ statt 6 ◇ 22, Bezifferung: ohne ◇ 32: fehlt, ♭ vorhanden
  Text: Sonne *statt* Sonne /

Melodie
  Neuedition: Z I,1187
  Komponist: Georg Joseph (um 1620- um 1668)
  Quelle: Angelus Silesius (= Johannes Scheffler): Heilige Seelen=Lust, Breslau 1657 (DKL 1657[12]), S. 5f., Nr. 3

Text
  Benjamin Praetorius (1636-1657) 1659 (FT IV,55); PPM erstmals Gi

Anmerkung
  Innerhalb der PPM-Überlieferung erscheint die Melodie zu diesem Text seit Gj. Auch der dortige Bass wurde herangezogen; er entspricht ebenfalls dem der Melodiequelle DKL 1657[12].

134. Der Tag, der ist nun auch verflossen

GI
  Noten: Altus: 20: *e'* ◇ Tenor: C2 ◇ v55: ※ auf der dritten Linie

Text: uns wollen *statt* Uns wolllen
Melodie
Komponist: Anonymus
Quelle: Gj, S. 114, Nr. 118
Text
„G. V. B." (Gj, S. 115); PPM erstmals Gi
Anmerkung
Auch der Bass aus Gj wurde herangezogen.

150. Erbarm dich mein, o Herre Gott [39*]

Gl
Noten: Altus: 47-50: ♭·♩♩♩ (s. Anmerkung) ◇
Tenor: 47-51: ♩♩♩♩♩ d' e' c' d' c' (korr. nach B; s. Anmerkung)
Vierstimmiger Satz
B, Nr. 16; PS II, Nr.128
Anmerkung
Die entstellte Schlusszeile beruht erkennbar auf dem Versuch, Elemente der beiden voneinander abweichenden Konkordanzen B und PS II miteinander zu verbinden.

152. Allein zu dir, Herr Jesu Christ, mein Hoffnung [42*]

Gl
Noten: Cantus: 30-52: falscher c_2-Schlüssel ◇ Altus: 51-52: als zwei enggestellte Breves ◇ 54: h (korr. nach B) ◇ Tenor: 50-51: als zwei enggestellte Breves
Vierstimmiger Satz
B, Nr. 17; PS II, Nr.152

155. Herr, straf mich nicht in deinem Zorn [43*]

Gl
Noten: Cantus: C ◇ Tenor: 36-37: ♩♩ ◇ Basis: C ◇ 11: c ◇ 30: H
Vierstimmiger Satz
B, Nr. 22; PS II, Nr.130

156. Herr, der du im Himmel wohnest

Gl
Noten: Cantus: 22: g' ◇ Altus: v8: Auflösungszeichen im dritten Spatium ◇ Basis: 32-33, Bezifferung: entstellt (32: mit 47 [!] ◇ 33: ohne) ◇ 43, Bezifferung: das ♭ deutlich erst über Note 44 hinter der 5 ◇ 45: es

Text: Dtr *im Cantus-Basis-Band statt* Der (*auch Altus-Tenor-Band*)
Melodie
Neuedition: Z II,3851
Komponist: „C. G." (DKL 1693[03]; s. Anmerkung)
Quelle: = Gl
Text
Jacob Klinckebeil von Grünwald (1627-1694) 1663; PPM allein Gl
Anmerkung
Jacob Klinckebeil von Grünwald ist in Gl als Verfasser von 33 Texten vertreten, von denen 19 wie dort üblich vierstimmig gesetzt erscheinen (Nrn. 156, 159, 165, 169, 177, 198, 199, 224, 296, 302, 335, 477, 672, 732, 733, 1011, 1018, 1202, 1203; in der die Klinckebeil-Lieder in Gl verzeichnenden Tabelle in PPMEDW II/1.1, S. 400, durch Fettdruck markiert.)
Für 23 der Texte ist Gl die Erstquelle, und 10 von ihnen sind bereits in Klinckebeils Geistlicher Gedichte / Erstem Dutzend. Mit gar lieblichen / von Christoph Petern [...] wolgesetzten Melodeyen, Guben 1663 (GGED), erschienen, und zwar, wie der Titel besagt, jeweils mit einer – allerdings nur zweistimmigen – „Melodey" des Gubener Stadtkantors Christoph Peter (1626-1669). Zu den Letzteren gehören außer „Herr, der du im Himmel wohnest" noch 5 weitere Texte, denen hier abermals ein Liedsatz beigegeben ist (Nrn. 159, 165, 169, 198 und 335). Von den 23 in Gl erstveröffentlichten Dichtungen sind 13 jeweils mit einem hier ebenfalls erstpublizierten Liedsatz verbunden. Alle 33 Texte gingen dann in Klinckebeils Sammlung seiner geistlichen Lieder Gott geheiligter Andachts=Hayn, Wittenberg 1693 (GgAH) ein, in der die enthaltenen 50 Dichtungen durchweg zweistimmige Liedsätze eines mit der Chiffre „C. G." angegebenen Komponisten aufweisen. So wie schon Zahn das „Namenszeichen C. G." nicht zu deuten" wusste (Z VI 803), ist der dahinter stehende Tonsetzer bis dato nicht identifiziert. Nicht in Betracht jedenfalls kommt hier Klinckebeils bereits 1669 verstorbener Erstkomponist Christoph Peter, lässt doch die 50fache Wiederholung des Kürzels „C. G." kaum an einen verdruckten Zweitbuchstaben denken.
Beim Vergleich mit ihren mit diesem Kürzel versehenen Entsprechungen in der 1693er Sammlung erweisen sich 16 jener 19 Liedsätze in Gl als mehr oder minder konkordant. Das gilt auch für den Satz zu „Herr, der du im Himmel wohnest", welcher in Cantus und Basis eben mit dem entsprechenden Satz in jener 3 Jahre darauf erschienenen Sammlung weitgehend übereinstimmt. Nur in 3 Fällen (Nrn. 165, 335 und 672) haben wir es mit allein in Gl vorkommenden Vertonungen zu tun, sodass man hier Jacob Hintze als Schöpfer vermuten kann. Demnach ist anzunehmen, dass dem Herausgeber von Gl bei der Zusammenstellung des Liedcorpus mit den Druckvorlagen für die meisten der Klinckebeil-Texte auch die zu

diesen geschaffenen Melodien eines späterhin mit der Chiffre „C. G." bezeichneten Komponisten zugingen. Bis auf jene 3 Ausnahmen dürfte sich Hintzes kompositorischer Anteil auch hier also, wie auf dem Titelblatt als spezielle Leistung dieser Ausgabe vermerkt, auf die „Vermehrung" der „Stimmen" durch „ALTUS" und „TENOR" beschränkt haben.

157. Herr, nicht schicke deine Rache [44*]

Gl
    Noten: Tenor: 44: *b* (auch B; korr. nach PS I)
    Text: zubrennen *statt* zu brennen
Vierstimmiger Satz
    B, Nr. 23; PS I, Ps 77

158. Herr, gieß deines Zornes Wetter [45*]

Gl
    Noten: Cantus: C ◇ Altus: v15: ✕ auf der fünften Linie ◇ 28: ♩ ◇ 33–35: e' f' g' ◇ 45: ♩ ◇
    Basis: 38: *E*
    Text: Sie ich *statt* Sieh / ich

159. Wohl dem, wohl dem, dem hier im Leben

Gl
    Noten: Tenor: 50 ◊ ◇ Basis: 26: *d* ◇ 38, Bezifferung: mit 6 ◇ 43, Bezifferung: als $\frac{5}{✕}$ ◇ 49, Bezifferung: die 6 bereits mit über 48 ◇ 51: fehlt
    Text: HUld *statt* Huld
Melodie
    Komponist: „C. G." (GgAH; vgl. die Anmerkung zu Nr. 156)
    Quelle: = Gl
Text
    Jacob Klinckebeil von Grünwald (1627–1694) 1663; PPM allein Gl
Anmerkung
    Der Text stammt aus des Verfassers Werk GGED (Nr. V), Melodie und Bass in Gl hingegen sind anders und entsprechen denen später in des Verfassers Sammlung GgAH (Nr. XVII).

160. Herr, lass deines Eifers Plagen [46*]

Vierstimmiger Satz
    B, Nr. 18; PS I, Ps 38

163. Herr, ich habe missgehandelt [47*]

Gl
    Noten: Altus: 13: *d'* (korr. nach B)
Vierstimmiger Satz
    B, Nr. 19; PS II, Nr.142 – *Der Satz in Gl folgt der Lesart B.*

165. O Herr, erhöre mein Gebet, und lass

Gl
    Noten: Basis: 41, Bezifferung: mit 42 (!)
Melodie
    Komponist: Jacob Hintze (1622–1702) (?)
    Quelle: = Gl
Text
    Jacob Klinckebeil von Grünwald (1627–1694) 1663; PPM allein Gl
Anmerkung
    Der Text ist später wieder in des Verfassers Sammlung GgAH (Nr. XL) enthalten, aber mit anderer Melodie und anderem Bass, bezeichnet mit den Initialen „C. G.". Dazu vgl. die Anmerkung zu Nr. 156 „Herr, der du im Himmel wohnest".

169. Erhör, o Höchster, mein Gebet

Gl
    Siehe Anmerkung
Melodie
    Komponist: „C. G." (GgAH; vgl. die Anmerkung zu Nr. 156)
    Quelle: = Gl
    Zahn führt für die vorliegende Strophenform keinen Beleg an.
Text
    Jacob Klinckebeil von Grünwald (1627–1694) 1663; PPM allein Gl
Anmerkung
    Der Text stammt aus des Verfassers Werk GGED (Nr. X), Melodie und Bass in Gl hingegen sind anders und entsprechen denen später in des Verfassers Sammlung GgAH (Nr. XXII). – Entweder ist die 7 als Bezifferung der Basis-Note 54 zu tilgen, oder die Cantus-Note 53 muss a" sein. In dem späteren Druck aber stimmen beide Stellen mit Gl überein.

171. Erhör, o Herr, mein Bitten [50*]

Gl
    Text: weil *statt* Weil
Vierstimmiger Satz
    B, Nr. 137; PS I, Ps 130

174. O Gott, sehr reich von Güt [51*]

Gl
Noten: Cantus: v18: ※ im dritten Spatium ◇ Altus: 1: c'

177. Herr Gott, erzeige doch Erbarmen

Gl
Noten: Seltsame Schlussbildung, vgl. die übergreifende Anmerkung oben, S. XXI ◇ Altus: 3-5: c' g' g' ◇ Tenor: 22: d'
Melodie
Komponist: „C. G." (GgAH; vgl. die Anmerkung zu Nr. 156)
Quelle: = Gl
Zahn führt für die vorliegende Strophenform keinen Beleg an.
Text
Jacob Klinckebeil von Grünwald (1627-1694) 1690; PPM allein Gl
Anmerkung
Melodie und Bass entsprechen denen später in des Verfassers Sammlung GgAH (Nr. XXXIII).

178[a]. Sei gnädig, Herr, sei gnädig deinem Knecht [54*]

Gl
folgt auf 178, nochmals mit der Nummer 177
Noten: Altus: 32: a' ◇ Basis: 26: ↓

179. Der Mensch hat Gottes Gnade [55*]

Alternative Melodiezuweisung
„O Welt, ich muss dich lassen" [501*]

180. Wohl dem, wohl dem, wohl dem

Gl
Noten: Tenor: 28: b
Melodie
Neuedition: Z II,2176
Komponist: Johann Franck (1618-1677) (?)
Quelle: Johann Franck: Geistliches Sion, Guben 1674 (DKL 1674[16]), S. 77 f., Nr. XXXVII
Text
Johann Franck (1618-1677) 1674; PPM erstmals Gl
Alternative Melodiezuweisung
„Auf meinen lieben Gott" [486*]

Anmerkung
Auch der Bass aus der Melodiequelle DKL 1674[16] wurde herangezogen.

182. Herr, deinen Zorn wend ab von uns mit Gnaden [56*]

Gl
Noten: Tenor: 27: h (korr. nach PS II) ◇ 34: mit Bezifferung (Tenor!) 43
Vierstimmiger Satz
PS II, Nr. 131

183. Ach Gott, mein Herr, wie groß und schwer [57*]

Gl
Noten: Altus: v27: ♭ im dritten Spatium ◇ Basis: 7, Bezifferung: ※ statt 6 ◇ 16: g
Vierstimmiger Satz
B, Nr. 24; PS II, Nr. 133

184. O Jesu Christ, du höchstes Gut [58*]

Gl
Noten: Altus: 25: f' (Type auf dem Kopf; korr. nach PS II) ◇ Basis: 28: A
Vierstimmiger Satz
PS II, Nr. 134
Alternative Melodiezuweisung
„Aus tiefer Not schrei ich zu dir" [59*]

186. Aus tiefer Not schrei ich zu dir ... was Sünd und Unrecht [59*]

Gl
Noten: Altus: 18: e' (korr. nach PS II)
Vierstimmiger Satz
B, Nr. 25; PS II, Nr. 135

189. Herr Gott, ich ruf zu dir aus tiefer Angst und Not [61*]

Gl
Noten: Altus: 27: fehlt, ※ vorhanden ◇ 28: Basis g (!; Type auf dem Kopf)
Vierstimmiger Satz
B, Nr. 27

196. Wie geh ich so gebückt

Gl
 Noten: Tenor: v7, v20: 𝄪 auf der dritten Linie ◇ Basis: 42: *H*

Melodie
 Neuedition: Z III,5204
 Komponist: Michael Jacobi (1618–1663)
 Quelle: Johann Rist: Neüe Musikalische Kreutz= Trost= Lob= und DankSchuhle, Lüneburg 1659 (DKL 165920), S. 20f., Nr. IV

Text
 Johann Rist (1607–1667) 1659; PPM erstmals Gi

Anmerkung
 Innerhalb der PPM-Überlieferung erscheint die Melodie zu diesem Text seit Gi. Auch der dortige Bass wurde herangezogen; er entspricht ebenfalls dem der Melodiequelle DKL 1659²⁰.

198. O du allmächtiger, barmherzig ew'ger Gott

Gl
 Noten: Seltsame Schlussbildung, vgl. die übergreifende Anmerkung oben, S. XXI ◇ Tenor: v5: ♭ auf der vierten Linie ◇ 37: *c'*

Melodie
 Komponist: „C. G." (GgAH; vgl. die Anmerkung zu Nr. 156)
 Quelle: = Gl
 Zahn führt für die vorliegende Strophenform keinen Beleg an.

Text
 Jacob Klinckebeil von Grünwald (1627–1694) 1663; PPM allein Gl

Anmerkung
 Der Text stammt aus des Verfassers Werk GGED (Nr. XI), Melodie und Bass in Gl hingegen sind anders und entsprechen denen später in des Verfassers Sammlung GgAH (Nr. XXXVI).

199. O du allmächtig gnäd'ger Gott

Gl
 Noten: Seltsame Schlussbildung, vgl. die übergreifende Anmerkung oben, S. XXI ◇ Altus: v25: 𝄪 im zweiten Spatium
 Text: allmächtig=gnädger *statt* allmächtig= gnädger ◇ Barmhertzig=grosser *statt* Barmhertzig= grosser

Melodie
 Komponist: „C. G." (GgAH; vgl. die Anmerkung zu Nr. 156)
 Quelle: = Gl

Text
 Jacob Klinckebeil von Grünwald (1627–1694) 1690; PPM allein Gl

Anmerkung
 Melodie und Bass entsprechen denen später in des Verfassers Sammlung GgAH (Nr. XXXV). – Ob die vielen Unzulänglichkeiten der Komposition in Bezug zum Text stehen?

211. Ach Gott, soll ich noch länger klagen

Melodie
 Neuedition: Z II,2756
 Komponistin: Sophie Elisabeth zu Braunschweig-Lüneburg (1613–1676)
 Quelle: ChristFürstliches Davids-Harpfen-Spiel, Nürnberg 1667 (DKL 1667⁰⁹), S. 37f., Nr. VIII
 anderer Bass

Text
 Anton Ulrich zu Braunschweig-Lüneburg (1633–1714) 1667 (wie Melodie); PPM erstmals Gk

Anmerkung
 Innerhalb der PPM-Überlieferung erscheint die Melodie zu diesem Text seit Gk. Auch der dortige Bass wurde herangezogen.

214. Mein höchste Lust, Herr Jesu Christ [66*]

Gl
 Noten: Tenor: 38–39: ↓ *g*

Vierstimmiger Satz
 Das Cantus-Basis-Gerüst von [66] „Mein höchste Lust, Herr Jesu Christ" entspricht dem von [241*] „Den Herren meine Seel erhebt", in Gl als Nr. 581. Die Mittelstimmen der beiden Sätze in Gl aber weichen weitgehend voneinander ab.*

Anmerkung
 *Die Melodie „Mein höchste Lust, Herr Jesu Christ" wird in den für PPMEDW I/2 Herangezogenen Ausgaben dem Text [92] „Wach auf, du werte Christenheit" zugewiesen. Zu diesem ist in PS II, Nr. 4 ein Satz enthalten, der aber eher dem von Gl, Nr. 581 entspricht. Im Inhaltsverzeichnis zu PS II in PPMEDW I/2, S. 447, hätte mithin bei Nr. 4 statt des Sigels „92*⁶⁶" die Angabe „92*²⁴¹" den Sachverhalt noch genauer getroffen.*

219. Frommer Jesu, hör mein Schreien

Gl
 Noten: Seltsame Schlussbildung, vgl. die übergreifende Anmerkung oben, S. XXI ◇ Tenor: 37: fehlt ◇ Basis: 25: *c*

Text: Hirten Wort *statt* Hirten=Wort
Melodie
  Neuedition: Z IV,6817
  Komponist: Friedrich Funcke (1642–1699)
  Quelle: Lüneburgisches Gesangbuch, Lüneburg 1686 (DKL 1686[06]), S. 430, Nr. 752
  Ähnlicher, in Teilen sogar übereinstimmender Bass
  Text: anonym; PPM erstmals Gk
Anmerkung
  Innerhalb der PPM-Überlieferung erscheint die Melodie zu diesem Text seit Gk. Auch der dortige Bass wurde mit einzelnen Abweichungen herangezogen.

224. Ach wehe mir Elend- und Armen

Gl
  Noten: Tenor: 22: *g*
  Text: Elend=und *statt* Elend= und ◇ dem' *statt* dem
Melodie
  Komponist: „C. G." (GgAH; vgl. die Anmerkung zu Nr. 156)
  Quelle: = Gl
Text
  Jacob Klinckebeil von Grünwald (1627–1694) 1690; PPM allein Gl
Anmerkung
  Melodie und Bass entsprechen denen später in des Verfassers Sammlung GgAH (Nr. XXXII).

230. Ach frommer Gott, wo soll ich hin [71*]

Gl
  Noten: Tenor: 35: ♩·

242. Groß, o Herr, sind meine Schmerzen

Gl
  Noten: Basis: 26, Bezifferung: mit 5 ◇ 43, Bezifferung: ✕ *statt* 4✕
Melodie
  Neuedition: Z IV,6898
  Komponist: Anonymus
  Quelle: G, S. 171 f., Nr. 94
Text
  Christoph Runge (1619–1681) 1664 (FT III,517); PPM erstmals G (Quelle)
Anmerkung
  Auch der Bass aus G wurde herangezogen.

248. Hast du Angst im Herzen

Gl
  Noten: Tenor: 4: *c'*
Melodie
  Neuedition: Z IV,8046
  Komponist: Anonymus
  Quelle: Ga, S. 137, Nr. 104
Text
  Christoph Runge (1619–1681) 1666 (FT III,535); PPM erstmals Ga (Quelle)
Alternative Melodiezuweisung
  „Jesu, meine Freude" [427*]
Anmerkung
  Auch der Bass aus Ga wurde herangezogen.

254. Vater, liebstes Vaterherze

Melodie
  Neuedition: Z IV,6842
  Komponist: Anonymus
  Quelle: G, S. 173, Nr. 95
Text
  Christoph Runge (1619–1681) 1664 (FT III,518); PPM erstmals G (Quelle)
Anmerkung
  Auch der Bass aus G wurde herangezogen.

257. Ich will zu Gott erheben meine Stimm [75*]

Gl
  Noten: Altus: 8: *g'* ◇ 21: *d'* ◇ Basis: 46–47: *a g*
  Text: Gemüthe / *statt* Gemüthe

267. O Herre Gott, begnade mich

Melodie
  Neuedition: Z V,8451; EdK 1/2, Eb11
  Komponist: Mathias Greiter (um 1495–1550) (?)
  Quelle: Enchiridion geistlicher gesenge, Wittenberg (recte: Straßburg) 1525 (DKL 1525[10]), Bl. [Cvja f.]
Text
  Mathias Greiter (um 1495–1550) 1525 (W III,120); PPM erstmals Da
Anmerkung
  Innerhalb der PPM-Überlieferung erscheint die Melodie zu diesem Text seit Da. Auch der dortige Bass wurde herangezogen. Hingegen entspricht der vierstimmige Satz zum Text in PS II, Nr. 143, nicht dem in Gl.

278. Mein getreues Vaterherze

Gi
Noten: Altus: 20: *f'* ⟨⟩ 33: *c'* ⟨⟩ Tenor: 1: *b* ⟨⟩ 36: *a* ⟨⟩ 54: *g*
Melodie
Neuedition: Z IV,7885
Komponist: Anonymus
Quelle: G, S. 185, Nr. 101
Text
Christoph Runge (1619–1681) 1666 (?); PPM erstmals G (Quelle?)
Anmerkung
Auch der Bass aus G wurde herangezogen.

283. Jesu, Jesu, hör, ach höre

Gi
Noten: Basis: 67: *d*
Melodie
Komponist: Anonymus
Quelle: Gi, S. 221, Nr. 209
Zahn führt für die vorliegende Strophenform keinen Beleg an.
Text
Johann Franck (1618–1676); PPM erstmals Gi
Anmerkung
Auch der Bass aus Gi wurde herangezogen.

285. Jesu, der du meine Seele

Gi
Noten: Basis: 13–14: Bog.
Melodie
Neuedition: Z IV,6767; HLSK, S. 62 f.
Komponist: Johann Schop (um 1590–1647)
Quelle: Johann Rist: Himlischer Lieder. Das Erste Zehen, Lüneburg 1641 (DKL 1641[05]), S. 35 f. Nr. VII
Text
Johann Rist (1607–1667) 1641 (FT II,189; HLSK, S. 64–67); PPM erstmals Dc
Anmerkung
Innerhalb der PPM-Überlieferung erscheint die Melodie zu diesem Text seit Dd. Auch der dortige Bass wurde herangezogen; er entspricht ebenfalls dem der Melodiequelle DKL 1641[05].

290. Schrecklichs Zittern kommt mich an

Gi
Noten: Altus: 27–28: Bog. ⟨⟩ Tenor: 6–7: Bog.
Melodie
Komponist: Anonymus

Quelle: Gi, S. 226, Nr. 213
Text
Johann Rist (1607–1667); PPM erstmals Gi
Alternative Melodiezuweisung
„Christus, der uns selig macht" [150*]
Anmerkung
Auch der Bass aus Gi wurde herangezogen.

293. Ich elender Mensch und Knecht

Gi
Noten: Altus: ohne MZ ⟨⟩ Tenor: ohne MZ ⟨⟩ 40–43: ♩· ♩ ♪ ♪ *d' c' b a* ⟨⟩ 47: ♪
Melodie
Neuedition: Z IV,6391
Komponist: Anonymus
Quelle: G, S. 187 f., Nr. 102
Text
Christoph Runge (1619–1681) 1664 (FT III,519); PPM erstmals G (Quelle)
Anmerkung
Auch der Bass aus G wurde herangezogen.

296. Ich armer Mensch, was werd ich endlich machen

Gi
Noten: Cantus: 20: 𝄪 im Übersatz ⟨⟩ Altus: 26: ♪ ⟨⟩ 29, 51: *dis'* ⟨⟩ Tenor: 23: *gis* (𝄪 auf der dritten Linie)
Text: Christ' / statt Christ / ⟨⟩ gebohren statt gebohrn
Melodie
Komponist: „C. G." (GgAH; vgl. die Anmerkung zu Nr. 156)
Quelle: = Gi
Zahn führt für die vorliegende Strophenform keinen Beleg an.
Text
Jacob Klinckebeil von Grünwald (1627–1694) 1690; PPM allein Gi
Anmerkung
Melodie und Bass entsprechen denen später in des Verfassers Sammlung GgAH (Nr. XXXIV).

300. Durch Adams Fall ist ganz verderbt [78*]

Gi
Noten: Basis: 13, Bezifferung: die 6 deutlich bereits über 12
Vierstimmiger Satz
B, Nr. 28; PS II, Nr. 148

302. Die Wolkenröhr und Luftkartaunen

Gl
: Noten: Seltsame Schlussbildung, vgl. die übergreifende Anmerkung oben, S. XXI ◇ Basis: 18: ebenfalls mit 6
Text: offt: *mit Apostroph?* ◇ unverhofft / *statt* unverhofft

Melodie
: Komponist: „C. G." (GgAH; vgl. die Anmerkung zu Nr. 156)
Quelle: = Gl
Zahn führt für die vorliegende Strophenform keinen Beleg an.

Text
: Jacob Klinckebeil von Grünwald (1627-1694) 1690; PPM allein Gl

Anmerkung
: *Melodie und Bass entsprechen denen später in des Verfassers Sammlung GgAH (Nr. XLII).*

304. Es ist das Heil uns kommen her [79*]

Vierstimmiger Satz
B, Nr. 29; PS II, Nr. 149

305. Herr Christ, der einig Gottes Sohn [81*]

Gl
: Noten: Tenor: 31: fehlt (korr. nach B, PS II)

Vierstimmiger Satz
B, Nr. 31; PS II, Nr. 151

306. Nun freut euch, lieben Christn gemein [80*]

Gl
: Noten: Altus: 13: *a'* (korr. nach B, PS II)

Vierstimmiger Satz
B, Nr. 30; PS II, Nr. 150

308. Es spricht der Unweisen Mund wohl [82*]

Gl
: Noten: Altus: ¢ ◇ Tenor: ¢ ◇ 36: *f* (korr. nach B, PS II)

Vierstimmiger Satz
B, Nr. 32; PS II, Nr. 204

319. Nun komm, der Heiden Heiland [83*]

Gl
: Noten: Tenor: 1-27: falscher c_2-Schlüssel, ♭-Vorzeichen steht richtig

Vierstimmiger Satz
B, Nr. 33; PS II, Nr. 1

325. Nun jauchzet all, ihr Frommen [84*]

Vierstimmiger Satz
B, Nr. 34; PS II, Nr. 3

326. Macht hoch die Tür, die Tor macht weit [86*]

Gl
: Noten: Altus: 42: ♩ ◇ 52-53: *c' b* ◇ Tenor: 8-9: ♩ ♩ ◇ 21: ♩·♩ ◇ Basis: 21-22: ♩ *B* ◇ 36-40: *A G B c G* (korr. nach PPMEDW I/1-2) ◇ 41, Bezifferung: mit 6
Text: der Heyl *statt* Der Heyl

331. Lob sei dem allerhöchsten Gott [89*]

Gl
: Noten: Tenor: 30-33: falscher c_2-Schlüssel, ♭-Vorzeichen steht richtig ◇ Basis: 11-12: Bog.

Vierstimmiger Satz
B, Nr. 35; PS II, Nr. 2

333. Wie soll ich dich empfangen [90*]

Gl
: Noten: Altus: 35: ♩

Vierstimmiger Satz
PS II, Nr. 6

334. Komm, Heiden Heiland, Lösegeld

Gl
: Noten: Siehe Anmerkung ◇ Cantus: C ◇ Tenor: 14-15: ♩· ♩

Melodie
: Neuedition: Z I,655
Komponist: Christoph Peter (1626-1669)
Quelle: Figuriert: Christoph Peter: Geistliche ARIEN, Guben 1667 (DKL 1667[12])-C, Bl. Aa, Nr. I
In Figuralkomposition, mit Varianten und anderem Bass

Quelle der vorliegenden Fassung: Johann Franck: Geistliches Sion, Guben 1674 (DKL 1674[16]), S. 1, Nr. I
Text
Johann Franck (1618–1677) 1667; PPM erstmals Gi
Anmerkung
Innerhalb der PPM-Überlieferung erscheint die Melodie zu diesem Text seit Gi. Auch der dortige Bass wurde herangezogen; er entspricht ebenfalls dem der Melodiequelle DKL 1674[16]. Gleichwohl erfuhren Melodie wie Bass in Gl auch Veränderungen. Das eigenwillige Ausscheren der Melodie beim vorletzten Ton zum a' als Sext über dem Bass-Ton (statt g') mag mithin nicht versehentlich erfolgt sein. Auch einige Härten im Satz (Terzverdoppelungen) wurden in der Edition belassen.

335. Nun ist erfüllet ganz und gar

Gl
Noten: Seltsame Schlussbildung, vgl. die übergreifende Anmerkung oben, S. XXI, einzelne ZT und Bog. verschoben ◇ Altus: 21: *f'*
Melodie
Komponist: Jacob Hintze (1622–1702) (?)
Quelle: = Gl
Text
Jacob Klinckebeil von Grünwald (1627–1694) 1663; PPM allein Gl
Anmerkung
Der Text stammt aus des Verfassers Werk GGED (Nr. I), Melodie und Bass in Gl hingegen sind anders und entsprechen denen später in des Verfassers Sammlung GgAH (Nr. IX) (zu „C. G." als Komponistenangabe dort vgl. die Anmerkung zu Nr. 156 „Herr, der du im Himmel wohnest").

336. Warum willst du draußen stehen [91*]

Gl
Noten: Basis: 27, Bezifferung: mit ♭ ◇ 30, Bezifferung: ✕ statt 3
Vierstimmiger Satz
PS II, Nr. 7

337. Hosianna, Davids Sohne, der soll

Gl
Noten: Cantus: als Ganzer Terz tiefer ◇ Altus: C3 ◇ Tenor: C3 ◇ Basis: 13, Bezifferung: als 7 5 nebeneinander
Text: Throne *statt* Throne.

Melodie
Neuedition: Z II,3611
Komponist: David Schedlich (1607–1687)
Quelle: Nürnbergisches Gesangbuch, Nürnberg 1676 (1676[15]), S. 13f.
Text
Christian Keimann (1607–1662) 1655 (FT IV,9); PMM erstmals Gi
Anmerkung
Innerhalb der PPM-Überlieferung erscheint die Melodie zu diesem Text seit Gi. Auch der dortige Bass wurde herangezogen; er entspricht ebenfalls dem der Melodiequelle DKL 1676[15].

338. Von Adam her so lange Zeit [93*]

Gl
Noten: Altus: ♭-Vorzeichen in Druckzeilen im dritten Spatium ◇ Tenor: 1–28: falscher c_2-Schlüssel, ♭-Vorzeichen steht richtig ◇ Basis: 6, Bezifferung: als 6 ✕ nebeneinander ◇ 8: F
Vierstimmiger Satz
B, Nr. 36; PS II, Nr. 5

340. Als der gütige Gott vollenden wollt sein Wort [94*]

Gl
Noten: Altus: 1–25: ♭-Vorzeichen in Druckzeile auf der zweiten Linie ◇ 21: ♩♩ (korr. nach B, PS II) ◇ Tenor: nach Schlusstrich ♮ e ◇ Basis: 5: E
Vierstimmiger Satz
B, Nr. 37; PS II, Nr. 8

342. Heut ist uns der Tag erschienen

Gl
Noten: Altus: 9–10: ♩ *f'* ◇ Tenor: 9–10: ♩ ◇ Basis: 6, Bezifferung: ♭ statt ♭6 ◇ 27, Bezifferung: die 6 deutlich bereits über 26
Melodie
Neuedition: Z II,3720
Komponist: Christoph Peter (1626–1669)
Quelle Johann Franck: Geistliches Sion, Guben 1674 (DKL 1674[16]), S. 12, Nr. VIII
Text
Johann Franck (1618–1677) 1674 (FT IV,119); PPM erstmals Gi
Anmerkung
Innerhalb der PPM-Überlieferung erscheint die Melodie zu diesem Text seit Gi. Auch der dortige Bass wurde herangezogen; er entspricht ebenfalls dem der Melodiequelle DKL 1674[16].

343. Ein Engel schon aus Gottes Thron

Gi
- Noten: Altus: C ◇ Tenor: C ◇ 20–23: ↓↓ ↓↓ ◇ 44: *b*
- Text: gesendet statt Gesendet ◇ fröliche *statt* frölich ◇ zur'lösen- *statt* zu 'rlösen

Melodie
Neuedition: Z V,8552; EdK 1/1,B10 und 2, B10B[N]
Komponist: Anonymus
Quelle der ursprünglichen Fassung: Maria zart, Oppenheim [vor 1511] (DKL 1511[01]; EdK b11)
Quelle der vorliegenden Fassung: Psalmen vnd Geystliche Gesäng, Straßburg 1568 (DKL 1568[10]; EdK eb24), S. CCXIII f.

Text
Erasmus Alber (um 1500–1553), erst postum nachgewiesen (W III,1042); PPM erstmals Da

Anmerkung
Innerhalb der PPM-Überlieferung erscheint die Melodie zu diesem Text seit Da. Auch der dortige Bass wurde herangezogen.

344. Wach auf, mein Geist, mit Freuden

Melodie
Komponist: Anonymus
Quelle: Gi, S. 271, Nr. 255

Alternative Melodiezuweisung
„Von Gnaden will ich singen" (Z III,5543)
Dieses Lied, das auch in Gi als alternative Melodiezuweisung angegeben wird, kommt in den PPM-Ausgaben nicht vor; vgl. PPMED II/2, S. 246.

Text
anonym 1679 (?); PPM erstmals Gi (Quelle?)

Anmerkung
Auch der Bass aus Gi wurde herangezogen.

345. Weltschöpfer, Herr Gott, Jesu Christ

Melodie
Melodie des Hymnus „Conditor (Creator) alme siderum" (MM I 23)
Neuedition: Z I,339; EdK 1/2, D2 und Fassungen

Text
Konrad Hubert (1507–1577) 1559 (W III,1135)

Anmerkung
Innerhalb der PPM-Überlieferung erscheint die Melodie zu diesem Text seit Da. Auch der dortige Bass wurde herangezogen.

346. Ermuntre dich, mein schwacher Geist [96*]

Gi
- Noten: Altus: v31: ✗ auf der vierten Linie ◇ Tenor: 47: *d* (korr. nach B, PS II)

Vierstimmiger Satz
B, Nr. 38; PS II, Nr. 18

347. Freut euch, ihr lieben Christen

Gi
- Noten: Altus: 1–30: falscher c_1-Schlüssel, ♭-Vorzeichen steht richtig ◇ 31–39: Druckzeile ohne ♭-Vorzeichen. ◇ Tenor: 33: ✗ im Übersatz

Melodie
Neuedition: Z III,5374–5735; EdK 3, A863 und Fassungen
Komponist: Leonhart Schröter (um 1532– um 1600)
Quelle: Leonhart Schröter: Newe Weinacht Liedlein, Helmstedt 1586 (DKL 1587[14])-T, Bl. [Aiiijb f.], Nr. 8

Text
anonym; PPM erstmals Gi

Alternative Melodiezuweisung
„Ihr Christen auserkoren" [112*]

Anmerkung
Innerhalb der PPM-Überlieferung erscheint die Melodie zu diesem Text seit Gi. Auch der dortige Bass wurde herangezogen.

348. Vom Himmel hoch, da komm ich her [97*]

Gi
- Noten: Tenor: 21: fehlt (korr. nach PS II)

Vierstimmiger Satz
B, Nr. 39; PS II, Nr. 12

351. Der Tag, der ist so freudenreich [99*]

Gi
- Noten: Altus: 10: fehlt (korr. nach B, PS II) ◇ v15: ↓ *h* (korr. nach B, PS II) ◇ Tenor: 46: *e* (korr. nach PS II) ◇ v54: ✗ im zweiten Spatium ◇ Basis: 15, Bezifferung: ✗4 statt 4✗

Vierstimmiger Satz
B, Nr. 40; PS II, Nr. 14

352. Gelobet seist du, Jesu Christ [101*]

Gi
  Noten: Cantus: 1–31: falscher c_2-Schlüssel ◇ Altus: 6: *d'* (korr. nach B, PS II)
Vierstimmiger Satz
  B, Nr. 41; PS II, Nr. 15

354. Im finstern Stall, o Wunder groß [102*]

Gi
  Noten: Basis: 8, Bezifferung: ♭ statt 6
  Text: o Himmelspfort *statt* O Himmelspfort
Vierstimmiger Satz
  B, Nr. 42; PS II, Nr. 24

355. Christum wir sollen loben schon [103*]

Gi
  Noten: Altus: 1: *c'* (korr. nach B, PS II)
Vierstimmiger Satz
  B, Nr. 43; PS II, Nr. 16
  Text: der *statt* aller

357. Lobt Gott, ihr Christen, allzugleich [104*]

Gi
  Noten: Tenor: 28: *g* (korr. nach B, PS II)
Vierstimmiger Satz
  B, Nr. 44; PS II, Nr. 19

361. Jauchzt Gott mit Herzensfreud [107*]

Gi
  Noten: Tenor: 9: ◊ ◇ 26: ◊
Vierstimmiger Satz
  B, Nr. 45; PS II, Nr. 23

364. Wir Christenleut haben jetzund Freud [108*]

Gi
  Noten: Cantus I: ¢ ◇ Cantus II: v19: ✗ auf der zweiten Linie ◇ Altus: ohne MZ ◇ 1: ♩· ◇ Basis: ¢ ◇ 16, Bezifferung: ♭6 statt ♭

Vierstimmiger Satz
  PS II, Nr. 20 – *Cantus und Basis entsprechen außerdem denen der* Geistlichen Kirchen=Melodien B, *Nr. 46. Die dortigen Mittelstimmen aber sind anders.*

369. O Jesu Christ, dein Kripplein ist [110*]

Gi
  Noten: Altus: 21: *c'* ◇ Basis: 15, Bezifferung: die 6 deutlich erst über 16
Vierstimmiger Satz
  PS II, Nr. 21

372. Ihr Gestirn, ihr hohlen Lüfte

Gi
  Noten: Cantus: 13–14: Bog. ◇ Altus: 28–29: ♮ *c'* (!; offenbar unvollständige und entstellte Ligatur) ◇ Tenor: 28–31: ohne Schlüssel ◇ 17: *g* ◇ Basis: 10, Bezifferung: als 6♭ nebeneinander ◇ 23: *e*
Melodie
  Neuedition: Z II,3703
  Komponist: Christoph Peter (1626–1669)
  Quelle: Christoph Peter: AndachtsZymbeln, Freiberg 1655 (DKL 1655[07]), S. 45, Nr. XVI
Text
  Johann Franck (1618–1677) 1655 (FT IV,109); PPM erstmals Di
Anmerkung
  Innerhalb der PPM-Überlieferung erscheint die Melodie zu diesem Text seit Gi. Auch der dortige Bass wurde herangezogen; er entspricht ebenfalls dem der Melodiequelle DKL 1655[07].

376. Ihr Christen auserkoren [112*]

Gi
  Noten: Cantus: 28–30: *d' e' f'* ◇ 34: ♩ ◇ Altus: 7: ◊

379. Fröhlich soll mein Herze springen [113*]

Gi
  Noten: Basis: 19: ♩
  Text: Rufft *statt* rufft
Vierstimmiger Satz
  PS II, Nr. 22

381. Nun ist es Zeit zu singen hell [118*]

Gl
  Noten: Diminutionsstrich in MZ außer im Altus rud. ◇ Altus: ϕ3 ◇ v28: ♭ auf der zweiten Linie ◇ v32: 𝕏 im dritten Spatium ◇ Tenor: O3 oder ϕ3 (s.o.)
  Text: Jmmanüel statt Jmmanuel
Vierstimmiger Satz
  B, Nr. 48

385. Puer natus in Bethlehem / Ein Kind geborn zu Bethlehem [x4 / 119*]

Gl
  Noten: Altus: 13: g' (s. Anmerkung)
Vierstimmiger Satz
  B, Nr. 49
Anmerkung
  In B hat der Alt statt Note 13 zwei Semibreves g' f'. Die Lesart in Gl ist wohl Ausdruck einer fehlerhaften Redigierung.

388. Heut sind die lieben Engelein [121*]

Gl
  Noten: Altus: 22-23: ◊ ◊ (korr. nach B, PS II) ◇ Tenor: 5-6: fehlen (korr. nach B, PS II) ◇ Basis: 40: ▬ ◇ 68, Bezifferung: das 𝕏 deutlich erst über 69 ◇ 69: H
Vierstimmiger Satz
  B, Nr. 50; PS II, Nr. 25

389. Ich bisher elende Seele

Gl
  Noten: Altus: C ◇ 23-24: ZT stattdessen 21-22 ◇ 32: ↓ ◇ Tenor: C
Melodie
  Neuedition: Z IV,6844
  Komponist: Anonymus
  Quelle: G, S. 277, Nr. 157
Text
  Christoph Runge (1619-1681) 1664; PPM erstmals G (Quelle)
Anmerkung
  Auch der Bass aus G wurde herangezogen.

392. Freuet euch, ihr Christen alle

Gl
  Noten: Altus: 17-18: g' f' ◇ Basis: 18-20, Bezifferung: entstellt (18: mit ♮) ◇ 19: mit ♭ ◇ 20: mit 6. Korr. nach 40-42) ◇ 32, Bezifferung: die 6 bereits über 31 (dazwischen Zeilenumbruch!) ◇ 63, Bezifferung: 6 statt ♭
Melodie
  Neuedition: Z IV,7880
  Komponist: Andreas Hammerschmidt (1611/12-1675)
  Quelle: Andreas Hammerschmidt: Vierter Theil, Musicalischer Andachten, Freiberg 1646 (RISM A H 1931), Nr. XXIV (figuriert) / Nürnbergisches Gesang-Buch, Nürnberg 1676 (DKL 1676[15]), S. 40
Text
  Christian Keimann (1607-1662) 1646 (FT IV 8); PPM erstmals Gi
Anmerkung
  Innerhalb der PPM-Überlieferung erscheint die Melodie zu diesem Text seit Gi. Auch der dortige Bass wurde herangezogen; er entspricht ebenfalls dem der Melodiequelle DKL 1676[15].

394. Dies ist der Tag der Fröhlichkeit [124*]

Gl
  Noten: Altus: ϕ3 ◇ 8: g' (s. Anmerkung) ◇ Tenor: ¢3
Anmerkung
  Die sich aufgrund der Änderung von Altus-Note 8 in der Edition ergebende Quintparallele zwischen den Oberstimmen darf angesichts vieler vergleichbarer Fälle in Kauf genommen werden. Vgl. auch die Unterstimmen im Übergang zur Schlusszeile.

395. Alle, die ihr Gott zu Ehren

Gl
  Noten: Altus: 19-20: als zwei enggestellte Breves ◇ Tenor 16-17: als zwei enggestellte Breves ◇ 40: a ◇ Basis: 42, Bezifferung: sic
Melodie
  Neuedition: Z IV,7363
  Komponist: Jacob Hintze (1622-1702) (in Gl Angabe „J. H.")
  Quelle: Gg, S. 217 f., Nr. 198
Text
  Paul Gerhardt (1607-1676) 1667 (BachmannG, Nr. CI); PPM erstmals Gg
Anmerkung
  Offenbar wurde auch der Bass aus Gg herangezogen; die Gemeinsamkeiten ergeben sich kaum durchweg allein harmoniebedingt. Allerdings sind einige Abweichungen erheblich.

398. Das neugeborne Kindelein [126*]

GI
 Noten: Altus: ϕ3 ◇ Tenor: ϕ3 ◇ 27: a ◇ Basis: ₵³₁ ◇ 28, Bezifferung: ♭6 statt ♭

Vierstimmiger Satz
 PS II, Nr. 30

399. Lobet Gott von Herzensgrunde

GI
 Text: LObt statt LObet

Melodie
 Neuedition: Z II,3625
 Komponist: Christoph Peter (1626–1669)
 Quelle: Christoph Peter: AndachtsZymbeln, Freiberg 1655 (DKL 1655[07]), S. 99, Nr. XXXV

Text
 Johann Franck (1618–1677) 1655 (FT IV,110); PPM erstmals Di

Anmerkung
 Innerhalb der PPM-Überlieferung erscheint die Melodie zu diesem Text seit Gi. Auch der dortige Bass wurde herangezogen; er entspricht ebenfalls dem der Melodiequelle DKL 1655[07].

401. Das alte Jahr ist nun vergahn [127*]

GI
 Noten: Altus: 33–34: ⊟. | ◊ ◇ Tenor: 16–17: ⊟ ⊥ ◊ ◇ 21–23: *f f d'* (!; korr. nach PS II) ◇ 32–33: ⊟. | ◊ ◇ 48, 55: ✕ im Übersatz ◇ Basis: 19, Bezifferung: ♭ statt 6
 Text: Jahr / Wir *statt* Jahr Wir

Vierstimmiger Satz
 B, Nr. 52; PS II, Nr. 28

406. Helft mir Gotts Güte preisen [128*]

GI
 Noten: Cantus v1: keine Pause ◇ Altus: C ◇ Tenor: C ◇ 36: ♩♩ ◇ Basis: 34, Bezifferung: mit 6

Vierstimmiger Satz
 B, Nr. 53; PS II, Nr. 29

412. Jesu, nun sei gepreiset [139*]

GI
 Noten: Altus: 1–29: ♭-Vorzeichen in Druckzeile auf der zweiten Linie ◇ 13: *f'* (korr. nach B, PS II) ◇ 31: ♩

Vierstimmiger Satz
 B, Nr. 54; PS II, Nr. 37

413. Lasst uns inbrünstig treten

GI
 Siehe Anmerkung ◇ Basis: Bezifferung: 37: mit 6 (s. Anmerkung)

Melodie
 Neuedition: Z III,5256
 Komponist: Anonymus
 Quelle: G, S. 299, Nr. 172

Text
 Christoph Runge (1619–1681) 1664 (FT III,523); PPM erstmals G (Quelle)

Anmerkung
 Auch der Bass aus G wurde herangezogen. – Der Satz weist erhebliche Härten auf, die in der Edition belassen sind. Denn es bieten sich unterschiedliche Möglichkeiten zur Behebung an, und eine Konkordanz der Mittelstimmen, an die man sich hätte anlehnen können, gibt es nicht. – Die Bezifferung der Basis-Note 37 im Druck mit einer 6 ist schwerlich hinnehmbar. Ob stattdessen eine 8 gemeint war? Das würde zum Verlauf passen, wäre im Druck aber wohl die Ausnahme.

431. Hilf, Gott, lass mir's gelingen [147*]

GI
 Noten: Tenor: 18: ♩ ◇ 30–32: ♩♩ *b b* (!; korr. nach PS II [B weicht erheblich ab]) ◇ Basis: 39, Bezifferung: ohne

Text
 Namen *mit Apostroph, Verschmutzung oder Spieß*

Vierstimmiger Satz
 B, Nr. 55; PS II, Nr. 49

433. Wer ist der, dessen heller Schein

GI
 Noten: Altus: 27–28: Bog. deutlich über 26–27

Melodie
 Neuedition: Z IV,7660
 Komponist: Christoph Peter (1626–1669)
 Quelle: Christoph Peter: AndachtsZymbeln, Freiberg 1655 (DKL 1655[07]), S. 129f., Nr. XLVI

Text
 Johann Franck (1618–1677) 1655 (FT IV,111); PPM erstmals Di

Anmerkung
 Innerhalb der PPM-Überlieferung erscheint die Melodie zu diesem Text seit Gi. Auch der dortige Bass wurde herangezogen; er entspricht ebenfalls dem der Melodiequelle DKL 1655[07].

434. O großer Gott im Himmelsthron [149*]

Vierstimmiger Satz
B, Nr. 57; PS II, Nr. 43

435. Herzliebster Jesu, was hast du verbrochen [148*]

Gl
Noten: Tenor: 9: ohne ✖ (s. Anmerkung) ◇ Basis: 32, Bezifferung: mit 6
Vierstimmiger Satz
B, Nr. 56; PS II, Nr. 42
Anmerkung
Die chromatische Erhöhung der Cantus-Note 9 findet sich in B und PS II nicht. In den PPM-Ausgaben nach Crügers Tod indes begegnet sie durchaus. In der Vierstimmigkeit aber erzwingt sie dann selbstverständlich eine Erhöhung auch der Tenor-Note 9; diese ist in Gl jedoch unterblieben. Es ist dies vermutlich einer der nicht wenigen Fälle, dass es bei Kompilierung verschiedener Vorlagen zu Versehen kam.

438. O Welt, sieh hier dein Leben [151*]

Gl
Noten: Tenor: 17: *f* (korr. nach PS II)
Text: grossen *statt* grossem
Vierstimmiger Satz
PS II, Nr. 44

439. Christus, der uns selig macht [150*]

Gl
Noten: Basis: Altus: 55: ♩ ◇ ◇ Tenor: 55 ♩ ◇ ◇ Basis: 54–56: ♩♩♩♩ ╪ *GABc d*, beziffert 764♭ (korr. in Anlehnung an B; s. Anmerkung)
Vierstimmiger Satz
B, Nr. 58; PS II, Nr. 41
Anmerkung
Die Abweichung im Bass am Schluss findet sich ähnlich auch in PS II; dort aber erscheint sie als Teil eines ausgearbeiteten, schönen phrygischen Schlusses, wie er der „Patris sapientia"-Melodie durchaus angemessen ist. Nach Gl jedoch kann sie nicht gemeinsam mit den übrigen 3 Stimmen verbunden werden. Auch hier ist wohl ein Kompilierungsversuch unterschiedlicher vorangehender Versionen misslungen.

443. Da Jesus an dem Kreuze stund [154*]

Gl
Noten: Altus: 21–22: ◇
Vierstimmiger Satz
B, Nr. 59; PS II, Nr. 45

450. O Mensch, beweine deine Sünd [160*]

Gl
Noten: Altus: 14–15: Siehe Anmerkung ◇ Tenor: 21: ♩ ◇ 43: ✖ im Obersatz ◇ 51: fehlt ◇ 54, 56, 58: ✖ im Obersatz ◇ Basis: 49: *e* (geändert nach B; s. Anmerkung) ◇ 51, Bezifferung: 65 statt 56 ◇ 55: *g*
Vierstimmiger Satz
B, Nr. 60; PS I, Ps 36
Anmerkung
Die offene Quintparallele in der Stollenmitte zwischen Altus und Basis („Gottes" / „Jungfraun") ist noch über ihre schlichte Akzeptanz hinaus bemerkenswert: In PS I erscheint die betreffende Stelle ganz anders, wohingegen sie zuvor in B oberflächlich kaschiert worden ist, wie bei Crüger und Hintze ja nicht ungewöhnlich (in diesem Fall durch synkopenhafte Versetzung im Altus). Die Lesart in Gl erscheint mithin als drastischer Schritt zurück. Als Alternative böte sich eine Änderung der Altus-Note 15 zu g' an. Auch die eigenwillige vorletzte Zeile ist in allen drei Drucken unterschiedlich.

462. O Lamm Gottes, unschuldig [167*]

Gl
Noten: Altus: 30–31: ◇ ɛ ♩ ◇ Basis: 8–9: ◇ ɛ ♩ ◇ 41: ♩
Vierstimmiger Satz
B, Nr. 61; PS II, Nr. 48

475. Die Propheten han prophezeit

Gl
Noten: Altus: 19: *f'* ◇ Tenor: 28–32: Druckzeile ohne ♭-Vorzeichen
Melodie
Neuedition: Z I,316
Komponist: Johannes Eccard (1553–1611) (?)
Quelle: Johannes Eccard und Johann Stobaeus: Geistliche Lieder Auff gewöhnliche Preussische Kirchen-Melodeyen, Danzig 1643 (DKL 1634[10])-C, Bl. [Ciiijb f.], Nr. XIV
anderer Bass

Text
    Michael Weiße (um 1488–1534) 1531 (W III,294); PPM erstmals Dd.
Anmerkung
    Innerhalb der PPM-Überlieferung erscheint die Melodie zu diesem Text seit Gg. Auch der dortige Bass wurde herangezogen.

477. Wenn, o mein Gott, ich nur dich habe

Gl
    Noten: Siehe Anmerkung ◇ Cantus: 16: *f'* (korr. nach DKL 1693[03]) ◇ 27: *c'* (korr. nach DKL 1693[03]) ◇ Basis: 11, Bezifferung: rechts neben der 4 noch römische I ◇ 44, Bezifferung: 42 statt 43 ◇ 51, Bezifferung: die 5 und das ♭ als ♭5 nebeneinander
Melodie
    Komponist: „C. G." (GgAH; vgl. die Anmerkung zu Nr. 156)
    Quelle: = Gl
    Zahn führt für die vorliegende Strophenform keinen Beleg an.
Text
    Jacob Klinckebeil von Grünwald (1627–1694) 1690; PPM allein Gl
Anmerkung
    Melodie und Bass entsprechen denen später in des Verfassers Sammlung GgAH (Nr. XLVI).

480. O Jesu Christe, Gottes Sohn, der du zu

Gl
    Noten: Tenor: v46: ✕ auf der zweiten Linie (Type auf dem Kopf)
Melodie
    Neuedition: Z II,2503
    Komponist: Anonymus
    Quelle: [Gesangbuch (...), Görlitz 1611 (DKL 1611[06]), S. 184 (Angabe nach Z II,2503)]
Text
    David von Schweinitz (1645–1722) 1640 (Mützell 1858, Nr. 195); PPM erstmals Gg
Alternative Melodiezuweisung
    „Kommt her zu mir, spricht Gottes Sohn" [371*]
Anmerkung
    Innerhalb der PPM-Überlieferung erscheint die Melodie zu diesem Text seit Gg. Auch der dortige Bass wurde herangezogen.

482. O Jesu, unbeflecktes Lamm

Melodie
    Neuedition: Z III,5832b
    Bearbeitung der ursprünglichen Melodie (Z III, 5832a) von Johann Schop (um 1590–1640) zum Text
    Quelle: Martinus Janus: PASSIONALE MELICUM, Görlitz 1663 (DKL 1663[07]), S. 664f., Nr. CLXXVI
Text
    Johann Rist (1607–1667) 1642 (FT II,198); PPM erstmals Gg
Anmerkung
    Innerhalb der PPM-Überlieferung erscheint die Melodie zu diesem Text seit Gg. Auch der dortige Bass wurde herangezogen; er entspricht ebenfalls dem der Melodiequelle DKL 1663[07].

484. Wach auf, mein Geist, erhebe dich

Gl
    Noten: Altus: v29, neue Druckzeile: Schlüssel fehlt; ₵ ◇ Tenor: v29, neue Druckzeile: ₵ ◇ Basis: 29–30: Bog.
Melodie
    Neuedition: Z III,5817; HLSK, S. 199f.
    Komponist: Johann Schop (um 1590–1647)
    Quelle: Johann Rist: Himlische Lieder. Das Dritte Zehn, Lüneburg 1642 (DKL 1642[04]), S. 7f., Nr. II
Text
    Johann Rist (1607–1667) 1642 (HLSK, S. 201–205); PPM erstmals Dd
Anmerkung
    Innerhalb der PPM-Überlieferung erscheint die Melodie zu diesem Text seit Gg. Auch der dortige Bass wurde herangezogen; er entspricht ebenfalls dem der Melodiequelle DKL 1642[04]. Zuvor in Dd war der Text mit Melodie Z III,5818 erschienen (Zahn gibt erst „P. Sohren 1683" als Quelle für sie an).

486. O Mensch, schau Jesum Christum an, der Gottes Zorn getragen

Gl
    Noten: Cantus: v43: ✕ auf der dritten Linie ◇ Tenor: C2 ◇ Basis: C2 ◇ 42–43: Bog.
Melodie
    Neuedition: Z II,3994b
    Komponist: Anonymus
    Quelle der ursprünglichen Fassung: Valentin Triller: Ein Schlesich [!] singebüchlein, Breslau 1555 (DKL 1555[07]; EdK a34a), Bl. Vija
    Quelle der vorliegenden Fassung: Martinus Janus: PASSIONALE MELICUM, Görlitz 1663 (DKL 1663[07]), S. 670f., Nr. CXXVII
Text
    David von Schweinitz (1600–1667) 1640 (FT I,427; Mützell 1858, Nr. 196 [B]); PPM erstmals Gg

Anmerkung
Innerhalb der PPM-Überlieferung erscheint die Melodie zu diesem Text seit Gg. Auch der dortige Bass wurde herangezogen; er entspricht ebenfalls dem der Melodiequelle DKL 1663⁰⁷.

488. O wir armen Sünder, unsre Missetat

Melodie
Melodie des vorreformatorischen "Gelobet seist du, Christe / Laus tibi Christe / O du armer Judas
Neuedition: Z V,8187a-h; EdK 1/2, Ef7 und Fassungen
Quelle: Gantz newe geystliche teütsche Hymnus vnd gesang, Nürnberg 1527 (DKL 1527⁰⁷; EdK ef3), Bl. 23a
Text
Hermann Bonnus (1504-1548) 1542 (W III,849); PPM erstmals Dd
Anmerkung
Innerhalb der PPM-Überlieferung erscheint die Melodie zu diesem Text seit Df. Vermutlich wurde auch der dortige Bass herangezogen.

489. O Mensch, schau, welch ein Mensch

GI
Noten: Cantus: v13: 𝄪 auf der dritten Linie
Melodie
Neuedition: Z III,5164
Komponist: Anonymus
Quelle: Gg, S. 314, Nr. 264
Text
David von Schweinitz (1600-1667) 1640 (Mützell 1858, Nr. 197); PPM erstmals Gg
Alternative Melodiezuweisung
„Nun danket alle Gott mit Herzen" [277*]
Anmerkung
Auch der Bass aus Gg wurde herangezogen.

490. Liebster Jesu, sei gegrüßet, sei gegrüßet

GI
Noten: Altus: C2 ⬦ 1-25: falscher c₂-Schlüssel ⬦ Tenor: C2
Melodie
Neuedition: Z II,3690b
Komponist der ursprünglichen Fassung: Heinrich Pape (1609-1663)
Quelle der ursprünglichen Fassung: Johann Rist: Der zu seinem heiligen leiden geführter ünd gekreützigter Jesüs, Hamburg 1648 (DKL 1648⁰⁷), Bl. Dvb-Dvja
Quelle der vorliegenden Fassung: Martinus Janus: PASSIONALE MELICUM, Görlitz 1663 (DKL 1663⁰⁷), S. 31f., Nr. VIII
Text
Johann Rist (1607-1667) 1648 (FT II,215); PPM erstmals Gg
Anmerkung
Innerhalb der PPM-Überlieferung erscheint die Melodie zu diesem Text seit Gg. Auch der dortige Bass wurde herangezogen; er entspricht ebenfalls dem der Melodiequelle DKL 1663⁰⁷.

493. Bleiches Antlitz, sei gegrüßet

GI
Noten: Tenor: ₵2
Melodie
Neuedition: Z II,3537
Komponist: Heinrich Pape (1609-1663)
Quelle: Johann Rist: Der zu seinem heiligen leiden geführter ünd gekreützigter Jesüs, Hamburg 1648 (DKL 1648⁰⁷), Bl. Eiiijb
Vgl. Anmerkung
Text
Johann Rist (1607-1667) 1648 (FT II,217); PPM erstmals Gg
Anmerkung
Innerhalb der PPM-Überlieferung erscheint die Melodie zu diesem Text seit Gg. Auch der dortige Bass wurde herangezogen. Ob für ihn auch auf den der Melodiequelle DKL 1648⁰⁷ Bezug genommen wurde, bleibe dahingestellt; geringfügige Gemeinsamkeiten bestehen.

496. Herr Christe, treuer Heiland wert [179*]

GI
Noten: Tenor: 14: ♩♩ a a (!; korr. in Anlehnung an B, PS II)
Vierstimmiger Satz
B, Nr. 62; PS II, Nr. 55

497. O Traurigkeit, o Herzeleid [181*]

GI
Noten: Tenor: v1: C ⬦ 5-6: ♢ ┬ ♩ ⬦ Basis: v23: C
Vierstimmiger Satz
B, Nr. 20 und Nr. 63

502. Der du hast für mich gebüßet

Gl
Noten: versetzt positionierte Kreuze ◇ Cantus: C2 ◇ Altus: 29: ↓ ◇ Basis: 36–37: *d d* Bog.
Melodie
Neuedition: Z II,3817
Komponist: Anonymus
Quelle: Johann Rist: Der zu seinem heiligen leiden geführter ünd gekreützigter Jesús, Hamburg 1648 (DKL 1648[07]), Bl. D[j]b f.
Text
Johann Rist (1607–1667) 1648 (FT II,214); PPM erstmals Gd
Anmerkung
Innerhalb der PPM-Überlieferung erscheint die Melodie zu diesem Text seit Gd. Auch der dortige Bass wurde herangezogen; er entspricht ebenfalls dem der Melodiequelle DKL 1648[07].

505. Als Gottes Lamm und Leue [182*]

Gl
Noten: Altus: 29: ↓

506. Christe, du Lamm Gottes

Gl
Noten: Altus: C ◇ Tenor: falscher c₂-Schlüssel, ♭-Vorzeichen steht richtig
Melodie
Neuedition: EdK 1/2, D20
Komponist: anonym / (Martin Luther [1483–1546] [?])
Quelle: Johannes Bugenhagen: Der Erbarn Stadt Brunswig Christlike ordeninge, Wittenberg 1528 (DKL 1528[03]; EdK d6a), Bl. [Pviij b f.]
Text
Martin Luther [1483–1546] um 1525 (?); PPM erstmals Ge
Anmerkung
Mit Melodie innerhalb der PPM-Überlieferung seit Gg. Auch der dortige Bass wurde herangezogen.

511. Ist dieser nicht des Höchsten Sohn

Gl
Noten: Siehe Anmerkung ◇ Basis: 7: *F*
Melodie
Neuedition: Z I,1756
Komponist: Anonymus
Quelle: G, S. 404, Nr. 216
Text
Johann Rist (1607–1667) 1648 (FT II,216); PPM erstmals G

Anmerkung
Auch der Bass aus G wurde herangezogen. – Die Cantus-Note 14 erscheint auch in Konkordanzen als dissonantes a'.

512. Erschienen ist der herrlich Tag [186*]

Gl
Noten: Basis: 17, Bezifferung: 4⚔ statt ⚔ (korr. nach B, PS II; s. Anmerkung)
Vierstimmiger Satz
B, Nr. 64; PS II, Nr. 56 und Nr. 62
Anmerkung
Der in der Edition getilgte Quartvorhalt in der Bezifferung der Basis-Note 17 wird nur in Gl verlangt. Alternativ zu seiner Tilgung könnten auch im Tenor die Noten 17–18 rhythmisch zu Brevis-Semibrevis geändert werden, wenngleich abweichend von allen Konkordanzen.

514. Auf, auf, mein Herz, mit Freuden [187*]

Vierstimmiger Satz
B, Nr. 70; PS II, Nr. 63

516. Christ lag in Todesbanden [188*]

Gl
Noten: Altus: C ◇ 8: *e'* ◇ Tenor: C ◇ Basis: 24: *h*
Vierstimmiger Satz
B, Nr. 65; PS II, Nr. 57

517. Heut triumphieret Gottes Sohn [189*]

Gl
Noten: Basis: 35–51: ♭-Vorzeichen in Druckzeile im zweiten Spatium ◇ 46, Bezifferung: ⚔ statt 6⚔ (s. Anmerkung)
Text: ver *statt* Der
Vierstimmiger Satz
B, Nr. 67; PS II, Nr. 58
Anmerkung
Das in Gl für sich alleinstehende Kreuz als Bezifferung zur Basis-Note 46 kann sich nicht auf die Terz beziehen. Allerdings ist die in der Edition gewählte Angabe einer erhöhten Sext bei Hintze und Crüger ungewöhnlich. In B und PS II steht allein eine 6.

518. Lasset uns den Herren preisen [193*]

Gl
   Noten: MZ uneinheitlich und unsicher; einige ⊤ statt ⊥ ◇ Altus: 15: ◊ ◇ 57: ♩ ◇ Basis: 9: c
   Text: Him- *nur als Custos*
Vierstimmiger Satz
   B, Nr. 66

519. Erstanden ist der heil'ge Christ, Halleluja, der aller Welt ein Tröster ist [194*ˣ²⁴]

Gl
   Noten: Altus: O3 ◇ Tenor: O3 ◇ Basis: 10: sic auch B
   Text: *Kein Hinweis auf Wiederholung des ersten Alleluja.*
Vierstimmiger Satz
   B, Nr. 68
Anmerkung
   Gegenüber dem fünfstimmigen Satz der Geistlichen Kirchen=Melodien (vgl. EichLu I,68; RosGKM 68) ist die zweitoberste Stimme entfallen. Die aussagekräftige Oberstimme des einstigen Superius-Tenor-Gerüsts „Surrexit Christus hodie", jetzt im Tenor gelegen, blieb also erhalten; dazu vgl. die Anmerkung zur Fassung [194] in PPMEDW I/2. Sei es, dass die Art der Reduktion noch auf Crüger zurückging, sei es, dass Hintze sie vornahm: die melodiegeschichtlichen Zusammenhänge des Gesangs sollten eine Rolle spielen, ungeachtet dessen, dass der Cantus-Basis-Satz [194*] seit C eher auf eine Abkehr von ihnen hinzudeuten scheint. Demgegenüber vgl. Nr. 674 [305*] „Danket dem Herren, denn er ist sehr freundlich, und seine Güt".*

522. Sei fröhlich alles, weit und breit [191*]

Gl
   Noten: Cantus: Φ$\frac{2}{1}$ ◇ Tenor: 28-29: ■ ◇ Basis: v17: ✕ auf der zweiten Linie ◇ 29: F (Custos richtig G)
Alternative Melodiezuweisung
   „Nun freut euch, lieben Christn gemein" [80*]
Vierstimmiger Satz
   PS II, Nr. 64

526. Jesus Christus, unser Heiland, der den Tod [200*]

Gl
   Noten: Cantus: v3: ✕ im ersten Spatium
Vierstimmiger Satz
   B, Nr. 69; PS II, Nr. 60

527. Jesus, meine Zuversicht [202*]

Gl
   Noten: Cantus: 23: c"
Vierstimmiger Satz
   PS II, Nr. 311 — *Deutliche Abweichungen*

532. Nun freut euch, Gottes Kinder all [206*]

Gl
   Noten: einzelne falsche Pausen ◇ Altus: v32: ♭ im dritten Spatium ◇ Basis: 26: ↓↓
Vierstimmiger Satz
   B, Nr. 71; PS II, Nrn. 69 und 307 — *Der Satz in Gl folgt (wie mehrheitlich auch sonst eher) den Lesarten des zweimal in PS II enthaltenen. Geringfügige Abweichungen von B betreffen sogar Harmonien.*

534. Das herrlich hohe Fest

Gl
   Noten: Altus: v12: ✕ über der Linie ◇ Tenor: 4-5, 11-12: als zwei enggestellte Breves ◇ 32: c' Basis: 17: ♩
Melodie
   Neuedition: Z III,4231
   Komponist: Christoph Peter (1626-1669) (in Gl aber Angabe „J. H.")
   Quelle: Johann Franck: Geistliches Sion, Guben 1674 (DKL 1674¹⁶), S. 33f., Nr. XVII
Text
   Johann Franck (1618-1677) 1674; PPM erstmals Di
Anmerkung
   Innerhalb der PPM-Überlieferung erscheint die Melodie unter diesem Text seit Gi. Auch der dortige Bass wurde herangezogen; er entspricht ebenfalls dem der Melodiequelle DKL 1674¹⁶. — Ähnlich fragwürdige oder tatsächlich falsche Zuweisungen des Satzes an Jacob Hintze als Komponist vgl. auch bei Nrn. 48, 64, 77, 1019, 1042.

537. Freut euch, ihr Christen alle, der Siegfürst [207*]

GI
Noten: Cantus: v30: ✕ (s. Anmerkung) ⟷ Altus: 3: e' (korr. nach B) ⟷ Tenor v26: ✕ im zweiten Spatium
Vierstimmiger Satz
B, Nr. 72
Anmerkung
Das in der Edition getilgte Kreuz vor Cantus-Note 30 findet sich nicht nur hier; in B jedoch (und überhaupt in allen in PPMEDW I Herangezogenen Ausgaben) tritt es nicht auf.

538. Du Lebensfürst, Herr Jesu Christ, der du [208*]

GI
Noten: O$\frac{3}{1}$ ⟷ Cantus: 1-24: falscher c_2-Schlüssel ⟷ Basis: v3: ✕ auf der zweiten Linie ⟷ 39, Bezifferung: mit 36 (!)
Text: gen *statt* Gen
Vierstimmiger Satz
B, Nr. 73 – *Deutliche Abweichungen*

543. Christus ist heut gen Himml gefahrn [212*]

GI
Noten: Cantus: falscher c_2-Schlüssel, ♭-Vorzeichen steht richtig ⟷ 13: ♩ ⟷ Altus: 21-22: als zwei enggestellte Breves ⟷ Tenor: ⌽$\frac{2}{1}$
Vierstimmiger Satz
PS II, Nr. 73
Anmerkung
Vgl. die Angaben zu [212] in PPMEDW I/2.*

546. Nun begehn wir das Fest [213*]

GI
Noten: Basis: 3, Bezifferung: 5 6 statt 6 5 ⟷ Altus: 33-44: entstellt f' e' d' c' c' h a g c' c' h mit ✕ c' (wohl aus Cantus übernommen) ⟷ Tenor: 37: g
Vierstimmiger Satz
B, Nr. 75 – *Deutliche Abweichungen*

547. Auf diesen Tag bedenken wir

GI
Noten: Altus: 16: c' ⟷ Tenor: 8: ♩

Melodie
Neuedition: Z III,5771; EdK 1/2, Eb29
Komponist: Sixtus Dietrich (um 1494-1548)
Quelle: [(Titelblatt fehlt:)] Psalmen vnd geystliche Lieder (...), Straßburg um 1536/37 (DKL 1537[03]; EdK eb11a), Bl. 99b f.
Zuvor in einem Konstanzer Gesangbuch
Text
Johannes Zwick (um 1496-1542) spätestens um 1536/37 (W III,682); PPM erstmals Da
Anmerkung
Innerhalb der PPM-Überlieferung erscheint die Melodie zu diesem Text seit Da. Auch der dortige Bass wurde herangezogen.

548. Der Herr sprach in seinm höchsten Thron

GI
Siehe die Abbildung S. XXIIf.
Noten: Altus: 35: f'
Text: Zorn (!) *statt* Thron
Melodie
Neuedition: Z III,4471; EdK 1/1, A166
Komponist: Burkart Waldis (um 1490-1556) (?)
Quelle: Burkart Waldis: Der Psalter / Jn Newe Gesangs weise / vnd künstliche Reimen gebracht, Frankfurt a.M. 1553 (DKL 1553[06]; EdK a28), Bl. 202a
Text
Burkart Waldis (um 1490-1556) 1553 (W III,775); PPM erstmals Da
Anmerkung
Innerhalb der PPM-Überlieferung erscheint die Melodie zu diesem Text seit Da. Auch der dortige Bass wurde herangezogen.

549. Komm, Heiliger Geist, Herre Gott [214*]

GI
Noten: Cantus: 1: a' ⟷ Altus: 32: a' (korr. nach B, PS II) ⟷ Tenor: 36: h (korr. nach PS II)
Vierstimmiger Satz
B, Nr. 76; PS II, Nr. 75

551. Nun bitten wir den Heiligen Geist [216*]

GI
Noten: Altus: v39: ✕ auf der zweiten Linie ⟷ Tenor: 40-41: Bog.
Vierstimmiger Satz
B, Nr. 77; PS II, Nr. 76

553. Zeuch ein zu deinen Toren [217*]

Gl

Noten: Altus: C ◇ Basis: C
Text: meinen *statt* deinen

554. Brunnquell aller Güter [219*]

Vierstimmiger Satz
PS II, Nr. 78

558. Als Jesus Christus, Gottes Sohn [222*]

Gl

Noten: Tenor O$^3_1$ ◇ Basis: 31, Bezifferung: 5✕ statt 4✕
Vierstimmiger Satz
B, Nr. 78; PS II, Nr. 77 – *Geringfügige, aber doch zu Buche schlagende Abweichungen*

562. Heil'ger Geist, du Tröster mein [227*]

Gl

Noten: Altus: ¢3 ◇ Tenor: ¢3 ◇ 10–11: als zwei enggestellte Breves ◇ Basis: 7–8: ♮ ♮
Vierstimmiger Satz
B, Nr. 79; PS II, Nr. 83

563. Komm, Gott Schöpfer, Heiliger Geist [228*]

Gl

Noten: verschobene Bezifferung im Zusammenhang mit den Härten in Z. 2 unsicher ◇ Tenor: 34: ♭
Vierstimmiger Satz
PS II, Nr. 82

566. Gott, der Vater, wohn uns bei [229*]

Gl

Noten: Cantus: 1–19: falscher c$_2$-Schlüssel ◇ 58: d' ◇ Altus: 59–60: ♭ ◇ Tenor: 58–59: ♭ ◇ Basis: 60: d
Vierstimmiger Satz
B, Nr. 80; PS II, Nr. 86

567. Allein Gott in der Höh sei Ehr [230*]

Gl

Noten: Cantus: O$^3_1$ ◇ Altus: O$^3_1$ ◇ 40: b (korr. nach B, PS II) ◇ 41–42: ♮ a (korr. nach PS II) ◇ Tenor: 42: g (korr. nach B, PS II) ◇ Basis: ¢$^2_1$
Text: uns rühren *statt* Uns rühren
Vierstimmiger Satz
B, Nr. 81; PS II, Nr. 87

570. O Heilige Dreifaltigkeit, o göttliche [231*]

Gl

Noten: Tenor: 7: ✕ nach der Note
Vierstimmiger Satz
B, Nr. 82; PS II, Nr. 88

572. Dreieinigkeit, der Gottheit wahrer Spiegel [233*]

Gl

Noten: Altus: C (?; undeutlich) ◇ Tenor: C (?; undeutlich)

580. Meine Seel erhebt den Herren [240*]

Gl

Textunterlegung wo fraglich in Anlehnung an [240*]
Noten: Gebundene Semibreves als enggestellte Breves
Vierstimmiger Satz
B, Nr. 83; PS II, Nr. 239 – *Deutliche Abweichungen zwischen den vorherigen Drucken; der Satz in Gl folgt der Lesart PS I.*

581. Den Herren meine Seel erhebt [241*]

Gl

Noten: Tenor: v22: ✕ auf der zweiten Linie ◇ Basis: 29, Bezifferung: das ✕ deutlich erst über 30
Vierstimmiger Satz
PS II, Nr. 4 – *Das Cantus-Basis-Gerüst von [241*] „Den Herren meine Seel erhebt" entspricht dem von [66*] „Mein höchste Lust, Herr Jesu Christ", in Gl als Nr. 214; weiteres vgl. dort.*

585. Herr Gott, dich loben alle wir [243*]

Vierstimmiger Satz
 PS I, Ps 134; PS II, Nr. 93

590. O Gott, die Christenheit dir dankt [247*]

Gl
 Noten: Tenor: 37-38: ♩ ⌣ ♩
Vierstimmiger Satz
 B, Nr. 86; PS II, Nr. 94

592. Herr Gott, dich loben wir, Herr Gott [249*]

Gl
 Noten: Cantus: 115-117: ♩ ♩ f'e' ◇ 175: f' ◇ Altus: 3: e' (korr. nach B, PS II) ◇ 31: d' (korr. nach B, PS II) ◇ 45: f' (korr. nach PS II) ◇ 94: ♩ ◇ 97: ♩ h (!; korr. nach B, PS II) ◇ 118-134: falscher c₂-Schlüssel ◇ 186: f' (korr. nach PS II) ◇ Tenor: v35: 𝄪 im dritten Spatium ◇ 68-85: falscher c₂-Schlüssel ◇ 82-83: Ton höher (korr. nach B, PS II) ◇ Basis: 7, Bezifferung: das 𝄪 vor der Note im zweiten Spatium (!) ◇ 138: ♦ (Zwiebelfisch) ◇ 145: ♩
 Text: Abschnitte mit zu wiederholenden Melodiezeilen als Fließtext
Vierstimmiger Satz
 B, Nr. 87; PS II, Nr. 225 – Von Varianten üblicher Größenordnung abgesehen, unterscheiden sich die Sätze in B und PS II durch die Ausführung des Schluss-Amens. Der Satz in Gl folgt (wie mehrheitlich auch sonst eher) dem in PS II.

593. Nun lob, mein Seel, den Herren [250*]

Gl
 Noten: O3 oder Φ3 (Diminutionsstrich unsicher / rud.) ◇ Cantus: 44: nur Augmentationspunkt vorhanden ◇ 49: b' ◇ Tenor: 28: ◇ gis (korr. nach B, PS II)
Vierstimmiger Satz
 B, Nr. 88; PS II, Nr. 226
Anmerkung
 Die Variante mit betontem Anfang entspricht PS II. In B beginnen die Stimmen wie bei den anderen Herangezogenen Ausgaben jeweils als ⌣ ⌣ ♩ ◇ .

594. Mein Herz, du sollst den Herren billig preisen [251*]

Gl
 Noten: Cantus: 25: f'' ◇ 33: g' (Custos richtig f') ◇ Tenor: 58: d' (Type auf dem Kopf)

595. Heb hoch des Herren Herrlichkeit [252*]

Gl
 Noten: ₵ (?; Diminutionsstrich unsicher / rud.)
Vierstimmiger Satz
 B, Nr. 90; PS II, Nr. 165 – Deutliche Abweichungen zwischen den vorherigen Drucken. Das Cantus-Basis-Gerüst entspricht überdies dem von Nr. 789 [377*] „Wo Gott zum Haus nicht gibt sein Gunst"; im Grundsatz aber ist auch die dortige vierstimmige Ausführung verwandt. Der Satz Gl, Nr. 595 als Ganzer kommt PS II, Nr. 165, gleich, dort aber mit dem Text „Wo Gott zum Haus nicht gibt sein Gunst".

604. Nun danket all und bringet Ehr [253*]

Gl
 Noten: Altus: ohne MZ ◇ Tenor: ₵ ◇ Basis: ₵
Vierstimmiger Satz
 PS II, Nr. 227

614. Ich preise dich und singe [263*]

Gl
 Noten: Altus: 15: d' ◇ Tenor: ohne MZ ◇ Basis: 37, Bezifferung: 7 statt $^6_5$

615. Ich will erhöhen immerfort [264*]

Gl
 Noten: Altus: 33: ◇ ◇ Tenor: 4-5: ♩♩ g h ◇ Basis: 20, Bezifferung: 4 statt 6

616. Alle Welt, was kreucht und webet [265*]

Gl
 Noten: einzelne Pausentypen auf dem Kopf ◇ Tenor: 16-17: ♩♩ (korr. nach PS II) ◇ 24: ♩ d' (korr. nach PS II) ◇ 31: d (korr. nach PS II)

Vierstimmiger Satz
PS II, Nr. 229

618. Mit rechtem Ernst und ganzem Fleiß [266*]

Gl
Noten: Tenor: 15: ♩ f
Anmerkung
*Die Genfer Melodie und Crügers Satz dazu [266*ˣ⁶⁰] in den Geistlichen Kirchen=Melodien, Nr. 92, wurden offenbar nicht wieder aufgegriffen.*

621. Lasst uns dem Herren sämtlich danken [268*]

Gl
Noten: Altus: Diminutionsstrich in MZ rud.?
Vierstimmiger Satz
PS I, Ps 66, Ps 98, Ps 118

624. Des Herren Huld gefällt mir allzeit wohl [267*]

Vierstimmiger Satz
PS I, Ps 74, Ps 116 – *Geringfügige Abweichungen von dem zweimaligen Satz in PS I betreffen sogar Harmonien.*

627. Zu Zion wird dein Nam erhoben [270*]

Gl
Noten: Basis: ₵ ◇ 38: ♩ (korr. nach B, PPMEDW I/1–2)
Vierstimmiger Satz
B, Nr. 93; PS I, Ps 65, Ps 72 – *Der Satz in Gl entspricht weitgehend dem in B. Gegenüber dem zweimaligen Satz in PS I bestehen einzelne Unterschiede.*

628. Ihr Himmel, lobt des Herren Macht [275*]

Gl
Noten: einige ✕ im Übersatz ◇ Altus: 5: ♩ ◇ 57–58: Bog. ◇ Tenor: ₵
Text: Lobt ihn / du *statt* Lob ihn / du

Vierstimmiger Satz
PS I, Ps 148 – *Deutliche Abweichungen.*

631. Nun danket alle Gott mit Herzen [277*]

Gl
Noten: Cantus: ₵ ◇ Altus: 8: ♩♩ (♩♩?; korr. nach B, PS II) ◇ Basis: ₵
Vierstimmiger Satz
B, Nr. 94; PS II, Nr. 241

636. Jesu, wollst uns weisen [280*]

Gl
Noten: Cantus: ₵ ◇ Altus: 49: ♦ ◇ Tenor: 37: ✕ im Übersatz ◇ 53: ♩⊥ ◇ Basis: ₵
Vierstimmiger Satz
B, Nr. 96 – *Deutliche Abweichungen.*

638. Lobet Gott, unsern Herren, in seinem Heiligtum [279*]

Gl
Noten: Altus: mit ♭-Vorzeichen; Φ3 ◇ 26: ♩ ◇ Tenor: mit ♭-Vorzeichen; Φ3 ◇ Basis: 38, Bezifferung: entstellt: keine Angabe, stattdessen 36–37: mit 4 und ✕
Vierstimmiger Satz
B, Nr. 95; PS II, Nr. 242 – *Deutliche Abweichungen zwischen den vorherigen Drucken; der Satz in Gl folgt (wie mehrheitlich auch sonst eher) der Lesart PS II.*

640. Lobt unsern Gott auf's Beste

Gl
Noten: Tenor: 25–26: ♩ ◇ Basis: 22, Bezifferung: mit 6
Melodie
Neuedition: Z III,5550
Komponist: Christoph Peter (1626–1669) (in Gl Angabe „C. P")
Quelle: Ga, S. 455, Nr. 340
Text
Johann Franck (1618–1677) 1666 (FT IV,116); PPM erstmals Ga (Quelle)
Anmerkung
Auch der Bass aus Ga wurde herangezogen.

643. Dies sind die heil'gen zehn Gebot, die uns [285*]

Gl
  Noten: Altus: 20: *d'* (korr. nach PS II)
Vierstimmiger Satz
  B, Nr. 97; PS II, Nr. 96

645. O Mensch, willst du für Gott bestahn [288*]

Gl
  Noten: Tenor: 16: ✕ im Übersatz (deutlich über 17) ◇ 22: ♩ (korr. nach B, PS II) ◇ v32: ✕ im ersten Spatium ◇ Basis: 30, Bezifferung: 46 statt 4
Vierstimmiger Satz
  B, Nr. 98; PS II, Nr. 98

647. Mensch, willst du leben seliglich [289*]

Gl
  Noten: Tenor: v14: ♭ im zweiten Spatium
Vierstimmiger Satz
  PS II, Nr. 97

649. Vater unser im Himmelreich [291*]

Gl
  Noten: Altus: 37: *e'* (korr. nach PS II)
Vierstimmiger Satz
  B, Nr. 100; PS II, Nr. 104

650. Wir glauben all an einen Gott [292*]

Gl
  Noten: Altus: 60–80: falscher c₂-Schlüssel ◇ 68: Ton höher (korr. nach B, PS II) ◇ Tenor: 50: *g* (korr. nach PS II) ◇ v84: ✕ auf der dritten Linie ◇ 94: ♩ ◇ Basis: 64: ◇ ◇ 91, Bezifferung: mit 6 ◇ 97: *c* (korr. nach PS II)
  Text: der sich *statt* Der sich ◇ wiederfahren *statt* widerfahren
Vierstimmiger Satz
  B, Nr. 99; PS II, Nr. 102 – *Der Satz in Gl folgt (wie mehrheitlich auch sonst eher) der Lesart PS II. Geringfügige Abweichungen von B betreffen sogar Harmonien.*

653. Christ, unser Herr, zum Jordan kam [296*]

Gl
  Noten: Cantus: 7: *c'* ◇ Altus: 8, 24: ✕ im Übersatz ◇ 25: *g'* (korr. nach B, PS II) ◇ Tenor 32: ♩ ◇ Basis: v39: ✕ auf der dritten Linie ◇ 41: ♩
  Text: zuerfüllen *statt* zu erfüllen
Vierstimmiger Satz
  B, Nr. 101; PS II, Nr. 107

655. Schmücke dich, o liebe Seele [298*]

Gl
  Noten: Tenor: 24: fehlt (korr. in Anlehnung an B) ◇ Basis, Bezifferung: mit Fehlern und Verstellungen (korr. in Anlehnung an B)
Vierstimmiger Satz
  B, Nr. 103 – *Deutliche Abweichungen.*

658. Jesaia, dem Propheten, das geschah [297*]

Gl
  Noten: Cantus: 32–91: falsche c₂-Schlüssel, ♭-Vorzeichen stehen richtig ◇ Altus: 53: Augmentationspunkt rud. ◇ 57: fehlt (Leertype; korr. nach B) ◇ 115, 116: vertauscht ◇ Tenor: 126–127: ◇ ♩ ◇ 127–147: falscher c₅-Schlüssel, ♭-Vorzeichen steht richtig ◇ Basis: 58: *B* ◇ 74–80, Bezifferung: entstellt (74: mit ✕ ◇ 75: mit 6 ◇ 76: ohne ◇ 77, 78: mit 6 ◇ 79–80: ohne) ◇ 84, Bezifferung: die 6 deutlich bereits über 83
  Text: kleidessaum *statt* kleides saum ◇ *Kein Hinweis auf Wiederholung der Zeile* Heilig ist Gott der Herre Zebaoth.
Vierstimmiger Satz
  B, Nr. 102 – *Geringfügige Abweichungen betreffen sogar Harmonien.*

661. Jesus Christus, unser Heiland, der von uns [299*]

Gl
  Noten: Altus: 19: ♩ (korr. nach PS II; s. Anmerkung) ◇ 34–35: *a e'* (!; korr. in Anlehnung an B, PS) ◇ Tenor: 1–28: falscher c₂-Schlüssel
Vierstimmiger Satz
  B, Nr. 104; PS II, Nr. 111
Anmerkung
  Der falsche Wert für die Altus-Note 19 erfolgte wohl in verfehlter Anlehnung an die hier etwas abweichende, synkopische Lesart in B.

663. Als Jesus Christus in der Nacht [301*]

Gl
  Noten: Tenor: 1–24: falscher c_5-Schlüssel
Vierstimmiger Satz
  B, Nr. 105; PS II, Nr. 153

671. Gott sei gelobet und gebenedeiet [303*]

Gl
  Noten: Cantus: 1–27: falscher c_2-Schlüssel ◇ v47: 𝕏 auf der zweiten Linie ◇ Altus: 1–27: falscher c_4-Schlüssel ◇ Tenor: 11–12: ohne ZT ◇ 12–13: ♩. ♩ (korr. nach PS II) ◇ 42: ♩ ♩ g h (!; korr. nach PS II) ◇ v45: ♭ auf der vierten Linie ◇ Basis: 43–44: ⊥ statt ZT
Vierstimmiger Satz
  PS II, Nr. 119

672. Ich glaub an Gott, den Himmelsvater

Gl
  Fehler und Flüchtigkeiten (u.a. Altus: 67: f')
Melodie
  Komponist: Jacob Hintze (1622–1702) (?)
  Quelle: = Gl
  Zahn führt für die vorliegende Strophenform keinen Beleg an.
Text
  Jacob Klinckebeil von Grünwald (1627–1694) 1690; PPM allein Gl
Anmerkung
  Der Text ist später wieder in des Verfassers Sammlung GgAH enthalten (Nr. VIII), aber mit anderer Melodie und anderem Bass (zu „C. G." als Komponistenangabe in GgAH vgl. die Anmerkung zu Nr. 156 „Herr, der du im Himmel wohnest"). – Die in Gl im Zusammenhang unverständliche Schlusszeile erscheint dort als „erschaffen / wie sie noch da stehn."

674. Danket dem Herren, denn er ist sehr freundlich, und seine Güt [305*]

Gl
  Noten: Altus: v17: 𝕏 im vierten Spatium
Vierstimmiger Satz
  PS II, Nr. 266 – *Der 2. Cantus von [305] (vgl. die Anmerkung in PPMEDW I/2), einst Tenor des Odensatzes „Vitam quae faciumt" von Petrus Tritonius (1465– um 1525), wurde mit übernommen. Die hinzugekommene zweitunterste Stimme aber hat mit der 4. des Odensatzes nichts zu tun. Da der Satz so bereits in PS II enthalten ist, geht er fraglos auf Crüger selber zurück; und damit scheidet die Möglichkeit, dass die Zusammenhänge nicht mehr erkannt wurden, aus. Viel eher ist anzunehmen, dass die neue 4. Stimme der Abwandlung des einstigen Tenors zu einem 2. Cantus geschuldet ist. Demgegenüber vgl. den Umgang mit dem Vorgänger bei Nr. 519 [194*^{x24}] „Erstanden ist der heil'ge Christ".*

676. Dankt dem Herrn, heut und allezeit [307*]

Vierstimmiger Satz
  B, Nr. 106

677. Singen wir aus Herzensgrund [309*]

Vierstimmiger Satz
  B, Nr. 107; PS II, Nr. 268

679. Lobet den Herrn und dankt ihm seiner Gaben [311*]

Alternative Melodiezuweisung
  „Herzliebster Jesu, was hast du verbrochen" [148*]

680. Lobet den Herren, denn er ist sehr freundlich, es ist sehr köstlich [310*]

Gl
  Noten: Altus: 18: ♩· ◇ 53: g' (s. Anmerkung) ◇ Tenor: v26: 𝕏 im zweiten Spatium ◇ 30–56: ♭-Vorzeichen in Druckzeile im zweiten Spatium ◇ 33–34: ♩ ⊥ ♩ ◇ Basis: 3: f
Vierstimmiger Satz
  B, Nr. 108; PS II, Nr. 269
Anmerkung
  Die Melodie erscheint erstmals 1568 in einem vierstimmigen Satz mit demselben Text (als Nachtrag EdK A409.1 in EdK 2, Textbd., S. 465; Z I,975). Übereinstimmungen mit dem Satz seit B gleich zu Beginn und in der Schlusszeile wieder sind unverkennbar. Die Komposition im Umfeld Crügers als Ganze aber lässt es wenig glaubhaft erscheinen, dass die Gemeinsamkeiten auf Vorsatz beruhen. – Die Altus-Note 53 als g', wie Gl sie hat, ist im dortigen Zusammenhang falsch. Sie findet sich indes so auch in B und PS II; dort aber passend zur etwas abweichenden Basis, die ähnlich PPMEDW I/1, Nr. 310, geführt ist; vgl. dort.

684. Den Vater dort oben [316*]

Gl
Noten: Basis: 21: *g*

Anmerkung
Im Altus Note 17 dürfte als f' gedacht gewesen sein; vgl. dort Note 39.

687. Erhalt uns, Herr, bei deinem Wort [317*]

Vierstimmiger Satz
PS II, Nr. 120

688. Verleih uns Frieden gnädiglich ... Gib unsern Fürsten [318*]

Gl
Vor „Gib unserm Fürsten" keine Zeilenumbrüche
Noten: Einige Schlüssel-♭ unrichtig positioniert; Bezifferung teils drastisch verschoben ⋄ Altus: 2: *d'* (s. Anmerkung) ⋄ Tenor: C ⋄ 2: *b* (s. Anmerkung) ⋄ 33, 41: ✕ im Übersatz ⋄ Basis: C ⋄ 27, Bezifferung: mit 6

Vierstimmiger Satz
PS II, Nr. 121 – *Geringfügige Abweichungen betreffen sogar Harmonien.*

Anmerkung
Die in der Edition geänderten Tonhöhenabweichungen zu Beginn der Mittelstimmen entsprechen denen in PS II. Dort aber passen sie zu dem etwas abweichenden Bass.

689. O Herre Gott, dein göttlich Wort [319*]

Gl
Noten: Altus: ₵ ⋄ Basis, Bezifferung: 35 und 37: die Sechsen deutlich bereits über 34 und 36
Text: Deß Danck ich dir Mit Fleiß / daß *statt* Deß danck ich dir Mit Fleiß / Daß

Vierstimmiger Satz
B, Nr. 109; PS II, Nr. 122

690. Ein feste Burg ist unser Gott [320*ˣ⁵⁰]

Gl
Noten: Cantus: 28: *d'* ⋄ Tenor: 5: ♩ ⋄ Basis: ₵

Vierstimmiger Satz
B, Nr. 110; PS II, Nr. 200

691. Wo Gott, der Herr, nicht bei uns hält [321*]

Gl
Noten: Altus: v12: ♭ auf der fünften Linie

Vierstimmiger Satz
B, Nr. 111; PS II, Nr. 201 – *Der Satz in Gl folgt (wie mehrheitlich auch sonst eher) der Lesart PS II. Geringfügige Abweichungen von B betreffen sogar Harmonien.*

692. Wär Gott nicht mit uns diese Zeit [322*]

Gl
Noten: Cantus: 14–15: *d" c"* ⋄ Tenor: 22: ♩

Vierstimmiger Satz
PS II, Nr. 202 – *Geringfügige Abweichungen betreffen sogar Harmonien.*

696. Ach Gott, vom Himmel sieh darein und lass dich [324*]

Vierstimmiger Satz
B, Nr. 112; PS II, Nr. 203 – *Deutliche Abweichungen zwischen den vorherigen Drucken; der Satz in Gl folgt (wie mehrheitlich auch sonst eher) der Lesart PS II.*

701. Wie schöne leucht't der Morgenstern voll Gnad [331*]

Gl
Noten: Cantus: 39–40: ZT stattdessen 40–41 ⋄ Altus: 9: *e'* (korr. nach B, PS II) ⋄ Basis, Bezifferung: 39: die 6 deutlich bereits über 38

Vierstimmiger Satz
B, Nr. 113; PS II, Nr. 208

710. Es ist ein Freud dem Herzen mein [337*]

Gl
Noten: Altus: 1–24: falscher c_4-Schlüssel ⋄ Basis: 13: ◇

712. Es woll uns Gott genädig sein [339*]

Gl
Noten: Altus: 32: *e'* (s. Anmerkung) ◇ Basis: 41: *f* ◇ 44: ♩ ◇ 53: fehlt
Vierstimmiger Satz
PS II, Nr. 209
Anmerkung
Die Altus-Note 32 als e', wie Gl sie hat, ist im dortigen Zusammenhang falsch. Sie findet sich indes so auch in PS II, dort aber passend zur etwas abweichenden Basis, die wie PPMEDW I/1, Nr. 339 geführt ist; vgl. dort.

717. Ich ruf zu dir, Herr Jesu Christ, ich bitt [343*]

Gl
Noten: Cantus: 35–36: ♩ | ♪ ♩ ◇ Altus: ohne MZ ◇ 30: fehlt (Custos vorhanden; korr. nach B, PS II) ◇ 42–47: entstellt: ♩♩♩ ♩♩ ♩♩ ♩ *a g f' d' d' cis' cis' d* (𝄪 für zweites *cis'* im dritten Spatium; korr. nach PS II) ◇ Tenor: C ◇ Basis: 35–36: ♩ | ♪ ♩
Vierstimmiger Satz
B, Nr. 114; PS II, Nr. 154

719. Zweierlei bitt ich von dir [345*×74]

Gl
Fehler und Flüchtigkeiten in Noten und Bezifferung
Vierstimmiger Satz
PS II, Nr. 155
Alternative Melodiezuweisung
„Singen wir aus Herzensgrund" [309*]

720. Weltlich Ehr und zeitlich Gut [346*]

Gl
Noten: Altus: 36: ♩
Vierstimmiger Satz
B, Nr. 115; PS II, Nr. 156

724. Nicht so traurig, nicht so sehr [348*]

Gl
Noten: Cantus: 16–17: *c' d'* ◇ Basis: 27, Bezifferung: als 6 4 nebeneinander

Vierstimmiger Satz
B, Nr. 119; PS II, Nr. 159 – *Deutliche Abweichungen zwischen den vorherigen Drucken; der Satz in Gl folgt (wie mehrheitlich auch sonst eher) der Lesart PS II.*

725. Du, o schönes Weltgebäude [350*]

Vierstimmiger Satz
B, Nr. 116; PS II, Nr. 157 – *Deutliche Abweichungen zwischen den vorherigen Drucken; der Satz in Gl folgt (wie mehrheitlich auch sonst eher) der Lesart PS II.*

732. O Mensch, bedenke doch das Ende

Gl
Noten: Cantus: 39–40: Bog auf 38–39 verschoben ◇ Tenor: 28, 52: 𝄪 auf der vierten Linie ◇ Basis: 8, Bezifferung: als ♭7 6 nebeneinander ◇ 51–52, Bezifferung: als 5 4 𝄪 nebeneinander (kein zweites 𝄪)
Text: *schnel statt schnell*
Melodie
Komponist: „C. G." (GgAH; vgl. die Anmerkung zu Nr. 156)
Quelle: = Gl
Text
Jacob Klinckebeil von Grünwald (1627–1694) 1690; PPM allein Gl
Anmerkung
Melodie und Bass entsprechen denen später in des Verfassers Sammlung GgAH (Nr. XLV).

733. Ich lass es gehen, wie es geht

Gl
Noten: Siehe Anmerkung ◇ Cantus: 12–13: Bog auf 13–14 verschoben ◇ 14: ♩ (in DKL 1693[03] anders) ◇ 50: *fis'* (auch DKL 1693[03]) ◇ Tenor: 26–50: 𝄪 in Druckzeile auf der vierten Linie ◇ Basis: 18, Bezifferung: 44 statt 4 ◇ 24–25: Bog. auf dem Kopf
Text: *Kust statt Lust* ◇ *auff statt Auff*
Melodie
Komponist: „C. G." (GgAH; vgl. die Anmerkung zu Nr. 156)
Quelle: = Gl
Text
Jacob Klinckebeil von Grünwald (1627–1694) 1690; PPM allein Gl
Anmerkung
Melodie und Bass entsprechen denen später in des Verfassers Sammlung GgAH (Nr. XXXIX). –

Der Satz hat Mängel. Die Fragen und Probleme, die sich im Umfeld von Gl ergeben, treten einmal mehr zutage. Indem die Komposition hier im Wesentlichen unverändert wiedergegeben wird, richten wir uns überdies auch nach dem Text.

743. Warum sollt ich mich den grämen [353*]

746. Gott ist mein Licht, der Herr mein Heil [355*]

Gl
  Noten: Tenor: 19: fehlt (korr. nach PS II)
Vierstimmiger Satz
  PS II, Nr. 164

750. Was mein Gott will, das gscheh allzeit [359*]

Gl
  Noten: Cantus: ¢ ◇ Altus: 38–39: ◊ | ♩ ↓ ◇ Tenor: v17: Pause spiegelverkehrt ◇ 40–41: ◊ | ♩ ↓ ◇ 47: *b* (korr. nach B, PS II)
Vierstimmiger Satz
  B, Nr. 121; PS II, Nr. 161

760. In dem Leben hier auf Erden [370*]

Gl
  Noten: Siehe Anmerkung ◇ Altus: 8–9: *c' e'* (vgl. Tenor) ◇ Tenor: 9: *c'* (vgl. Altus)
Anmerkung
  Der Übergang von der ersten Zeile zur zweiten ist im Druck entstellt und erfordert Änderungen, unabhängig davon, was als Lösung zu wählen ist. In vorliegender Edition wurde die erste Melodiezeile im Cantus in den Grundton geführt. So drastisch sich die Weise daraufhin von ihrer üblichen Gestalt mit dem ersten Zeilenschluss auf der Obersekunde (vgl. PPMEDW I/1-2, Nr. 370) abhebt, hat dies doch den Vorzug, dass jene Veränderung mit vergleichsweise wenigen Eingriffen auskommt, leicht zu bewerkstelligen ist und eine befriedigende Gestaltung des Satzes ergibt. Eingriffe stattdessen in Richtung der üblichen Version, so zwingend sie vordergründig erscheinen mögen, werfen doch Fragen auf: Zu denken wäre etwa als Zeilenübergang im Cantus e'-a', im Altus cis'-f', im Tenor a-d und in der Basis A-d — mit anderen Worten an parallele perfekte Konsonanzen und überdies in allen Stimmen gemeinsam Quartsprünge in dieselbe Richtung. Dabei mag die Quintparallele zwischen Cantus und Basis den Ausschlag geben; alles sonst sind im Umfeld Crügers und Hintzes, wie sich immer wieder zeigt, keine zwingenden Argumente. Dazu vgl. auch die Anmerkungen zu Nr. 1011 „O heil'ger Gott, der du den Himmel zierest" und zu Nr. 1027 „Ich weiß, dass mein Erlöser lebt, ob ich schon".

761. Kommt her zu mir, spricht Gottes Sohn [371*]

Gl
  Noten: Cantus: 46: *g'* ◇ Tenor: 31: fehlt (korr. nach B, PS II)
Vierstimmiger Satz
  B, Nr. 118; PS II, Nr. 162

767. Steh doch, Seele, steh doch stille

Gl
  Noten: Cantus: v22: ✕ auf der fünften Linie ◇ Altus: 9: ↓ *e'* ◇ Tenor: ¢ ◇ 6: ♩ ◇ Basis: 24: *d*, mit Bezifferung 7 4 statt 4
Melodie
  Neuedition: Z II,3693
  Komponist: Anonymus
  Quelle: G, S. 791, Nr. 417
Text
  Gregor Richter d.J. (1598–1633) 1630 (FT I,308); PPM erstmals G
Anmerkung
  Auch der Bass aus G wurde herangezogen.

777. Was frag ich nach der Welt

Gl
  Noten: Altus: C ◇ Tenor: 49: ↓↓
Melodie
  Neuedition: Z III,5168
  Komponist: Jacob Hintze (1622–1702) (in Gl Angabe „J. H.")
  Quelle: Gi, S. 646, Nr. 611
Text
  Balthasar Kindermann (1636–1659) 1664 (FT IV,218); PPM erstmals Gi
Anmerkung
  Auch der Bass aus Gi wurde herangezogen. — Die seltsame Verdoppelung der Schlussnote erfolgte offenbar vorsätzlich.

780. Gib dich zufrieden und sei stille

GI
Noten: Altus: 1-24: mittleres ♭-Vorzeichen in Druckzeile auf der dritten Linie ◇ 40-41: Bog. ◇ v44: ✕ im ersten Spatium ◇ Basis: 39-40: Bog.

Melodie
Neuedition: Z IV,7415
Komponist: Jacob Hintze (1622-1702) (in GI Angabe „J. H.")
Quelle: Neuvermehrete Geistliche Wasserquelle, Berlin 1670 (DKL 1670⁰⁷), S. 497 f.

Text
Paul Gerhardt (1607-1676) 1666 (FT III,474; BachmannG, Nr. XCV); PPM erstmals Gg

Anmerkung
Innerhalb der PPM-Überlieferung erscheint die Melodie zu diesem Text seit Gg. Auch der dortige Bass wurde herangezogen; er entspricht ebenfalls dem der Melodiequelle DKL 1670⁰⁷.

781. Was trotzest du, stolzer Tyrann

GI
Noten: alle Stimmen: v1: ⊥ ⊥ statt ⊤ ⊤ ◇ Altus: 44-45: ohne ZT ◇ Tenor: 23: *f* (Type auf dem Kopf) ◇ 36-38: ◇ ◇ *d'h* ◇ 44-45: ohne ZT

Melodie
Neuedition: Z IV,6952
Komponist: Jacob Hintze (1622-1702) (in GI Angabe „J. H.")
Quelle: Neuvermehrete Geistliche Wasserquelle, Berlin 1670 (DKL 1670⁰⁷), S. 567

Text
Paul Gerhardt (1607-1676) 1666 (BachmannG, Nr. XCVII); PPM erstmals Gg

Anmerkung
Innerhalb der PPM-Überlieferung erscheint die Melodie zu diesem Text seit Gg. Auch der dortige Bass wurde herangezogen, wenngleich mit deutlichen Abweichungen. Er entspricht ebenfalls dem der Melodiequelle DKL 1670⁰⁷.

783. In allen meinen Taten

GI
Noten: Cantus: 20-21: ohne ZT ◇ v27: ✕ im ersten Spatium ◇ Altus: 37-38: ♩ ◇ Tenor: v7: ✕ auf der dritten Linie ◇ v40: ✕ auf der dritten Linie

Melodie
Neuedition: Z II,2275
Komponist: Jacob Hintze (1622-1702) (in GI Angabe „J. H.")
Quelle: Gh, S. 741, Nr. 478

Text
Paul Fleming (1609-1640) 1642 (FT I,489); PPM erstmals Dd

Anmerkung
Innerhalb der PPM-Überlieferung erscheint die Melodie zu diesem Text seit Gh. Auch der dortige Bass wurde herangezogen.

789. Wo Gott zum Haus nicht gibt sein Gunst [377*]

GI
Noten: Cantus: 24-25: ◇ ⊤ ♩

Anmerkung
Das Cantus-Basis-Gerüst entspricht dem von Nr. 595 [252] „Heb hoch des Herren Herrlichkeit"; Näheres vgl. dort.*

790. Vergebens ist all Müh und Kost [378*]

GI
Noten: Altus: 25: s. Anmerkung ◇ Tenor: ¢ ◇ Basis: 45, Bezifferung: ♭✕ statt ♭6

Vierstimmiger Satz
B, Nr. 122; PS II, Nr. 166

Anmerkung
Die offene Quintparallele zwischen den Mittelstimmen am Ende der ersten Abgesangszeile findet sich so auch in PS II. Die Geistlichen Kirchen=Melodien hingegen haben im Altus Note 25 als d'.

792. Ein Weib, das Gott, den Herren, liebt [380*]

GI
Noten: Cantus: 5: c'

795. O Gott, du frommer Gott [383*]

GI
Noten: Cantus: 42-43: *f' f'* ◇ Tenor: 40-41: ◇ ⊏ ♩

796. Allein auf Gott setz dein Vertraun [384*]

GI
Noten: Altus: v29: ♭ im dritten Spatium ◇ Tenor: 32: *b* (Type auf dem Kopf; korr. nach PS II)

799. Nun höret zu, ihr Christenleut [387*]

Gl
  Noten: Altus: 16, 24: ※ im Übersatz ⟡ 32-33: ohne ZT ⟡ Tenor: Diminutionsstrich in MZ unsicher / rud. ⟡ 36: ♩
Vierstimmiger Satz
  B, Nr. 117

808. Meinen Jesum lass ich nicht, weil er sich

Gl
  Noten: Siehe Anmerkung ⟡ Cantus: v14: ※ im dritten Spatium ⟡ 29-44: falscher g_1-Schlüssel, ♭-Vorzeichen steht richtig ⟡ Tenor: C2 ⟡ Basis, Bezifferung: 43: die 6 deutlich bereits über 42
Melodie
  Neuedition: Z II,3450
  Komponist: Anonymus
  Quelle: Dd, S. 960, Nr. 644
  anderer Bass
Text
  Christian Keimann (1607–1662) 1659 (FT IV,13); PPM erstmals Gb
Anmerkung
  Den Bass, der dann auch für den Satz in Gl herangezogen wurde, hat die Melodie in der Berliner PPM-Überlieferung seit Gd, allerdings mit einer gewichtigen Variante in der Schlusszeile. Deren Satz hier nach Gl mit der Basis-Note 41 als G und dazu der freien Septime in der Cantus-Melodie ist so mit Sicherheit falsch. In abweichenden Konkordanzen stimmt zwar das Miteinander von Cantus und Basis, aber die Gl-Mittelstimmen würden dann auf Anhieb nicht dazu passen. Kurz, die Stelle führt in die Ratlosigkeit; und es ist ja an der Schlusszeile des nachmals recht bekannt gewordenen Liedes immer wieder geändert worden (vgl. etwa Z II,350 – die dortige Jahreszahl 1668 ist in 1667 zu berichtigen).

811. Ach, dass doch mein Heiland käme

Gl
  Noten: Altus: 12-13: mit ZT ⟡ Tenor: 12-13, 31-32: mit ZT ⟡ v34: ♭
  Text: ans *im Cantus-Basis-Band statt* aus *(auch Altus-Tenor-Band)*
Melodie
  Neuedition: Z I,1328
  Komponist: Anonymus
  Quelle: Gb, S. 957, Nr. 708
Text
  Christoph Runge (1619–1681) 1667; PPM erstmals Gb (Quelle)
Anmerkung
  Innerhalb der PPM-Überlieferung erscheint die Melodie zu diesem Text seit Gb. Auch der dortige Bass wurde herangezogen.

812. Wer nur den lieben Gott lässt walten

Gl
  Noten: Altus: v31: ♭ im vierten Spatium
Melodie
  Neuedition: Z II,2780
  Komponist: Anonymus
  Quelle: = Gl
Text
  Georg Neumark (1621–1681) 1657 (FT IV,365); PPM erstmals Gd

819. Wenn wir in höchsten Nöten sein [388*]

Vierstimmiger Satz
  B, Nr. 123; PS II, Nr. 176 – Deutliche Abweichungen zwischen den vorherigen Drucken; der Satz in Gl folgt (wie mehrheitlich auch sonst eher) der Lesart PS II.
Anmerkung
  Die Genfer Melodie zu Ps 140 (Z I,750; Pidoux 201d; EdK 2, B81A) ist eine andere Fassung der Weise, und demgemäß bestehen auch Unterschiede zum Satz PS I, Ps. 140.

822. Nimm von uns, Herr, du treuer Gott [391*]

Gl
  Noten: Basis: 46, Bezifferung: als 175 (!) nebeneinander ⟡ 49: H
Vierstimmiger Satz
  B, Nr. 124; PS I, Ps 117 – Deutliche Abweichungen zwischen den vorherigen Drucken; der Satz in Gl folgt der Lesart PS I.

828. Zion klagt mit Angst und Schmerzen [393*]

Vierstimmiger Satz
  B, Nr. 125; PS II, Nr. 179

830. Mag ich Unglück nicht widerstahn [395*]

Vierstimmiger Satz
B, Nr. 126; PS II, Nr. 180 – *Deutliche Abweichungen zwischen den vorherigen Drucken; der Satz in Gl folgt (wie mehrheitlich auch sonst eher) der Lesart PS II.*

833. Warum betrübst du dich, mein Herz, bekümmerst [398*]

Vierstimmiger Satz
B, Nr. 127; PS II, Nr. 181

834. Verzage nicht, o frommer Christ [399*]

Vierstimmiger Satz
B, Nr. 128; PS II, Nr. 182 – *Deutliche Abweichungen zwischen den vorherigen Drucken; der Satz in Gl folgt (wie mehrheitlich auch sonst eher) der Lesart PS II.*

836. In dich hab ich gehoffet, Herr [401*]

Gl
Noten: Altus: ¢ ◇ Tenor: 21: ↓ *f* (!; korr. nach PS II)
Vierstimmiger Satz
B, Nr. 129; PS II, Nr. 183

839. Wie der Hirsch in großen Dürsten [403*]

Gl
Noten: Cantus: 24: ✕ im Übersatz ◇ Tenor: 31: ✕ im Übersatz ◇ Basis, Bezifferung: 24: die 6 deutlich erst über 25
Vierstimmiger Satz
PS II, Nr. 194

842. Herr, wie lange willst du doch [406*]

Gl
Noten: Basis: 25–26: ↓ ⊤ ↓
Vierstimmiger Satz
PS II, Nr. 190

843. Herr, der du vormals hast dein Land [408*]

Gl
Noten: Altus: ¢ ◇ 31: ✕ im Übersatz ◇ 37: *h'* (korr. nach PS II)
Vierstimmiger Satz
PS II, Nr. 196

845. Mein Geschrei und meine Tränen [410*]

Gl
Noten: Basis: 12: *f*
Vierstimmiger Satz
PS II, Nr. 192

846. Ich erhebe, Herr, zu dir [412*]

Gl
Noten: Basis: 26, Bezifferung: 6 statt ⁶₅
Vierstimmiger Satz
B, Nr. 130; PS II, Nr. 193 – *Deutliche Abweichungen zwischen den vorherigen Drucken; der Satz in Gl folgt (wie mehrheitlich auch sonst eher) der Lesart PS II.*

847. Gott, höre mein Gebet und Tränen [414*]

Gl
Noten: Cantus: ¢ ◇ Altus: 45: ↓ (korr. nach PS I) ◇ Tenor: 6–7: *d' d'* (korr. nach PS I) ◇ Basis: 8: *c* ◇ 11–12: *c d*
Vierstimmiger Satz
PS I, Ps 33 – *Deutliche Abweichungen.*

848. Ich heb mein Augen sehnlich auf [413*]

Gl
Noten: Cantus: 10: *d* ◇ Altus: 31: ↓ *c'* (!; korr. nach B) ◇ Tenor: 6: Siehe Anmerkung
Vierstimmiger Satz
B, Nr. 132
Anmerkung
Im Tenor Note 6 muss selbstverständlich als b klingen. Einmal mehr äußert sich ein Charakteristikum des Druckes, das erkennbar bleiben soll. Andererseits handelt es sich um die Erscheinung

„una nota supra la", so dass sich für den damaligen geschulten Ausführenden die Wiedergabe als b auch so versteht.

851. An Wasserflüssen Babylon [415*]

Gl
Noten: Cantus: ¢
Vierstimmiger Satz
B, Nr. 133; PS II, Nr. 187 – *Der Satz in Gl folgt (wie mehrheitlich auch sonst eher) der Lesart PS II. Geringfügige Abweichungen von B betreffen sogar Harmonien.*

853. Ist Ephraim nicht meine Kron [416*]

Gl
Noten: Altus: 21: undeutlich (♩?)
Text: Stern nnd *statt* Stern und
Vierstimmiger Satz
PS II, Nr. 198

854. Schwing dich auf zu deinem Gott [419*]

Gl
Noten: Siehe Anmerkung ◇ Altus: 14: g' ◇ 39: e' ◇ Tenor: 3–4 c' c' ◇ Basis: 11, Bezifferung: als 5 6 nebeneinander, die 5 deutlich bereits über 10
Alternative Melodiezuweisung
„Christus, der uns selig macht" [150*]
Anmerkung
Die für die Edition vorgenommenen Eingriffe können durch keine Konkordanz gestützt werden und sind gewagt.

855. Von Gott will ich nicht lassen [421*ˣ⁴⁸]

Vierstimmiger Satz
PS II, Nr. 184
Anmerkung
Die Text-Melodie-Verbindung entspricht der von A, doch ist es zu Varianten gekommen. Der Stollen der Melodie stimmt nunmehr mit der des Liedes „Feinslieb, du hast mich gfangen" von Hans Leo Haßler (1564–1612) überein (Hans Leo Hassler: Sämtliche Werke, hrsg. von C. Russel Crosby. Bd. 2: Canzonette von 1590 und Neue Teutsche Gesang von 1596. Hrsg. von Rudolf Schwartz, revidiert von C. R. Crosby jr. Wiesbaden 1962, ²1975, S. 75f.).

880. Jesu, meine Freude [427*]

Gl
Noten: Tenor: 10: undeutlich (♩?) ◇ Basis: 15, Bezifferung: 6 statt ⁶₅

882. Wer Gott vertraut, hat wohl gebaut [428*]

Gl
Noten: Altus: 8–9: ♩♩ ◇ Basis: 9: e
Vierstimmiger Satz
B, Nr. 135; PS II, Nr. 188

887. Keinen hat Gott verlassen [431*⁴⁸⁷]

Gl
Noten: Basis: 1: H ◇ 32, Bezifferung: die 4 ✗ deutlich bereits über 30
Vierstimmiger Satz
Der Satz ist identisch mit Nr. 982 „Herzlich tut mich verlangen"; Näheres vgl. dort.

888. Mein Herz ruht und ist stille [434*]

Gl
Noten: Alt: 1–29: ♭-Vorzeichen in Druckzeile im dritten Spatium ◇ Basis: 4: g (korr. nach PPMEDW I/1-2) ◇ 7: c ◇ 10, Bezifferung: mit 6
Vierstimmiger Satz
B, Nr. 136

892. Wenn dich Unglück tut greifen an [436*]

Gl
Noten: Cantus: v12: ♭ auf der fünften Linie ◇ Altus: 28: f' ◇ Tenor: 27: h ◇ Basis: 30, Bezifferung: als 6 4 5 nebeneinander
Text: thu *statt* thut

899. Ach Herr Jesu, wie viel sind

Gl
Noten: Basis: 14, Bezifferung: das ✗ sic
Melodie
Neuedition: Z IV,6392
Komponist: Anonymus
Quelle: G, S. 962, Nr. 503

Text
: Christoph Runge (1619–1681) 1664 (FT III,528); PPM erstmals G (Quelle)
Anmerkung
: Auch der Bass aus G wurde herangezogen.

907. Ach Gott, erhör mein Seufzen und Wehklagen

Gl
: Noten: Basis: 27: g (auch Custos) ⟺ 34, Bezifferung: als 6 5 nebeneinander
Melodie
: Neuedition: Z I,1832
  Komponist: Jacob Hintze (1622–1702) (in Gl Angabe „J. H.")
  Quelle: = Gl
Text
: Jakob Peter Schechs (1607–1659) 1648 (FT III,247); PPM erstmals Da

913. Zu dir ruf ich in Nöten

Gl
: Noten: Altus: ¢ ⟺ 1–26: falscher c_4-Schlüssel ⟺ 3: Ton tiefer ⟺ Tenor: ¢ ⟺ v31: ♭ auf der vierten Linie ⟺ 32: a ⟺ Basis: 18–19: ♪ ⊤ | ♪ ⟺ 23–24: ohne ZT ⟺ 28: ohne ♭ (s. Anmerkung) Text: zurichten statt zu richten
Melodie
: Neuedition: Z III,4992
  Komponist: Jacob Hintze (1622–1702) (in Gl Angabe „J. H.")
  Quelle: = Gl
Text
: Christoph Runge (1619–1681) 1667; PPM erstmals Gb (Quelle)
Anmerkung
: In der Basis beginnt mit Note 28 eine neue Druckzeile, was das schlichte Fehlen des ♭ mit begünstigt haben mag. Vgl. demgegenüber zu Nr. 848 „Ich heb mein Augen sehnlich auf" u.a.; die uneinheitliche Vorgehensweise wird in Kauf genommen.

919. Du Friedensfürst, Herr Jesu Christ [442*]

Gl
: Noten: Basis: 22: d
Vierstimmiger Satz
: B, Nr. 138

Anmerkung
: In PS II, Nr. 214, erscheint das Lied als [442*x64] (in B in diese Version als Alternative daneben). Es ist dies eines der weniger häufigen Male, dass der Herausgeber von Gl sich eher an die Geistlichen Kirchen=Melodien statt an PS II angelehnt hat. Im vorliegenden Fall wird das zudem besonders deutlich.

921. O großer Gott von Macht und reich von Gütigkeit [548*M]

Gl
: Noten: Wiederholungsteil nicht kenntlich gemacht (einfache ZT) ⟺ Altus: C ⟺ 32–42: ♭-Vorzeichen in Druckzeile im dritten Spatium ⟺ 40: ♪ ♪ ⟺ Tenor: v20: ✕ im zweiten Spatium ⟺ Basis: 29–42: Druckzeile ohne ♭-Vorzeichen
Melodie
: Neuedition: Z III,5107
  Komponist: Jacob Hintze (1622–1702) (in Gl Angabe „J. H.")
  Quelle: Gg, S. 721, Nr. 613
Anmerkung
: Auch der Bass aus Gg wurde herangezogen.

955. So brech ich auf von diesem Ort [466*]

Gl
: Noten: Tenor: 8: c' ⟺ 38: ♪ ♪ ⟺ Basis: v14: ♭ im zweiten Spatium

969. Wenn mein Stündlein fürhanden ist [477*]

Gl
: Noten: Tenor: 39–40: ♪ | ⊥ ♪ ⟺ Basis: 25 H
  Text: so statt So
Vierstimmiger Satz
: B, Nr. 139; PS II, Nr. 272

970. Herr Jesu Christ, wahr Mensch und Gott, der du [478*]

Vierstimmiger Satz
: B, Nr. 140; PS II, Nr. 274

972. O Jesu Christ, meins Lebens Licht, mein höchster Trost [479*]

Gl
Noten: Cantus: v6: ✕ auf der dritten Linie ◇ Tenor: 25–26: ♩ ♩
Vierstimmiger Satz
PS II, Nr. 275

974. Ich hab mein Sach Gott heimgestellt [481*]

Gl
Noten: Altus: v25(!): ✕ im dritten Spatium (korr. nach PS II) ◇ Tenor: 21: c'
Text: nicht statt Nicht
Vierstimmiger Satz
PS II, Nr. 277
Anmerkung
Der Satz entspricht fast gänzlich dem in PS II. Dabei wurde der Cantus 1 des dreistimmigen Satzes der eigentlichen PPM-Ausgaben nicht übernommen, wie dies in dem vierstimmigen Satz der Geistlichen Kirchen=Melodien, Nr. 142, noch geschehen war. Näheres vgl. die Angaben zu [481] in PPMEDW I/2.*

975. Herzlich lieb hab ich dich, o mein Herr [483*]

Gl
Noten: Altus: 3–4: d' d' (korr. nach B, PS II)
Vierstimmiger Satz
B, Nr. 144; PS II, Nr. 278

976. Mitten wir im Leben sind mit dem Tod [484*]

Gl
Noten: Cantus: 1–28: falscher c_2-Schlüssel ◇ Altus: 20–21(!): mit ZT ◇ 85: ✕ ‖ ♮ (kein weiterer Schlussstrich mehr) ◇ Tenor: 7–8: ohne ZT ◇ 27–57: falscher c_2-Schlüssel ◇ Basis: v48: ✕ im ersten Spatium
Text: Daß bist statt Das bist
Vierstimmiger Satz
B, Nr. 145; PS II, Nr. 279 – *Deutliche Abweichungen zwischen den vorherigen Drucken; der Satz in Gl folgt (wie mehrheitlich auch sonst eher) der Lesart PS II.*

977. Ach Gott, ich muss in Traurigkeit [482*]

Gl
Noten: Basis: C
Vierstimmiger Satz
Siehe Anmerkung
Anmerkung
Cantus und Basis des Satzes in Gl entsprechen weitgehend denen von [482]. Die Mittelstimmen aber sind anders als die der Geistlichen Kirchen=Melodien, Nr. 143. In PS II tritt die Melodie nicht auf.*

979. Auf meinen lieben Gott [486*]

Gl
Noten: Altus: 30–40: ♭-Vorzeichen in Druckzeile im dritten Spatium ◇ Basis: 40–42, Bezifferung: entstellt: ungleichmäßig nach links verschoben, ein ✕ fehlt
Vierstimmiger Satz
B, Nr. 146; PS II, Nr. 129 und Nr. 281 – *Der Satz in Gl folgt gänzlich der Lesart PS II, Nr. 281.*

982. Herzlich tut mich verlangen [487*]

Gl
Noten: Altus: C ◇ Tenor: C ◇ Basis: C
Text: von statt Von
Vierstimmiger Satz
B, Nr. 147; PS II, Nr. 282 – *Der Satz ist identisch mit Nr. 887 „Keinen hat Gott verlassen". Beide folgen (wie mehrheitlich auch sonst eher) der Lesart PS II.*

988. Allein nach dir, Herr Jesu Christ, verlanget mich [498*]

Gl
Noten: Siehe Anmerkung ◇ Altus: 47–48: ♩ ♩ (vgl. Tenor) ◇ 53–54: c' c' (korr. nach B, PS II) ◇ Tenor: 47–48: ♩ ♩ (vgl. Altus) ◇ 90: a (korr. nach B, PS II) ◇ Basis: 49: H (korr. nach PS II; s. Anmerkung)
Text: Lamm / Gottes statt Lamm Gottes
Vierstimmiger Satz
B, Nr. 150; PS II, Nr. 288 – *Der Satz in Gl folgt (wie mehrheitlich auch sonst eher) der Lesart PS II. Geringfügige Abweichungen von B betreffen sogar Harmonien.*
Anmerkung
Der Basis-Ton 49 als H ist die in den Konkordanzen übliche Lesart (vgl. PPMEDW I/1–2, 488).

Allein PS II hat d und dazu passend die Tenor-Note 49 als (zum H dissonantes) a: wieder ein Fall, dass es bei der Redaktion zu einer fehlerhaften Verschmelzung verschiedener Lesarten gekommen ist.

989. Mein Gott und Herr, ach sei nicht ferr [497*]

Gl
   Noten: Cantus: C ◇ Altus: C ◇ Basis: 24: *H*
Vierstimmiger Satz
   B, Nr. 149

992. Hört auf mit Trauren und Klagen, ob den [500*]

Gl
   Noten: Cantus: v9: 𝕏 (oder Verschmutzung?) ◇ Altus: 21: ♩♩ *g f'* (!; korr. nach B, PS II)
Vierstimmiger Satz
   B, Nr. 151; PS II, Nr. 289

997. Was trauerst du, mein Angesicht

Gl
   Noten: Altus: C ◇ 30–31: Bog. ◇ 31: ♩ ◇ Tenor: v8: 𝕏 im vierten Spatium ◇ 25: *a* ◇ 29–30: Bog. ◇ 30: ♩
   Text: Noth (Zeilenumbruch) *statt* Noth /
Melodie
   Neueedition: Z III,4416
   Komponist: Jacob Hintze (1622–1702)
   Quelle: Neuvermehrete Geistliche Wasserquelle, Berlin 1670 (DKL 1670⁰⁷), S. 655
Text
   Paul Gerhardt (1607–1676) 1666 (FT III,477; BachmannG, Nr. C); PPM erstmals Gd
Anmerkung
   Innerhalb der PPM-Überlieferung erscheint die Melodie zu diesem Text seit Gd. Auch der dortige Bass wurde herangezogen. Im Abgesang allerdings sind die Abweichungen erheblich.

998. O Welt, ich muss dich lassen [501*]

Gl
   Noten: Cantus: 10: ♩ ◇ Tenor: 31–45: ♭-Vorzeichen in Druckzeile im zweiten Spatium ◇ 35: 𝕏 im Übersatz
Vierstimmiger Satz
   B, Nr. 152; PS II, Nrn. 290 und 303 – *Der Satz in Gl folgt gänzlich der zweimaligen Lesart PS II.*

1002. Wie ein gejagtes Hirschelein [506*]

Gl
   Noten: Cantus: v9: 𝕏 auf der dritten Linie ◇ Basis: 37, Bezifferung: mit 𝕏

1011. O heil'ger Gott, der du den Himmel zierest

Gl
   Noten: Altus: C ◇ 21: fehlt ◇ v23: 𝕏 auf der vierten Linie ◇ v59: 𝕏 im vierten Spatium ◇ Tenor: 72: *e'* ◇ Basis: 20, Bezifferung: $\frac{5}{6}$ statt $\frac{6}{5}$ ◇ 84, Bezifferung: 𝕏 statt 4 𝕏
   Text: und aus *statt* Und aus
Melodie
   Komponist: „C. G." (GgAH; vgl. die Anmerkung zu Nr. 156)
   Quelle: = Gl
   Zahn führt für die vorliegende Strophenform keinen Beleg an.
Text
   Jacob Klinckebeil von Grünwald (1627–1694) 1690; PPM erstmals Gl
Anmerkung
   Melodie und Bass entsprechen denen später in des Verfassers Sammlung GgAH (Nr. XLIIX). – Bei „HERR / aus" gibt es wieder eine offene Quintparallele, und zwar zwischen den Mittelstimmen. Dazu und zu vielen weiteren entsprechenden Fällen vgl. die Anmerkungen zu Nr. 760 „In dem Leben hier auf Erden" und Nr. 1027 „Ich weiß, dass mein Erlöser lebet, ob ich schon".

1015. Was soll ein Christ sich fressen [514*]

Gl
   Noten: Altus: 7: *b* (korr. nach B, PS I) ◇ Basis: 8–9: ♩ ♩ ◇ 14, Bezifferung: 4 5 statt 4 3
   Text: kein *statt* Kein
Vierstimmiger Satz
   B, Nr. 131; PS I, Ps 6
Anmerkung
   Der Satz in Gl folgt der Lesart PS I, dort aber steht er einen Ton höher in e. In dieser innerhalb der PPM-Drucke bis dahin ungewöhnlichen Abweichung spiegelt sich die besondere Beschaffenheit der zugrundeliegenden Genfer Melodie zu Ps 6 wider: Sie wirkt wie eine nach a versetzte d-Melodie, eine Transposition, die seinerzeit ganz und gar unüblich war. Nach a wurden vielmehr e-Melodien transponiert; und zunächst stand der Satz Crügers ja in e.

1016. Alle Menschen müssen sterben

Gl
Noten: Cantus: 8: *d'*
Text: genesen / Der *statt* genesen Der

Melodie
Neuedition: Z IV,6778
Komponist: Jacob Hintze (1622-1702) (in Gl Angabe „J H")
Quelle: Gh, S. 1150, Nr. 660

Text
Johann Rosenmüller (um 1619-1684) (?) / Johann Georg Albinus (1624-1679) (?) 1652 (FT IV,311); PPM erstmals Df

Anmerkung
Auch der Bass aus Gh wurde herangezogen.

1018. Was sind wir Adamskinder

Gl
Noten: Tenor: v13: ♭ im dritten Spatium ⬦ Basis: v3: Auflösungszeichen im ersten Spatium ⬦ 16, Bezifferung: 7 6 statt 5 6 ⬦ 33: *g*
Text: Todes=Zeichen *statt* Todes Zeichen

Melodie
Komponist: „C. G." (GgAH; vgl. die Anmerkung zu Nr. 156)
Quelle: = Gl

Text
Jacob Klinckebeil von Grünwald (1627-1694) 1690; PPM allein Gl

Anmerkung
Melodie und Basis entsprechen denen später in des Verfassers Sammlung GgAH (Nr. XLVI).

1019. Christus, der ist mein Leben

Gl
Noten: Basis: 1-21: Druckzeile ohne ♭-Vorzeichen ⬦ 24-25: Bog.

Melodie
Neuedition: Z I,132; EdK 4, H148
Komponist: Melchior Vulpius (um 1570-1615) (in Gl aber Angabe „J. H.")
Quelle: Melchior Vulpius: Ein schön geistlich Gesangbuch, Jena 1609 (DKL 1609¹²; EdK h28), S. 566, Nr. CXLVIII
anderer Bass und Satz

Text
anonym (W V,665) 1609; PPM erstmals Da

Anmerkung
Innerhalb der PPM-Überlieferung erscheint die Melodie zu diesem Text seit Da. Auch der dortige Bass wurde herangezogen. – Ähnlich fragwürdige oder tatsächlich falsche Zuweisungen des Satzes an Jacob Hintze als Komponist vgl. auch bei Nrn. 48, 64, 77, 534, 1042.

1024. O wie selig seid ihr doch, ihr Frommen [520*]

Gl
Noten: Basis: 35, Bezifferung: 4⚹ statt ⚹

Vierstimmiger Satz
B, Nr. 153 – *Die Mittelstimmen sind abschnittweise deutlich anders geführt. Derartiges ist auch sonst verschiedentlich der Fall und musste nicht immer eigens erwähnt werden; hier aber fällt es angesichts der Kürze und Ruhe des Satzes auf.*

1027. Ich weiß, dass mein Erlöser lebt, ob ich schon [522*]

Gl
Noten: Siehe Anmerkung ⬦ Cantus: C ⬦ Altus: MZ vor Schlüssel ⬦ Basis: 30-31: ohne ZT

Vierstimmiger Satz
PS II, Nr. 300

Anmerkung
Die Melodie von Johann Hermann Schein hat die Cantus-Note 50 als a', nicht als c''; und die ursprüngliche Lesart a' wurde auch üblich (vgl. PPMEDW I/1-2, 522). Nur würde sich mit ihr eine Oktavparallele zur hier in Gl daneben erscheinenden Variante der Basis ergeben, mit deren Note 51 als A statt des in der PPM bislang üblichen cis. Also eine Oktavparallele zwischen den Außenstimmen, und das war offenbar selbst in vorliegendem Umfeld nicht hinnehmbar; vgl. dazu auch die Anmerkungen zu Nr. 760 „In dem Leben hier auf Erden" und Nr. 1011 „O heil'ger Gott, der du den Himmel zierest". Demgemäß findet sich die Lesart Gl auch in PS II und wurde von dort übernommen. Beachtlich, dass dem Komponisten – Johann Crüger – die Änderung der Melodie als das kleinste Übel erschien!

1028. Ein Würmlein bin ich, arm und klein [524*]

Gl
Noten: Cantus: C ⬦ Tenor: alle ⚹ im Übersatz ⬦ 14: fehlt (korr. nach B, PS II) ⬦ Basis: C ⬦ 32, Bezifferung: die 6 deutlich bereits über 31

Vierstimmiger Satz
B, Nr. 154; PS II, Nr. 302 – *Der Satz in Gl folgt (wie mehrheitlich auch sonst eher) der Lesart*

PS II. *Geringfügige Abweichungen von B betreffen sogar Harmonien.*

1031. Nun lieg ich armes Würmelein und ruh [525*]

Gl
Noten: Basis C
Vierstimmiger Satz
B, Nrn. 21 und 155; PS II, Nr. 304 – *Der Satz in Gl folgt gänzlich der Lesart PS II.*

1034. Der Tod klopft jetzund bei mir an [529*]

Gl
Noten: Tenor: 5-6: *a f* ◇ 25: *c'*

1035. Ich will still und geduldig sein [528*]

Gl
Noten: Cantus: v31: ✕ im dritten Spatium ◇ Tenor: 1-25: ♭-Vorzeichen in Druckzeile im zweiten Spatium ◇ 34: ♭♭ *c'a* ◇ Basis: v38: ✕ im ersten Spatium
Vierstimmiger Satz
B, Nr. 156 – *Geringfügige Abweichungen betreffen sogar Harmonien; und auch der erste Zeilenübergang ist in B nicht gar so hart.*

1036. Nun will auch ich abscheiden

Gl
Noten: Altus: 19-20: *d' eis'* (✕ v20 statt v19 und auf der vierten Linie)
Melodie
Neuedition: Z III,4318
Komponist: Anonymus
Quelle: Ga, S. 825, Nr. 618
Text
Christoph Runge (1619-1681) 1664 (FT III,529); PPM erstmals G (Quelle; vgl. Anmerkung)
Anmerkung
Innerhalb der PPM-Überlieferung erscheint die Melodie unter diesem Text seit Ga. Auch der dortige Bass wurde herangezogen. – Als das Lied in G erschien, hatte es dort die Melodie Z III,4317b. Diese ging dann in die Frankfurter PPM-Überlieferung über; beide Melodien bestanden also nebeneinander.

1037. O Herr, gedenk in Todespein [526*]

Gl
Noten: Cantus: C (?) ◇ Altus: 10-11: ♩ | ⌐ ♩ ◇ v19: ⊤ statt ⌐ ◇ Tenor: 9-10: ♩ | ⌐ ♩ ◇ 27: *e'*
Anmerkung
Ohne Bezifferung.

1038. Nun hör auf alles Leid, Klag und Sehnen

Melodie
entspricht [500*] „Hört auch mit Trauren und Klagen"; vgl. Anmerkung
Quelle der vorliegenden Fassung: G, S. 827, Nr. 619
Text: „M. M. R."; PPM erstmals G
Alternative Melodiezuweisung
„Melod. Jam mœsta [500*], und wie folget."
Anmerkung
Auch der Bass der Quelle vorliegender Melodiefassung G wurde herangezogen. – Melodie und Satz kommen in der Substanz [500] (Nr. 992) „Hört auf mit Trauren und Klagen, ob den" gleich. Doch erschienen die vorhandenen Unterschiede den Redaktoren erheblich genug, um dennoch das „Jam moesta quiesce querela" als Alternative benennen zu können.*

1042. Ich bin ja, Herr, in deiner Macht

Gl
Noten: Cantus: 34-35: Bog. ◇ Tenor: 49: *f* ◇ v52: ✕ auf der vierten Linie ◇ Basis: 51, Bezifferung: 4✕ statt ✕
Melodie
Neuedition: Z III,5869; Heinrich Albert: Arien II. Hrsg. von Eduard Bernoulli, in Neuauflage hrsg. und kritisch revidiert von Hans Joachim Moser. Wiesbaden, Graz 1958 (=Denkmäler deutscher Tonkunst 13), S. 224f.
Komponist: Heinrich Albert (1604-1651) (in Gl aber Angabe „J. H." zum Satz)
Quelle: [Simon Dach: Christliche Todes Errinnerung Des (...) Herrn Robert Robertihns (...), Königsberg 1648 (FT VI 487) / Heinrich Albert: Siebender Theil Der ARIEN, Königsberg 1648 (DKL 1648[22]), Bl. G7b, Nr. 12
Text
Simon Dach (1605-1659) 1648 (FT III,105); PPM erstmals Dd
Anmerkung
Innerhalb der PPM-Überlieferung erscheint die Melodie unter diesem Text seit Dd. Auch der dortige Bass wurde herangezogen. Der Satz in Gl insgesamt entspricht dem der Melodiequelle

DKL 1648²², ein dortiger 2. Cantus als 5. Stimme ist entfallen. – Ähnlich fragwürdige oder tatsächlich falsche Zuweisung des Satzes an Jacob Hintze als Komponist vgl. auch bei Nrn. 48, 64, 77, 534, 1019.

1043. Valet will ich dir geben

Gl
Noten: Altus: 27–28: ♭ ♢ (ohne ZT) ◇ Tenor: 26–27: ohne ZT ◇ 36: *a*
Melodie
Neuedition: Z III,5404a
Komponist: Melchior Teschner (1584–1635)
Quelle: Valerius Herberger: Der Dritte Theil Der Geistlichen Trawrbinden, Leipzig 1614 (DKL 1614¹⁰)-III, Bl. m2b
anderer Bass
Text
Valerius Herberger (1662–1627) 1614 (FT I,125); PPM erstmals Da
Anmerkung
Innerhalb der PPM-Überlieferung erscheint die Melodie unter diesem Text seit Da. Auch der dortige Bass wurde herangezogen.

1047. Ach wie nichtig, ach wie flüchtig [530*]

Gl
Noten: Basis: 35, Bezifferung: mit 4(!)
Text: Ach wie flüchtig *statt* ach wie flüchtig *in Strophe 1*

1050. Mit Fried und Freud ich fahr dahin [531*]

Gl
Noten: Tenor: 43–44: fehlen (korr. nach PS II; s. Anmerkung)
Vierstimmiger Satz
PS II, Nr. 305
Anmerkung
Indem die Tenor-Töne 43–44 nach PS II rekonstruiert sind, schließt das auch die unschöne Terzverdopplung am Schluss der vorletzten Zeile ein.

1053. Nun lasst uns den Leib begraben [533*]

Vierstimmiger Satz
B, Nr. 157; PS II, Nr. 307 – *Deutliche Abweichungen zwischen den vorherigen Drucken; der Satz in Gl folgt (wie mehrheitlich auch sonst eher) der Lesart PS II. Ohne Bezifferung.*

1056. Es wird schier der letzte Tag herkommen [535*]

Gl
Noten: Altus: ¢ ◇ 29–33: Druckzeile ohne ♭-Vorzeichen ◇ Tenor: ¢ ◇ 9: *a* (korr. nach B, PS II) ◇ 33: *c'* (korr. nach B, PS II)
Vierstimmiger Satz
B, Nr. 160; PS II, Nr. 308 – *Deutliche Abweichungen zwischen den vorherigen Drucken; der Satz in Gl folgt (wie mehrheitlich auch sonst eher) der Lesart PS II.*

1057. Gott hat das Evangelium [536*]

Gl
Noten: Basis: 25–34: ♭-Vorzeichen in Druckzeile auf der vierten Linie
Vierstimmiger Satz
B, Nr. 159; PS II, Nr. 309

1059. O Ewigkeit, du Donnerwort [539*]

Gl
Noten: Tenor: 11: *g* (s. Anmerkung) ◇ Basis: 11, Bezifferung: 4 statt 6 (s. Anmerkung) ◇ 25, Bezifferung: mit 6
Vierstimmiger Satz
PS II, Nr. 312 – *Deutliche Abweichungen*
Anmerkung
Die Tenor-Note 11 als g ist im dortigen Zusammenhang falsch (gleichwohl passt die seltsame verfehlte 4 in der Bezifferung irgendwie zu ihr). Sie findet sich indes so auch in PS II, dort aber passend zum abweichenden Bass.

1065. Höret, o ihr Kinder Gottes, höret [541*]

Vierstimmiger Satz
B, Nr. 161; PS II, Nr. 316 – *Der Satz in Gl folgt (wie mehrheitlich auch sonst eher) der Lesart*

PS II. Gegenüber der Lesart B weichen die Mittelstimmen zuweilen dahingehend ab, dass einzelne Töne oder auch Tonfolgen getauscht sind. Das ist auch sonst nicht selten, im vorliegenden Fall aber ist es besonders anschaulich.

1069. Ach Gott, tu dich erbarmen durch Christum [544*]

GI

Noten: Tenor: 44: ♦ ◇ Basis: 5, Bezifferung: 16 statt 6 (Spieß?)
Vierstimmiger Satz
B, Nr. 158; PS II, Nr. 313

1070. Kyrie eleison, Herr Gott, Vater im Himmel (Litanei) [545*]

GI

Noten: die einstimmigen Zeilen (Note I–LXIV) in beiden Büchern wohl vom selben Druckträger ◇ Tenor: 31–32 *ff* ◇ Basis: 24, Bezifferung: ohne Text: Behüt / uns *statt* Behüt uns / ◇ Zwytrach *statt* Zwytracht ◇ Gedeyen geben. (Seitenumbruch) *statt* Gedeyen geben /

1073–1193:

Zum Folgenden vgl. auch die Einführung oben, dort S. XIf.[1] Die nachfolgenden 65 Sätze unter den Nummern 1073 bis 1193 haben der Reihe nach die Epistellieder von Martin Opitz zum Text:

Die Episteln Der Sontage vnd fürnemsten Feste des gantzen Jahrs / Auff die Weisen der Frantzösischen Psalmen in Lieder gefasset / Von Martin Opitzen. Jn Verlegung David Müllers / Buchhendlers in Breslaw. Leipzig / Gedruckt durch Johan=Albrecht Mintzeln / 1628. (VD17 32:667028U)

Ursprünglich also waren die Lieder für Melodien des Genfer Psalters (GE 62) bestimmt. Jacob Hintze hat sie mit neuen Weisen und dazugehörigen Bässen versehen:[2]

Martin Opitzens Jn deutsche Reimen verfasste Episteln / Der Sonn= und fürnehmsten Fest=Tage übers gantze Jahr. Anitzo Mit besonderen Melodeyen / dieses mal aber nur der Choral nebenst dem Basso Continuo herauß gegeben von Jacob Hintzen / Bernoâ Monarchico [!], Musico Instrument. in Berlin. *Cum Gratiâ & Privilegio.* Jm Verlag Rupert Völckers / Buchh. Zu Franckf. an der Oder druckts Erasmus Rösner / 1661. (DKL 1661[10])[3]

---

1 Vgl. auch WenzelU, S. 200.
2 Bei 4 Liedern (Nrn. 1102, 1168, 1170 und 1129) hat Hintze die Strophen neu eingeteilt; die Strophenformen weichen dort also von denen der vormals von Opitz zugewiesenen Genfer Weisen ab (vgl. die jeweiligen Anmerkungen).
3 Vgl. PPMEDW II/1.1, S. 151 (Bilddokument 28), sowie WenzelU, S. 200. – Der amüsante Druckfehler „Monarchico" statt „Marchico" wurde bei DKL 1661[10], bei WenzelU und BunnersH offenbar nicht erkannt.

Mit nur zwei Ausnahmen (Nrn. 1104 und 1156) ist Hintze dort auch in den einzelnen Liedüberschriften nochmals eigens angegeben.

Danach erschien der Opitz-Hintze-Zyklus stark überarbeitet als eigenständiger (separat durchnummerierter) Anhang Ga^A zur „EDITIO XIV." der PPM von 1666 (Ga):

> Fünff und Sechzig Geistreiche Epistolische Lieder Auf alle Sonn= und die fürnehmsten Festtage durch das gantze Jahr Mit besondern Melodien heraußgegäben von Jacob Hintzen / Bernoâ-Marchico, Musico Instrumentali bey der Churfürstl. Brandenb. Residentz und Veste Berlin. Auff Recommendation Herrn Johannis Crügeri Sel. und Begehren des Auctoris / an dessen Gesangbuche mit bey[ge]füget nebst einem ordentlichen Register. CANTUS & BASIS. Berlin / Gedruckt und verleget vor Christoff Runge / Anno 1666. (PPMEDW Ga^A; DKL 1666[11]-II)[4]

In das Liedcorpus der PPM tatsächlich einbezogen dann (ohne eigene Nummerierung) sind die 65 Lieder mit Hintzes Melodien und Bässen ab der nächstfolgenden Ausgabe Gb, der „EDITIO XIII." von 1667 (Gb) (vgl. dazu S. XIf.). Unmittelbarer Bezug war dabei die Bearbeitung des Zyklus im Anhang Ga^A; diese lebt damit fort und liegt im Wesentlichen eben auch den vierstimmigen Aussetzungen in Gl zugrunde.

Gegenüber den Melodien und Sätzen des Zyklus DKL 1661[10] allerdings bestehen jetzt Unterschiede, die zum Teil erheblich ausfallen. Trotzdem bleibt übergreifend der Einfluss jenes älteren Zyklus zumindest mittelbar erkennbar, sodass bei 63 der 65 Sätze (außer Nrn. 1090 und 1150) als Melodiequelle letztlich doch DKL 1661[10] anzugeben ist. Auch die jeweiligen Bässe lassen sich auf diese Quelle zurückführen. Freilich fallen dann auch innerhalb der Kette der Ausgaben ab Ga^A Varianten an, wie dergleichen in der Geschichte der PPM von Anbeginn üblich war. Kurz, auch bei den vorliegend edierten Sätzen gibt es Züge von Eigenständigkeit.

In Gl sind die Epistellieder verbunden mit Johann Heermanns *Sontags= vnd Fest-Evangelia / durchs gantze Jahr / Auff bekandte Weisen gesetzt* (Leipzig 1636), wie das in der Ausgabe Gi (1679) eingeführt worden war. Im Wesentlichen stehen dabei von Sonntag zu Sonntag bzw. Fest zu Fest jeweils das Epistel- und das (notenlose) Evangeliumslied nacheinander, woraufhin sich zwischen den hier übernommenen Nummern der Epistelgesänge mehrheitlich Zweierschritte ergeben. Wird davon abgerückt, so ist der jeweilige Grund an gegebener Stelle in einer Anmerkung erklärt.

---

4 Vgl. PPMEDW II/1.1, S. 210 (Bilddokument 52), sowie WenzelU, S. 200.

Außerhalb der PPM bringt Hintze die Epistellieder für vier Singstimmen und bereichert um Instrumentalstimmen und weitere Kompositionen[5] nochmals 1695 heraus (Dresden, Leipzig).

> [Generalbass:] MARTINI Opitzes / Des berühmten Uhrhebers der reinen Teutschen Ticht=Kunst / Epistolische Lieder / mit 1 / 2 / 3 / oder 4. Vocal-Stimmen / und 2. oder mehr Instrumenten / nach Belieben / sambt dem GENERAL-BASS, Auf mancherley Art / sowohl in der Kirchen und Privat-Häusern zu musiciren / als auch von denen MUSICIS INSTRUMENTALIBUS zum Abblasen zugebrauchen / Samt einer Zugabe von Dreyen CONCERTEN componiret Und / GOTT zu Ehren / ans Liecht gegeben von JACOB Hintzen / Musico Instrumentali der Stadt Berlin. Dreßden und Leipzig / Verlegts Johann Christoph Mieth / und Johann Christoph Zimmermann / Druckts Johann Riedel / Churfl. S. Hoff=Buchdr. 1696. (DKL 1696[15])
> *4 Vokal- und 3 Instrumentalstimmbücher. Vollständig erhaltene Titelauflage einer Ausgabe von 1695, von der nur noch das Cantus- und das Altus-Stimmbuch erhalten sind. Nachfolgend: Hi95/96.*

Der Aufbau der Kritischen Kommentare zu den Epistelliedern ist gegenüber den übrigen Sätzen in Gl etwas verändert. Die Kommentare bestehen nur aus insgesamt höchstens fünf Rubriken:

Kopfzeile
Wie gehabt. (Konkordanz mit Vorkommen in den Herangezogenen Ausgaben bis 1661 und damit auch Siglierung gemäß unserer Edition kommen nur ein einziges Mal vor: bei 1190. Das blinde Volk der Heiden [493*M].)

Gl und Melodie
Wie gehabt.

Text
Die Rubrik ist zu einem Absatz zusammengefasst. Genannt wird jeweils nochmals Martin Opitz als Autor mit dem Erscheinungsjahr 1628 und Hinweisen auf spätere wissenschaftliche Editionen. Als nächstes ist der früheste PPM-Textdruck angegeben, außer allein bei Nr. 1190 „Das blinde Volk der Heiden" [493*M] durchweg Gb. Nach einer liegenden Raute (◇) folgt normalisiert die Angabe des Sonn- bzw. Festtages der betreffenden Epistel; dahinter kursiv die

---

[5] Marcellus Jany (Hg.): Jacob Hintze: Drei geistliche Konzerte. Beeskow 2014 (= Elisabeth Musiquen 7).

betreffende Bibelstelle, diplomatisch zitiert nach der jeweiligen Überschrift in Gl. Zuletzt steht eingeklammert die genaue Bezeichnung der Bibelstelle so, wie sie im Vergleich mit dem Opitz-Gedicht tatsächlich an der Luther-Übersetzung in neueren Fassungen[6] nachweisbar ist. Dies dient der Konkretisierung, da in der Quelle Gl, wie seinerzeit durchaus üblich, biblische Verszahlen nicht angegeben sind; auch konnten Kapiteleinteilungen von den heutigen abweichen. Zudem sind hier und dort die Angaben in Gl missverständlich oder gar falsch. Und endlich sind durchaus Unterschiede zu vertrauten Perikopen zu verzeichnen. (Nach Gründen wurde nicht gefragt und nach einer etwaigen genauen Bezugsquelle nicht gesucht; zu vermuten ist überdies, dass Opitz seinerseits sich nicht vollkommen an seine Vorgaben hielt.[7])

Anmerkung
Angesichts der Verschlankung der Angaben erfolgt jedes Mal der Hinweis auf die übergreifenden Ausführungen zu den Liedern. – Weitere Mitteilungen können anschließen insbesondere zur Melodie und zum Bass und ihrer Behandlung im Vorfeld von Gl. Abweichungen von der Nummerierung in Zweierschritten werden erklärt.

Es entfallen die Rubriken „Vierstimmiger Satz" und „Alternative Melodiezuweisung", bestehen doch keine Konkordanzen zu früheren Crüger-Drucken; und alternative Melodiezuweisungen zu den Episteiliedern enthält Gl nicht.

1073. Auf, auf, die rechte Zeit ist hier

Gl
Noten: Cantus: 36: ◊· ┥ (vgl. Basis) ◇ Tenor: ₵ 3 ◇ Basis: 34: ◊· ┥ (vgl. Cantus)
Melodie
Neuedition: Z I,703
Komponist: Jacob Hintze (1622–1702)
Quelle: Jacob Hintze: Martin Opitzens Jn deutsche Reimen verfasste Episteln, Frankfurt a.d.O. 1661 (DKL 1661[10]), S. 1f., Nr. 1
Text
Martin Opitz (1597–1639) 1628 (FT I,293; Opitz-Ep, Nr. 1); PPM erstmals Gb ◇ Erster Advent; *Röm. 13.* (Röm 13,11–14)
Anmerkung
Zu den Epistelliedern Nrn. 1073–1193 vgl. übergreifend oben S. 397–400.

1075. Was vor diesem, meine Lieben

Gl
Noten: Cantus: ₵ ◇ v58: ♭ ◇ 61: ◊ ┥ (vgl. Basis) ◇ Altus: nur ein Schlüssel-♭, sämtliche *es'* mit Akzidens (bei Tonwiederholungen nur das jeweils erste; s. aber auch die Anmerkung ◇ v35: im vierten Spatium) ◇ Tenor: nur ein Schlüssel-♭, sämtliche *es'* mit Akzidens ◇ 16: ✕ nach der Note im vierten Spatium ◇ Basis: ₵ ◇ 21–22, 28–29, 49–50: Bog. ◇ 60: ◊ ┥ (vgl. Cantus)
Melodie
Komponist: Jacob Hintze (1622–1702)
Quelle: Jacob Hintze: Martin Opitzens Jn deutsche Reimen verfasste Episteln, Frankfurt a.d.O. 1661 (DKL 1661[10]), S. 3f., Nr. 2

---

[6] Üblich für derartige Bezugnahmen auf die Luther-Bibel ist der revidierte Text von 1912. Jüngere Revisionen aber führten im vorliegenden Zusammenhang zu denselben Stellenangaben.

[7] Beispielsweise ist bei Nr. 1088 und nächstfolgend Nr. 1090 eine Überlappung festzustellen, von der eher anzunehmen ist, dass sie auf Opitz zurückgeht, nicht auf eine Bezugsquelle.

Text
    Martin Opitz (1597–1639) 1628 (OpitzEp, Nr. 2); PPM erstmals Gb ◇ Zweiter Advent; *Röm. 15.* (Röm 15,4–13)
Anmerkung
    Zu den Epistelliedern Nrn. 1073–1193 vgl. übergreifend oben S. 397–400. – Das nach Nr. 1075 fehlende Evangeliumslied Johann Heermanns steht an früherer Stelle im Gesangbuch, worauf ohne eigene Nummer verwiesen wird. – Einmal mehr gehen die Mängel und Fehler im Satz (etwa über den Basis-Noten 10, 39, 57) auf Vermischung unterschiedlicher Lesarten zurück.

1076. Dafür mag uns ein jedermann erkennen

GI
    Noten: Basis: 11, Bezifferung: $\frac{5}{6}$ statt $\frac{6}{5}$ ◇ 33–34: Bog. ◇ 38, Bezifferung: 5✕ statt 4✕
Melodie
    Komponist: Jacob Hintze (1622–1702)
    Quelle: Jacob Hintze: Martin Opitzens Jn deutsche Reimen verfasste Episteln, Frankfurt a.d.O. 1661 (DKL 1661[10]), S. 5f., Nr. 3
Text
    Martin Opitz (1597–1639) 1628 (OpitzEp, Nr. 3); PPM erstmals Gb ◇ Dritter Advent; *1 Corinth. 4.* (1Kor 4,1–5)
Anmerkung
    Zu den Epistelliedern Nrn. 1073–1193 vgl. übergreifend oben S. 397–400.

1078. Nun freuet, freuet euch im Herren

GI
    Noten: Tenor: ¢$\frac{3}{1}$ ◇ v18: ✕ auf der dritten Linie ◇ Basis: Diminutionsstrich fehlt / rud.
Melodie
    Komponist: Jacob Hintze (1622–1702)
    Quelle: Jacob Hintze: Martin Opitzens Jn deutsche Reimen verfasste Episteln, Frankfurt a.d.O. 1661 (DKL 1661[10]), S. 7f., Nr. 4
Text
    Martin Opitz (1597–1639) 1628 (OpitzEp, Nr. 4); PPM erstmals Gb ◇ 4. Advent; *Philipp. am 4. Cap.* (Phil 4,4–7)
Anmerkung
    Zu den Epistelliedern Nrn. 1073–1193 vgl. übergreifend oben S. 397–400.

1080. Das Gnadenlicht des Herren

GI
    Noten: Altus: C ◇ 50–51: *f'f'* (korr. nach Hi95/96); Bog. stattdessen 49–51 ◇ Tenor: v51: ✕ im ersten Spatium ◇ Basis: 25, Bezifferung: 4✕ statt 54
Melodie
    Komponist: Jacob Hintze (1622–1702)
    Quelle: Jacob Hintze: Martin Opitzens Jn deutsche Reimen verfasste Episteln, Frankfurt a.d.O. 1661 (DKL 1661[10]), S. 8f., Nr. 5
    Zahn führt für die vorliegende Strophenform keinen Beleg an.
Text
    Martin Opitz (1597–1639) 1628 (OpitzEp, Nr. 5); PPM erstmals Gb ◇ Heiliger Christtag; *Tit. 2.* (Tit 2,11–14)
Anmerkung
    Zu den Epistelliedern Nrn. 1073–1193 vgl. übergreifend oben S. 397–400. – Das nach Nr. 1080 fehlende Evangeliumslied Johann Heermanns steht an früherer Stelle im Gesangbuch, worauf ohne eigene Nummer verwiesen wird.

1081. So lange Zeit ein Erbe bleibt ein Kind

GI
    Noten: Tenor: C ◇ Basis: 31, Bezifferung: $\frac{5}{6}$ statt $\frac{6}{5}$ ◇ 40, Bezifferung: umgekehrt das ♭ oben ◇ 41–42: ◇
Melodie
    Komponist: Jacob Hintze (1622–1702)
    Quelle: Jacob Hintze: Martin Opitzens Jn deutsche Reimen verfasste Episteln, Frankfurt a.d.O. 1661 (DKL 1661[10]), S. 10f., Nr. 6
Text
    Martin Opitz (1597–1639) 1628 (OpitzEp, Nr. 6); PPM erstmals Gb ◇ Sonntag nach dem heiligen Christtag; *Galat. 4. Cap.* (Gal 4,1–7)
Anmerkung
    Zu den Epistelliedern Nrn. 1073–1193 vgl. übergreifend oben S. 397–400.

1083. Gott, unser Heil, hat seine Freundlichkeit

GI
    Noten: Tenor: 35: fehlt (korr. nach Hi95/96) ◇ Basis: 36–37, 38–39: Bog.
Melodie
    Komponist: Jacob Hintze (1622–1702)
    Quelle: Jacob Hintze: Martin Opitzens Jn deutsche Reimen verfasste Episteln, Frankfurt a.d.O. 1661 (DKL 1661[10]), S. 12f., Nr. 7

Text
Martin Opitz (1597–1639) 1628 (OpitzEp, Nr. 7); PPM erstmals Gb ◇ Neujahrstag; *Gal. 3.* (!; vielmehr: Tit 3,4–7)

Anmerkung
Zu den Epistelliedern Nrn. 1073–1193 vgl. übergreifend oben S. 397–400.

1085. Was das Gesetz heißt, wie wir wissen

Gl
Noten: Siehe Anmerkung ◇ Basis: 50–51: Bog.

Melodie
Komponist: Jacob Hintze (1622–1702)
Quelle: Jacob Hintze: Martin Opitzens Jn deutsche Reimen verfasste Episteln, Frankfurt a. d. O. 1661 (DKL 1661¹⁰), S. 14f., Nr. 8

Text
Martin Opitz (1597–1639) 1628 (OpitzEp, Nr. 8); PPM erstmals Gb ◇ Sonntag nach Neujahr; *Röm. 3.* (Röm 3,19–26)

Anmerkung
Zu den Epistelliedern Nrn. 1073–1193 vgl. übergreifend oben S. 397–400. – Die Quintparallele zwischen den Mittelstimmen bei „lebt auf" findet sich so auch in der Ausgabe von Hintzes Epistellieder-Vertonungen Hi95/96. – Das nach Nr. 1085 fehlende Evangeliumslied Johann Heermanns steht an früherer Stelle im Gesangbuch, worauf ohne eigene Nummer verwiesen wird.

1086. Brich auf und werde lichte

Gl
Noten: Cantus: ¢ ◇ Altus: 25: *h'* (korr. nach Hi95/96) ◇ Tenor: 3: *h* (korr. nach Hi95/96) ◇ Basis: 38–39: Bog.

Melodie
Komponist: Jacob Hintze (1622–1702)
Quelle: Jacob Hintze: Martin Opitzens Jn deutsche Reimen verfasste Episteln, Frankfurt a. d. O. 1661 (DKL 1661¹⁰), S. 16f., Nr. 9

Text
Martin Opitz (1597–1639) 1628 (FT I,294; OpitzEp, Nr. 9); PPM erstmals Gb ◇ Epiphanias; *Esaia 60. Cap.* (Jes 60,1–6)

Anmerkung
Zu den Epistelliedern Nrn. 1073–1193 vgl. übergreifend oben S. 397–400.

1088. Durch unsers Gottes Gütigkeit

Melodie
Komponist: Jacob Hintze (1622–1702)
Quelle: Jacob Hintze: Martin Opitzens Jn deutsche Reimen verfasste Episteln, Frankfurt a. d. O. 1661 (DKL 1661¹⁰), S. 18f., Nr. 10

Text
Martin Opitz (1597–1639) 1628 (OpitzEp, Nr. 10); PPM erstmals Gb ◇ 1. Sonntag nach Epiphanias; *Röm 12. Cap.* (Röm 12,1–6)

Anmerkung
Zu den Epistelliedern Nrn. 1073–1193 vgl. übergreifend oben S. 397–400.

1090. Es sind unterschiedne Gaben

Gl
Noten: Cantus: ¢ ◇ Tenor: 27: fehlt (korr. nach Hi95/96) ◇ Basis: 17, Bezifferung: umgekehrt das ♭ oben

Melodie
Komponist: Jacob Hintze (1622–1702) (?)
Quelle: Ga^A, S. 14, Nr. 11
In Jacob Hintze: Martin Opitzens Jn deutsche Reimen verfasste Episteln, Frankfurt a. d. O. 1661 (DKL 1661¹⁰), S. 20f., Nr. 11 andere Melodie zum Text.

Text
Martin Opitz (1597–1639) 1628 (OpitzEp, Nr. 11); PPM erstmals Gb ◇ 2. Sonntag nach Epiphanias; *Röm. 12.* (Röm 12,6–16)

Anmerkung
Zu den Epistelliedern Nrn. 1073–1193 vgl. übergreifend oben S. 397–400. – Nachfolgend auf Ga^A erscheint die Melodie innerhalb der PPM-Überlieferung unter diesem Text seit Gb. Der in Gl herangezogene Bass entspricht dem der Melodiequelle GaA und findet sich auch in Gb.

1092. Meint nicht, ihr habt der Klugheit gar zu viel

Melodie
Komponist: Jacob Hintze (1622–1702)
Quelle: Jacob Hintze: Martin Opitzens Jn deutsche Reimen verfasste Episteln, Frankfurt a. d. O. 1661 (DKL 1661¹⁰), S. 22f., Nr. 12
Zahn führt für die vorliegende Strophenform keinen Beleg an.

Text
Martin Opitz (1597–1639) 1628 (OpitzEp, Nr. 12); PPM erstmals Gb ◇ 3. Sonntag nach Epiphanias; *Röm. 12.* (Röm 12,17–21)

Anmerkung
Zu den Epistelliedern Nrn. 1073–1193 vgl. übergreifend oben S. 397–400.

1094. Das, was ihr sollt einander schuldig sein

GI
Noten: Tenor: 26: *a* (korr. nach Hi95/96) ⟷ Basis: 5–6, 8–9: Bog. ⟷ 34, Bezifferung: 4⚹ statt ⚹ ⟷ 53, Bezifferung: mit 4 (und ⚹ rud.?)

Melodie
Komponist: Jacob Hintze (1622–1702)
Quelle: Jacob Hintze: Martin Opitzens Jn deutsche Reimen verfasste Episteln, Frankfurt a. d. O. 1661 (DKL 1661[10]), S. 24 f., Nr. 13

Text
Martin Opitz (1597–1639) 1628 (OpitzEp, Nr. 13); PPM erstmals Gb ⟷ 4. Sonntag nach Epiphanias; *Röm. 13.* (Röm 13,8–10)

Anmerkung
Zu den Episteliedern Nrn. 1073–1193 vgl. übergreifend oben S. 397–400.

1096. Denkt und erwägt, o Brüder, jederzeit

GI
Noten: Altus: 6: *a'* (korr. nach Hi95/96) ⟷ Tenor: 12: *c'* (korr. nach Hi95/96) ⟷ Basis: 18–19: Bog.

Melodie
Komponist: Jacob Hintze (1622–1702)
Quelle: Jacob Hintze: Martin Opitzens Jn deutsche Reimen verfasste Episteln, Frankfurt a. d. O. 1661 (DKL 1661[10]), S. 26 f., Nr. 14

Text
Martin Opitz (1597–1639) 1628 (OpitzEp, Nr. 14); PPM erstmals Gb ⟷ 5. Sonntag nach Epiphanias; *Coloss. 1.* (!; vielmehr: Kol 3,12–17)

Anmerkung
Zu den Episteliedern Nrn. 1073–1193 vgl. übergreifend oben S. 397–400.

1098. Ihr wisset, dass zwar ihrer viel

GI
Noten: Altus: 16: *g'* (auch Hi95/96)

Melodie
Komponist: Jacob Hintze (1622–1702)
Quelle: Jacob Hintze: Martin Opitzens Jn deutsche Reimen verfasste Episteln, Frankfurt a. d. O. 1661 (DKL 1661[10]), S. 28 f., Nr. 15

Text
Martin Opitz (1597–1639) 1628 (OpitzEp, Nr. 15); PPM erstmals Gb ⟷ Septuagesimä; *1 Cor. 9/10.* (1Kor 9,24–10,5)

Anmerkung
Zu den Episteliedern Nrn. 1073–1193 vgl. übergreifend oben S. 397–400. – Die Oktavparallele zwischen Tenor und Basis bei „(Brü)-der / lauf-(fet)" findet sich so auch in der Ausgabe von Hintzes Epistellieder-Vertonungen Hi95/96.

1100. Weil ihr seid klug, ihr Brüder, und bedacht

Melodie
Komponist: Jacob Hintze (1622–1702)
Quelle: Jacob Hintze: Martin Opitzens Jn deutsche Reimen verfasste Episteln, Frankfurt a. d. O. 1661 (DKL 1661[10]), S. 30 f., Nr. 16
Zahn führt für die vorliegende Strophenform keinen Beleg an.

Text
Martin Opitz (1597–1639) 1628 (OpitzEp, Nr. 16); PPM erstmals Gb ⟷ Sexagesimä; *1. Cor. 11.12.* (!; vielmehr: 2Kor 11,19–12,5.8–9)

Anmerkung
Zu den Episteliedern Nrn. 1073–1193 vgl. übergreifend oben S. 397–400.

1102. Hätt ich Beredsamkeit

GI
Noten: Altus: C ⟷ Basis: C ⟷ 10, Bezifferung: 4⚹ statt ⚹
Text: HAet *statt* HAett

Melodie
Komponist: Jacob Hintze (1622–1702)
Quelle: Jacob Hintze: Martin Opitzens Jn deutsche Reimen verfasste Episteln, Frankfurt a. d. O. 1661 (DKL 1661[10]), S. 35, Nr. 17

Text
Martin Opitz (1597–1639) 1628 (OpitzEp, Nr. 17); PPM erstmals Gb ⟷ Quinquagesimä; *1. Corinth. 13.* (1Kor 13,1–13)

Anmerkung
Zu den Episteliedern Nrn. 1073–1193 vgl. übergreifend oben S. 397–400. – Martin Opitz hatte für den Text die Melodie des Genfer Psalters (GE 62) für Ps 3 bestimmt (Z V,8234; Pidoux 3c; EdK 2, Fa3 und Fa3A). Diese aber ist zwölfzeilig, sodass auch Opitz' Lied ursprünglich statt wie hier zu 12 sechszeiligen Strophen zu 6 zwölfzeiligen angelegt war. Vgl. auch Nrn. 1168, 1170, 1192. In Ga[A] übrigens ist diese Umstellung misslungen: Mitgeteilt wird der Hintze-Satz; der den Noten nachgestellte Text aber blieb trotzdem wie zuvor zu 6 zwölfzeiligen Strophen angeordnet.

1104. Sinnt nach, ihr Brüder, und bedenkt

GI

Noten: Altus: C ◇ Tenor: C
Text: Der Tag des Heyles war verhanden / So bin ich dir auch beygestanden *fehlt, ergänzt nach Ga^A, S. 24 (Folgestrophen richtig 8-zeilig)*

Melodie

Komponist: wohl Jacob Hintze (1622–1702)
In der Quelle ist Hintze in der Überschrift des Liedes nicht genannt. Nur noch bei Nr. 1176 ist das ebenfalls unterblieben. Auch die Nummer fehlt bei „Sinnt nach, ihr Brüder und bedenkt" in der Quelle.
Quelle: Jacob Hintze: Martin Opitzens Jn deutsche Reimen verfasste Episteln, Frankfurt a. d. O. 1661 (DKL 1661[10]), S. 38 f., Nr. [18]

Text

Martin Opitz (1597–1639) 1628 (OpitzEp, Nr. 18);
PPM erstmals Gb ◇ Invokavit; *2. Corinth. 6.* (2Kor 6,1–10)

Anmerkung

Zu den Epistelliedern Nrn. 1073–1193 vgl. übergreifend oben S. 397–400.

1106. Ich ermahn euch jetzund wieder

GI

Noten: Tenor: v51: 𝄪 auf der dritten Linie ◇ Basis: C ◇ 50: *h* (korr. nach Hi95/96)

Melodie

Komponist: Jacob Hintze (1622–1702)
Quelle: Jacob Hintze: Martin Opitzens Jn deutsche Reimen verfasste Episteln, Frankfurt a. d. O. 1661 (DKL 1661[10]), S. 40 f., Nr. 19
Zahn führt für die vorliegende Strophenform keinen Beleg an.

Text

Martin Opitz (1597–1639) 1628 (OpitzEp, Nr. 19);
PPM erstmals Gb ◇ Reminiszere; *1. Thess. 4.* (1Thess 4,1–7)

Anmerkung

Zu den Epistelliedern Nrn. 1073–1193 vgl. übergreifend oben S. 397–400.

1108. So tut nun, was das höchste Gut

GI

Noten: Cantus: 27: ↓ ◇ Altus: C ◇ 12: *f'* (korr. nach Hi95/96) ◇ Basis: 7, Bezifferung (bereits über 6): 4𝄪 statt 𝄪 ◇ 11: *g* (korr. nach Hi95/96)

Melodie

Komponist: Jacob Hintze (1622–1702)
Quelle: Jacob Hintze: Martin Opitzens Jn deutsche Reimen verfasste Episteln, Frankfurt a. d. O. 1661 (DKL 1661[10]), S. 42 f., Nr. 20

Text

Martin Opitz (1597–1639) 1628 (OpitzEp, Nr. 20);
PPM erstmals Gb ◇ Okuli; *Ephes. 3.* (!; vielmehr: Eph 5,1–9)

Anmerkung

Zu den Epistelliedern Nrn. 1073–1193 vgl. übergreifend oben S. 397–400.

1110. Erzählet mir, ihr, derer Rede geht

GI

Noten: Altus: C ◇ Tenor: C (Diminutionsstrich rud.?) ◇ Basis: 8–9, 60–61: Bog.

Melodie

Komponist: Jacob Hintze (1622–1702)
Quelle: Jacob Hintze: Martin Opitzens Jn deutsche Reimen verfasste Episteln, Frankfurt a. d. O. 1661 (DKL 1661[10]), S. 44–46, Nr. 21
Zahn führt für die vorliegende Strophenform keinen Beleg an.

Text

Martin Opitz (1597–1639) 1628 (OpitzEp, Nr. 21);
PPM erstmals Gb ◇ Lätare; *Galat. 4.* (Gal 4, 21–31)

Anmerkung

Zu den Epistelliedern Nrn. 1073–1193 vgl. übergreifend oben S. 397–400.

1112. Christus ist auf Erden kommen

GI

Noten: Cantus: 1–23: falscher c_2-Schlüssel, ♭-Vorzeichen steht richtig

Melodie

Komponist: Jacob Hintze (1622–1702)
Quelle: Jacob Hintze: Martin Opitzens Jn deutsche Reimen verfasste Episteln, Frankfurt a. d. O. 1661 (DKL 1661[10]), S. 47 f., Nr. 22

Text

Martin Opitz (1597–1639) 1628 (OpitzEp, Nr. 22);
PPM erstmals Gb ◇ Judika; *Ebr. 9.* (Hebr 9, 11–15)

Anmerkung

Zu den Epistelliedern Nrn. 1073–1193 vgl. übergreifend oben S. 397–400.

1114. Ein jeder soll, wie Christus, Sinnes werden

GI

Noten: Altus: ₵ ◇ Tenor: ₵

Melodie

Komponist: Jacob Hintze (1622–1702)

Quelle: Jacob Hintze: Martin Opitzens Jn deutsche Reimen verfasste Episteln, Frankfurt a. d. O. 1661 (DKL 1661¹⁰), S. 49f., Nr. 23

Text
Martin Opitz (1597-1639) 1628 (OpitzEp, Nr. 23); PPM erstmals Gb ⟡ Palmarum; *Philipp. 2. Cap.* (Phil 2,5-11)

Anmerkung
Zu den Epistelliedern Nrn. 1073-1193 vgl. übergreifend oben S. 397-400. – Das nach Nr. 1114 fehlende Evangeliumslied Johann Heermanns steht an früherer Stelle im Gesangbuch, worauf ohne eigene Nummer verwiesen wird.

1115. Vom Herren hab ich es bekommen

GI
Noten: Cantus: ¢ ⟡ Basis: ¢ ⟡ 24, Bezifferung: die 5 bereits über 23 über der 7 ⟡ 24-25: Bog.
Text: das statt Das

Melodie
Komponist: Jacob Hintze (1622-1702)
Quelle: Jacob Hintze: Martin Opitzens Jn deutsche Reimen verfasste Episteln, Frankfurt a. d. O. 1661 (DKL 1661¹⁰), S. 51 f., Nr. 24

Text
Martin Opitz (1597-1639) 1628 (OpitzEp, Nr. 24); PPM erstmals Gb ⟡ Gründonnerstag; *1. Cor. 11. Cap.* (1Kor 11,23-32)

Anmerkung
Zu den Epistelliedern Nrn. 1073-1193 vgl. übergreifend oben S. 397-400. – Die nach Nr. 1115 anheimgestellten Evangeliumslieder Johann Heermanns stehen an früheren Stellen im Gesangbuch; auf sie wird ohne eigene Nummer unvollständig verwiesen.

1116. Merk auf, mein Knecht wird nicht mehr elend sein

GI
Noten: Cantus: 31-59: Druckzeile mit ♭-Vorzeichen ⟡ 80: ↓ ⟡ Altus: 32-33: ohne ZT ⟡ Tenor: 32-33: ohne ZT ⟡ Basis: 14-15: Bog. ⟡ 19, Bezifferung: die 6 deutlich bereits über 18 ⟡ 40-41: Bog.

Melodie
Komponist: Jacob Hintze (1622-1702)
Quelle: Jacob Hintze: Martin Opitzens Jn deutsche Reimen verfasste Episteln, Frankfurt a. d. O. 1661 (DKL 1661¹⁰), S. 53 f., Nr. 25

Text
Martin Opitz (1597-1639) 1628 (OpitzEp, Nr. 25); PPM erstmals Gb ⟡ Karfreitag; *Esa. 53.* (Jes 52, 13-53,12)

Anmerkung
Zu den Epistelliedern Nrn. 1073-1193 vgl. übergreifend oben S. 397-400. – Nr. 1116 ist das Epistellied zu Karfreitag; ein Evangeliumslied zu diesem Tag findet sich in Johann Heermanns Sontags= vnd Fest=Evangelia *nicht; mithin konnte keines übernommen werden.*

1117. Fegt ab von euch den Sauerteig der Erden

GI
Noten: Cantus: 24: ohne ※ (korr. nach Hi95/96) ⟡ Tenor: C (Diminutionsstrich rud.?) ⟡ Basis: 40, Bezifferung: als 5 6 nebeneinander

Melodie
Komponist: Jacob Hintze (1622-1702)
Quelle: Jacob Hintze: Martin Opitzens Jn deutsche Reimen verfasste Episteln, Frankfurt a. d. O. 1661 (DKL 1661¹⁰), S. 57 f., Nr. 26

Text
Martin Opitz (1597-1639) 1628 (OpitzEp, Nr. 26); PPM erstmals Gb ⟡ Ostertag; *1. Cor. 5.* (1Kor 5, 7-8)

Anmerkung
Zu den Epistelliedern Nrn. 1073-1193 vgl. übergreifend oben S. 397-400. – Das nach Nr. 1117 fehlende Evangeliumslied Johann Heermanns steht an früherer Stelle im Gesangbuch, worauf ohne eigene Nummer verwiesen wird.

1118. Petrus, Gottes treuer Knecht

GI
Noten: Altus: C ⟡ Basis: 5-6: ♭ (korr. nach Hi95/96)

Melodie
Komponist: Jacob Hintze (1622-1702)
Quelle: Jacob Hintze: Martin Opitzens Jn deutsche Reimen verfasste Episteln, Frankfurt a. d. O. 1661 (DKL 1661¹⁰), S. 58 f., Nr. 27

Text
Martin Opitz (1597-1639) 1628 (OpitzEp, Nr. 27); PPM erstmals Gb ⟡ Ostermontag; *Act. 10.* (Apg 10, 34-43)

Anmerkung
Zu den Epistelliedern Nrn. 1073-1193 vgl. übergreifend oben S. 397-400.

1120. Ihr Männer, Abrahams Geschlecht

GI
Noten: Basis: 1-27: Druckzeile ohne ♭-Vorzeichen

Melodie
: Komponist: Jacob Hintze (1622–1702)
: Quelle: Jacob Hintze: Martin Opitzens Jn deutsche Reimen verfasste Episteln, Frankfurt a.d.O. 1661 (DKL 1661¹⁰), S. 61, Nr. 28
Text
: Martin Opitz (1597–1639) 1628 (OpitzEp, Nr. 28); PPM erstmals Gb ⇔ Osterdienstag: *Act. 13.* (Apg 13, 26–33a)
Anmerkung
: *Zu den Epistelliedern Nrn. 1073–1193 vgl. übergreifend oben S. 397–400.*

1122. Ein jedes Ding und Tun, so Gott gefällt

GI
: Noten: Altus: 52: *g'* (korr. nach Hi95/96) ⇔ Tenor: C ⇔ 48–49: Bog. ⇔ Basis: 16–17, 28–29, 38–39: Bog.
Melodie
: Komponist: Jacob Hintze (1622–1702)
: Quelle: Jacob Hintze: Martin Opitzens Jn deutsche Reimen verfasste Episteln, Frankfurt a.d.O. 1661 (DKL 1661¹⁰), S. 62–64, Nr. 29
Text
: Martin Opitz (1597–1639) 1628 (OpitzEp, Nr. 29); PPM erstmals Gb ⇔ Quasimodogeniti; *1. Joh. 5.* (1Joh 5,4–10a)
Anmerkung
: *Zu den Epistelliedern Nrn. 1073–1193 vgl. übergreifend oben S. 397–400. – Nr 1122 ist das Epistellied zum Sonntag Quasimodogeniti, zu welchem in Johann Heermanns Sontags= vnd Fest=Evangelia 2 Lieder enthalten sind, sie wurden beide übernommen und haben die nachfolgenden Nummern 1123 und 1124.*

1125. Bedenkt, ihr Brüder, jederzeit

Melodie
: Komponist: Jacob Hintze (1622–1702)
: Quelle: Jacob Hintze: Martin Opitzens Jn deutsche Reimen verfasste Episteln, Frankfurt a.d.O. 1661 (DKL 1661¹⁰), S. 65f., Nr. 30
Text
: Martin Opitz (1597–1639) 1628 (OpitzEp, Nr. 30); PPM erstmals Gb ⇔ Misericordias Domini; *1. Petr. 2. Cap.* (1Petr 2,21–25)
Anmerkung
: *Zu den Epistelliedern Nrn. 1073–1193 vgl. übergreifend oben S. 397–400.*

1127. Wir sind allhier nur Pilger auf der Erden

GI
: Noten: Cantus: C ⇔ Altus: C
Melodie
: Komponist: Jacob Hintze (1622–1702)
: Quelle: Jacob Hintze: Martin Opitzens Jn deutsche Reimen verfasste Episteln, Frankfurt a.d.O. 1661 (DKL 1661¹⁰), S. 67f., Nr. 31
Text
: Martin Opitz (1597–1639) 1628 (OpitzEp, Nr. 31); PPM erstmals Gb ⇔ Jubilate; *1. Pet. 2. Cap.* (1Petr 2,11–20)
Anmerkung
: *Zu den Epistelliedern Nrn. 1073–1193 vgl. übergreifend oben S. 397–400.*

1129. Was unser Glaube Gutes tut

GI
: Siehe Anmerkung ⇔ Cantus: v61: ♭ auf Hilfslinie darüber ⇔ Basis: ohne ♭-Vorzeichen
Melodie
: Komponist: Jacob Hintze (1622–1702)
: Quelle: Jacob Hintze: Martin Opitzens Jn deutsche Reimen verfasste Episteln, Frankfurt a.d.O. 1661 (DKL 1661¹⁰), S. 70f., Nr. 32
Text
: Martin Opitz (1597–1639) 1628 (OpitzEp, Nr. 32); PPM erstmals Gb ⇔ Kantate; *Jacob. 1.* (Jak 1, 17–21)
Anmerkung
: *Zu den Epistelliedern Nrn. 1073–1193 vgl. übergreifend oben S. 397–400. – Die anfechtbare Wendung zum Schluss der ersten Zeile hin – Quartvorhalt bei gleichzeitiger Terz in einer anderen Stimme – findet sich exakt so auch in der Ausgabe von Hintzes Epistellieder-Vertonungen Hi95/96.*

1131. Es ist zu wenig, das Wort hören

GI
: Noten: Basis: 42–43: Bog.
Melodie
: Komponist: Jacob Hintze (1622–1702)
: Quelle: Jacob Hintze: Martin Opitzens Jn deutsche Reimen verfasste Episteln, Frankfurt a.d.O. 1661 (DKL 1661¹⁰), S. 72f., Nr. 33
Text
: Martin Opitz (1597–1639) 1628 (OpitzEp, Nr. 33); PPM erstmals Gb ⇔ Vocem jucunditatis/Rogate; *Jac. 1.* (Jak 1,22–27)
Anmerkung
: *Zu den Epistelliedern Nrn. 1073–1193 vgl. übergreifend oben S. 397–400.*

1133. Wie Christus auferstanden

Melodie
Komponist: Jacob Hintze (1622–1702)
Quelle: Jacob Hintze: Martin Opitzens Jn deutsche Reimen verfasste Episteln, Frankfurt a. d. O. 1661 (DKL 1661[10]), S. 74, Nr. 34

Text
Martin Opitz (1597–1639) 1628 (OpitzEp, Nr. 34); PPM erstmals Gb ◇ Christi Himmelfahrt; *Act. 1.* (Apg 1,3–5,8–11)

Anmerkung
Zu den Epistelliedern Nrn. 1073–1193 vgl. übergreifend oben S. 397–400. – Das nach Nr. 1133 fehlende Evangeliumslied Johann Heermanns steht an früherer Stelle im Gesangbuch, worauf ohne eigene Nummer verwiesen wird.

1134. Ihr müsset Gott euch rein und nüchtern bringen

Melodie
Komponist: Jacob Hintze (1622–1702)
Quelle: Jacob Hintze: Martin Opitzens Jn deutsche Reimen verfasste Episteln, Frankfurt a. d. O. 1661 (DKL 1661[10]), S. 75 f., Nr. 35

Text
Martin Opitz (1597–1639) 1628 (OpitzEp, Nr. 35); PPM erstmals Gb ◇ Exaudi; *1. Petr. 4. Cap.* (1Petr 4,8–11)

Anmerkung
Zu den Epistelliedern Nrn. 1073–1193 vgl. übergreifend oben S. 397–400.

1136. Als durch das schöne Licht der Sonnen ward gebracht

Melodie
Komponist: Jacob Hintze (1622–1702)
Quelle: Jacob Hintze: Martin Opitzens Jn deutsche Reimen verfasste Episteln, Frankfurt a. d. O. 1661 (DKL 1661[10]), S. 77 f., Nr. 36

Text
Martin Opitz (1597–1639) 1628 (OpitzEp, Nr. 36); PPM erstmals Gb ◇ Pfingsttag; *Actor. 2.* (Apg 2, 1–13)

Anmerkung
Zu den Epistelliedern Nrn. 1073–1193 vgl. übergreifend oben S. 397–400.

1138. O selig ist ein solcher Mann

GI
Noten: Altus: C ◇ Basis: C ◇ 3, Bezifferung: die 6 deutlich bereits über 2 ◇ 28–33 (= Druckzeilenbeginn bis Schlüsselwechsel): ohne ♭-Vorzeichen ◇ 33: ♭ ♭

Melodie
Komponist: Jacob Hintze (1622–1702)
Quelle: Jacob Hintze: Martin Opitzens Jn deutsche Reimen verfasste Episteln, Frankfurt a. d. O. 1661 (DKL 1661[10]), S. 80 f., Nr. 37

Text
Martin Opitz (1597–1639) 1628 (OpitzEp, Nr. 37); PPM erstmals Gb ◇ Trinitatis; Röm. 11. (Röm 11, 33–36)

Anmerkung
Zu den Epistelliedern Nrn. 1073–1193 vgl. übergreifend oben S. 397–400. – Auch die Schlüsselwechsel in der Basis wurden aus den früheren Quellen beibehalten.

1140. Gott ist die Lieb, und wer daran sich hält

GI
Noten: Basis: 25, Bezifferung: mit 6 ◇ 44–45, Bezifferung: als $\frac{7}{5}$ und 4

Melodie
Komponist: Jacob Hintze (1622–1702)
Quelle: Jacob Hintze: Martin Opitzens Jn deutsche Reimen verfasste Episteln, Frankfurt a. d. O. 1661 (DKL 1661[10]), S. 82 f., Nr. 38
Zahn führt für die vorliegende Strophenform keinen Beleg an.

Text
Martin Opitz (1597–1639) 1628 (OpitzEp, Nr. 38); PPM erstmals Gb ◇ 1. Sonntag nach Trinitatis; *1. Joh. am 4. Cap.* (1Joh 4,16b–21)

Anmerkung
Zu den Epistelliedern Nrn. 1073–1193 vgl. übergreifend oben S. 397–400.

1142. Ihr dürfet euch gar nicht betrüben

GI
Noten: Basis: 32–33: Bog. ◇ 39: H (korr. nach Hi95/96)

Melodie
Komponist: Jacob Hintze (1622–1702)
Quelle: Jacob Hintze: Martin Opitzens Jn deutsche Reimen verfasste Episteln, Frankfurt a. d. O. 1661 (DKL 1661[10]), S. 84 f., Nr. 39

Text
Martin Opitz (1597–1639) 1628 (OpitzEp, Nr. 39); PPM erstmals Gb ◇ 2. Sonntag nach Trinitatis; *1. Johann. 3.* (1Joh 3,13–18)

Anmerkung
> Zu den Epistelliedern Nrn. 1073-1193 vgl. übergreifend oben S. 397-400.

1144. Stellet Gott heim eure Sachen

Melodie
> Komponist: Jacob Hintze (1622-1702)
> Quelle: Jacob Hintze: Martin Opitzens Jn deutsche Reimen verfasste Episteln, Frankfurt a. d. O. 1661 (DKL 1661¹⁰), S. 86, Nr. 40

Text
> Martin Opitz (1597-1639) 1628 (OpitzEp, Nr. 40); PPM erstmals Gb ◇ 3. Sonntag nach Trinitatis; *1. Pet. 5.* (1Petr 5,6-11)

Anmerkung
> Zu den Epistelliedern Nrn. 1073-1193 vgl. übergreifend oben S. 397-400.

1146. Ich glaube recht und wohl

Gl
> Noten: Altus: C ◇ Basis: C ◇ 48-49: Bog.

Melodie
> Komponist: Jacob Hintze (1622-1702)
> Quelle: Jacob Hintze: Martin Opitzens Jn deutsche Reimen verfasste Episteln, Frankfurt a. d. O. 1661 (DKL 1661¹⁰), S. 87f., Nr. 41

Text
> Martin Opitz (1597-1639) 1628 (OpitzEp, Nr. 41); PPM erstmals Gb ◇ 4. Sonntag nach Trinitatis; *Röm. 8.* (Röm 8,18-23)

Anmerkung
> Zu den Epistelliedern Nrn. 1073-1193 vgl. übergreifend oben S. 397-400.

1148. Ihr allesamt sollt haben gleiche Sinnen

Gl
> Noten: Cantus: C ◇ Altus: 14: g' (korr. nach Hi95/96) ◇ Tenor 21: e' (korr. nach Hi95/96) ◇ Basis: 53-57, Bezifferung: entstellt (53: ohne [Zeilenumbruch] ◇ 54: mit 65 ◇ 55: ohne ◇ 56: mit 6 ◇ 57: ohne)

Melodie
> Komponist: Jacob Hintze (1622-1702)
> Quelle: Jacob Hintze: Martin Opitzens Jn deutsche Reimen verfasste Episteln, Frankfurt a. d. O. 1661 (DKL 1661¹⁰), S. 89f., Nr. 42

Text
> Martin Opitz (1597-1639) 1628 (OpitzEp, Nr. 42); PPM erstmals Gb ◇ 5. Sonntag nach Trinitatis; *1. Petr. 3. Cap.* (1Petr 3,8-10.12-15a)

Anmerkung
> Zu den Epistelliedern Nrn. 1073-1193 vgl. übergreifend oben S. 397-400.

1150. Die du, Christus, hast erkaufet

Gl
> Noten: Cantus: 41-42: Bog. (auf dem Kopf [oder stattdessen zu Basis, 12-13, in der Druckzeile darüber?]) ◇ Basis: 41-43: zwei Bog. (auf dem Kopf [oder stattdessen zu Cantus, 43-45 in der Druckzeile darüber?])
> Text: Christus *statt* Christus / ◇ *Interpunktionsunterschiede am Stollenschluss sic* ◇ und *statt* Und

Melodie
> Komponist: Jacob Hintze (1622-1702) (?)
> *Bearbeitung von Jacob Hintze:* Martin Opitzens Jn deutsche Reimen verfasste Episteln, *Frankfurt a. d. O. 1661 (DKL 1661¹⁰), S. 91f., Nr. 43 zum Text*
> Quelle: Ga^A, S. 53, Nr. 43

Text
> Martin Opitz (1597-1639) 1628 (OpitzEp, Nr. 43); PPM erstmals Gb ◇ 6. Sonntag nach Trinitatis; *Röm. 6.* (Röm 6,3-8. [9-11])

Anmerkung
> Zu den Epistelliedern Nrn. 1073-1193 vgl. übergreifend oben S. 397-400. – Nachfolgend auf Ga^A erscheint die Melodie innerhalb der PPM-Überlieferung unter diesem Text seit Gb. Der in Gl herangezogene Bass entspricht dem der Melodiequelle Ga^A und findet sich auch in Gb.

1152. Dieweil ihr schwaches Fleisches seid

Gl
> Noten: Tenor: 51: ↓ ◇ Basis: C ◇ 58-59: ohne ZT

Melodie
> Komponist: Jacob Hintze (1622-1702)
> Quelle: Jacob Hintze: Martin Opitzens Jn deutsche Reimen verfasste Episteln, Frankfurt a. d. O. 1661 (DKL 1661¹⁰), S. 93f., Nr. 44

Text
> Martin Opitz (1597-1639) 1628 (OpitzEp, Nr. 44); PPM erstmals Gb ◇ 7. Sonntag nach Trinitatis; *Röm. am 6. Cap.* (Röm 6,19-23)

Anmerkung
> Zu den Epistelliedern Nrn. 1073-1193 vgl. übergreifend oben S. 397-400.

1154. Ihr müsset nach dem Fleische sterben

GI
Noten: Altus: v35: ✠ auf der zweiten Linie ⟡
Tenor: v48: ✠ im zweiten Spatium
Melodie
Komponist: Jacob Hintze (1622–1702)
Quelle: Jacob Hintze: Martin Opitzens Jn deutsche Reimen verfasste Episteln, Frankfurt a.d.O. 1661 (DKL 1661¹⁰), S. 95 f., Nr. 45
Zahn führt für die vorliegende Strophenform keinen Beleg an.
Text
Martin Opitz (1597–1639) 1628 (OpitzEp, Nr. 45); PPM erstmals Gb ⟡ 8. Sonntag nach Trinitatis; *Röm. 8.* (Röm 8,12–17)
Anmerkung
Zu den Epistelliedern Nrn. 1073–1193 vgl. übergreifend oben S. 397–400.

1156. O Korinth, du Zier der Welt

GI
Noten: Cantus: C ⟡ Basis: 27, Bezifferung: als 6♭ nebeneinander
Melodie
Komponist: Jacob Hintze (1622–1702)
Die Angabe von Hintzes Namen ist in der Quelle in der Überschrift des Liedes aufgrund fehlerhaften Umbruchs entfallen. Vgl. auch Nr. 1104.
Quelle: Jacob Hintze: Martin Opitzens Jn deutsche Reimen verfasste Episteln, Frankfurt a.d.O. 1661 (DKL 1661¹⁰), S. 97, Nr. 46
Text
Martin Opitz (1597–1639) 1628 (OpitzEp, Nr. 46); PPM erstmals Gb ⟡ 9. Sonntag nach Trinitatis; *1. Corinth. am 10.* (1Kor 10, etwa 6–13)
Anmerkung
Zu den Epistelliedern Nrn. 1073–1193 vgl. übergreifend oben S. 397–400.

1158. O liebste Schar, denkt nach des Geistes Gaben

GI
Noten: Basis: C ⟡ 46, Bezifferung: 4✠ statt ✠ 62–63: Bog.
Melodie
Komponist: Jacob Hintze (1622–1702)
Quelle: Jacob Hintze: Martin Opitzens Jn deutsche Reimen verfasste Episteln, Frankfurt a.d.O. 1661¹⁰), S. 98 f., Nr. 47
Text
Martin Opitz (1597–1639) 1628 (OpitzEp, Nr. 47); PPM erstmals Gb ⟡ 10. Sonntag nach Trinitatis; *1. Corinth. 12.* (1Kor 12,1–11)

Anmerkung
Zu den Epistelliedern Nrn. 1073–1193 vgl. übergreifend oben S. 397–400.

1160. Ich hoff, ihr liebet noch und ehrt

GI
Noten: Altus: C ⟡ Tenor: C ⟡ 1: ↓ ⟡ Basis: 22–23, Bezifferung: Angaben deutlich bereits über 21–22 ⟡ 43, Bezifferung: 6 statt 56
Melodie
Komponist: Jacob Hintze (1622–1702)
Quelle: Jacob Hintze: Martin Opitzens Jn deutsche Reimen verfasste Episteln, Frankfurt a.d.O. 1661 (DKL 1661¹⁰), S. 100 f., Nr. 48
Text
Martin Opitz (1597–1639) 1628 (OpitzEp, Nr. 48); PPM erstmals Gb ⟡ 11. Sonntag nach Trinitatis; *2. Corinth. 15.* (!; vielmehr: 1Kor 15,1–10)
Anmerkung
Zu den Epistelliedern Nrn. 1073–1193 vgl. übergreifend oben S. 397–400.

1162. Zu Gott wir setzen ein Vertrauen

GI
Noten: Altus: C ⟡ Tenor: C ⟡ Basis: 43–44: Bog.
Text: Unser *statt* unser
Melodie
Komponist: Jacob Hintze (1622–1702)
Quelle: Jacob Hintze: Martin Opitzens Jn deutsche Reimen verfasste Episteln, Frankfurt a.d.O. 1661 (DKL 1661¹⁰), S. 102 f., Nr. 49
Text
Martin Opitz (1597–1639) 1628 (OpitzEp, Nr. 49); PPM erstmals Gb ⟡ 12. Sonntag nach Trinitatis; *2. Cor. 3.* (2Kor 3,4–11)
Anmerkung
Zu den Epistelliedern Nrn. 1073–1193 vgl. übergreifend oben S. 397–400.

1164. Dieweil man ja der Menschen Testament

GI
Noten: Cantus: 13: *b'* (korr. nach Hi95/96) ⟡ v26: ✠ im vierten Spatium ⟡ Altus: ₵ ⟡ Tenor: ₵ ⟡ v41: ✠ im ersten Spatium ⟡ Basis: 5–6, 30–31, 46–47: Bog.
Text: gibt *statt* gilt
Melodie
Komponist: Jacob Hintze (1622–1702)

Quelle: Jacob Hintze: Martin Opitzens Jn deutsche Reimen verfasste Episteln, Frankfurt a. d. O. 1661 (DKL 1661¹⁰), S. 104f., Nr. 50
Zahn führt für die vorliegende Strophenform keinen Beleg an.
Text
Martin Opitz (1597–1639) 1628 (OpitzEp, Nr. 50); PPM erstmals Gb ⬦ 13. Sonntag nach Trinitatis; *Gal. 3.* (Gal 3,15–22)
Anmerkung
Zu den Episteliedern Nrn. 1073–1193 vgl. übergreifend oben S. 397–400.

1166. Schaut über euch und auf den Geist

Gl
Noten: Cantus: C (Diminutionsstrich rud?) ⬦ Tenor: v21: 𝄪 im vierten Spatium ⬦ Basis: 12–13, 26–27: Bog.
Melodie
Komponist: Jacob Hintze (1622–1702)
Quelle: Jacob Hintze: Martin Opitzens Jn deutsche Reimen verfasste Episteln, Frankfurt a. d. O. 1661 (DKL 1661¹⁰), S. 106f., Nr. 51
Text
Martin Opitz (1597–1639) 1628 (OpitzEp, Nr. 51); PPM erstmals Gb ⬦ 14. Sonntag nach Trinitatis; *Galatern am. 5. Cap.* (Gal 5,16–24)
Anmerkung
Zu den Episteliedern Nrn. 1073–1193 vgl. übergreifend oben S. 397–400.

1168. Weil unser Gott den Geist uns hat gegeben

Gl
Noten: Altus: ¢ ⬦ Tenor: ¢ ⬦ Basis: 40–41: Bog.
Melodie
Komponist: Jacob Hintze (1622–1702)
Quelle: Jacob Hintze: Martin Opitzens Jn deutsche Reimen verfasste Episteln, Frankfurt a. d. O. 1661 (DKL 1661¹⁰), S. 108f., Nr. 52
Text
Martin Opitz (1597–1639) 1628 (OpitzEp, Nr. 52); PPM erstmals Gb ⬦ 15. Sonntag nach Trinitatis; *Galat. am 6. Cap.* (!; vielmehr: Gal 5,25–6,10)
Anmerkung
Zu den Episteliedern Nrn. 1073–1193 vgl. übergreifend oben S. 397–400. – Martin Opitz hatte für den Text die Melodie des Genfer Psalters (GE 62) für Ps 23 bestimmt, in der PPM als [12] „Ich danke dir, o Gott, in deinem Throne" enthalten. Diese aber ist sechszeilig, sodass auch Opitz' Lied ursprünglich statt wie hier zu 6 vierzeiligen Strophen zu 4 sechszeiligen angelegt war. Vgl. auch Nrn. 1102, 1170, 1192.*

1170. Lasst drum nicht ab, ihr Brüder, Gott zu lieben

Gl
Noten: Cantus: 1–2(!): mit ZT ⬦ Altus: C ⬦ Tenor: 10: sic auch Hi95/96 ⬦ v31: 𝄪 auf der zweiten Linie ⬦ Basis: 1–2(!): mit ZT ⬦ 9, Bezifferung: die 6 bereits deutlich über 8
Melodie
Komponist: Jacob Hintze (1622–1702)
Quelle: Jacob Hintze: Martin Opitzens Jn deutsche Reimen verfasste Episteln, Frankfurt a. d. O. 1661 (DKL 1661¹⁰), S. 110, Nr. 53
Zahn führt für die vorliegende Strophenform keinen Beleg an.
Text
Martin Opitz (1597–1639) 1628 (OpitzEp, Nr. 53); PPM erstmals Gb ⬦ 16. Sonntag nach Trinitatis; *Ephesern am 3. Capitel.* (Eph 3,13–21)
Anmerkung
Zu den Episteliedern Nrn. 1073–1193 vgl. übergreifend oben S. 397–400. – Martin Opitz hatte für den Text die Melodie des Genfer Psalters (GE 62) für Ps 32 bestimmt (Z III,6225; Pidoux 32d; EdK 2, Fa 32 und Fa 32A). Diese aber ist achtzeilig, sodass auch Opitz' Lied ursprünglich statt wie hier zu 6 vierzeiligen Strophen zu 3 achtzeiligen angelegt war. Vgl. entsprechend Nrn. 1102, 1168, 1192.

1172. Ich zwar Gefangner Gottes wegen

Gl
Noten: Tenor: v41: ♭ h (korr. nach Hi95/96) ⬦ v45: 𝄪 auf der dritten Linie ⬦ Basis: 49–50: Bog.
Melodie
Komponist: Jacob Hintze (1622–1702)
Quelle: Jacob Hintze: Martin Opitzens Jn deutsche Reimen verfasste Episteln, Frankfurt a. d. O. 1661 (DKL 1661¹⁰), S. 112f., Nr. 54
Text
Martin Opitz (1597–1639) 1628 (OpitzEp, Nr. 54); PPM erstmals Gb ⬦ 17. Sonntag nach Trinitatis; *Ephes. 4.* (Eph 4,1–6)
Anmerkung
Zu den Episteliedern Nrn. 1073–1193 vgl. übergreifend oben S. 397–400.

1174. Im Hause der Unsterblichkeit

Gl
Noten: Altus: 41: *h* (korr. nach Hi95/96) ⬦ Tenor: 23: *d'* (korr. nach Hi95/96) ⬦ Basis: 47, Bezifferung: als 𝄪 7 nebeneinander (𝄪 rud.)

Melodie
: Komponist: Jacob Hintze (1622–1702)
: Quelle: Jacob Hintze: Martin Opitzens Jn deutsche Reimen verfasste Episteln, Frankfurt a.d.O. 1661 (DKL 1661[10]), S. 113 f., Nr. 55

Text
: Martin Opitz (1597–1639) 1628 (OpitzEp, Nr. 55); PPM erstmals Gb ⟷ Michaelistag; *Apoc. 12.* (Apk 12,7–12a)

Anmerkung
: *Zu den Epistelliedern Nrn. 1073–1193 vgl. übergreifend oben S. 397–400.*

1176. Ich muss mit Danke Gott erheben

Gl
: Flüchtigkeiten in der Darstellung

Melodie
: Komponist: Jacob Hintze (1622–1702)
: Quelle: Jacob Hintze: Martin Opitzens Jn deutsche Reimen verfasste Episteln, Frankfurt a.d.O. 1661 (DKL 1661[10]), S. 115 f., Nr. 56

Text
: Martin Opitz (1597–1639) 1628 (OpitzEp, Nr. 56); PPM erstmals Gb ⟷ 18. Sonntag nach Trinitatis; *1. Cor. 1.* (1Kor 1,4–9)

Anmerkung
: *Zu den Epistelliedern Nrn. 1073–1193 vgl. übergreifend oben S. 397–400.*

1178. Schaut, dass ihr von euch leget

Gl
: Noten: Cantus: 1–28: Wdh. zusammengefasst ⟷ Altus: C ⟷ 1–31: ♭-Vorzeichen in Druckzeile im dritten Spatium ⟷ 13: ♦ ⟷ 20: e' ⟷ 26: f' ⟷ 37–38: fehlen ⟷ v39: ✗ auf der fünften Linie ⟷ Tenor: C ⟷ 8: a ⟷ 10: ♩· ⟷ 13: ♦ ⟷ 14: g ⟷ Basis: 1–26: Wdh. zusammengefasst

Melodie
: Komponist: Jacob Hintze (1622–1702)
: Quelle: Jacob Hintze: Martin Opitzens Jn deutsche Reimen verfasste Episteln, Frankfurt a.d.O. 1661 (DKL 1661[10]), S. 117, Nr. 57

Text
: Martin Opitz (1597–1639) 1628 (OpitzEp, Nr. 57); PPM erstmals Gb ⟷ 19. Sonntag nach Trinitatis; *Ephes. 4.* (Eph 4,22–28)

Anmerkung
: *Zu den Epistelliedern Nrn. 1073–1193 vgl. übergreifend oben S. 397–400. – In DKL 1661[10] und den vorangehenden PPM-Drucken ist die Stollenwiederholung zusammengefasst, wie die Außenstimmen in Gl auch. Die (für die Einrichtung der Edition übernommene) Ausschreibung der Mittelstimmen erscheint seltsam, denn die Abweichungen zwischen den Stollenzeilen sind sämtlich nicht in Ordnung. – In der Ausgabe von Hintzes Epistellieder-Vertonungen Hi95/96 sind alle Stimmen ausgeschrieben. Dort aber treten zwischen den wiederholten Zeilen keine Abweichungen auf (abgesehen von unterschiedlichen Werten der Stollenendnoten, die aber anders als in den Gl-Mittelstimmen in sich schlüssig bleiben).*

1180. Ihr Brüder, weil ihr hier im Leben

Gl
: Noten: einige ✗ versetzt

Melodie
: Komponist: Jacob Hintze (1622–1702)
: Quelle: Jacob Hintze: Martin Opitzens Jn deutsche Reimen verfasste Episteln, Frankfurt a.d.O. 1661 (DKL 1661[10]), S. 118 f., Nr. 58

Text
: Martin Opitz (1597–1639) 1628 (OpitzEp, Nr. 58); PPM erstmals Gb ⟷ 20. Sonntag nach Trinitatis; *Ephes. 5.* (Eph 5,15–20)

Anmerkung
: *Zu den Epistelliedern Nrn. 1073–1193 vgl. übergreifend oben S. 397–400.*

1182. Bemühet euch, ihr Brüder, stark zu werden

Gl
: Noten: Altus: 28: g' (korr. nach Hi95/96) ⟷ 44: h (korr. nach Hi95/96) ⟷ Basis: 3, Bezifferung: 5✗ statt 4✗ ⟷ 30–31: ♩
: Text: daß ist *statt* das ist

Melodie
: Komponist: Jacob Hintze (1622–1702)
: Quelle: Jacob Hintze: Martin Opitzens Jn deutsche Reimen verfasste Episteln, Frankfurt a.d.O. 1661 (DKL 1661[10]), S. 120 f., Nr. 59

Text
: Martin Opitz (1597–1639) 1628 (OpitzEp, Nr. 59); PPM erstmals Gb ⟷ 21. Sonntag nach Trinitatis; *Ephes. 6.* (Eph 6,10–17)

Anmerkung
: *Zu den Epistelliedern Nrn. 1073–1193 vgl. übergreifend oben S. 397–400.*

1184. So oft ich an euch denken können

Gl
: Noten: Tenor: C ⟷ 7: a (auch Hi95/96) ⟷ 43: a (korr. nach Hi95/96) ⟷ Basis: C ⟷ v3: ✗ auf der dritten Linie ⟷ 6, Bezifferung: als 8♭ nebeneinander ⟷ v39: kein ♭

Text: habt *statt* Habt
Melodie
Komponist: Jacob Hintze (1622-1702)
Quelle: Jacob Hintze: Martin Opitzens Jn deutsche Reimen verfasste Episteln, Frankfurt a. d. O. 1661 (DKL 1661[10]), S. 122 f., Nr. 60
Text
Martin Opitz (1597-1639) 1628 (OpitzEp, Nr. 60); PPM erstmals Gb ◇ 22. Sonntag nach Trinitatis; *Phil. 1.* (Phil 1,3-11)
Anmerkung
Zu den Epistelliedern Nrn. 1073-1193 vgl. übergreifend oben S. 397-400.

1186. Wollt ihr die gute Straße reisen

GI
Noten: Cantus: 10: *f'* (korr. nach Hi95/96) ◇ Altus: C ◇ 11: *e'* (auch Hi95/96) ◇ 26: *f'* (korr. nach Hi95/96) ◇ Basis: 26, Bezifferung: die 6 deutlich erst über 27
Melodie
Komponist: Jacob Hintze (1622-1702)
Quelle: Jacob Hintze: Martin Opitzens Jn deutsche Reimen verfasste Episteln, Frankfurt a. d. O. 1661 (DKL 1661[10]), S. 124, Nr. 61
Text
Martin Opitz (1597-1639) 1628 (OpitzEp, Nr. 61); PPM erstmals Gb ◇ 23. Sonntag nach Trinitatis; *Phil. 3.* (Phil 3,17-21)
Anmerkung
Zu den Epistelliedern Nrn. 1073-1193 vgl. übergreifend oben S. 397-400.

1188. Seit wir in Erfahrung kommen

GI
Noten: Altus: C ◇ v21: 𝕏 im dritten Spatium ◇ Tenor: 46: *d* (korr. nach Hi95/96) ◇ Basis: C ◇ 41-42: Bog. (verschoben)
Text: Weißheit Zier *statt* Weißheit=Zier
Melodie
Komponist: Jacob Hintze (1622-1702)
Quelle: Jacob Hintze: Martin Opitzens Jn deutsche Reimen verfasste Episteln, Frankfurt a. d. O. 1661 (DKL 1661[10]), S. 125 f., Nr. 62
Text
Martin Opitz (1597-1639) 1628 (OpitzEp, Nr. 62); PPM erstmals Gb ◇ 24. Sonntag nach Trinitatis; *Coloss. 1.* (Kol 1,9-14)
Anmerkung
Zu den Epistelliedern Nrn. 1073-1193 vgl. übergreifend oben S. 397-400.

1190. Das blinde Volk der Heiden [493*M]

GI
Noten: Cantus: v21: 𝕏 im dritten Spatium ◇ Altus: ₵ ◇ Tenor: 13: *a* (korr. nach Hi95/96) ◇ v41: 𝕏 im zweiten Spatium ◇ Basis: ₵ ◇ 18, Bezifferung: 𝕏 statt 6 ◇ 27, Bezifferung: die 6 deutlich bereits über 26
Text: den *statt* Den
Melodie
Komponist: Jacob Hintze (1622-1702)
Quelle: Jacob Hintze: Martin Opitzens Jn deutsche Reimen verfasste Episteln, Frankfurt a. d. O. 1661 (DKL 1661[10]), S. 127, Nr. 63
Text
(OpitzEp, Nr. 63) ◇ 25. Sonntag nach Trinitatis; *1. Thess. 4.* (1Thess 4,13-17)
Anmerkung
Zu den Epistelliedern Nrn. 1073-1193 vgl. übergreifend oben S. 397-400.

1192. Wer recht tun will, der muss des Glaubens Gaben

GI
Noten: Basis: 22: *G* (korr. nach Hi95/96) ◇ 29, Bezifferung: die 6 deutlich bereits über 28 ◇ 43-44: Bog.
Melodie
Komponist: Jacob Hintze (1622-1702)
Quelle: Jacob Hintze: Martin Opitzens Jn deutsche Reimen verfasste Episteln, Frankfurt a. d. O. 1661 (DKL 1661[10]), S. 128 f., Nr. 64
Text
Martin Opitz (1597-1639) 1628 (OpitzEp, Nr. 64); PPM erstmals Gb ◇ 26. Sonntag nach Trinitatis; *2. Thess. 1.* (!; vielmehr: Hebr 11,1- etwa 9)
Anmerkung
Zu den Epistelliedern Nrn. 1073-1193 vgl. übergreifend oben S. 397-400. – Martin Opitz hatte für den Text die Melodie des Genfer Psalters (GE 62) für Ps 18 bestimmt (Z V,8336; Pidoux 18a; EdK 2, Fa18 und Fa18A; OpitzEp, S. 209 f.). Diese aber ist zwölfzeilig, sodass auch Opitz' Lied ursprünglich statt wie hier zu 9 vierzeiligen Strophen zu 3 zwölfzeiligen angelegt war. Vgl. entsprechend Nrn. 1102, 1168, 1170. – Nr. 1192 ist das Epistellied zum 26. Sonntag nach Trinitatis. Nachfolgend aber wird ohne eigene Nummer auf das Evangeliumslied Johann Heermanns zum 9. Sonntag nach Trinitatis verwiesen, das im Gesangbuch an früherer Stelle steht.

1193. Seid jetzt und allezeit

Gl
    Noten: Cantus: einige ✕ versetzt ◇ Altus: 29: Type defekt ◇ 32: fehlt (korr. nach Hi95/96) ◇ Tenor: C ◇ Basis: 56, Bezifferung: die 6 deutlich bereits über 55

Melodie
    Komponist: Jacob Hintze (1622–1702)
    Quelle: Jacob Hintze: Martin Opitzens Jn deutsche Reimen verfasste Episteln, Frankfurt a. d. O. 1661 (DKL 1661[10]), S. 131 f., Nr. 65

Text
    Martin Opitz (1597–1639) 1628 (OpitzEp, Nr. 65); PPM erstmals Gb ◇ 27. Sonntag nach Trinitatis; *2. Petr. 3.* (!; vielmehr: 1Petr 3,15b–22)

Anmerkung
Zu den Epistelliedern Nrn. 1073–1193 vgl. übergreifend oben S. 397–400.

Ende der Epistellieder

1202. Sei gnädig, Herr, mir armen Sünder

Gl
    Noten: Siehe Anmerkung ◇ Cantus: 37: *a'* ◇ Altus: ₵ ◇ 8: Augmentationspunkt zu 5 verschoben, dort über der obersten Linie ◇ 31: ↓· ◇ 36: ↓ ◇ v37: ✕ auf der vierten Linie ◇ Tenor: v18: ✕ auf der vierten Linie ◇ v22(!): ♭ auf der dritten Linie ◇ Basis: ₵ ◇ die letzten beiden Zeilen sic ohne Bezifferung

Melodie
    Komponist: „C. G." (GgAH; vgl. die Anmerkung zu Nr. 156)
    Quelle: = Gl

Text
    Jacob Klinckebeil von Grünwald (1627–1694) 1690; PPM erstmals Gl

Anmerkung
Melodie und Bass entsprechen denen später in des Verfassers Sammlung GgAH (Nr. XXVIII). – Der Alt könnte auch unverändert nach dem Druck mit den übrigen Stimmen verbunden werden. Doch lägen die dann auftretenden, nachgerade Ars subtilior-mäßigen Synkopationen schwerlich in der Intention des Komponisten und Redaktors. Vielmehr hat der Setzer, der hier vielleicht mal der Spiegelverkehrtheit aufsaß, versehentlich punktierte und unpunktierte Werte vertauscht.

1203. Ach, ach ich habe missgehandelt

Gl
    Fehler und Flüchtigkeiten in Noten, Bezifferung und Darstellung ◇ Altus: einige ✕ im Übersatz Text: Sünden Weg *statt* Sünden=Weg

Melodie
    Komponist: „C. G." (GgAH; vgl. die Anmerkung zu Nr. 156)
    Quelle: = Gl

Text
    Jacob Klinckebeil von Grünwald (1627–1694) 1690; PPM allein Gl

Anmerkung
Melodie und Basis entsprechen denen später in des Verfassers Sammlung GgAH (Nr. XXVI).

1214. Wer glaubt, dass eine Gottheit sei
[T*x60]

Gl
    Noten: einige Akzidentien versetzt ◇ Cantus: 35: *f'* ◇ Basis: C ◇ 13, Bezifferung: die 6 deutlich bereits über 12

Melodie
Melodie des Genfer Psalters zu Ps 24

Vierstimmiger Satz
B, Nr. 92; PS I, Ps 24 – Deutliche Abweichungen zwischen den vorherigen Drucken. Der Satz in Gl folgt eher der Lesart PS I; doch die geringfügigen Abweichungen auch zu dort betreffen mit die Harmonik.

Text
    Sigmund von Birken (1626–1681) (in Gj Angabe „S. v. B."); PPM erstmals Gj

Alphabetisches Register der Liedsätze

Alphabetisches Register der Liedsätze

Die Angaben bestehen der Reihe nach aus dem Textanfang des Liedes, sofern vorhanden dem PPMEDW-Sigel und der laufenden Nummer des Satzes im Druck Gl.

Ach, ach ich habe missgehandelt	1203
Ach, dass doch mein Heiland käme	811
Ach frommer Gott, wo soll ich hin [71*]	230
Ach Gott, ich muss in Traurigkeit [482*]	977
Ach Gott, mein Herr, wie groß und schwer [57*]	183
Ach Gott, soll ich noch länger klagen	211
Ach Gott, tu dich erbarmen durch Christum [544*]	1069
Ach Gott, vom Himmel sieh darein und lass dich [324*]	696
Ach Herr Jesu, wie viel sind	899
Ach wehe mir Elend- und Armen	224
Alle, die ihr Gott zu Ehren	395
Allein auf Gott setz dein Vertraun [384*]	796
Allein Gott in der Höh sei Ehr [230*]	567
Allein nach dir, Herr Jesu Christ, verlanget mich [498*]	988
Allein zu dir, Herr Jesu Christ, mein Hoffnung [42*]	152
Alle Menschen müssen sterben	1016
Alle Welt, was kreucht und webet [265*]	616
Als der gütige Gott vollenden wollt sein Wort [94*]	340
Als durch das schöne Licht der Sonnen ward gebracht	1136
Ach Gott, erhör mein Seufzen und Wehklagen	907
Ach wie nichtig, ach wie flüchtig [530*]	1047
Als Gottes Lamm und Leue [182*]	505
Als Jesus Christus, Gottes Sohn [222*]	558
Als Jesus Christus in der Nacht [301*]	663
An Wasserflüssen Babylon [415*]	851
Auf, auf, die rechte Zeit ist hier	1073
Auf, auf, mein Geist, zu loben	41
Auf, auf, mein Herz, mit Freuden [187*]	514
Auf diesen Tag bedenken wir	547
Auf meinen lieben Gott [486*]	979
Aus meines Herzens Grunde [2*]	3
Aus tiefer Not schrei ich zu dir ... was Sünd und Unrecht [59*]	186
Bedenkt, ihr Brüder, jederzeit	1125
Bemühet euch, ihr Brüder, stark zu werden	1182
Bleiches Antlitz, sei gegrüßet	493
Brich auf und werde lichte	1086
Brunnquell aller Güter [219*]	554

Christ, der du bist der helle Tag [26*]	84
Christ, der du bist Tag und Licht [27*]	85
Christe, du Lamm Gottes	506
Christ lag in Todesbanden [188*]	516
Christum wir sollen loben schon [103*]	355
Christ, unser Herr, zum Jordan kam [296*]	653
Christus, der ist mein Leben	1019
Christus, der uns selig macht [150*]	439
Christus ist auf Erden kommen	1112
Christus ist heut gen Himml gefahrn [212*]	543
Dafür mag uns ein jedermann erkennen	1076
Da Jesus an dem Kreuze stund [154*]	443
Dank sei Gott in der Höhe in dieser Morgenstund [13*]	17
Danket dem Herren, denn er ist sehr freundlich, und seine Güt [305*]	674
Dankt dem Herrn, heut und allezeit [307*]	676
Das alte Jahr ist nun vergahn [127*]	401
Das blinde Volk der Heiden [493*M]	1190
Das Gnadenlicht des Herren	1080
Das herrlich hohe Fest	534
Das neugeborne Kindelein [126*]	398
Das walt mein Gott, Gott Vater, Sohn und Heil'ger Geist	45
Das, was ihr sollt einander schuldig sein	1094
Den Herren meine Seel erhebt [241*]	581
Denkt und erwägt, o Brüder, jederzeit	1096
Den Vater dort oben [316*]	684
Der du hast für mich gebüßet	502
Der Herr sprach in seinm höchsten Thron	548
Der Mensch hat Gottes Gnade [55*]	179
Der Tag bricht an und zeiget sich [20*]	21
Der Tag, der ist nun auch verflossen	134
Der Tag, der ist so freudenreich [99*]	351
Der Tag ist hin, der Sonnen Glanz	120
Der Tag ist hin, nun kommt die Nacht	97
Der Tag mit seinem Lichte	74
Der Tag vertreibt die finstre Nacht [21*]	24
Der Tod klopft jetzund bei mir an [529*]	1034
Des Herren Huld gefällt mir allzeit wohl [267*]	624
Die du, Christus, hast erkaufet	1150
Die güldne Sonne voll Freud und Wonne	2
Die Propheten han prophezeit	475
Dies ist der Tag der Fröhlichkeit [124*]	394
Die Sonn hat sich mit ihrem Glanz gewendet [24*]	81

Die Sonn hat sich verkrochen, der Tag ist [x93*M]	114
Dies sind die heil'gen zehn Gebot, die uns [285*]	643
Dieweil ihr schwaches Fleisches seid	1152
Dieweil man ja der Menschen Testament	1164
Die Wolkenröhr und Luftkartaunen	302
Dreieinigkeit, der Gottheit wahrer Spiegel [233*]	572
Du Friedensfürst, Herr Jesu Christ [442*]	919
Du Lebensfürst, Herr Jesu Christ, der du [208*]	538
Du, o schönes Weltgebäude [350*]	725
Durch Adams Fall ist ganz verderbt [78*]	300
Durch unsers Gottes Gütigkeit	1088
Ein Engel schon aus Gottes Thron	343
Ein feste Burg ist unser Gott [320* x50]	690
Ein jeder soll, wie Christus, Sinnes werden	1114
Ein jedes Ding und Tun, so Gott gefällt	1122
Ein Weib, das Gott, den Herren, liebt [380*]	792
Ein Würmlein bin ich, arm und klein [524*]	1028
Erbarm dich mein, o Herre Gott [39*]	150
Erhalt uns, Herr, bei deinem Wort [317*]	687
Erhör, o Herr, mein Bitten [50*]	171
Erhör, o Höchster, mein Gebet	169
Ermuntre dich, mein schwacher Geist [96*]	346
Erschienen ist der herrlich Tag [186*]	512
Erstanden ist der heil'ge Christ, Halleluja, der aller Welt ein Tröster ist [194* x24]	519
Erwache, mein Gemüte	39
Erzählet mir, ihr, derer Rede geht	1110
Es ist das Heil uns kommen her [79*]	304
Es ist ein Freud dem Herzen mein [337*]	710
Es ist zu wenig, das Wort hören	1131
Es sind unterschiedne Gaben	1090
Es spricht der Unweisen Mund wohl [82*]	308
Es wird schier der letzte Tag herkommen [535*]	1056
Es woll uns Gott genädig sein [339*]	712
Fegt ab von euch den Sauerteig der Erden	1117
Freuet euch, ihr Christen alle	392
Freut euch, ihr Christen alle, der Siegfürst [207*]	537
Freut euch, ihr lieben Christen	347
Fröhlich soll mein Herze springen [113*]	379
Frommer Jesu, hör mein Schreien	219

Gelobet seist du, Jesu Christ [101*]	352
Gib dich zufrieden und sei stille	780
Gott, der du selber bist das Licht [5*]	6
Gott, der Vater, wohn uns bei [229*]	566
Gott des Himmels und der Erden, Vater [17*]	18
Gott hat das Evangelium [536*]	1057
Gott, höre mein Gebet und Tränen [414*]	847
Gott ist die Lieb, und wer daran sich hält	1140
Gott ist mein Licht, der Herr mein Heil [355*]	746
Gott Lob und Dank, dass diese Nacht	64
Gott sei gelobet und gebenedeiet [303*]	671
Gott, unser Heil, hat seine Freundlichkeit	1083
Groß, o Herr, sind meine Schmerzen	242
Hätt ich Beredsamkeit	1102
Hast du Angst im Herzen	248
Heb hoch des Herren Herrlichkeit [252*]	595
Heil'ger Geist, du Tröster mein [227*]	562
Helft mir Gotts Güte preisen [128*]	406
Herr Christ, der einig Gottes Sohn [81*]	305
Herr Christe, treuer Heiland wert [179*]	496
Herr, deinen Zorn wend ab von uns mit Gnaden [56*]	182
Herr, der du im Himmel wohnest	156
Herr, der du vormals hast dein Land [408*]	843
Herr, gieß deines Zornes Wetter [45*]	158
Herr Gott, dich loben alle wir [243*]	585
Herr Gott, dich loben wir, Herr Gott [249*]	592
Herr Gott, erzeige doch Erbarmen	177
Herr Gott, ich ruf zu dir aus tiefer Angst und Not [61*]	189
Herr, ich habe missgehandelt [47*]	163
Herr Jesu Christ, wahr Mensch und Gott, der du [478*]	970
Herr, lass deines Eifers Plagen [46*]	160
Herr, nicht schicke deine Rache [44*]	157
Herr, straf mich nicht in deinem Zorn [43*]	155
Herr, wie lange willst du doch [406*]	842
Herzlich lieb hab ich dich, o mein Herr [483*]	975
Herzlich tut mich verlangen [487*]	982
Herzliebster Jesu, was hast du verbrochen [148*]	435
Heut ist uns der Tag erschienen	342
Heut sind die lieben Engelein [121*]	388
Heut triumphieret Gottes Sohn [189*]	517
Hilf, Gott, lass mir's gelingen [147*]	431
Höret, o ihr Kinder Gottes, höret [541*]	1065
Hört auf mit Trauren und Klagen, ob den [500*]	992

Hosianna, Davids Sohne, der soll	337
Ich armer Mensch, was werd ich endlich machen	296
Ich bin ja, Herr, in deiner Macht	1042
Ich bisher elende Seele	389
Ich dank dir, Gott, für all Wohltat [10*]	11
Ich dank dir, Gott, in deinem Thron [7*]	8
Ich dank dir, Gott, von Herzen [36*]	98
Ich dank dir, lieber Herre [4*]	5
Ich danke dir, o Gott, in deinem Throne [12*]	14
Ich elender Mensch und Knecht	293
Ich erhebe, Herr, zu dir [412*]	846
Ich ermahn euch jetzund wieder	1106
Ich glaub an Gott, den Himmelsvater	672
Ich glaube recht und wohl	1146
Ich hab mein Sach Gott heimgestellt [481*]	974
Ich heb mein Augen sehnlich auf [413*]	848
Ich hoff, ihr liebet noch und ehrt	1160
Ich lass es gehen, wie es geht	733
Ich muss mit Danke Gott erheben	1176
Ich preise dich und singe [263*]	614
Ich ruf zu dir, Herr Jesu Christ, ich bitt [343*]	717
Ich weiß, dass mein Erlöser lebt, ob ich schon [522*]	1027
Ich will erhöhen immerfort [264*]	615
Ich will still und geduldig sein [528*]	1035
Ich will zu Gott erheben meine Stimm [75*]	257
Ich zwar Gefangner Gottes wegen	1172
Ihr allesamt sollt haben gleiche Sinnen	1148
Ihr Brüder, weil ihr hier im Leben	1180
Ihr Christen auserkoren [112*]	376
Ihr dürfet euch gar nicht betrüben	1142
Ihr Gestirn, ihr hohlen Lüfte	372
Ihr Himmel, lobt des Herren Macht [275*]	628
Ihr Männer, Abrahams Geschlecht	1120
Ihr müsset Gott euch rein und nüchtern bringen	1134
Ihr müsset nach dem Fleische sterben	1154
Ihr wisset, dass zwar ihrer viel	1098
Im finstern Stall, o Wunder groß [102*]	354
Im Hause der Unsterblichkeit	1174
In allen meinen Taten	783
In dem Leben hier auf Erden [370*]	760
In dich hab ich gehoffet, Herr [401*]	836
In dieser Abendstunde [32*]	92
Ist dieser nicht des Höchsten Sohn	511

Ist Ephraim nicht meine Kron [416*]	853
Jauchzt Gott mit Herzensfreud [107*]	361
Jesaia, dem Propheten, das geschah [297*]	658
Jesu, der du meine Seele	285
Jesu, Jesu, hör, ach höre	283
Jesu, meine Freude [427*]	880
Jesu, nun sei gepreiset [139*]	412
Jesus Christus, unser Heiland, der den Tod [200*]	526
Jesus Christus, unser Heiland, der von uns [299*]	661
Jesus, meine Zuversicht [202*]	527
Jesu, wollst uns weisen [280*]	636
Keinen hat Gott verlassen [431* 487]	887
Komm, Gott Schöpfer, Heiliger Geist [228*]	563
Komm, Heiden Heiland, Lösegeld	334
Komm, Heiliger Geist, Herre Gott [214*]	549
Kommt her zu mir, spricht Gottes Sohn [371*]	761
Kyrie eleison, Herr Gott, Vater im Himmel (Litanei) [545*]	1070
Lasset uns den Herren preisen [193*]	518
Lasst drum nicht ab, ihr Brüder, Gott zu lieben	1170
Lasst uns dem Herren sämtlich danken [268*]	621
Lasst uns inbrünstig treten	413
Liebster Jesu, sei gegrüßet, sei gegrüßet	490
Lobet den Herren alle, die ihn ehren [8*]	10
Lobet den Herren, denn er ist sehr freundlich, es ist sehr köstlich [310*]	680
Lobet den Herrn und dankt ihm seiner Gaben [311*]	679
Lobet Gott, unsern Herren, in seinem Heiligtum [279*]	638
Lobet Gott von Herzensgrunde	399
Lob sei dem allerhöchsten Gott [89*]	331
Lobt Gott, ihr Christen, allzugleich [104*]	357
Lobt unsern Gott auf's Beste	640
Macht hoch die Tür, die Tor macht weit [86*]	326
Mag ich Unglück nicht widerstahn [395*]	830
Mein Augen schließ ich jetzt in Gottes Namen zu [28*]	91
Meinen Jesum lass ich nicht, weil er sich	808
Meine Seel erhebt den Herren [240*]	580
Mein Geschrei und meine Tränen [410*]	845
Mein getreues Vaterherze	278
Mein Gott und Herr, ach sei nicht ferr [497*]	989
Mein Herz, du sollst den Herren billig preisen [251*]	594

Mein Herz, du willst zur Ruhe gehen	102
Mein Herz ruht und ist stille [434*]	888
Mein höchste Lust, Herr Jesu Christ [66*]	214
Meint nicht, ihr habt der Klugheit gar zu viel	1092
Mein Trost, auf den ich allzeit richte	44
Mensch, willst du leben seliglich [289*]	647
Merk auf, mein Knecht wird nicht mehr elend sein	1116
Mit Fried und Freud ich fahr dahin [531*]	1050
Mit rechtem Ernst und ganzem Fleiß [266*]	618
Mitten wir im Leben sind mit dem Tod [484*]	976
Nicht so traurig, nicht so sehr [348*]	724
Nimm von uns, Herr, du treuer Gott [391*]	822
Nun begehn wir das Fest [213*]	546
Nun bitten wir den Heiligen Geist [216*]	551
Nun danket alle Gott mit Herzen [277*]	631
Nun danket all und bringet Ehr [253*]	604
Nun freuet, freuet euch im Herren	1078
Nun freut euch, Gottes Kinder all [206*]	532
Nun freut euch, lieben Christn gemein [80*]	306
Nun hör auf alles Leid, Klag und Sehnen	1038
Nun höret zu, ihr Christenleut [387*]	799
Nun ist erfüllet ganz und gar	335
Nun ist es Zeit zu singen hell [118*]	381
Nun jauchzet all, ihr Frommen [84*]	325
Nun komm, der Heiden Heiland [83*]	319
Nun lasst uns den Leib begraben [533*]	1053
Nun lieg ich armes Würmelein und ruh [525*]	1031
Nun lob, mein Seel, den Herren [250*]	593
Nun ruhen alle Wälder [22*M]	80
Nun will auch ich abscheiden	1036
O Christe, Schutzherr deiner Glieder [35*]	94
O du allmächtiger, barmherzig ew'ger Gott	198
O du allmächtig gnäd'ger Gott	199
O Ewigkeit, du Donnerwort [539*]	1059
O Gott, die Christenheit dir dankt [247*]	590
O Gott, du frommer Gott [383*]	795
O Gott, sehr reich von Güt [51*]	174
O großer Gott im Himmelsthron [149*]	434
O großer Gott von Macht und reich von Gütigkeit [548*M]	921
O heil'ger Gott, der du den Himmel zierest	1011
O Heilige Dreifaltigkeit, o göttliche [231*]	570
O Herre Gott, begnade mich	267

O Herre Gott, dein göttlich Wort [319*]	689
O Herr, erhöre mein Gebet, und lass	165
O Herr, gedenk in Todespein [526*]	1037
O Jesu Christ, dein Kripplein ist [110*]	369
O Jesu Christ, du höchstes Gut [58*]	184
O Jesu Christe, Gottes Sohn, der du zu	480
O Jesu Christ, meins Lebens Licht, mein höchster Trost [479*]	972
O Jesu, unbeflecktes Lamm	482
O Korinth, du Zier der Welt	1156
O Lamm Gottes, unschuldig [167*]	462
O liebste Schar, denkt nach des Geistes Gaben	1158
O Mensch, bedenke doch das Ende	732
O Mensch, beweine deine Sünd [160*]	450
O Mensch, schau Jesum Christum an, der Gottes Zorn getragen	486
O Mensch, schau, welch ein Mensch	489
O Mensch, willst du für Gott bestahn [288*]	645
O selig ist ein solcher Mann	1138
O Traurigkeit, o Herzeleid [181*]	497
O Welt, ich muss dich lassen [501*]	998
O Welt, sieh hier dein Leben [151*]	438
O wie selig seid ihr doch, ihr Frommen [520*]	1024
O wir armen Sünder, unsre Missetat	488
Petrus, Gottes treuer Knecht	1118
Puer natus in Bethlehem / Ein Kind geborn zu Bethlehem [x4 / 119*]	385
Schaut, dass ihr von euch leget	1178
Schaut über euch und auf den Geist	1166
Schmücke dich, o liebe Seele [298*]	655
Schönste Sonne, Himmelszier	131
Schrecklichs Zittern kommt mich an	290
Schwing dich auf zu deinem Gott [419*]	854
Seid jetzt und allezeit	1193
Sei fröhlich alles, weit und breit [191*]	522
Sei gnädig, Herr, mir armen Sünder	1202
Sei gnädig, Herr, sei gnädig deinem Knecht [54*]	178[a]
Seit wir in Erfahrung kommen	1188
Singen wir aus Herzensgrund [309*]	677
Sinnt nach, ihr Brüder, und bedenkt	1104
Sobald, o frommer Christ	48
So brech ich auf von diesem Ort [466*]	955
So lange Zeit ein Erbe bleibt ein Kind	1081
So oft ich an euch denken können	1184

So tut nun, was das höchste Gut	1108
Steh doch, Seele, steh doch stille	767
Stellet Gott heim eure Sachen	1144
Unsre müden Augenlider [25*]	82
Valet will ich dir geben	1043
Vater, liebstes Vaterherze	254
Vater unser im Himmelreich [291*]	649
Vergebens ist all Müh und Kost [378*]	790
Verleih uns Frieden gnädiglich ... Gib unsern Fürsten [318*]	688
Verzage nicht, o frommer Christ [399*]	834
Vom Herren hab ich es bekommen	1115
Vom Himmel hoch, da komm ich her [97*]	348
Von Adam her so lange Zeit [93*]	338
Von Gott will ich nicht lassen [421* x48]	855
Wach auf, mein Geist, erhebe dich	484
Wach auf, mein Geist, mit Freuden	344
Wach auf, mein Herz, und singe [1*]	1
Wachet doch, erwacht, ihr Schläfer	32
Wär Gott nicht mit uns diese Zeit [322*]	692
Warum betrübst du dich, mein Herz, bekümmerst [398*]	833
Warum sollt ich mich den grämen [353*]	743
Warum willst du draußen stehen [91*]	336
Was das Gesetz heißt, wie wir wissen	1085
Was frag ich nach der Welt	777
Was mein Gott will, das gscheh allzeit [359*]	750
Was sind wir Adamskinderˆ	1018
Was soll ein Christ sich fressen [514*]	1015
Was trauerst du, mein Angesicht	997
Was trotzest du, stolzer Tyrann	781
Was unser Glaube Gutes tut	1129
Was vor diesem, meine Lieben	1075
Weil dir, o Gottes Freund	77
Weil ihr seid klug, ihr Brüder, und bedacht	1100
Weil unser Gott den Geist uns hat gegeben	1168
Weltlich Ehr und zeitlich Gut [346*]	720
Weltschöpfer, Herr Gott, Jesu Christ	345
Wenn dich Unglück tut greifen an [436*]	892
Wenn mein Stündlein fürhanden ist [477*]	969
Wenn, o mein Gott, ich nur dich habe	477
Wenn wir in höchsten Nöten sein [388*]	819
Werde munter, mein Gemüte [30*M]	90

Wer glaubt, dass eine Gottheit sei [T*ˣ⁶⁰]	1214
Wer Gott vertraut, hat wohl gebaut [428*]	882
Wer ist der, dessen heller Schein	433
Wer nur den lieben Gott lässt walten	812
Wer recht tun will, der muss des Glaubens Gaben	1192
Wie Christus auferstanden	1133
Wie der Hirsch in großen Dürsten [403*]	839
Wie ein gejagtes Hirschelein [506*]	1002
Wie geh ich so gebückt	196
Wie schöne leucht't der Morgenstern voll Gnad [331*]	701
Wie soll ich dich empfangen [90*]	333
Wir Christenleut haben jetzund Freud [108*]	364
Wir glauben all an einen Gott [292*]	650
Wir sind allhier nur Pilger auf der Erden	1127
Wo Gott, der Herr, nicht bei uns hält [321*]	691
Wo Gott zum Haus nicht gibt sein Gunst [377*]	789
Wohl dem, wohl dem, dem hier im Leben	159
Wohl dem, wohl dem, wohl dem	180
Wollt ihr die gute Straße reisen	1186
Zeuch ein zu deinen Toren [217*]	553
Zion klagt mit Angst und Schmerzen [393*]	828
Zu dir ruf ich in Nöten	913
Zu Gott wir setzen ein Vertrauen	1162
Zu Zion wird dein Nam erhoben [270*]	627
Zweierlei bitt ich von dir [345*ˣ⁷⁴]	719

Personenregister zum Gesamtwerk

Das Register umfasst sämtliche Teilbände. Die Nachweise in der rechten Spalte erfolgen der Reihe nach von Band zu Band. Zuvorderst ist die betreffende Teilbandnummer angegeben (z. B. I/2: für PPMEDW, Bd. I, Teilbd. 2); die nachfolgenden Zahlen sind die der betreffenden Seiten. Die einzelnen Teilbände sind durch liegende Rauten (◇) voneinander abgehoben. Namen in Abbildungen (insbesondere aus II/1.1) werden ebenfalls allein über deren Seitenzahlen aufgeführt.

Nicht erfasst sind die Namen von Forscherinnen und Forschern, zurückgehend bis ins 19. Jahrhundert (z.B. Fischer-Krückeberg und Bachmann), Namen aus Literaturtiteln und Personen der Bibel. Ferner wird der adjektivische und zusammenstellende Gebrauch von Namen (z. B. lutherisch; Gerhardt-Ausgabe) nicht durchweg aufgeführt, sondern nur dort, wo es im Zusammenhang angemessen erscheint. – Einige Namen haben Züge von Allgegenwart. So ist für Johann Crüger (1598–1662) die Angabe von Einzelstellen überhaupt unterblieben. Zu Martin Luther (1483–1546) und Christoph Runge d. J. (1619–1681) erfolgt keine Stellenangabe für Band II/1.1 und zu Jacob Hintze (1622–1702) für Band II/1.2.

Adam(us), Melchior   II/1.1: 693
Adams, Edward   II/1.1: 99
Adlung, Jacob   II/1.1: 362, 444, 653
Aelianus (Claudius Aelianus)   II/1.1: 693
Agricola, Johannes   I/2: 219, 220
Alber(us), Erasmus   I/1: 192, 462, 464 ◇ I/2: 82, 158, 159, 292, 293, 415 ◇ II/1.1: 42, 50, 64, 528, 536, 537, 561, 646, 699 ◇ II/1.2: 369
Albert, Heinrich   I/2: 78, 86, 283, 284 ◇ II/1.1: 35, 40, 62, 265, 269, 578, 665 ◇ II/1.2: IX, X, XIX, 395
Albinus, Johann Georg   II/1.2: 394
Albrecht, Markgraf von Brandenburg-Ansbach, Herzog von Preußen   I/1: 317 ◇ I/2: 225, 226, 239 ◇ II/1.1: 56, 58
Altenburg, Johann (Michael) Altenburg   I/1: 399 ◇ I/2: 258, 259
Amadeus Creutzberg   s. Sinold von Schütz, Philipp Balthasar
Ambrosius von Mailand   I/2: 419, 422 ◇ I/3: 140, 200 ◇ II/1.1: 526, 662, 692, 712
Ambrosius, Sebastian   I/2: 205
Amesius, Guilielmus (Ames, William)   II/1.1: 693, 704
Andreae, Jacob   II/1.1: 695
Angelus Silesius; Angelus, Johann   s. Scheffler, Johannes
Anton Ulrich, Herzog zu Braunschweig-Lüneburg   II/1.1: 231, 727, 743 ◇ II/1.2: 364
Apelles von Löwenstern, Matthäus   II/1.1: 665

Arcularius, Johann Daniel   II/1.1: XI, XXV, 620, 656, 659, 660, 663, 665–667, 670, 671, 674, 675, 679
Arius   II/1.1: 430, 704, 705
Arndt, Johann   I/1: 206, 326, 332, 333, 380 ◇ I/2: 131, 167, 223, 228, 230, 250 ◇ II/1.1: 441, 722
Arnold, Gottfried   II/1.1: 440, 452, 453, 706
Arnoldt, Daniel Heinrich   II/1.1: 580
Arnschwanger, Johann Christoph   II/1.1: 113
Arnulf von Löwen   I/2: 144–146
Artomedes, Sebastian   I/1: 126 ◇ I/2: 130 ◇ II/1.1: 48
Artomius, Petrus   I/2: 151
Athanasius   I/3: 155, 169 ◇ II/1.1: 698, 704
August d. J., Herzog zu Braunschweig-Lüneburg   II/1.1: 231
August der Starke   s. Friedrich August I.
Augustinus, Aurelius   I/1: 135, 146, 147 ◇ I/2: 100, 101, 104, 140, 415, 416 ◇ I/3: 140, 200 ◇ II/1.1: 159, 166, 228, 523, 524, 526, 529, 562, 692, 703, 707
Avenarius, Johann   s. Habermann, Johann

Babst, Valentin   I/2: 89, 123, 124, 134, 138, 160, 204, 233, 235, 239, 292, 412, 420
Babzien, Michael   I/1: 169 ◇ I/2: 146
Bach, Johann Sebastian   I/2: 136, 223, 230, 251, 275 ◇ II/1.1: XIX, 94
Bartholdi, Christian   I/1: 178 ◇ I/2: 152
Basilius von Caesarea   II/1.1: 692
Bataille, Gabriel   II/1.1: 253, 255
Bayly, Lewis (Ludwig)   II/1.1: 27, 34
Becker, Cornelius   I/1: 297, 298, 368 ◇ I/2: 183, 184, 217, 218, 246, 287 ◇ II/1.1: 40, 54, 56, 58, 561, 563
Behm (Bohemus), Martin(us)   I/1: 443 ◇ I/2: 77–79, 133, 269, 282 ◇ II/1.1: 41, 42, 48, 62, 537, 538
Behm, Michael   I/1: 402 ◇ I/2: 260
Behme, David   I/1: 329 ◇ I/2: 229
Bellarmini (Bellarminus), Robert   II/1.1: 703
Berchelmann, Johann(es)   II/1.1: 72
Berkow, Johann   I/2: 423 ◇ II/1.1: 40, 58, 364
Bernhard(us), Abt von Clairvaux   I/1: 163, 327 ◇ I/2: 131, 221, 228, 238 ◇ I/3: 140 ◇ II/1.1: 523, 662, 669, 672, 742
Bernhard I., Herzog von Sachsen-Meiningen   II/1.1: 440
Bernstein, Christian Andreas   II/1.1: 452
Besler, Samuel   I/2: 123
Beyer, Heinrich   II/1.1: 371
Beza, Theodor von   II/1.1: 695, 697, 698

Bienemann, Caspar   I/2: 282 ◇ II/1.1: 62
Binchius, Johann(es)   II/1.1: 516, 559
Bindeman, Martin   II/1.1: 537
Bir(c)ken, Sigmund von   II/1.1: 398 ◇ II/1.2: 413, 458
Blanckenberg, Conrad Gottfried   II/1.1: 441
Bla(u)rer, Ambrosius   I/2: 277 ◇ II/1.1: 62, 537, 538
Bla(u)rer, Thomas   II/1.1: 537, 646
Blechschmid(t), Friedrich   II/1.1: 71
Bodenehr, Mauritius   II/1.2: VI
Bodenschatz, Erhard   I/2: 71
Bodenstein, Andreas   s. Karlstadt, Andreas
Böschenstein, Johann   I/2: 138, 142, 143 ◇ II/1.1: 48
Boetius, August   II/1.1: 776, 777, 780, 781
Bonnus, Hermann   II/1.2: 375
Brandt, Ahasverus   I/2: 441
Brandt, Sigismund   I/2: 441
Breithaupt, Joachim Justus   II/1.1: 452
Bremer(us), Hieronymus   II/1.1: 204, 230
Brunchorst, Christoph   II/1.1: 187
Buchner, August   II/1.1: 363
Bugenhagen, Johannes   II/1.2: 376
Burck, Joachim a   I/2: 123, 192
Busch, Georg Paul   II/1.1: 471, 472, 497

C. G.   II/1.2: 361–368, 374, 383, 385, 393, 394, 413
Caesar, Heinrich   I/2: 85 ◇ II/1.1: 42
Calov, Abraham   II/1.1: 711
Calvin, Johannes   II/1.1: 703
Calvisius, Seth(us)   I/2: 117, 204, 205, 236, 251 ◇ II/1.1: 702
Canitz, Friedrich Rudolph Ludwig von   II/1.1: 442
Canstein, Carl Hildebrand von   II/1.1: 365, 442
Capito, Wolfgang   II/1.1: 538
Capricornus, Samuel   II/1.1: 673
Catharina Amelia, Gräfin zu Solms-Laubach   s. Solms-Laubach
Christian I., Herzog von Sachsen-Merseburg   II/1.1: 396–398
Christian August, Pfalzgraf von Pfalz-Sulzbach   II/1.1: 670
Christian Ernst, Graf von Stolberg-Wernigerode   II/1.1: 754
Chrysostomus, Johannes   I/3: 12, 135, 140, 144, 149, 156, 200 ◇
    II.1.1: 142, 702
Chyträus, Nathan   I/2: 218 ◇ II/1.1: 56
Clauder, Joseph   I/2: 282 ◇ II/1.1: 18
Clausnitzer, Tobias   II/1.1: 439
Clemens I (Romanus)   II/1.1: 429

Cnollius, Christophorus s. Knoll, Christoph
Cnophius, Andreas s. Knöpken, Andreas
Coler, Christoph II/1.1: 149
Comenius, Johann Amos II/1.1: 432
Commeli(n)us, Hieronymus II/1.1: 698
Contzen, Adam II/1.1: 430, 561, 726
Cos(s)el, Andreas (von) II/1.1: 71
Coverdale, Miles I/2: 170
Crasselius, Bartholomäus II/1.1: 452, 476
Creide, Hartmann II/1.1: 525
Creutzberg, Amadeus s. Sinold von Schütz, Philipp Balthasar
Crocius, Johannes II/1.1: 694, 700
Cruciger (Kreutziger), Elisabeth I/1: 87 ◇ I/2: 106 ◇ II/1.1: 44, 171, 172
Crüger, Catharina, Tochter von Johann und Elisabeth Crüger II/1.1: 325
Crüger, Elisabeth, Tochter von Johann und Elisabeth Crüger II/1.1: 325
Crüger, Elisabeth, geb. Schmidt (Schmied), zweite Ehefrau und Witwe von Johann Crüger II/1.1: 325, 327, 328
Crüger, Joachim Ernst, Sohn von Johann und Elisabeth Crüger II/1.1: 325
Crüger, Johann Heinrich, Sohn von Johann und Elisabeth Crüger II/1.1: 325
Crüger, Maria, Tochter von Johann und Elisabeth Crüger II/1.1: 325
Crüger, Wilhelm, Sohn von Johann und Elisabeth Crüger II/1.1: 325
Cyrill von Jerusalem II/1.1: 702

D. H. I/1: 440 ◇ I/2: 280
D. v. W. O. / D. V. VV. O. II/1.2: 358
Dach, Simon I/1: 78, 120, 403, 432, 445–447, 449 ◇ I/2: 86, 102, 126, 260, 276, 282–285, 319, 441 ◇ II/1.1: 35, 40, 60, 62, 64, 76, 96, 438, 562, 563, 582 ◇ II/1.2: 395
Dachstein, Wolfgang I/1: 371 ◇ I/2: 97, 138, 140, 247 ◇ II/1.1: 58, 537
Damasus I., Papst II/1.1: 701
Danckelmann, Daniel Ludolf von II/1.1: 204, 230
Dannhauer(us), Johann Conrad(us) II/1.1: 706
Decius, Nicolaus I/2: 138, 143, 144, 170, 171 ◇ II/1.1: 50, 52
Dedekind, Constantin Christian II/1.1: 255, 272
Demantius, Christoph I/2: 269, 276, 277 ◇ II/1.1: 62

Demler, Christoph   II/1.1: 723
Denicke, David   I/2: 74, 83, 142, 176, 183, 184, 194–196, 198, 215, 217, 431–437 ◇ II/1.1: 123, 438, 439, 465
Derschow (Derschau), Bernhard   I/1: 96, 104, 107, 274 ◇ I/2: 112, 117, 118, 204 ◇ II/1.1: 35, 40, 44, 46, 54, 561, 563
Dießkau uf Knauthayn, Otto von   I/2: 428
Dietrich, Sixt(us)   II/1.1: 221 ◇ II/1.2: 378
Dietrich, Veit   I/2: 266
Dilherr, Johann Michael   I/3: 140 ◇ II/1.1: 113, 528, 536, 538
Dohna, Friedrich von   II/1.1: 166
Dorothea Sophie, Kurfürstin von Brandenburg   II/1.1: 303
Dose, Zacharias   II/1.1: 723
Dräger, Gürgen   II/1.1: 15, 16
Dresdensis, Petrus   I/1: 117 ◇ I/2: 124
Drese, Adam   II/1.1: 452, 453

Ebeling, Johann Georg   I/2: 119, 137, 207, 208, 223, 248, 266 ◇ I/3: 141
Eber, Helena   I/2: 128
Eber(us) (Ebert), Paul(us)   I/1: 123, 346, 421 ◇ I/2: 128, 176, 209, 236, 269, 279, 421 ◇ II/1.1: 48, 52, 54, 58, 62, 527, 561
Ebert, Jakob   I/1: 396 ◇ I/2: 127, 256 ◇ II/1.1: 46, 60
Ebert, Paul   s. Eber, Paul
Eccard, Johannes   I/2: 109, 110, 113, 126, 130, 132, 155, 156, 159, 288 ◇ II/1.1: 578, 665 ◇ II/1.2: 373
Effenbahrt, Hermann Gottfried   II/1.1: XXVI
Eich(h)orn d. J., Johann   II/1.1: 147–149
Eich(h)orn, Katharina, Witwe von Johann Eichorn d. J.   II/1.1: 147–149
Elerdt, Martin Friedrich II/1.1: 22
Elerd(t) (Elerdus), Nikolaus (Nicolaus)   I/1: 480 ◇ I/2: 299 ◇ II/1.1: 167, 364
Emser(us), Hieronymus   II/1.1: 702, 703
Endter, Nürnberger Verlagshaus   I/3: 126
Epiktet (Epictet)   II/1.1: 2, 10, 11
Ernst, Johann   II/1.1: 149, 152
Eusebius von Caesarea   II/1.1: 690
Eyrich, Johann   II/1.1: 700

Fabricius, Georg(ius)   II/1.1: 696
Fabricius, Jakob   I/2: 258 ◇ II/1.1: 60
Fabricius, Werner   II/1.1: 666
Faltzburg Christina Elisabeth von   II/1.1: 686
Faltzburg, Johann von   II/1.1: 158, 686

Felsecker, Johann Jonathan   II/1.1: 670
Ferdinand I., röm.-dt. Kaiser   II/1.1: 526
Ferdinand II., röm.-dt. Kaiser   II/1.1: 147
Ferdinand III., röm.-dt. Kaiser   II/1.1: 98, 163
Ferdinand Albrecht, Herzog zu Braunschweig-Lüneburg   II/1.1: 231
Feuerlein, Conrad   II/1.1: 113
Fincelius, Hiob Wilhelm   II/1.1: 399
Finck, Caspar   II/1.1: 700, 707, 709
Fischer, Christian Sigmund   II/1.1: 182, 236, 239
Fischer, Christoph   I/2: 149 ○ II/1.1: 50
Fischer, Marie s. Röber, Marie
Fladung, Johann   I/3: 140
Fleming, Paul   II/1.1: 364 ○ II/1.2: 387
Flimmer, Johannes   II/1.1: 537
Flittner, Johann   II/1.1: 244, 666
Föllinger, Johann Christoph   II/1.1: 396
Förtsch, Basilius   I/3: 140 ○ II/1.1: 148, 225
Fontaine, Pierre   I/2: 201
Fortunatus   s. Venantius Fortunatus
Franck, Johann   I/1: 21, 37, 53–55, 58, 61, 62, 68, 203, 213, 227,
   240–243, 245, 246, 250, 266, 270, 291, 307, 308, 362, 364, 366,
   370, 384, 400, 406 ○ I/2: 73, 81, 90–92, 94, 98, 164, 165, 172,
   180, 185–190, 198, 200, 215, 222, 223, 244, 245, 247, 251, 259,
   262, 428, 429, 445 ○ II/1.1: XIX, 41, 45, 53, 59, 76, 81, 83–85,
   93, 94, 96, 117, 123, 150, 152, 219, 352, 364, 399, 562, 563, 621,
   647 ○ II/1.2: 357, 363, 366, 368, 370, 372, 377, 381
Franck, Melchior   I/2: 256, 298 ○ II/1.1: 665
Franck, Michael   I/2: 290, 441 ○ II/1.1: 421, 665
Francke, August Hermann   I/2: 10, 251 ○ II/1.1: XXX, 436, 440,
   442, 452
Francke, Johannes   I/2: 251
Freder, Johann(es)   I/1: 25 ○ I/2: 74, 298 ○ II/1.1: 42, 64
Freylinghausen, Johann Anasthasius   I/2: 8, 9, 11, 109, 120, 128,
   131, 135, 138, 151, 157–159, 165, 169, 192, 200, 207, 208, 221,
   230, 231, 239, 249, 254, 255, 272, 274, 285, 290, 291, 293, 418,
   440 ○ II/1.1: 19, 114, 395, 440, 441, 453, 454, 464, 476, 549, 784
Frick, Christoph   II/1.1: 696
Friedrich II., König in (ab 1772 von) Preußen (Friedrich der Große)
   II/1.1: 493
Friedrich III. (I.), Kurfürst von Brandenburg, als Friedrich I. seit
   1701 zugleich König in Preußen   I/2: 445 ○ II/1.1: 405, 406, 436
Friedrich August I., Kurfürst von Sachsen (August der Starke), als
   August II. seit 1697 zugleich König in Polen   II/1.1: 675

Friedrich Wilhelm, Kurfürst von Brandenburg (der Große Kurfürst)
    I/2: 56, 58, (63), 310, 445, 451 ⬦ II/1.1: 28, 32, 33, 80, 86, 88, 89,
    92, 97–100, 103, 117, 125, 132, 133, 148, 151, 166, 178, 192, 205,
    207, 218, 219, 226, 227, 289, 303, 326, 372, 436, 583, 713, 717
Friedrich Wilhelm I., König in Preußen   II/1.1: 405, 493
Friedrich Wilhelm II., Herzog von Sachsen-Altenburg   II/1.1: 700
Friese, Catharina   s. Wust, Catharina
Frit(z)sch, Ahasverus   II/1.1: 666
Frölich, Bartholomäus   I/2: 287 ⬦ II/1.1: 64
Fuchs, Paul von   II/1.1: 436, 438
Füger, Caspar   I/2: 119 ⬦ II/1.1: 46
Fürsen, Caspar Theodor   II/1.1: XXVII, 730, 739, 743, 745, 746, 751,
    754, 755, 759, 760
Fuhrmann, Martin Heinrich   II/1.1: 442
Funck, Johann   I/2: 179, 180
Funcke, Friedrich   II/1.1: 465, 665, 666 ⬦ II/1.2: 365
Furck, Sebastian   II/1.1: 17

G. V. B.   II/1.2: 361
Gallus, Christian   I/2: 96
Gastoldi, Giovanni Giacomo   I/2: 193
Gastritz, Mathias   I/2: 273
Gaubisch, Jakob   I/3: 141
Gen(d)ter, Samuel   I/3: 116
Gensch von Breitenau, Christoph   II/1.1: 445
Georg Wilhelm, Kurfürst von Brandenburg   II/1.1: 98, 99, 117, 133
Gerhard, Johann   II/1.1: 722
Gerhard(t), Paul(us)   I/1: 15, 23, 34, 56, 57, 95, 96, 109, 110, 113,
    114, 125, 127, 141, 142, 144, 152, 161, 163–167, 172, 175, 185,
    199, 201, 202, 214, 230, 231, 238, 239, 244, 247, 249, 256, 290,
    303, 307, 309, 311, 312, 314–316, 319–321, 323–327, 332, 333,
    335, 339, 363, 364, 366, 367, 372–376, 378, 379, 381–383, 395,
    401, 404, 408, 413, 416, 466 ⬦ I/2: 8–10, 35, 70, 74, 80, 92, 111,
    119, 120–122, 129, 130, 137, 138, 140, 144–146, 148, 150, 152,
    154, 163, 164, 173, 182, 185, 188, 189, 192, 193, 208, 214, 220,
    222–228, 230, 231, 233, 242–251, 253, 256, 260, 261, 263, 265–
    267, 294, 451 ⬦ I/3: 127, 135, 141, 142 ⬦ II/1.1: XIX, XX, XXIX,
    14, 24, 28–30, 35–37, 40, 42, 44, 48, 50–52, 56, 58, 63, 83–86,
    93, 94, 96, 111, 123, 167, 187, 189, 208, 218–222, 225, 226, 231,
    288, 290, 329, 352, 353, 364, 397, 398, 432, 451, 454, 528, 532,
    561, 582, 621, 622, 645, 647–650, 662, 663, 667, 707, 716, 720,
    725, 732, 748, 749, 786 ⬦ II/1.2: XII, 356, 358, 371, 387, 393 ⬦
    II/2: 8
Gerhard, Peter = Paul Gerhardt   II/1.1: 111

Gesenius, Justus   I/2: 74, 83, 84, 142, 177, 183, 184, 215, 431–437
  ◇ II/1.1: 123
Gesius, Bartholomäus   I/2: 36, 85, 122, 127, 151, 161, 166, 191, 192,
  204, 206, 207, 242, 256, 257, 268, 269, 280, 296, 429, 431 ◇
  II/1.1: 150, 151, 665
Gieße (Giese), Erdmann   II/1.1: 22
Gigas, Johannes (Heune, Johannes)   I/1: 414 ◇ I/2: 266, 275 ◇
  II/1.1: 60, 62
Gläser, Enoch   II/1.1: 244, 274
Glück, Johann Paul   II/1.2: 360
Goltz, Joachim Rüdiger von der   I/1: 11 ◇ I/2: 58, 303
Gotter, Ludwig Andreas   II/1.1: 452
Goudimel, Claude   I/2: 446 ◇ II/1.1: 223
Graf(fius), Simon   II/1.1: 538
Gramann, Johann (Poliander, Johannes)   I/1: 226 ◇ I/2: 179, 180
  ◇ II/1.1: 52
Gregor I. (der Große), Papst   I/2: 417 ◇ II/1.1: 290, 706
Gregor(ius) von Nazianz   II/1.1: 662, 671
Greiter, Mat(t)hias   I/2: 242 ◇ II/1.1: 536–538 ◇ II/1.2: 365
Gretgen, Adam   I/1: 168 ◇ I/2: 146
Groeben, Hans Ludwig von der   II/1.1: 128, 138
Grosse, Henning   I/3: 140, 141
Großgebauer, Theophil   II/1.1: 442
Gruber, Christoph   II/1.1: 84, 396, 398, 399
Grünwald, Georg   I/2: 229 ◇ II/1.1: 56
Grünwald, Jacob Klinckebeil von   s. Klinckebeil von Grünwald,
  Jacob
Gryphius, Andreas   II/1.1: 363, 365
Güldenklau, Andreas   s. Gyldenklou, Andreas
Gustav II. Adolf, König von Schweden   I/2: 258
Guth, Martin   II/1.1: 15, 67, 79, 80, 720
Gutknecht, Friedrich   I/2: 207
Gyldenklou (Güldenklau), Andreas   II/1.1: 157, 160

Habermann, Johann (Avenarius, Johann)   I/2: 57, 79, 303, 310,
  325 ◇ I/3: 9, 11, 111, 112, 114, 115, 117–132, 140, 144, 147, 157,
  199 ◇ II/1.1: XVI, XVIII, XXVI, 88, 104, 116, 127, 135, 137, 138,
  145, 146, 155, 162, 170, 191, 192, 199, 202, 233, 235, 289, 292,
  301, 305, 318, 322, 338, 346, 350, 357, 359, 371, 373, 375, 377,
  381, 384, 385, 388, 392, 401, 404, 409, 411, 418, 420, 422, 427,
  443, 446, 447, 449, 455–459, 461–463, 469–471, 473, 475, 477,
  478, 480, 482, 484–486, 488, 490, 492, 494, 496, 498–503, 530,
  547, 573, 683, 684
Hagen, Peter   I/1: 187, 193, 448 ◇ I/2: 113, 133, 155, 159, 284

Hamilt(h)on, David   II/1.1: 666
Hammerschmid(t), Andreas   II/1.1: 110, 278, 281, 578, 665 ◇
    II/1.2: 371
Hanna   I/2: 98
Harsdörffer, Georg Philipp   II/1.1: 113, 220, 249, 394, 528, 536, 582
    ◇ II/1.2: 357
Hartmann, Thomas   I/2: 288
Hartz, Andreas   II/1.1: 783, 784, 786
Haselberg, Christoph   II/1.1: 99
Hass, Georg   II/1.1: 264
Hasse, Nicolaus   II/1.1: 364, 665, 666
Hassel, Johann Heinrich   II/1.1: 440, 465
Haßler, Hans Leo   I/2: 275 ◇ II/1.1: 665 ◇ II/1.2: 390
Haveland, Valentin   II/1.1: 346, 347, 351, 401, 405, 437
Heermann(us), Johann(es)   I/1: 35, 48, 70–72, 74–76, 82, 103, 106,
    127, 131, 133, 136, 147, 148, 158, 170, 180, 186, 194, 206, 216,
    218, 272, 273, 288, 305, 318, 328, 341, 346, 350, 392, 397, 398,
    409–411, 425, 428, 452, 458, 469, 470 ◇ I/2: 81, 88, 89, 98–102,
    104, 116, 118, 130, 132–135, 140, 141, 147, 153, 155, 160, 167,
    174–176, 201, 202, 213, 221, 226, 228, 234, 236, 238, 255, 257,
    258, 264, 272, 274, 286, 289, 295, 411, 415, 416, 419, 421, 431,
    432, 436, 438 ◇ II/1.1: XXII, 2, 3, 17–19, 27, 28, 39, 40, 42, 44,
    46–50, 52, 54, 56, 58, 60, 62, 64, 96, 145, 150, 167, 290, 357,
    359, 362, 363, 366, 367, 371, 373, 375, 377, 381, 385, 388, 391,
    409, 411, 418, 420, 443, 446, 451, 454, 528, 621, 647, 720, 724,
    725, 730, 732, 748 ◇ II/1.2: XII, 398, 401, 402, 405–407, 412
Hegenwald, Erhard(us)   I/1: 47 ◇ I/2: 88 ◇ II/1.1: 42, 114, 527, 561
Heinlein, Paul   II/1.1: 113
Heinrich II., röm.-dt. Kaiser   II/1.1: 526
Heinsius, Martin   I/1: 301 ◇ I/2: 219
Heinzelmann, Johannes   II/1.1: 117
Heis. D.   II/2.2: 457
Held, Heinrich   I/1: 91, 119, 162 ◇ I/2: 109, 125, 144, 440 ◇
    II/1.1: 117, 135, 136, 145–150, 152, 153, 162
Heldt, Conrad   II/1.1: 74
Held(t), Elisabeth   II/1.1: 686
Held(t), Rudolph (Rudolff)   II/1.1: 686
Helmbold, Ludwig   I/1: 358 ◇ I/2: 123, 192, 205, 241, 249, 286, 424
    ◇ II/1.1: 46, 54, 58, 64
Hemmel, Sigmund   I/2: 287
Herberger, Valerius   II/1.1: 538 ◇ II/1.2: 396

Herman(nus), Nicolaus   I/1: 28, 106, 157, 174, 195, 276, 281, 392, 420 ◇ I/2: 77, 87, 117, 118, 125, 141, 149, 150, 155, 158, 161, 182, 205, 208, 209, 249, 255, 268, 275, 412–414, 421, 424, 431 ◇ II/1.1: 42, 46, 48, 50, 54, 58, 62, 527, 561

Hermann, Johann(es)   I/2: 131 ◇ II/1.1: 48, 454

Hesse, Johannes   I/2: 279, 280

Heune, Johannes   s. Gigas, Johannes

Heyden (Heiden), Sebald   I/2: 141, 266, 280, 416 ◇ II/1.1: 60, 527, 561

Hieronymus   I/3: 7, 102, 140, 144, 146, 147 ◇ II/1.1: 144, 525, 701

Hintze, Anna Catharina, geb. Reischel (Reuschel)   II/1.1: 226

Hintze, Georg   II/1.1: 99 ◇ II/1.2: IX

Hintze, Jacob   I/2: 197 ◇ II/1.1: VII, VIII, XIX, XX, XXII, XXIV, 12, 99, 150–152, 186, 191, 209–215, 217, 222–231, 234, 275, 288, 290, 302, 319, 329, 332, 340, 346, 356, 358, 359, 363, 364, 374, 378, 381, 384, 385, 387, 388, 390–396, 398, 399, 402, 405, 411, 419, 423, 437, 444, 446, 451, 665 ◇ II/1.2: passim

Hintze, Rebecca   II/1.1: 226

Hipschmann, Sigmund Gabriel   II/1.1: 613

Hirt, Michael Conrad   II/1.1: XIV

Hoë von Hoënegg, Matthias   II/1.1: 696, 697

Hodenberg, Bodo von   I/2: 83

Höier, Cunrad   I/2: 238

Hörnigk, Ludwig von   II/1.1: 538

Hoffmann, Sigismund   II/1.1: 766, 767, 769, 771, 772, 783

Honthorst, Gerrit van   II/1.1: 33

Horn, Johann   I/2: 122, 204 ◇ II/1.1: 54

Hrabanus Maurus   I/2: 169, 419, 430

Huberinus, Caspar   I/2: 422

Hubert, Konrad   I/1: 49 ◇ I/2: 89 ◇ II/1.1: 42, 536–538 ◇ II/1.2: 369

Hünicke (Hünecke), Matthias von   II/1.1: 319

Huntlaeus, Jacobus Gordonus (Gordon, James)   II/1.1: 702

Hus, Jan (Johann)   I/1: 270 ◇ I/2: 201 ◇ II/1.1: 431

Hutter(us), Leonhard   II/1.1: 515, 564

Ignatius von Antiochien   II/1.1: 429, 669

Irenaeus   II/1.1: 430

Isaac, Heinrich   I/2: 279

J. P. G. (vmtl. Johann Paul Glück)   II/1.2: 360

Jablonski, Daniel Ernst   II/1.1: 405

Jacobi, Michael   II/1.2: 364

Jansonius, Justus   I/3: 140

Janus, Martinus   II/1.2: 374, 375

Jeep, Johann   I/1: 286 ◇ I/2: 212 ◇ II/1.1: 532
Jenstein, Johannes von   I/2: 201
Jhan, Johannes   I/2: 207
Joachim, ein Kalkant   II/1.1: 99
Joachim Friedrich, Kurfürst von Brandenburg   II/1.1: 24
Johann Friedrich I., Kurfürst von Sachsen   II/1.1: 538
Job, Johannes   II/1.1: 476
Johann Georg II., Kurfürst von Sachsen   II/1.1: 121, 125
Johann Sigismund, Kurfürst von Brandenburg   II/1.1: 97, 99
Johann Wilhelm, Herzog von Sachsen-Weimar   I/2: 286
Johann(es) Casimir, Herzog von Sachsen-Coburg   I/2: 192
Johannes Chrysostomus   II/1.1: 142, 702
Jonas, Justus   I/2: 210, 212 ◇ II/1.1: 56, 527, 561
Joseph, Georg   II/1.1: 252, 268, 666 ◇ II/1.2: 360
Justin (Iustinus Martyr)   II/1.1: 692, 699

Kaldenbach, Christoph   II/1.1: 272
Kalle, Albrecht   II/1.1: 720
Kalle, Albrecht Christian   II/1.1: 21
Kalle, Catharina   II/1.1: 172
Kalle, Johann   II/1.1: 15, 21, 172, 223
Karl der Große (Carolus Magnus), Kaiser   II/1.1: 526
Karl Emil, Prinz von Brandenburg   I/2: 445
Karlstadt (Carolstadius), Andreas (Bodenstein, Andreas)   II/1.1: 699
Kase, Caspar   II/1.1: 99
Katarina   I/2: 252
Keimann, Christian   II/1.2: 368, 371, 388
Kemnitz (Chemnitz), Joachim   II/1.1: 71
Kenckel, Johann   II/1.1: 691
Kindermann, Balthasar   II/1.1: 362 ◇ II/1.2: 386
Kindermann, Johann Erasmus   II/1.1: 249, 254, 263, 271 f., 277
Kirchner, Emmeran (?)   II/1.1: 15
Kittel, Caspar   II/1.1: 254, 263, 268
Klemm, Johann Georg   II/1.1: 274
Klinckebeil (Klinkbeil) von Grünwald (Grünewald, Grünenwald),
    Jacob   II/1.1: 395–400, 670 ◇ II/1.2: 361–368, 374, 383, 385, 393,
    394, 413
Klug, David   II/1.1: 711, 712
Klug, Josef   I/2: 105, 106, 115, 119, 124, 156, 157, 169, 179, 211,
    212, 220, 231, 239, 297, 440 ◇ I/3: 116 ◇ II/1.1: 708
Klunger, Christian   II/1.1: 397
Knöpken (Cnophius), Andreas   II/1.1: 537
Knoll (Cnollius), Christoph(orus)   I/2: 275, 298 ◇ II/1.1: 62
Knorr von Rosenroth, Christian   II/1.1: 665, 666, 670–673

Knox, John   II/1.1: 742
Koch, Johann   II/1.1: 396, 399
Köhler, Henning   II/1.1: 27
Kogge, Stephan   II/1.1: 717
Kohlreiff, Bernhard   I/2: 305 ◇ II/1.1: 10, 150
Kolrose, Johann   I/1: 19 ◇ I/2: 71, 231 ◇ II/1.1: 41, 42, 56, 647, 648
Konstantin der Große, röm. Kaiser   II/1.1: 526
Kreusig, Christian   II/1.1: 396
Kreutziger, Elisabeth   s. Cruciger, Elisabeth
Krockow (Crockow), Lorenz Georg von   II/1.1: 714, 715
Kühnau, Johann Christoph   II/1.1: 194, 230
Kugelmann, Hans   I/2: 179, 180

Lactantius, Lucius Cae(ci)lius Firmianus   II/1.1: 526, 692
Lancken, Philipp Christoph von der   II/1.1: 158
Lang, Johann Jacob   II/1.1: 452
Lange, Herman(n)   II/1.1: 74
Lange, Joachim   II/1.1: 442, 452
Lange, Johann Christian   II/1.1: 417, 439, 440, 452
Langhans, Urban   I/2: 191 ◇ II/1.1: 52
Lassenius, Johannes   II/1.1: 476
Lauterbach, Johannes   I/2: 85
Leisentrit, Johann   II/1.1: 101
Le Maistre, Mattheus   I/2: 82
Leon, Johann   I/2: 87, 103, 270, 277, 281 ◇ II/1.1: 42, 62
Leopold I., röm.-dt. Kaiser   II/1.1: 128, 396, 397, 399, 582
Lilius (Lilien), Georg   I/1: 159, 340, 481 ◇ I/2: 142, 143, 233, 299
    ◇ II/1.1: 19, 25, 35, 40, 50, 74, 364
Linck(en), Wenzeslaus   II/1.1: 536
Lindemann, Johannes   I/2: 192, 193
Liscow, Salomo   II/1.1: 439, 452, 479
Lobwasser, Ambrosius   I/1: 354 ◇ I/2: 76, 79, 186, 240, 445, 446,
    450–452 ◇ II/1.1: 58, 97, 218, 439, 706, 708, 743
Löben, Johann Friedrich von   II/1.1: 71
Löhner, Johann   II/1.1: 113
Loersfeld, Johann   I/2: 36
Löw(e) (von Eisenach), Johann Jacob   II/1.1: 666
Löwenstern, Matthäus Apelles von   I/2: 83 ◇ II/1.1: 665
Lorentz, Johann   II/1.1: XXII, XXIII, 371, 438, 441, 442, 447–450,
    454–456, 458–463, 469, 470, 473–475, 477, 478, 480, 481, 484–
    488, 490–497, 501–503
Lorentz – Witwe von Johann Lorentz   II/1.1: 486, 487, 490, 491,
    493–497
Lorentz, Johann Fri(e)d(e)rich   I/3: 128 ◇ II/1.1: XXIII, 486, 498–501

Lossius, Lucas I/2: 122, 124
Ludecus, Matthäus I/2: 413
Ludwig XIV., König von Frankreich II/1.1: 325, 664
Lufft, Hans I/2: 67
Luidtke, Germanus II/1.1: 128, 138
Luise Henriette, Kurfürstin von Brandenburg I/2: 310, 445, 451 ◇
    II/1.1: 32, 33, 86, 88, 89, 91, 92, 97, 98, 198
Lukas von Prag I/2: 291
Lunitz, Kaspar II/1.1: 720
Luppius, Andreas II/1.1: 153, 415–417, 440
Luther(us), Martin(us) I/1: 7, 9, 13, 88, 89, 101, 102, 104, 105, 130,
    176, 188, 198, 200, 209, 210, 223, 258, 263, 265, 268, 270, 274,
    284, 285, 287, 289, 300, 338, 427, 460, 461, 474, 504 ◇
    I/2: 56, 58, 61, 67, 73–76, 90, 92–94, 97, 98, 102, 103, 105–108,
    111, 114–117, 119, 129, 132, 137, 151, 156, 162–164, 168–170, 174,
    179, 185, 187–189, 194, 196, 197, 199–201, 203, 208, 210–214,
    218, 220, 224, 225, 231, 232, 239, 243–245, 248, 249, 256, 257,
    259, 262, 263, 265, 267, 270, 273, 274, 279, 287, 290–292, 294,
    297, 412, 420, 423, 424, 429, 430, 440 ◇ I/3: 116, 118, 119, 122,
    124, 125, 127, 128, 131, 134, 159, 203 ◇ II/1.1: passim

M. H. II/1.2: 358
M. M. R. II/1.2: 395
Magdeburg, Joachim I/2: 251, 226, 240, 251, 252 ◇ II/1.1: 58
Magdeburg, Johann I/2: 293
Maldonatus, Joannes (Maldonado, Juan) II/1.1: 702
Mani II/1.1: 526
Major, Johann II/1.1: 710
Marga I/2: 278
Maria, Königin in Ungarn I/1: 351 ◇ I/2: 239
Maria Amalie (Maria Aemilia, Marie Amalie), geb. Markgräfin von
    Brandenburg, nachmalige Herzogin von Sachsen-Zeitz
    II/1.1: 303, 306, 317
Marie Elisabeth (Maria Elisabeth), geb. Prinzession zu
    Braunschweig-Lüneburg, nachmalige Herzogin erst von
    Sachsen-Eisenach und danach von Sachsen-Coburg
    II/1.1: 231, 290
Mariga s. Marga
Mat(t)hesius, Johann(es) I/1: 16 ◇ I/2: 70 ◇ II/1.1: 561, 563
Maximilian II., röm.-dt. Kaiser II/1.1: 432, 526
Mayer, Johann II/1.1: 431
Meier (Mejer, Meyer), Agnisa II/1.1: 687
Meier (Mejer, Meyer), Caspar II/1.1: 687
Meier (Meierus), Heinrich (Henricus) II/1.1: 251

Meisner (Meißner[us]), Balthasar II/1.1: 515, 559
Melanchthon, Philipp I/1: 220 ◇ I/2: 176, 177
Melissander, Caspar s. Bienemann, Caspar
Mengering, Arnold(us) II/1.1: 705, 706, 708–710
Mentzer, Johann II/1.1: 452
Meuslin (Musculus), Wolfgang I/2: 83 ◇ II/1.1: 537
Mevius, Balthasar II/1.1: 104–106, 111, 112, 114, 121, 125, 530, 563
Mevius, Catharina s. Wust, Catharina
Mevius, Jacob II/1.1: 776
Meyer, Johann Wilhelm II/1.1: 365, 464–466, 468
Meyfart, Heinrich I/2: 256 ◇ II/1.1: 58
Michael I., byzantinischer Kaiser II/1.1: 701
Michaelis, Elisabeth II/1.1: 687
Michaelis, Ulrich Clemens II/1.1: 687
Mieth, Johann Christoph II/1.1: 222, 363 ◇ II/1.2: 399
Milde, Georg II/1.1: 22
Mintzel, Johann Albrecht II/1.2: 397
Mönch von Salzburg I/2: 197
Moller, Martin I/1: 349, 441 ◇ I/2: 168, 173, 237, 238, 281, 423, 424
    ◇ II/1.1: 52, 58, 532
Montag, Christian II/1.1: 74
Moritz Wilhelm, Herzog von Sachsen-Zeitz II/1.1: 303
Mose, Hans II/1.1: 723
Mühlmann, Johann I/2: 76
Müller, Balthasar I/2: 191
Müller, Benedictus II/1.1: 84
Müller, David II/1.2: 397
Müller, Friedrich I/2: 320 ◇ II/1.1: 118, 223
Müller, Heinrich (um 1488–1524) s. Zütphen, Heinrich von
Müller, Heinrich (Henricus; 1631–1675) II/1.1: 366, 620, 663, 665,
    674–680, 696, 749, 751, 755, 762, 763, 771, 772
Müller, Petrus II/1.1: 323
Müntzer, Thomas II/2: 112, 117, 147
Müntzer, M. R. I/2: 296
Musculus, Balthasar I/2: 70, 273
Musculus, Wolfgang s. Meuslin, Wolfgang
Mut(t)h, Nicolaus II/1.1: 323

Nachtenhöfer, Kaspar (Caspar) Friedrich II/1.1: 452
Nauwach, Johann II/1.1: 255, 263, 264, 277
Neander, Joachim II/1.1: 452, 666
Neumann, Andreas II/1.1: 583, 586, 587
Neumann, Caspar II/1.1: 758, 763
Neumann Konrad II/1.1: 723

Neumark, Georg   II/1.1: 146 ◇ II/1.2: 388
Nicolai, Jeremias   I/2: 296 ◇ II/1.1: 64, 136
Nicolai, Philipp(us)   I/1: 294, 471 ◇ I/2: 216, 296 ◇ II/1.1: 56, 136,
    439–441, 528, 538, 561, 720, 724, 725, 730, 732, 748, 749
Niedling, Johann(es)   I/2: 109, 144, 259, 440 ◇ II/1.1: 148, 149, 152
Niege, Georg   I/2: 70 ◇ II/1.1: 42
Nieressen, Paul   II/1.1: 99, 223 ◇ II/1.2: IX
Nissen, Katharina Elisabeth, Witwe von Niclas Nissen   II/1.1: 722,
    749, 757, 762, 763, 769
Nissen, Niclas   II/1.1: 578, 720, 724, 725, 728, 730, 732, 745, 748,
    749, 757, 758, 762, 763, 769
Nitzsch, Petrus   I/2: 82

Oeler, Ludwig   II/1.1: 536
Oemler, Georg Emil   I/2: 240
Olearius, Johann Gottfried   II/1.1: 299
Opitz, Martin   I/2: 90, 181, 183, 214, 277, 435 ◇ II/1.1: VII, XX,
    XXII, 44, 52, 56, 62, 146–151, 191, 209, 216, 217, 223, 224, 227,
    229, 233, 235, 241, 242, 256, 263, 267, 278, 282, 288–290, 315,
    363–366, 398, 437, 438, 451 ◇ II/1.2: VI, XI, XVII, 397–413, 458
Origines   II/1.1: 702
Ortmann, Johann Friedrich   II/1.1: 722 f.
Osiander d.Ä., Lucas   II/1.1: 695
Otto I., röm.-dt. Kaiser   II/1.1: 526
Ott(h)o, Andreas   II/1.1: 580
Ovid (Publius Ovidius Naso)   II/1.1: 78

Pape, Heinrich   II/1.2: 375
Pape, Johann Christoph   II/1.1: 720
Pappi, D.   I/1: 424 ◇ I/2: 270
Paravicini, Johann-Baptist (Paravicinus, Johann-Baptist; Palava-
    cini, Giovanni Batista)   I/1.1: 149, 179, 188, 189, 234
Pauli, Joachim   II/1.1: 187, 223, 329 ◇ II/1.2: 360
Pelagius   II/1.1: 703
Peristerus, Wolfgang   I/2: 95, 440
Peter (Petraeus), Christoph   I/2: 96, 165, 172 ◇ II/1.1: 84, 219, 396,
    399 ◇ II/1.2: 361, 367, 368, 370, 372, 377, 381
Petersen, Johann Wilhelm   II/1.1: 417, 440, 452
Peucker, Nicolaus   I/2: 445 ◇ II/1.1: 25, 78, 81, 83, 84, 117, 152, 395
Philo von Alexandrien   II/1.1: 690
Photinus von Sirmium   II/1.1: 712
Pindar(us)   II/1.1: 525
Plinius d.J.   II/1.1: 429, 526, 690
Poliander, Johannes   s. Gramann, Johann

Pollio, Symphorian(us)   II/1.1: 537
Porst, Johann   II/1.1: XXIII, 441, 453, 454, 464, 465, 468, 479
Posthius, Johann   I/2: 217 ◇ II/1.2: 456
Praetorius, Benjamin   II/1.1: 417 ◇ II/1.2: 360
Praetorius (Schultze), Michael   I/1: 22 ◇ I/2: 73, 90, 125, 207, 234, 413, 418 ◇ II/1.1: 129, 208, 697, 698
Preunel(l), Johann Adam   I/2: 320 ◇ II/1.1: 118
Preuß, Johann(es)   II/1.1: 705, 706
Printz, Wolfgang Caspar   II/1.1: 222
Prudentius Clemens, Aurelius   II/1.1: 526, 662, 671, 672, 706
Pufendorf, Samuel von   II/1.1: 436

Quirsfeld, Johann   I/2: 173 ◇ II/1.1: 720

Radedald, Johannes   I/2: 75
Rango, Conrad (Cunradius) Tiburtius   II/1.1: XXV, 395, 417, 683, 689, 691, 696, 700, 705, 708, 711, 712, 716, 717
Raue, Johann   II/1.1: 185
Rebenlein d.J., Georg   II/1.1: 723
Regnart, Jakob   I/2: 274
Reichar(d)t, Benedikt (Benedictus)   II/1.1: 129, 138
Reichel, Daniel   I/2: 64 ◇ II/1.1: 67–70, 75, 77, 79–81, 111
Reichwald, Johann   I/1: 25 ◇ I/2: 75 ◇ II/1.1: 42
Reimann, Georg   I/2: 156, 177 ◇ II/1.1: 50
Reinigius, Paschasius   I/2: 273
Reischel (Reuschel), Anna Catharina   s. Hintze, Anna Catharina
Reischel (Reuschel), Johann Christian   II/1.1: 405
Reischel (Reuschel), Martin   I/1: 7, 9 ◇ I/2: 38 ◇ II/1.1: 172, 187, 226, 231, 233, 235, 405
Reißner, Adam   I/1: 359 ◇ I/2: 242 ◇ II/1.1: 58
Rellstab, Carl Friedrich   II/1.1: XXIII, 493, 502, 503
Rellstab, Johann Carl Friedrich   II/1.1: 502
Rhau, Johannes   I/2: 270, 271
Rhete, Johann Valentin   II/1.1: 717
Richter, Christian Friedrich   II/1.1: 452, 476
Richter, Gregor d.J.   I/1: 478 ◇ I/2: 298 ◇ II/1.1: 275 ◇ II/1.2: 386
Riedel, Johann   II/1.2: 399
Rinckart, Martin   I/2: 190 ◇ II/1.1: 52
Ringwaldt, Bartholomäus   I/1: 28, 67, 207, 214, 223, 330, 340, 343, 344, 348, 390, 394, 405, 417–419, 423, 433–435 ◇ I/2: 77, 86, 96, 97, 128, 167, 168, 173, 178, 208, 229, 233–235, 237, 254, 255, 258, 261, 267, 268, 270, 275–278, 293, 417, 418, 419, 424–426, 431 ◇ II/1.1: 40, 42, 44, 52, 54, 58, 60, 62, 64, 150
Ringwaldt, Johann   I/2: 267

Rist, Johann   I/1: 20, 41, 59, 60, 100, 138, 171, 181, 194, 412, 467
	◇ I/2: 72, 84, 93, 113, 114, 128, 136, 148, 153, 159, 160, 191,
	264, 265, 289, 294, 427 ◇ II/1.1: 35, 40, 42, 45, 46, 48, 50, 93,
	96, 150, 268, 314, 315, 451, 531, 561, 563, 582, 621, 720, 724,
	725, 730, 732, 748, 749, 786 ◇ II/1.2: 357, 360, 364, 366, 374–376
Ritter (II.), Johann Balthasar   II/1.1: 620, 621
Ritzsch, Gregor   I/2: 416 ◇ II/1.1: 67, 80, 167
Ritzsch, Timotheus   I/2: 64 ◇ II/1.1: 27, 67–70, 75, 77, 79, 80
Roberthin, Robert   I/2: 285 ◇ II/1.1: 64
Rochow, Georg Wilhelm von   II/1.1: 128, 138
Rodigast, Samuel   II/1.1: 452
Röbel, Johann Georg von   II/1.1: 323
Röber, Marie, verh. Fischer, Schwiegermutter aus Christoph Runges
	d. J. erster Ehe I/2: 66 ◇ II/1.1: 179, 182, 185, 233, 236, 289, 356
Röber(us), Paul(us)   II/1.1: 515, 559
Rösner (Rößner), Erasmus   II/1.1: 151, 220, 223, 396, 398, 705 ◇
	II/1.2: 397
Rösner, Johann   II/1.1: 22
Rösner, Sidonie   s. Runge, Sidonie
Rößlin, Johann Weyrich   I/3: 118
Rötel, Anna Margarete   II/1.1: 112
Rötel, Caspar (Kaspar)   I/2: 65 ◇ II/1.1: XXIII, 105, 106, 111, 112,
	124, 125, 530, 534
Rollenhagen, Bartholomäus   I/2: 431
Rollos, Peter   II/1.1: 147
Romandon, Gedeon   II/1.1: 306
Rosenhand, Simon Matthäus von   II/1.1: 157
Rosenmüller, Johann   II/1.2: 394
Rost, Nicolaus   II/1.1: 64
Rothlieb, Philipp   II/1.1: 686
Rothlieb, Sc(h)olastica   II/1.1: 686
Rowe d. J., Walter   II/1.1: 99
Rudolf August, Herzog zu Braunschweig-Lüneburg   II/1.1: 235, 290
Ruf(f)inus von Aquileia   II/1.1: 692
Rump, Daniel   I/2: 269, 270
Runge – erste Ehefrau Christoph Runges d. J., geb. Fischer
	II/1.1: 182, 184
Runge, Catharina, Tochter von Georg Runge   II/1.1: 167
Runge, Christoph d. Ä   II/1.1: 24, 133
Runge, Christoph d. J.   I/1: 7, 9, 504 ◇ I/2: 38, 42, 56, 57, 61–67,
	95, 96, 99, 103, 104, 120, 141, 157, 165, 190, 191, 193, 259, 285,
	286, 303, 320, 429, 443, 444, 451, 452 ◇ I/3: 9, 11, 111, 112, 120,
	124–126, 129, 130, 134, 141, 142, 154, 157, 172, 210 ◇
	II/1.1: passim

Runge, Conradt Ludewig, Sohn von Maria Katharina und Christoph Runge d. J. II/1.1: 371
Runge, Georg I/2: 62 ◇ II/1.1: 2, 3, 15, 21, 37, 133, 184, 343, 355, 379
Runge, Maria, geb. Tröjen, Witwe Georg Runges II/1.1: 2, 3, 15, 21, 184, 343
Runge, Maria Katharina s. Salfeld, Maria Katharina
Runge, Sidonie, geb. Rösner, zweite Ehefrau Christoph Runges d. J. II/1.1: 22
Russ, Wolfgang I/2: 232
Rutilius, Martin I/2: 96 ◇ II/1.1: 44

Sabinus, Georg II/1.1: 696
Sachs, Hans I/1: 355 ◇ I/2: 240
Salfeld, David II/1.1: XXII, 371, 375, 377, 379, 381, 385, 387, 388, 391, 401, 404, 408, 409, 411, 418, 420, 422, 427, 434, 436–438, 443, 446, 447, 449, 450, 455, 456, 493 ◇ II/1.2: VIII
Salfeld, Johann Andreas II/1.1: 371
Salfeld, Maria Katharina, geb. Thesendorff (Desendorff), dritte Ehefrau und Witwe Christoph Runges d. J., danach Ehefrau und Witwe von David Salfeld I/2: 62 ◇ II/1.1: XXII, 371, 373–375, 377, 379, 381, 383, 385, 387, 388, 391, 401, 403, 404, 408–411, 418–420, 422, 425, 427, 434, 436–438, 443, 445, 446 ◇ II/1.2: VIII
Sanfdorfer, Johannes I/1: 352 ◇ I/2: 239 ◇ II/1.1: 58
Saubert(us) d. Ä., Johann II/1.1: 528
Saubert d. J., Johann II/1.1: 113
Scandello, Antonio I/2: 207
Schade, Johann Caspar II/1.1: 415–417, 439–442, 451 f.
Schalling, Martin I/2: 273 ◇ II/1.1: 62
Schatz, Josua David II/1.1: 454
Schechs, Jakob Peter II/1.1: 537 ◇ II/1.2: 391
Schedlich, David II/1.2: 368
Scheffler, Johannes (Angelus, Johann[es]; Angelus Silesius) II/1.1: 188, 189, 364, 365, 417, 439, 440, 465, 476 ◇ II/1.2: 360
Scheibler(us), Christoph II/1.1: 559, 564, 565
Scheidemann, Heinrich II/1.1: 578
Schein, Johann Hermann I/1: 69, 96, 171, 197, 261, 389, 436, 451, 456 ◇ I/2: 98, 108, 130, 162, 171, 177, 193, 195, 196, 217, 218, 244, 253, 254, 257, 274, 278, 286, 289, 295, 428 ◇ II/1.1: 15, 36, 44, 50, 54, 56, 58, 62, 64, 100, 576, 665 ◇ II/1.2: 394
Schein, Johanna Judith I/2: 288, 289
Schenck, Hartmann II/1.1: 439
Schenk, Pieter II/1.1: 660, 691

Schirmer, Michael   I/1: 190, 205, 454 ◇ I/2: 108, 157, 167, 263, 287, 305 ◇ II/1.1: 10, 11, 19, 22, 35 40, 44, 50, 52, 60, 64, 83, 223
Schlechtiger, Gotthard   II/1.1: 441, 454, 464–468
Schleuen, Johann David   II/1.1: 497
Schleupner(us) (Sleupnerus), Christoph(orus)   II/1.1: 705
Schlippenbach, Christoph Carl von   II/1.1: 685, 716
Schlippenbach, Helena Elisabeth(a) von   II/1.1: 685, 716
Schmid, Bernhard   I/2: 273
Schmidt, Elisabeth   s. Crüger, Elisabeth
Schmidt, Tobias   II/1.1: 721
Schmuck, Vincentius   I/1: 169 ◇ I/2: 143, 147, 415 ◇ II/1.1: 50
Schmucker, Caspar   I/2: 241 ◇ II/1.1: 58
Schneegaß, Cyriacus   I/2: 126, 129, 192, 193 ◇ II/1.1: 46, 52, 536
Schneider, Robert   I/2: 223
Schnurr, Balthasar   I/2: 298 ◇ II/1.1: 167
Schober, Johann   II/1.1: 621, 622, 637, 666
Schop, Johann   I/2: 72, 84, 93, 113, 114, 136, 153, 160, 265, 294, 427 ◇ II/1.1: 35, 100, 578, 665 ◇ II/1.2: 360, 366, 374
Schott, Johann Georg   II/1.1: 665
Schröder, Johann Heinrich   II/1.1: 452, 453, 476
Schröer, Gottfried (Godofred) von   II/1.1: 158, 160
Schröter, Leonhart   II/1.2: 369
Schütz, Heinrich   I/1: 297 ◇ I/2: 217, 218, 246, 287 ◇ II/1.1: 55, 576
Schütz, Johann Jacob   II/1.1: 439, 452
Schulenburg, Acha(t)z II. von der   II/1.1: 128, 138, 319
Schultz (Praetorius), Jacob (Jakob)   II/1.1: 621, 665
Schul(t)ze, Georg   II/1.1: 185, 186, 218, 336
Schult(z)e, Johann d. Ä.   II/1.1: 730, 734, 745, 751, 757, 759, 768
Schult(z)e, Johann d. J.   II/1.1: 767, 768, 771
Schultze, Michael   s. Praetorius, Michael
Schwartz, Bartholomäus   II/1.1: 128, 138
Schwartz, Johann Heinrich   II/1.1: 413
Schweinitz, David von   I/2: 79 ◇ II/1.1: 365, 728 ◇ II/1.2: 374, 375
Schwellengrebel, Gottfried   II/1.1: 687
Schwellengrebel, Maria Tugendreich   II/1.1: 687
Schwemmer, Heinrich   II/1.1: 113
Schwerin, Otto von   I/2: 81, 102, 157, 184 ◇ II/1.1: 40, 42, 97–100, 117, 121, 122, 125, 436 ◇ II/1.2: XI
Sebastiani, Johann   II/1.1: 665
Sedligk, Matthias   II/1.1: 397
Sedulius   I/2: 414 ◇ II/1.1: 526, 706

Seidel, Erasmus   II/1.1: 117
Seidel, Martin Friedrich   I/2: 320 ◇ II/1.1: 117, 152
Seifart, Tobias   II/1.1: 700
Selfisch, Matthäus   II/1.1: 80
Selle, Thomas   II/1.1: 578, 666
Selnecker (Selneccerus), Nicolaus   I/1: 210, 279, 295, 301 ◇ I/2: 70,
    170, 171, 205, 207, 216, 219, 278, 287, 351, 414, 418 ◇ II/1.1: 56,
    62, 396, 537, 561, 563
Seneca, Lucius Annaeus   II/1.1: 707
Sermisy, Claudin de   I/2: 226
Siegfried, Johann   I/1: 443 ◇ I/2: 281 ◇ II/1.1: 62
Simon(s), Menno   II/1.1: 700
Sinold von Schütz, Philipp Balthasar (Amadeus Creutzberg)
    II/1.1: 452
Slüter, Joachim   I/2: 170 ◇ II/1.1: 52
Sohr(en), Peter   I/2: 173 ◇ II/1.1: X, XI, XIX, XX, XXIV, XXVI,
    XXVII, 110, 153, 298, 328, 364, 530, 566, 569, 574–582, 588–
    590, 595, 601–604, 614, 616–620, 632, 634–641, 646, 647, 651–
    653, 655–657, 666, 670, 674, 676, 679, 680, 721, 722, 765–767,
    776, 777, 781–786 ◇ II/1.2: 374
Sokrates (Socrates)   II/1.1: 513
Sokrates Scholasticos (Socrates Scholasticus)   II/1.1: 429
Solms-Laubach, Gräfin Catharina Amalia (Amelia) zu   II/1.1: 253
Sophia, Königin von Dänemark   I/2: 231
Sophie Elisabeth, Herzogin zu Braunschweig-Lüneburg   II/1.1: 231,
    232, 727 ◇ II/1.2: 364
Souche, Jean-Louis Raduit de   II/1.1: 166
Sozzini, Fausto   II/1.1: 705
Spaiser, David   I/2: 253
Spangenberg, Cyriakus   I/2: 74 ◇ II/1.1: 517, 518, 560, 707, 726,
    727
Spangenberg, Johann   I/2: 158
Sparr, Ernst Georg von   I/1: 11 ◇ I/2: 57, 303 ◇ II/1.1: 163, 170
Sparr, Otto Christoph von   I/1: 11 ◇ I/2: 57, 58, 303 ◇ II/1.1: 163
Spee, Friedrich   I/2: 148
Spener, Philipp Jacob   II/1.1: X, XXII, XXIV, XXV, 13, 14, 17, 27,
    34, 222, 226, 316, 325, 362, 365, 412–414, 416, 422, 423, 433–
    442, 451, 452, 522, 570, 580, 603, 604, 614, 619–623, 627, 643,
    645, 647–649, 659, 666, 667, 720
Spengler, Lazarus   I/1: 84 ◇ I/2: 105, 232 ◇ II/1.1: 44, 56, 432, 527,
    561, 709
Speratus, Paul   I/1: 85 ◇ I/2: 105 ◇ II/1.1: 44, 221, 527, 561
Stade(n), Sigmund Theophil   II/1.1: 665

Starck(e), Daniel   I/2: 65, 66, 325 ◇ I/3: 112, 119, 122, 123, 130, 199 ◇ II/1.1: XXV, XXVI, 112, 154–156, 161–163, 165, 166, 225, 682–685, 689, 713–717
Starck(e), Daniel Benjamin   II/1.1: 689
Stegmann, Josua   I/2: 71, 438 ◇ II/1.1: 187, 528, 536
Stern, Lüneburger Verlagshaus   I/3: 124, 126
Sternbach, Heinrich Coelestin (Henricus Coelestinus) von   II/1.1: 157
Steurlein, Johann   I/2: 130 ◇ II/1.1: 48
Stigel(ius), Johann(es)   II/1.1: 696
Stobaeus (Stobäus), Johann   I/2: 109, 110, 113, 126, 132, 155, 156, 159, 260, 276, 280, 281, 283–285, 288 ◇ II/1.1: 100, 578, 665 ◇ II/1.2: 373
Stolzhagen, Kaspar   I/2: 151 ◇ II/1.1: 50
Strada, Famiano   II/1.1: 699
Strattner, Georg Christoph   II/1.1: 621
Suter, Johann Kaspar   II/1.1: XXVII

Tauler, Johannes   I/2: 88, 101
Telemann, Georg Philipp   I/2: 192
Teschner, Melchior   I/2: 111 ◇ II/1.1: 665 ◇ II/1.2: 396
Theile, Johann   II/1.1: 317
Theodolphus (Theodulf von Orléans)   II/1.1: 526
Theodoret(us) von Cyrus   II/1.1: 692
Theophilos, byzantinischer Kaiser   II/1.1: 526
Theophylakt (Theophylactus) von Achrida   II/1.1: 702
Thesendorff (Desendorff), Maria Katharina (Catharina)
    s. Runge, Maria Katharina
Thilo, Valentin I/1: 92 ◇ I/2: 109, 126
Thomas von Aquin   II/1.1: 673
Thomas von Kempen (Thomas a Kempis)   II/1.1: 182, 183
Thymus, Georg   I/2: 74
Tieffenbach, Johann   II/1.1: 323
Tietze (Titius), Christoph   II/1.1: 452
Trajan (Marcus Ulpius Traianus), röm. Kaiser   II/1.1: 429, 526, 690
Treuer, Gotthilf   I/1: 386 ◇ I/2: 252
Triller, Valentin   I/2: 70, 154, 161, 280, 413 ◇ II/1.1: 62 ◇ II/1.2: 374
Tritonius, Petrus   I/2: 204 ◇ II/1.2: 383

Uhlich, Gabriel   II/1.1: 29
Ulenberg, Caspar   I/2: 223
Ursinus, Zacharias   II/1.1: 694

Vaillant, Jacques II/1.1: 32
Venantius Fortunatus II/1.1: 526, 672
Vermigli, Petrus Martyr II/1.1: 693, 694, 696
Völcker(s), David II/1.1: 720
Völcker(s) d. J., H(e)inrich II/1.1: XI, XII, XXVI, XXVII, 578, 720–728, 730–732, 734, 738, 743, 745–749, 751, 752, 754, 755, 757–760, 762–766, 768–772, 781
Völcker(s), Johann H(e)inrich II/1.1: 766, 767, 769
Völcker(s), Rupert II/1.1: 151, 223, 224, 720 ◇ II/1.2: 397
Vogel, Hans I/2: 206 ◇ II/1.1: 54
Vogther(r), Heinrich (Henricus) II/1.1: 438, 465, 527, 537
Vulpius, Melchior I/2: 36, 254, 270–272 ◇ II/1.1: 665 ◇ II/1.2: 394

Wagner, Gottfried II/1.1: 433
Wagner, Paul II/1.1: 433
Waldis, Burkart I/2: 414, 424 ◇ II/1.1: 536 ◇ II/1.2: 378
Walter, Johann I/2: 88, 97, 107, 115, 116, 137, 151, 157, 163, 170, 196, 197, 199, 211, 213, 231, 248, 257, 273, 287, 290 ◇ II/1.1: 114, 524, 699
Walther, Michael II/1.1: 538
Weber, Georg I/1: 387 ◇ I/2: 252
Weber, Jeremias I/2: 258, 259, 279
Wecker, Georg Kaspar II/1.1: 113
Wegelin, Josua II/1.1: 187, 528, 536
Weichmann, Johann I/2: 81, 94, 180 ◇ II/1.1: 84, 578, 666
Weiß, Johann(es), ein Theologe I/1: 426? ◇ I/2: 273, 425 f. ◇ II/1.1: 726
Weiß (Weis[s]), Johann(es) = Weiß(e), Michael I/1: 426? ◇ I/2: 273, 291 f., 425 f. ◇ II/1.1: 527, 561, 781
Weiß(e), Michael (s. auch Weiß) I/1: 37, 38, 94, 98, 115, 204, 305, 426?, 463 ◇ I/2: 78, 80, 82, 83, 86, 110, 112, 122, 136, 154, 166, 171, 204, 209, 221, 273, 291 f., 293, 412, 425 f. ◇ II/1.1: 42, 44, 46, 48, 52, 54, 56, 64, 431, 432, 439–441, 527, 561, 581, 781 ◇ II/1.2: 374
Weissel, Georg I/1: 92, 93, 130, 441, 445 ◇ I/2: 109, 110, 117, 132, 281, 283 ◇ II/1.1: 40, 46, 62, 113, 582
Weissenborn, Johann II/1.1: 465
Weitzke, Petrus I/2: 320 ◇ II/1.1: 117
Wend(t), Moritz II/1.1: 9
Wernsdorfius, Gottlieb II/1.1: 29
Werner, Georg I/1: 63, 112, 145, 146, 172, 177, 203, 222, 257, 293, 303, 361, 401, 440 ◇ I/2: 85, 94, 121, 129, 139, 148, 152, 165, 178, 194, 215, 220, 243, 260, 280, 291 ◇ II/1.1: 35, 40, 42, 44, 46, 48–52, 54, 56, 58, 62, 64

Werner, Hans   II/1.1: 15
Wernicke, Andreas   I/2: 305, 424 ◇ II/1.1: 9, 25, 60
Wetzel, Johann Caspar   I/2: 267 ◇ II/1.1: 92, 396, 658, 665
Weyda, Michael   I/2: 285
Wiesenmeyer, Burchard   I/1: 17, 107, 125 ◇ I/2: 71, 118, 124, 129, 414, 422 ◇ II/1.1: 10, 19, 22, 23, 40–42, 46, 48, 364
Wilcke(n), Johann Georg   II/1.1: 755
Wilde, Joachim   II/1.1: 677
Wildenfels, Anarg von   I/2: 211 ◇ II/1.1: 56
Wilkow, Christoph   I/2: 284 ◇ II/1.1: 64
Winter, Erasmus   I/1: 388, 389 ◇ I/2: 253, 254 ◇ II/1.1: 40, 58
Winterstein, Hans Martin (Hans von)   II/1.1: 164
Wirtz, Paul   s. Würtz, Paul
Witzstat, Hans   I/2: 235 ◇ II/1.1: 56, 705
Wladislaw IV., poln. König   II/1.1: 147
Wolder, David   I/2: 235
Wolffgang, Johann Georg   II/1.1: 413
Wolrab, Nikolaus   I/2: 67
Wrangel, Carl Gustav   II/1.1: 157, 163, 164, 166
Würtz (Wirtz), Paul   II/1.1: 157, 163–166, 716
Wülffers, Daniel   II/1.1: 536
Wulf(f)en, Anna Hedwig von   II/1.1: 685, 716
Wulf(f)en, Jacob Johann von   II/1.1: 685, 716, 717
Wust d. Ä., Balthasar Christoph   II/1.1: XXIII, XXVI, 106, 110, 112, 113, 125, 184, 326–328, 506–508, 511, 516, 517, 521, 528, 530, 531, 533–535, 539–541, 546, 547, 549, 551–557, 559, 560, 562–566, 568, 569, 573, 574, 576, 577, 580, 581, 583, 588–590, 596, 613, 615–620, 622, 624–627, 632–634, 636, 638–641, 643–648, 651, 652, 655–657, 663, 664, 671, 674–677, 754, 781, 785
Wust, Catharina, geb. Friese   II/1.1: 111 f.
Wust d. J., Christoph   II/1.1: 111

Zanchius, Hieronymus (Zanchi, Girolamo)   II/1.1: 708
Zeitler, Christoph   II/1.1: 371
Zepper(us), Wilhelm(us)   II/1.1: 706
Zesen, Philipp von   I/2: 126
Ziegenspeck, Michael   I/2: 206, 259 ◇ II/1.1: 54
Zieritz, Johann Michael   II/1.1: 74
Zimmermann, Johann Christoph   II/1.1: 363 ◇ II/1.2: 399
Zinzendorf, Nikolaus Ludwig von   II/1.1: 316
Zonaras, Johannes   II/1.1: 701
Zütphen, Heinrich von (in I/1–2 veraltet als Heinrich Müller)   I/1: 135 ◇ I/2: 134 ◇ II/1.1: 56
Zunner d. J., Johann David   II/1.1: 565

Zwick, Johann(es) II/1.1: 221, 527, 536, 561 ◇ II/1.2: 378
Zwingli(us), Ulrich II/1.1: 693

Addenda et Corrigenda zum Gesamtwerk

Zu Bd. I/1

S. 48, Nr. 41, Z. 29:
statt sterben ist *lies* sterben / ist

S. 278, Nr. 310*, unterlegter Text:
statt ²Denn er ist sehr freund-lich / Es
lies denn er ist sehr freund-lich / ²Es

S. 455, Nr. 528, Note 24:
Tonhöhe ist *f''*; die Hilfslinie fehlt

S. 461, Nr. 533, Z. 23:
statt ewigr *lies* ewiger

S. 504, Z. 1:
statt [Oa8a] *lies* [Oo8a]

Zu Bd. I/2

Varianten der wieder aufgefundenen EDITIO VIII s. PPMEDW II/1.1, S. 140–142.

Übergreifend zum Klugschen Gesangbuch DKL 1533[02]; EdK ee4:
S. 105, Nr. 78*; S. 106, Nr. 80*; S. 115, Nr. 99*; S. 119, Nr. [107*]; S. 156, Nr. 200*; S. 212, Nr. 321*; S. 220, Nr. [343*]; S. 231, Nr. 377*; S. 239, Nr. 395*; S. 297, Nr. 545*:
statt Geistliche Lieder *lies stets* Geistliche lieder

Übergreifend zu Bartholomäus Ringwaldt: EVangelia / Auff alle Sontag vnnd Fest, Frankfurt a.d.O. o.J. [Vorrede 1581] (W I CCXLJ):
S. 167, Nr. 225; S. 168, Nr. 226; S. 173, Nr. 234; S. 178, Nr. 248; S. 233, Nr. 382; S. 258, Nr. 447; S. 261, Nr. 456; S. 417, Nr. x23; S. 425, Nr. x51; S. 426, Nr. x55:
Der Drucktitel ist uneinheitlich und zum Teil fehlerhaft wiedergegeben: Statt einzelne Male EVanglia *lies stets* EVangelia – *statt* [1581] *oder* [1582] *lies stets* [Vorrede 1581]

S. 15, BunnersC
statt MGG², P 3 *lies* MGG², P 5

S. 21, Korth 2015:
statt S. 157–165 *lies* S. 209–216

S. 31, Herangezogene Ausgabe F:
statt 1660[04] *lies* 1660[06]

S. 34, Z. 28:
statt 1678 (Di) *lies* 1670 (De)

S. 38, Anm. 12:
statt Bilddokumente 22a und b *lies* Bilddokumente 34 und 38

S. 41 oben, unter 5.:
Eine hohe Ähnlichkeit der verschollenen Runge'schen „Editio IX." mit der Stettiner darf nicht länger vorausgesetzt werden. Das hat die Entdeckung eines Exemplars der „Editio VIII." bei der Dombibliothek Hildesheim ergeben; vgl. PPMEDW II/1.1, S. 153.

S. 56, Anm. 2:
statt Bilddokument 6 *lies* Bilddokument 10
S. 56, Anm. 4:
statt Textdokument 19 *lies* Textdokument 21
S. 56, Anm. 5:
statt Bilddokument 17 *lies* Bilddokument 19
S. 56, Anm. 7:
statt Bilddokument 14 *lies* Bilddokument 18

S. 57, Überschrift 1.2.:
statt Textdokument 18 *lies* Textdokument 20
S. 57, Anm. 8:
statt Bilddokumente 18, 19 und 20
lies Bilddokumente 19, 21 und 31
S. 57, Anm. 10:
statt Textdokumente 1, 7, 8c, 11, 12 und 14
lies Textdokumente 1, 7, 8c, 11, 12 und 12²

S. 61, Überschrift 3.:
statt Textdokument 19 *lies* Textdokument 21
S. 61, Z. 12–13:
statt Textdokument 15 *lies* Textdokument 14

S. 62, Z. 18–19:
statt Textdokumente 20, 21, 24, 26, 27, 28, 29, 30, 31 *lies* Textdokumente 22, 23, 26, 58, 59, 60, 61, 62, 63
S. 62, Anm. 21:
statt Textdokument 20 *lies* Textdokument 22
S. 62, Anm. 24:
statt [vgl. Anm. 7] *lies* [vgl. Anm. 22]

S. 63, Fließtext, achte Zeile von unten:
statt Textdokument 25 *lies* Textdokument 17

S. 65, Z. 18:
statt Textdokument 16 *lies* Textdokument 18
S. 65, Z. 28:
statt die 1659 *lies* die 1660
S. 65, Z. 28–29:
statt PraxBln 1659 *lies* PraxBln 1660
(Zum Sachverhalt s. oben zu S. 41.)

S. 66, Z. 14:
statt Textdokument 17 *lies* Textdokument 19
S. 66, Z. 16:
statt Textdokument 15 *lies* Textdokument 14

S. 66, Fließtext, achte Zeile von unten:
    statt Veleger *lies* Verleger; *statt* ein Jahr *lies* wenige Wochen
S. 66, Fließtext, zweite Zeile von unten:
    statt Textdokument 20 *lies* Textdokument 22
S. 66, Anm. 31:
    statt „EDITIO VIII." *lies* „EDITIO VII."

S. 67, Z. 3-4:
    statt Textdokument 25 *lies* Textdokument 17
S. 67, Z. 4:
    statt Textdokument 24 *lies* Textdokument 26

S. 70, Nr. 1*, Anmerkung:
    statt Bilddokument 7 *lies* Bilddokument 9

S. 71, Nr. 2*, Textvarianten:
    statt 27 geben] *lies* 27 gäben]
S. 71, Nr. 4*, Editionsvorlage, Text:
    statt 45 f. *lies* 46 f.
S. 71, Nr. 4*, Textvarianten:
    statt 46 ableiten] *lies* 45 ableiten]

S. 74, Nr. 9, Textvarianten:
    statt 63] hilf *lies* 53] hilf

S. 80, Nr. 21*, Melodie:
    statt Nachweise die Nachweise *lies* vgl. die Nachweise

S. 85, Nr. 33, Text, Quelle:
    statt Nr. XXI *lies* Nr. XXII

S. 90, Nr. 45*, Text, Quelle:
    statt Z II,369 *lies* Z II,3609

S. 95, Nr. 56*, Textvarianten:
    statt 8 Alls *lies* 7 Alls

S. 103, Nr. 74, Text, Dichter:
    statt FT I,511 *lies* FT III,511

S. 106, Nr. 80*, Textvarianten:
    statt 1 [...] G'mein A-B *lies* 1 [...] G'mein A-D, F

S. 107, Nr. 82*, Editionsvorlage, Liednummer:
    statt Bilddokument 24b *lies* Bilddokument 36a

S. 113, Nr. 94*, Textvarianten:
    statt 3 namen] *lies* 4 namen]

S. 114, Nr. 96*, Textvarianten:
    statt 31 darfst *lies* 31 f. darfst

S. 121, Nr. 113*, Textvarianten:
    statt 98 den] *lies* 68 den]

S. 133, Nr. 143, Editionsvorlage, Text:
    statt 39 teufel *lies* 38 teufel

S. 134, Nr. 147*, Anmerkung, rechts, dritte Zeile:
    statt S. 135 f. *lies* S. 145 f.

S. 144, Nr. 168, Textvarianten:
    statt 45 Bey] *lies* 46 Bey]
S. 144, Nr. 169, Textvarianten:
    statt 159 werd] *lies* 59 werd] <> *statt* 180 fürhanden] *lies* 80 fürhanden]

S. 149, Nr. 185, Textvarianten:
    statt 20 durchs] *lies* 16 durchs]

S. 150, Nr. 186*, Melodie, Neuedition:
    statt B I;243 *lies* B I,243a
S. 150, Nr. 186*, Melodie, Quelle:
    statt Bl. S2a *lies* Bl. [G7a]
S. 150, Nr. 187*, Textvarianten:
    Die Angabe zu 69-72 gehört an den Schluss.

S. 151, Nr. 189*, Editionsvorlage, Text:
    statt 7 f. krafft *lies* 8 f. krafft

S. 158, Nr. 204, Textvarianten:
    statt 36 bald] schnell A *lies* 36 bald] schnell A, C-F

S. 161, Nr. 212*, Anmerkung, zwölfte Zeile:
    statt A bis C *lies* A bis D
S. 161, Nr. 212*, Anmerkung, 15. Zeile:
    statt ab D *lies* ab E

S. 163, Nr. 214*, Melodie, Quelle:
    statt Bl. Ciijb f. *lies* Bl. Cijb f.

S. 169, Nr. 228*, Melodie, Neuedition, und Anmerkung, links, fünfte Zeile:
    statt Spiritus mentes *lies* Spiritus, mentes
S. 169, Nr. 228*, Anmerkung, links unten bis rechts oben:
    Entgegen den Mutmaßungen dort wurde [x65*228] nicht in den Rekonstruktionsversuch des Inhalts von PraxBln 1647 in PPMEDW II/1 übernommen; vgl. auch PPMEDW II/1.1, S. 39.

S. 170, Nr. 230*, Melodie, Neuedition:
    statt B II 291 *lies* B II,291

S. 176, Nr. 243*, Textvarianten:
    statt Jndessen wacht] *lies* 25 Jndessen wacht]

S. 178, Nr. 246, Textvarianten:
    statt 53 f. oben *lies* 48 f. oben

S. 202, Nr. 301*, Melodie, Quelle:
    lies als Ganzes neu Quelle: [PraxBln 1647 (vgl. BachmannV, S. 42)]
    erhalten erstmals: B, Nr. 105
S. 202, Nr. 301*, Vorige Ausgaben:
    ergänze am Schluss <> nachgewiesen schon für PraxBln 1647 (vgl. Melodie)

S. 204, Nr. 304, Melodiezuweisung:
   statt EV, A, C–F *lies* EV, C–F

S. 206, Nr. 309*, Textvarianten:
   statt genaden] Gnaden *lies* 11 genaden] Gnaden ◇ *statt* 15 küche für] *lies* 16 küche für] ◇ (vierte Zeile von unten:) *statt* uns satt; Aus der erden *lies* uns satt C; Aus der erden

S. 208, Nr. 311*, Vorige Ausgaben:
   statt PraxBln 1647 *lies* PraxBln 1647, Nr. 212

S. 208, Nr. 311*, Anmerkung, dritte Zeile:
   statt belegt *lies* und in BachmannV, S. 43, belegt

S. 210, Nr. 317*, Anmerkung:
   statt Bilddokument 25 *lies* Bilddokument 37

S. 211, Nr. 318*, Vorige Ausgaben:
   ergänze am Schluss ◇ nachgewiesen schon für PraxBln 1647, dort ohne eigene Nummer (vgl. BachmannV, S. 43)

S. 211, Nr. 319*, Text, Quelle:
   lies als Ganzes neu Quelle: Enchyridion geistlicher gesenge vnd psalmen [...], Wittenberg 1526 (DKL 1526[11]; EdK ee1), Bl. Eiijaf., Nr. XLII

S. 215, Nr. 330, Textvarianten:
   statt ehre] *lies* 108 ehre]

S. 217, Nr. 334, Text, Dichter:
   die gemäß der Quelle erfolgte Angabe von Johann Posthius *als Dichter ist anfechtbar; dazu vgl.* Eberhard Cherdron: Kirchen-Musikalisches: Studien I. Norderstedt 2020 *(freundlicher persönlicher Hinweis des Verfassers)*

S. 217, Nr. 334, Textvarianten:
   statt vor] für *lies* 50 vor] für

S. 218, Nr. 337*, Vorige Ausgaben:
   statt PraxBln 1647 *lies* PraxBln 1647, Nr. 233

S. 218, Nr. 337*, Anmerkung, dritte Zeile:
   statt belegt *lies* und durch Bachmann V, S. 43, belegt, nach Bachmann als Nr. 233.

S. 218, Nr. 338, Textvarianten:
   statt 45 teufls gewalt] *lies* 47 teufls gewalt]

S. 218, Nr. 339*, Textvarianten:
   statt 9 sich] sie A *lies* 9 sich] sie A, C–F

S. 220, Nr. 343*, Textvarianten:
   Lies die Rubrik als Ganze neu:
   in B nur Str. 1
   8 nütz] nutz A–B, Editio VIII. ◇ 18 möcht] wird A, C–F, Editio VIII. ◇ 28 kein] keine Editio VIII. ◇ 33 f. Es mag niemand ererben / Noch erwerben] Es mags niemand erwerben / Noch ererben A; Es mag niemand erwerben / Noch ererben C–D ◇ 38 dem] den F ◇ 42 umbstossen] vmbstosse A ◇ 43 kanst] kansts A, C–E ◇ 44 bringt] bring A, C–F

S. 221, Nr. 346*, Textvarianten:
   Lies die Rubrik als Ganze neu:
   in B nur Str. 1
   9 ist] sey A, C–F, Editio VIII. ◇ 14 fündest du] findestu A ◇ 54 getreulich] trewlich A ◇ 56 dein wartet] des warten A, C–F ◇ 59 mit that] mit der that C–F, Editio VIII. ◇ 68 Dreyeinigkeit] Dreifaltigkeit A

S. 223, Nr. 350*, Textvarianten:
   statt 25 Allerliebstes] *lies* 24 Allerliebstes]

S. 224, Nr. 352, Textvarianten:
   statt 2 verlacht] veracht E *lies* 2 verlacht] veracht E–F

S. 226, Nr. 359*, Text, Quelle:
   statt Nürnberg o. O. *lies* Nürnberg o. J.

S. 226, Nr. 359*, Melodie, Quelle:
   statt Tischgesenge *lies* Tischgesenge, Erfurt 1572

S. 227, Nr. 363, Textvarianten:
   statt 54 kanst] kansts C *lies* 54 kanst] kansts C, E–F

S. 229, Nr. 371*, Melodie, Quelle:
   statt 1524 *lies* 1530

S. 235, Nr. 385, Text, Quelle der vorliegenden Bearbeitung [...]:
   statt mir *lies* mit

S. 235, Nr. 386, Textvarianten:
   statt 48 geben] geb ein *lies* 48 geben] geb ein C–F

S. 235, Nr. 387*, Vorige Ausgaben:
   statt PraxBln 1647 *lies* PraxBln 1647, Nr. 243

S. 235, Nr. 387*, Anmerkung, vierte Zeile:
   statt belegt. *lies* und BachmannV, S. 43, belegt.

S. 237, Nr. 390, Textvarianten:
   statt 18 wollsts] wollst E *lies* 18 wollsts] wollst E–F

S. 238, Nr. 392, Text, Quelle:
   statt Görlitz 1584 (W I CCLJV) *lies* Görlitz 1587 (W I CCLXXJ)
   (Das Lied erschien noch nicht in jener früheren Ausgabe.)

S. 243, Nr. 404, Editionsvorlage, Text:
   statt 54 lebenlang *lies* 54 f. lebenlang

S. 246, Nr. 413*, Textvarianten:
   statt 31 seinm] sein C *lies* 31 seinm] sein C–D

S. 250, Nr. 423, Editionsvorlage, Text:
   statt 85 rath *lies* 85 f. rath

S. 252, Nr. 428*, Textvarianten, links unterste Zeile:
   statt C, E–F; 20 umb] *lies* C, E–F ◇ 20 umb]

S. 259, Nr. 449, Text:
ergänze Unterrubrik und Eintrag Quelle: [PraxBln 1647, Nr. 303 (dort als „Ach Herr, tu dich erbarmen"; vgl. BachmannV, S. 43)]

S. 259, Nr. 449, Vorige Ausgaben:
ergänze am Schluss <> nachgewiesen schon für PraxBln 1647, Nr. 303 (vgl. Text)

S. 265, Nr. 467, Textvarianten:
statt 14 deinen göttlich] *lies* 14 deinen göttlichn]

S. 269, Nr. 479*, Melodie, Quelle:
statt Gesänge, 1625 *lies* Gesänge, Leipzig 1625

S. 270, Nr. 481*, Melodie, Quellen als Grundstock der vorliegenden Fassung:
statt DKL 1589¹³; a123 *lies* DKL 1589¹³; EdK a123

S, 275, Nr. 488, Textvarianten:
statt 39 vom] von A *lies* 39 Vom] Von A

S. 276, Nr. 491, Textvarianten:
die Angabe 44 wir] mir E *und die vorangehende Raute sind zu streichen; vgl. zur Editionsvorlage*

S. 276, Nr. 491, Anmerkung:
den letzten Satz (In A weichen [...]) *und vorangehenden Spiegelstrich streichen*

S. 278, Nr. 498*, Textvarianten:
die Angabe in B nur Str. 1 *ist zu streichen, da gegenstandslos*

S. 279, Nr. 501*, Text, Neuedition:
statt EichLu II,164 und II,166.1 *lies nur* EichLu II,164

S. 280, Nr. 502, Anmerkung, zweite Zeile:
statt S. 595 Nr. CLVII" *lies nur* S. 595"

S. 280, Nr. 503, Text, Autorenangabe:
ergänze am Schluss der kursiven Anmerkung weiterhin kursiv – KLL II, S. 193, und BachmannV, S. 43, zufolge hatte PraxBln 1647 die Autorenangabe „D. Heis." Nach KLL II aber war das nur ein aus einem früheren Druck übernommener Fehler; er wurde (spätestens) in C korrigiert.

S. 280, Nr. 503, Vorige Ausgaben:
statt PraxBln 1647 *lies* PraxBln 1647, S. 596, Nr. 348

S. 280, Nr. 503, Anmerkung, zweite Zeile:
statt KLL II, S. 146 ... belegt: „In *lies* KLL II, S. 193 und BachmannV, S. 43 belegt. KLL II gibt zudem an: „In

S. 281, Nr. 505, Textvarianten:
statt 33 Weit] *lies* 34 Weit]

S. 285, Nr. 520*, Melodie, Quelle:
lies als Ganzes neu Quelle: [PraxBln 1647 (vgl. BachmannV, S. 41 f.)]
erhalten erstmals: B, Nr. 153

S. 285, Nr. 520*, Vorige Ausgaben:
statt (vgl. Anmerkung) *lies* (vgl. Melodie und Anmerkung)

S. 286, Nr. 521, Anmerkung, vorletzte Zeile:
statt angegben *lies* angegeben

S. 287, Nr. 524*, Textvarianten:
statt 3 in] im B-E *lies* 3 in] im B-F

S. 293, Nr. 536*, Notenvarianten, C, Cantus, und E, Cantus:
statt Cantus: *lies* Cantus: 22:

S. 297, Nr. 545*, Textvarianten:
statt 74 schützen] *lies* 75 schützen]

S. 302, Z. 7:
statt „Durchgehend mit Melodien" (A) *lies* „Durchgehend mit Melodien" (B)

S. 329, vierte Zeile von unten:
statt Textdokument 19 *lies* Textdokument 21

S. 420, Nr. x32*, Anmerkung:
*Entgegen den Mutmaßungen dort wurde [x65*²²⁸] bzw. [228*] nicht in den Rekonstruktionsversuch des Inhalts von PraxBln 1647 in PPMEDW II/1.1 übernommen; vgl. auch PPMEDW II/1.1, S. 39.*

S. 424, Nr. x46:
als Rubrik hinzuzufügen Weitere Ausgaben
dort als Eintrag [PraxBln 1647, Nr. 286 (vgl. BachmannV, S. 43)]

S. 430, Nr. x65*²²⁸, Anmerkung:
*Entgegen den Mutmaßungen dort wurde [x65*²²⁸] bzw. [228*] nicht in den Rekonstruktionsversuch des Inhalts von PraxBln 1647 in PPMEDW II/1 übernommen; vgl. auch PPMEDW II/1.1, S. 39.*

S. 447, im Verzeichnis zu PS II, Nr. 4:
Vgl. die Angabe in PPMEDW II/1.2, S. 364 zu Gl, Nr. 214.

S. 450, vorletzte bis letzte Zeile:
Die Bemerkung zum Umfang der zweiten Teile von Lobwasser-Gesangbüchern erfolgte versehentlich, sie ist unzutreffend und zu streichen (freundlicher persönlicher Hinweis von Eberhard Cherdron).

Zu Bd. I/3

Varianten der wieder aufgefundenen EDITIO VIII s. PPMEDW II/1.1, S. 144.

S. 7, Z. 11:
    statt Gebät eines schwangern Frauen *lies* Gebät einer schwangern Frauen

S. 81, Z. 15:
    statt auflehen *lies* auflehnen

S. 100, Z. 14:
    Einige Buchstaben zu groß

S. 115, Anm. 6:
    statt Textdokument 18 *lies* Textdokument 20

S. 116, Anm. 9:
    statt Bilddokument 3 *lies* Bilddokument 4

S. 121, Anm. i:
    statt Bilddokument 37 *lies* Bilddokument 61
    statt Bilddokument 36 *lies* Bilddokument 60
    statt Bilddokument 38 *lies* Bilddokument 74

S. 124, Anm. 22:
    statt Bilddokument 56 *lies* Bilddokument 81
S. 124, Anm. 23:
    statt Bilddokument 61 *lies* Bilddokument 90
S. 124, Anm. 24:
    statt Bilddokument 62 *lies* Bilddokument 95

S. 126, Anm. 26:
    Die Hinweise auf Textdokumente sind überholt und erübrigen sich.

S. 127, Anm. 30:
    statt Bilddokument 6 *lies* Bilddokument 10

Zu Bd. II/2

Der eigenständige Druck Ga^A mit den Epistelliedern des Martin Opitz, sämtlich mit Noten, ist nicht erfasst; die dortigen Lieder sind in alphabetischer Reihenfolge:
Als durch das schöne Licht der Sonnen ward gebracht; Auf, auf, die rechte Zeit ist hier – Bedenkt, ihr Brüder, jederzeit; Bemühet euch, ihr Brüder, stark zu werden; Brich auf und werde lichte – Christus ist auf Erden kommen – Dafür mag uns ein jedermann erkennen; Das blinde Volk der Heiden; Das Gnadenlicht des Herren; Das, was ihr sollt einander schuldig sein; Denkt und erwägt, ihr Brüder jederzeit; Die du, Christus, hast erkaufet; Dieweil ihr schwaches Fleisches seid; Dieweil man ja der Menschen Testament; Durch unsers Gottes Gütigkeit – Ein jeder soll, wie Christus, Sinnes werden; Ein jedes Ding und Tun, so Gott gefällt; Erzählet mir, ihr, derer Rede geht; Es ist zu wenig, das Wort hören; Es sind unterschiedene Gaben – Fegt ab von euch den Sauerteig der Erden – Gott ist die Lieb, und wer daran sich hält; Gott unser Heil, hat seine Freundlichkeit – Hätt ich Beredsamkeit – Ich ermahn euch jetzund wieder; Ich glaube recht und wohl; Ich hoff, ihr liebet noch und ehrt; Ich muss mit Danke Gott erheben; Ich zwar Gefangner Gottes wegen; Ihr allesamt sollt haben gleiche Sinnen; Ihr Brüder, weil ihr hier im Leben; Ihr dürfet euch gar nicht betrüben; Ihr Männer, Abrahams Geschlecht; Ihr müsset Gott euch rein und nüchtern bringen; Ihr müsset nach dem Fleische sterben; Ihr wisset, dass zwar ihrer viel; Im Hause der Unsterblichkeit – Lasst drum nicht ab, ihr Brüder, Gott zu lieben; Meint nicht, ihr habt der Klugheit gar zu viel; Merk auf, mein Knecht wird nicht mehr elend sein – Nun freuet, freuet euch im Herren – O Korinth, du Zier der Welt; O liebste Schar, denkt nach des Geistes Gaben; O selig ist ein solcher Mann – Petrus, Gottes treuer Knecht – Schaut, dass ihr von euch leget; Schaut über euch und auf den Geist; Seid jetzt und allezeit; Seit wir in Erfahrung kommen; Sinnt nach, ihr Brüder, und bedenkt; So lange Zeit ein Erbe bleibt ein Kind; So oft ich an euch denken können; So tut nun, was das höchste Gut; Stellet Gott heim eure Sachen – Vom Herren hab ich es bekommen – Was das Gesetz heißt, wie wir wissen; Was unser Glaube Gutes tut; Was vor diesem, meine Lieben; Weil ihr seid klug, ihr Brüder, und bedacht; Weil unser Gott den Geist uns hat gegeben; Wer recht tun will, der muss des Geistes Gaben; Wie Christus auferstanden; Wir sind allhier nur Pilger auf der Erden; Wollt ihr die gute Straße reisen – Zu Gott wir setzen ein Vertrauen

Hierzu vgl. PPMEDW II/1.1, S. 216f., und PPMEDW II/1.2, S. 397f.

S. 30/31:
    unrichtige alphabetische Reihenfolge

S. 34/35:
    „Auf, auf, mein Herz, und du, mein ganzer Sinn": *Es ist nicht ein Lied, sondern es sind zusammengefasst ihrer zwei, die so beginnen: in Frankfurt 1693 und Frankfurt 1700 das von Martin Opitz, in allen Berliner Ausgaben die Parodie Sigmund von Birkens.*

S. 38/39:
    Einzufügen ist „Aus tiefer Not ruf ich zu dir": *vorhanden in G ohne Melodie*

S. 54/55:
    „Den des Vaters Sinn geboren [...]": *vorhanden in Dl mit Melodie; statt dort X lies X**

S. 72/23:
    „Ehre sei jetzo mit Freuden gesungen": *vorhanden in Gr ohne Melodie, statt dort O lies X*

S. 82/83:
„Es sei das treue Vaterherz": *vorhanden in F ohne Melodie, statt dort O lies x94*
„Es sei ferne von mir Rühmen": *nicht vorhanden in E; statt dort X lies O*

S. 88/89:
„Geduld ist euch vonnöten": *vorhanden in F und EV ohne Melodie, statt dort je O lies je X*
statt Geh aus, meins Herzens Morgenstern *lies* Geh auf, meins Herzens Morgenstern

S. 90/91:
„Gelobet seist du, Jesu Christ, dass nun der": *vorhanden in Gr ohne Melodie; statt dort O lies X*

S. 102/103:
„Gott sei Dank durch alle Welt": *nicht vorhanden in E; statt dort X lies O*

S. 110/111:
unrichtige alphabetische Reihenfolge

S. 116/117:
statt Herr (O) Jesu Christ, mein's Lebens Licht *lies* Herr (O) Jesu Christ, meins Lebens Licht

S. 118/119:
„Herr Jesu Christe, Gottes Sohn, du Trost": *vorhanden in Gn; statt dort O lies X*

S. 134/135:
„Ich geh dir nach, o Herr, wiewohl mit mattem Schritte": *vorhanden in Dm mit Melodie; statt dort O lies X**

S. 142/143:
„Ich will gar gerne sterben": *nicht vorhanden in Ga; statt dort X lies O*

S. 148/149:
„In Gottes Namen fang ich an": *vorhanden in Gxb; statt dort O lies X*

S. 154/155:
statt Jesu, lieber Schatz der Frommen" *lies* Jesu, lieb(s)ter Schatz der Frommen"

S. 162/163:
„Kein Stündlein geht dahin": *vorhanden in Go mit Melodie; statt dort X lies X**

S. 166/167:
„Kyrie, ach Vater, allerhöchster Gott": *vorhanden Dd; statt dort O lies X*

S. 260/261:
„Wer glaubt, dass eine Gottheit sei": *vorhanden in Gj und in Gl mit Melodie; statt dort je X lies je X**

S. 272/273:
statt Wir Menschen sind zudem, o Gott *lies* Wir Menschen sind zu dem, o Gott

S. 274/275 und 276/277:
Die Angaben zu „Wohl dem, der in Gottes Furcht (Gottsfurchten) steht" *und* „Wohl dem Menschen, der nicht wandelt" *sind als Ganzes zu tauschen.*